OEUVRES CHOISIES

DE DUCRAY-DUMINIL.

TOME DEUXIÈME.

IMPRIMERIE DONDEY-DUPRÉ,

Rue Saint-Louis, 46, au Marais.

XXXIE SOIRÉE.

Bureau de publication rue de Thorigny, 5.

Lith. d'Auguste Bry, 134 rue du Bac

La Justice.

LES

SOIRÉES DE LA CHAUMIÈRE

OU LES LEÇONS

DU VIEUX PÈRE,

NOUVELLE ÉDITION,

ILLUSTRÉE PAR TH. FRAGONARD.

TOME DEUXIÈME.

A Paris,

CHEZ LECLERE, LIBRAIRE-ÉDITEUR, BOULEVART SAINT-MARTIN, 13;

AU BUREAU DE PUBLICATION, RUE DE THORIGNY, 3,

ET CHEZ TOUS LES LIBRAIRES DE PARIS ET DES DÉPARTEMENTS.

1845

TRENTE-UNIÈME SOIRÉE.

LA JUSTICE.

Histoire de l'Épicier Aubry.

Le lendemain matin, Palamène fit appeler Armand seul dans son cabinet. Armand, que l'histoire du mariage de Ledoux avait plus intéressé que ses frères, y avait réfléchi toute la nuit. Il pensait bien que les talents et les arts peuvent rapprocher tous les hommes; mais il n'en était pas moins étonné qu'il se fût rencontré un grand seigneur assez peu esclave des préjugés pour donner sa fille au fils d'un fermier. Au fils d'un fermier!..... Armand est aussi fils de fermier, et, comme Ledoux, il lit, il dessine, il fait de la musique. Armand, quand il n'aurait pas de bien, peut donc espérer de faire un jour une alliance honorable!... Oh! comme cette idée le flatte, l'enorgueillit! comme il se propose de cultiver avec plus d'assiduité les arts aimables auxquels son père a consacré l'étude de sa jeunesse! Voilà le fruit de la morale offerte par des exemples! Ses frères, son père lui-même, auraient voulu lui persuader qu'il peut prétendre à tous les partis, il n'en aurait pas cru ses frères ni peut-être son père! il a vu, vu par ses propres yeux, il est convaincu; et cette expérience tourne à l'avantage de ses principes, de son jugement et de son émulation.

Il est occupé de ces réflexions agréables lorsque son père le mande chez lui: il y monte..... Mon fils, lui dit Palamène, comme tu es l'aîné de ma famille, je t'en regarde comme le chef en mon absence. Je vais donc te confier, pour deux ou trois jours, le soin de ma maison. Michel, le fermier voisin, ne va pas à Paris, ainsi qu'il l'avait projeté; je me suis décidé à faire moi-même ce voyage, afin de remettre à M. Berthier l'argent dont mon bienfaiteur Delacour a besoin. Il est malheureux, ce pauvre Delacour, je ne dois pas perdre un moment; l'infortuné qui attend après la restitution d'un débiteur ou les secours de la bienfaisance, compte les jours, les heures, les minutes: c'est un devoir sacré que de l'obliger promptement. Je pars donc sur-le-champ; et je vous recommande, à vous, l'aîné de vos frères, à vous qui allez avoir dans trois mois dix-sept ans et demi, je vous recommande, dis-je, la plus grande surveillance, ainsi que de me rendre compte de tout ce qui se passera ici, en en prévenant vos frères toutefois, car je n'aime pas les rapports sournois; ils sont presque toujours adoucis ou exagérés. Voici la clef de ce tiroir, vous y trouverez l'argent nécessaire pour tenir cette maison pendant mon absence, qui ne peut durer plus de trois ou quatre jours, et vous tiendrez un journal exact de ce que vous dépenserez. — Mon père, votre confiance me touche sensiblement, et vous verrez, à votre retour, que je l'aurai méritée. — J'y compte, mon fils.

Le bruit se répand soudain dans la ferme que le bon père va quitter ses enfants; ces pauvres enfants sont dans une véritable désolation. Il semble que tout les abandonne, le bonheur, le plaisir, tout! Palamène les rassemble. Je remets, leur dit-il, tous mes droits à votre frère Armand. Ecoutez-le comme moi-même, et suivez ses avis; tout ce qu'il fera sera bien fait.

Les enfants sautent au cou de leur père en versant des larmes, tandis que la bonne Marcelle murmure dans un coin de ce qu'on ne l'a pas chargée du soin de la maison. Palamène monte à cheval, dit adieu à ses enfants, et part.

Il semble que cette maison ne soit plus qu'un désert, tant la présence du père de famille la rendait agréable. Tous les enfants se regardent, le cœur serré, l'œil humide de larmes; et leur frère Armand, qui est tout fier de sa dignité, les engage à remonter se livrer chacun à leurs diverses occupations. Ils s'y refusent tous; premier mouvement d'insubordination ou peut-être de jalousie, surtout de la part de Benoît et d'Adèle: le premier, par un sentiment bas qui lui est naturel en toute occasion; la seconde, par un sentiment de vanité qui lui dit tout bas qu'il était plus naturel de donner le soin d'une maison à une personne de son sexe. Armand se fâche: on lui répond; il réplique, et voilà déjà la guerre allumée. Armand monte chez lui fâché, tout rouge, et s'y renferme en jurant qu'il va tenir une note exacte, jour par jour, heure par heure, des actes de désobéissance de ses frères... On le laisse dire, chacun lui rit au nez, et tous vont jouer dans la cour, dont ils ouvrent la porte cochère qui donne sur la rue. Un homme s'arrête, regarde et s'informe : il tient un paquet qui paraît assez gros. Est-ce ici, dit-il à Benoît, que demeure l'agriculteur Palamène? — Ici même. — En ce cas, remettez lui ce pâté. — De quelle part? — Il ne faut pas qu'il le sache : c'est un présent qu'on lui fait. — Il faudra bien qu'il sache qui lui fait ce présent. La personne le lui dira elle-même par la suite? — Jamais... Celui qui fait ce cadeau veut rester ignoré, et serait fâché même d'être soupçonné : adieu.

Le commissionnaire se retire, et Benoît, tout ébahi, tient le pâté, dont l'odeur l'enchante. Jules, Adèle et Léon l'entourent bientôt. — Qu'est-ce que cet homme t'a remis? — Un pâté. — Pour qui? — Pour papa. — De quelle part? — Il ne l'a pas voulu dire. Celui qui donne ce pâté veut rester ignoré. — Bah! voyons-le donc. Quelle croûte! quelle odeur! Oh!... Écoutez, interrompt Benoît, il me vient une idée : papa n'est pas ici, et ne reviendra pas de sitôt. Il ne saura pas qu'on lui a envoyé ce pâté, puisque celui qui l'envoie veut être inconnu; qu'avons-nous besoin d'en parler à Armand? Gardons-le; nous le mangerons à nos déjeuners, à nos goûters. — Oh fi! ce serait mal, dit Adèle. — Eh bien! mademoiselle, vous n'en mangerez pas, si vous avez des scrupules..... — Si mon père apprend?..... — Qui le lui dira? Personne de nous, peut-être. — Mais... — Allons donc, allons donc; voilà bien des façons pour un pâté! Tiens, voilà qui va te décider.

Benoît dit, et soudain il rompt un morceau de la croûte du

pâté, qu'il mange, au grand étonnement de l'assemblée, qui le regarde d'un air stupéfait. Ah! que c'est bon! s'écrie Benoît en avalant. Quel goût! Comme c'est léger!.....

Quel parti prendront les enfants? Dénonceront-ils Benoît à leur frère Armand?... Le regarderont-ils se régaler tout seul?... Le pâté est attaqué; une des murailles dont il est flanqué est tout à fait tombée, la brèche est ouverte, le siége est facile; on ne peut plus d'ailleurs y remédier; ils se rendent, et chacun d'eux s'arme, en brave guerrier, d'un fer étincelant qui va briser les flancs de l'énorme machine; mais il serait imprudent de rester là, dans la cour; c'est dans le jardin, c'est dans un salon de verdure isolé, qu'il faut consommer le sacrifice. On ne sera pas vu; on ne craint point d'être découvert un jour par le donateur du pâté, on peut être gourmand avec impunité..... Mais, hélas! on verra bientôt que nos héros n'avaient pas songé à tout. Génie malfaisant des enfants! toi qui te plais à les tourmenter, à faire connaître leurs petits défauts, pourquoi faut-il que je te rencontre partout sous ma plume, lorsque j'ai à retracer quelques-unes de leurs espiègleries? Voyons pourtant comment tu vas t'y prendre pour mettre celle-ci au grand jour.

Les enfants se sont cachés dans un coin du jardin; et là, chacun d'eux s'étant emparé d'un morceau du friand pâté, se délecte et se pavane en le mangeant. Adèle fait des yeux brillants à Léon, qui n'a pas le temps de dire un mot, tandis que Jules savoure délicieusement son lopin, et que Benoît mange avec une avidité qui menace les autres de ne plus leur laisser que des miettes. Tous se régalent et personne ne parle. Rien n'est plus plaisant pour eux, rien ne les satisfait tant que cette bonne aubaine; mais, ô malheur!...

Deux importuns se présentent brusquement ; c'est Marcelle, c'est Armand. Marcelle tient à sa main un morceau de ce même pâté qu'ils dévorent avec tant de suavité... Est-il possible ? oui, c'est un morceau de pâté ! Qui le lui a remis ? A coup sûr on ne l'a point appelée au partage du gâteau; comment donc possède-t-elle une part de ce trésor ? c'est ce qu'Armand s'empresse d'expliquer. — D'où vient ceci ? demande-t-il d'une voix fulminante. — Mon frère, je n'en sais rien, répond Benoît la bouche pleine, et serrant dans ses poches les restes ostensibles de son pâté. — Tu n'en sais rien ? répond Armand en secouant la tête ; mais vous en mangez tous, à ce qu'il me semble ? vous pourriez bien me dire... —Toi-même, interrompit Jules, dis-nous comment ce que Marcelle tient là est tombé entre ses mains. — Pardi ! c'est bien difficile, répond Marcelle en marmottant. J'étais là, moi, près de la maison ; j'entends gronder Topin, le chien de la grande cour ; je vais à lui, et je le trouve dévorant un morceau de pâté, que j'ai eu toutes les peines du monde à lui arracher... Je n'en ai point dans ma cuisine ; il faut que ce soit, me dis-je, un tour de nos enfants ; je vais trouver Armand, et tous deux nous vous surprenons ici, achevant un régal que Topin vous aura sans doute disputé, et dont vous aurez laissé tomber un morceau par mégarde.

Les enfants sont interdits ; ils ne se sont pas aperçus, en effet, en se partageant le pâté, qu'il en est tombé un morceau que Topin, qui tournait autour d'eux, *par l'odeur alléché*, s'est approprié. Ils n'osent dire un mot. Armand les questionne, et c'est Léon qui le premier a le courage de dire la vérité. Armand se fait restituer ce qui reste du malheureux pâté ; et, sans rien ajouter, il va coucher cette petite scène sur son journal.

Je ne peindrai point la tristesse à laquelle nos quatre petits gourmands furent en proie pendant toute la journée. Vers le soir ils se réunirent sur la terrasse, non pour jouer, non pour rire, mais pour supplier leur frère d'effacer de son journal une faute dont ils étaient bien honteux. Armand s'y refusa en objectant que leur père, s'il apprenait par la suite le don de ce pâté, pourrait le gronder de ne pas lui en avoir parlé. Les enfants redoublèrent leurs prières; et Marcelle, qui était bonne au fond, s'y joignit avec tant d'instance, qu'Armand consentit à rayer son rapport, à condition que ses frères ne s'exposeraient plus, jusqu'au retour de Palamène, à aucune dénonciation de sa part: tous le lui promirent; et la gaieté reparut dans cette petite assemblée, qui finit même par rire du tour que Topin avait joué aux coupables. — C'est étonnant! s'écria Benoît, comme tout se découvre! — Et par des moyens qu'on ne prévoit jamais, ajouta Léon. — Le ciel le veut ainsi, interrompit Adèle. — Oui, dit à son tour Jules, le coupable commet toujours quelque imprudence qui le fait découvrir.

— C'est bien vrai, ça, bien vrai, mes enfants, dit la bonne Marcelle! oh! oui, c'est bien vrai! Je savais autrefois une histoire, oh! une histoire terrible, qui a rapport à ce que vous dites là. — Une histoire! ma bonne, dit en riant Léon: est-ce que vous voudriez nous raconter une histoire? — Pourquoi donc pas, monsieur? reprit avec humeur Marcelle. Est-ce que vous croyez qu'on ne sait pas parler comme un autre? Voyez donc ce petit orgueilleux-là, qui s'imagine, parce que je ne sais ni lire ni écrire, que je ne sais rien. — Pardon, ma bonne, repartit Adèle; ne vous fâchez pas pour cela; dites-nous votre histoire, si elle n'est pas trop longue.

— Non, non, elle n'est pas trop longue; mais elle est bien intéressante. Dame, ma mère l'a connu ce pauvre épicier Aubry, à qui cela est arrivé, elle l'a bien connu ma pauvre mère! — C'est donc une histoire véritable? répliqua Jules. — Véritable! oh! il n'y en a pas de plus véritable; vous allez voir, vous allez voir.

Les enfants s'approchent d'Armand, qui craint déjà l'ennui, mais qui n'ose pas désobliger sa vieille gouvernante en la priant de se taire. Celle-ci met son ouvrage et ses lunettes dans sa poche, puis elle commence ainsi son histoire, qu'elle raconte à sa manière :

« C'était dans une ville de province, qu'on nommait... attendez donc... eh bien! je ne me souviens plus du nom de la ville, moi! c'est singulier, car ma mémoire est pourtant... Au surplus, le nom de la ville est très-indifférent; je m'en rappellerai peut-être dans le cours de mon récit. C'était, dis-je, dans une ville de province, qu'il y avait un épicier nommé Aubry, qui faisait très-bien ses affaires. M. Aubry avait toute la ville pour pratique, tandis que deux frères, qui venaient de s'établir épiciers dans une petite rue, ne faisaient rien du tout. Ces deux jeunes gens, qui se nommaient les frères Martin, conçurent une telle jalousie contre M. Aubry, qu'ils résolurent de le perdre. Ils tentèrent pour cela divers moyens qui ne leur réussirent pas. M. Aubry s'apercevant même de leur basse inimitié, eut souvent recours à la justice pour faire cesser leurs insultes et leurs calomnies. Ces frères Martin ne se découragèrent pas; et voyant qu'il leur était impossible de se venger ouvertement, ils prirent le parti de la trahison pour se défaire d'un homme qu'ils détestaient. Voici comment ils s'y prirent.

» M. Aubry n'avait point d'enfants ; il faisait aller son commerce seul avec sa femme, qui avait beaucoup d'intelligence; mais pour se délasser des travaux de la semaine, M. Aubry avait acheté une petite maison de campagne peu éloignée des faubourgs de la ville, où il allait passer fêtes et dimanches. Madame Aubry partait le samedi matin pour cette campagne, où elle préparait tout pour recevoir son mari, qui s'y rendait le samedi soir après avoir fermé sa boutique, et toujours à la nuit fermée. Pour y aller, M. Aubry ne traversait jamais la ville : il avait l'habitude de passer par une petite allée d'arbres qui bordait un bois, et qui était précisément derrière la ville, au pied des maisons du faubourg. Les frères Martin, qui n'ignoraient aucun de ces détails, résolurent de profiter du petit chemin isolé, de la nuit et du moment où M. Aubry y passerait seul, pour lui préparer l'événement le plus affreux..... Vous croyez peut-être qu'ils l'attendirent pour l'assassiner? point du tout; plus raffinés dans leur vengeance, ils s'y prirent autrement.

» Il y avait dans la rue de M. Aubry un garçon fort niais, que celui-ci avait souvent chassé de sa boutique parce qu'il l'importunait. Les frères Martin vont le trouver: Nicolas, lui disent-ils, veux-tu gagner dix louis? — Oui-dà, messieurs; ça ne se refuse pas. — Eh bien! trouve-toi demain, samedi, à neuf heures du soir, dans la ruelle des Châtaigniers; nous y serons.

» C'était précisément la ruelle que prenait M. Aubry pour se rendre à sa maison de campagne. Les frères Martin s'y rendent dès huit heures le jour indiqué : ils se cachent dans le bois, et voient passer, un quart d'heure après, M. Aubry, qui marche tranquillement, sans se douter du piége affreux qu'on lui tend. A peine l'ont-ils perdu de vue, que Nicolas, qui s'était fait un peu attendre, se présente à eux. Eh bien! les dix louis leur dit cet imbécile; que faut-il faire pour les avoir? — Peu de chose, répond l'aîné Martin. Tiens, les vois-tu briller? (*Il les lui montre.*) Les voilà sur cette pierre : ils sont à toi si tu consens à crier trois fois, et assez haut pour être entendu : *M. Aubry, que vous ai-je fait? pourquoi voulez-vous m'assassiner?* — Ce n'est que cela? reprend Nicolas en riant. Pardi, c'est ben aisé; mais ça ne fera pas de mal à M. Aubry, n'est-ce pas? — Quel mal? Allons, voyons, commence. Trois fois seulement et l'argent est à toi.

» Et voilà Nicolas qui crie à tue-tête: *M. Aubry, que vous ai-je fait? pourquoi voulez-vous m'assassiner? M. Aubry, que vous ai-je fait? pourquoi voulez-vous m'assassiner?* — Plus fort, lui dit tout bas l'aîné Martin, et plus douloureusement. Et Nicolas reprend avec des cris et des pleurs: *M. Aubry, que vous ai-je fait? pourquoi voulez-vous m'assassiner?*

» A peine Nicolas a-t-il fini de crier, qu'il réclame la somme promise; mais, ô crime! l'aîné Martin lui tire un coup de pistolet, et l'étend sans vie à ses pieds!...

» Vous frémissez, mes enfants? et vous plaignez peut-être cet imbécile de Nicolas, qui devient la victime d'un stratagème auquel il s'est prêté sans en prévoir les conséquences pour M. Aubry, encore moins les suites pour lui-même. Attendez, attendez; vous allez voir autre chose.

» Les deux frères Martin reprennent leur or, et sans rien laisser sur cette place que le corps sanglant de Nicolas, ils se retirent par des chemins détournés, et rentrent à la hâte dans la ville. Cependant on ouvre les croisées des maisons qui donnent sur la ruelle des Châtaigniers : on crie au meurtre, à l'assassin.

Les frères Martin répandent le bruit que, passant par hasard près de la ruelle, ils ont été témoins de la manière horrible dont M. Aubry a traité un pauvre homme nommé Nicolas ; ils les ont vus aux prises tous les deux : M. Aubry a même tiré un coup de pistolet dont ils ignorent les suites... Les voisins s'assemblent autour du cadavre ; la justice s'y transporte ; les frères Martin disent qu'ils ont vu M. Aubry tirer un coup de pistolet ; les voisins attestent qu'ils ont entendu l'infortuné Nicolas s'écrier avant de mourir : *M. Aubry, que vous ai-je fait ? pourquoi voulez-vous m'assassiner ?*

On va chez M. Aubry dans sa maison de campagne, où l'on sait qu'il se rend par ce chemin tous les samedis. On le trouve soupant tranquillement avec sa femme, et ne se doutant nullement du malheur qui l'attend. On l'arrête, on l'enchaîne, on le traîne en prison, et on lui dit qu'il sait bien pourquoi, sans lui donner d'autre explication. L'infortuné est confronté le lendemain avec le cadavre, et frémit en voyant qu'il est accusé d'assassinat. En vain il nie, en vain il prouve qu'il n'avait aucun intérêt à commettre ce meurtre ; des témoins sont entendus ; les frères Martin soutiennent à M. Aubry lui-même qu'ils l'ont vu tuer Nicolas ; d'autres témoins répètent le propos que Nicolas a tenu avant qu'ils entendissent le coup de pistolet. Le malheureux Aubry, qui ne comprend rien à toutes ces dépositions, voit seulement que son malheur est l'ouvrage de ses deux ennemis, les seuls de tous les témoins qui disent l'avoir vu, et qui sont les plus acharnés à sa perte. Le lieutenant-criminel, homme probe et délicat, fait informer longtemps : il ne peut croire coupable un homme qu'il a estimé, et dont la réputation a toujours été intacte. Mais enfin l'affaire est claire ; voilà deux témoins qui ont vu, quarante autres témoins qui ont entendu; on ne peut se refuser à l'évidence : le crime d'Aubry est avéré; il a épuisé tous les moyens de défense que peut lui fournir son innocence, tandis que ses ennemis ont multiplié les preuves. L'infortuné Aubry est condamné à être pendu, et subit sa sentence dans la ville même où il a toujours fait briller la plus intacte probité.

» Pauvres enfants, vous versez quelques larmes! j'en suis bien aise, j'en suis enchantée; cela prouve à M. Léon que je puis raconter une histoire tout comme un autre. Mais c'est ici qu'elle devient superbe et plus difficile à croire, mon histoire. Elle est pourtant bien vraie : écoutez, écoutez.

» Par l'effet du hasard, le chirurgien de l'endroit avait fait un marché avec l'exécuteur, et l'avait même payé d'avance pour avoir le premier criminel qui tomberait entre ses mains, afin de le disséquer. Le chirurgien était justement l'ami de M. Aubry : vous jugez de sa douleur en voyant arriver chez lui le corps d'un homme qu'il estimait, et qu'il n'avait jamais pu croire coupable. Le sensible chirurgien regarde cet innocent, verse quelques larmes, et se met en devoir de le disséquer. Mais, ô surprise! un léger soupir lui annonce que l'infortuné n'est point mort. Le chirurgien appelle sa femme : Mon amie, lui dit-il, je puis le sauver; aide-moi seulement à le mettre dans ce lit, et que notre secret reste entre nous deux.

» Les soins les plus pressants sont prodigués à M. Aubry, qui, au bout de quelques jours, recouvre ses sens, et un mois après l'usage de la parole. M. Aubry ne peut rappeler sa raison; tout ce qui lui est arrivé lui paraît un songe; il regarde où il est, et se croit dans l'autre monde; mais bientôt le chirurgien et sa femme le serrent dans leurs bras ; il les reconnaît ; et, convaincu de la triste réalité, il tombe dans un délire effrayant. Peu à peu, cependant, il recouvre ses sens, remercie ses amis de leurs soins généreux, et leur jure qu'il n'est point coupable. Madame Aubry, qui pleure son mari, est avertie secrètement de se rendre chez le chirurgien; on lui recommande de la discrétion; et on la rend à son époux, qu'elle arrose de larmes. M. Aubry va de mieux en mieux ; il est enfin tout à fait rétabli. Cependant son organe est rauque, sourd et tout à fait changé ; sa tête penche sur une de ses épaules ; il est estropié pour sa vie. Mais il vit du moins, et recouvre le jour pour prouver son innocence ; c'est son dessein, c'est son projet, il y est affermi ; les amis prudents, les prières même de sa femme et de ses amis, rien ne peut l'y faire renoncer. Mes amis, leur dit-il, ce sont les frères Martin qui m'ont perdu; je veux les perdre à mon tour, et j'ai pour cela un excellent moyen : voilà huit mois que le malheur m'est arrivé; je suis bien changé, presque méconnaissable : n'importe, j'irai trouver le lieutenant-criminel, que je persiste à croire un homme droit; je lui dirai : La franchise de ma visite vous prouve mon innocence, et il me croira. J'ai d'ailleurs, je vous le répète, un moyen excellent pour confondre mes assassins.

» M. Aubry, malgré les instances de ses amis, s'habille donc un jour, attend la nuit pour traverser la ville, où personne néanmoins ne pourrait le reconnaître, et se rend seul chez le lieutenant-criminel, qu'il demande à voir. On le fait passer dans le cabinet de ce magistrat. — Me reconnaissez-vous, monsieur? lui dit Aubry en se découvrant. — Monsieur?... non... J'ai cependant quelque idée confuse... vos traits ne me sont pas étrangers. — Je suis, monsieur, le malheureux épicier Aubry. — Vous? ciel! — Oui, monsieur, moi-même. Je ne suis pas mort, comme vous voyez; j'ai eu le bonheur d'être sauvé par mon ami, et je viens vous jurer de mon innocence. — De votre innocence? C'est cependant sur des preuves bien claires que je vous ai condamné. — Je ne sais, monsieur, comment cette affaire a été conduite; j'ignore les trames qu'ont ourdies mes calomniateurs; mais je suis innocent, je vous le jure : eh! si j'étais coupable, viendrais-je m'offrir à vos regards? — Il est vrai; *(le magistrat réfléchit pendant quelques moments et ajoute :)* il est très-vrai, et je vous avoue même que c'est malgré moi que j'ai pu vous imputer un crime... Remettez-vous, brave homme, et causons. Dites-moi, dites-moi donc qui vous pouvez soupçonner de vous avoir perdu. — Les deux frères Martin; ils étaient depuis longtemps mes ennemis jurés.—A la vérité, leur déposition a été forte; mais tous les voisins qui avaient entendu Nicolas?... — Voilà où je me perds. Je ne conçois pas moi-même... Mais les frères Martin doivent connaître le fil de cette cruelle affaire. Faites-les venir chez vous, monsieur; je m'y trouverai aussi à l'heure indiquée; et caché là, derrière cette tapisserie... — Je vous entends.... Demain, à cinq heures du soir, trouvez-vous ici; ils y seront.

» M. Aubry prit congé du lieutenant-criminel, qui sur-le-champ écrivit aux frères Martin qu'ils eussent à venir lui parler le lendemain à cinq heures du soir, pour une affaire très-pressée. Ces deux misérables jouissaient en paix du fruit de leur crime. Depuis qu'ils avaient perdu l'innocent, leur commerce allait à merveille, et ils se félicitaient tous les jours du parti qu'ils avaient pris. Quand ils reçurent la lettre du magistrat, ils ne se doutèrent nullement du genre d'affaire dont il voulait leur parler; et, croyant qu'il était question de leur commerce, ils volèrent chez lui à l'heure indiquée. Le magistrat les fit entrer avec mystère dans son cabinet, en ferma soigneusement la porte; puis il leur tint ce discours, qui les surprit étrangement : Mes amis, je vous ai fait venir ici pour obtenir de vous le repos de mes nuits et de ma conscience. Depuis huit mois je suis tourmenté, depuis huit mois je ne dors plus : cet épicier Aubry, que j'ai condamné sur votre déposition à tous deux, était-il vraiment coupable? — Allons donc! s'il l'était! vous en doutez aujourd'hui? — Oui, j'en doute, et j'ai de fortes raisons pour cela. Cependant vous l'avez bien vu au moment?... — Oh! vu comme nous vous voyons. — Je suis bien tourmenté. — Qu'est-ce que cela veut dire, monsieur? Est-ce au bout de huit mois que vous devez avoir des scrupules, et nous reprocher la mort de ce scélérat? Nous avons été témoins avec les autres, et voilà tout. — Faut-il vous dire la vérité? vous allez peut-être me traiter de visionnaire; mais il n'en est pas moins vrai que toutes les nuits l'épicier Aubry m'apparaît en songe... Je le vois... il me presse... il me jure qu'il est innocent, et vous accuse tous deux. — Allons, voilà une bonne plaisanterie! (*Ils rient aux éclats.*) Ha! ha! ha! est-ce que vous croyez aux revenants, vous, monsieur? un magistrat! — Oui, messieurs, j'y crois. — Vous vous moquez. — Je ne me moque point; je vous jure que toutes les nuits je vois ce malheureux qui est blanc comme un fantôme, et qui me fait des peurs effroyables. — Mais si cela était, dit l'aîné Martin, il nous apparaîtrait aussi. — Ah! il vous apparaîtrait aussi, et pourquoi? — Mais, ajoute l'aîné Martin en se remettant, puisque c'est nous qu'il accuse de sa mort, il viendrait nous étrangler, nous tirer par les pieds, que sais-je?... Allez, allez, monsieur, contes de bonne femme! les morts sont bien morts. — Quelquefois... Mais si vous le voyiez comme moi là, que diriez-vous? — Cela ne se peut pas — J'ai idée, moi, que si nous nous mettions en prière tous les trois, son âme pourrait revenir dans cette chambre. — Oui, attendez qu'elle nous fasse ce petit plaisir-là. — Prions, mes amis, prions; rien n'est impossible à Dieu. — Mais, monsieur... — Mais, messieurs, je l'exige; que vous en coûte-t-il pour me satisfaire? Avez-vous tellement peur de revoir Aubry que vous ne puissiez comme moi supporter sa présence? — Ce n'est pas cela; mais nous ne sommes pas des enfants assez simples pour croire... — Si notre prière reste sans effet, alors je vous permets de rire de ma sotte frayeur.... Prions, mes amis, prions... Tenez, mettez-vous à genoux comme moi devant ce crucifix, et tâchons d'apaiser ensemble l'âme de ce malheureux.

» Les frères Martin se regardent en ricanant; ils haussent les épaules, et ne peuvent concevoir qu'un magistrat ait la tête si faible; enfin ils se décident à le satisfaire. Les voilà qui se mettent à deux genoux sur un tapis devant le crucifix; le lieutenant-criminel est au milieu d'eux, il s'écrie : Ame de l'infortuné Aubry, si vous êtes innocente de crime, et surtout s'il vous est permis de quitter la région des morts pour venir effrayer les vivants, venez, paraissez...

» Les frères Martin étouffent de rire en voyant que rien ne paraît. Le magistrat poursuit : Pour la seconde fois, âme du malheureux Aubry, venez confondre vos calomniateurs...

» A ces mots, Aubry lui-même, vêtu de blanc, sort de sa

retraite, et se jetant sur les frères Martin, il leur dit : Les voilà; ce sont les monstres qui m'ont perdu !... Les coupables, atterrés par ce coup imprévu, tombent la face contre terre, et ne peuvent que dire : Oui, oui, il a raison... c'est nous.... c'est moi qui ai tué Nicolas!.... Retire-toi, spectre affreux!.... ne nous entraîne pas dans les enfers!...

» Aubry se retire ; des témoins apostés secrètement tiennent note des aveux de ces misérables, qui sont livrés soudain à la justice, forcés de dire tous les détails de leur crime, et punis ainsi qu'ils l'ont mérité. Pour le pauvre M. Aubry, il reparut, fut réhabilité, et passa des jours heureux au milieu d'une famille chérie, du chirurgien et de sa femme, à qui il devait la vie.

» Voilà mon histoire, mes enfants; elle vous prouve bien que Dieu ne laisse jamais rien impuni, et que le crime est tôt ou tard, mais toujours dévoilé. »

Les enfants raisonnèrent beaucoup sur cette aventure, que la bonne Marcelle avait embellie peut-être par quelques événements presque merveilleux; ils ne purent s'empêcher de rire de la belle frayeur que dut causer aux frères Martin l'aspect imprévu d'Aubry, que plus d'un esprit fort aurait pris, comme eux, pour un revenant. Armand sourit en voyant la satisfaction qu'éprouvait la vieille Marcelle de l'impression que faisait son conte; il se promit néanmoins de ne pas donner tous les jours carrière au désir qu'elle avait de babiller; et l'on se sépara enchanté d'une soirée qui avait été si bien employée.

TRENTE-DEUXIÈME SOIRÉE.

L'INSUBORDINATION.

Ce que produit l'absence du père de famille.

Un jour tout entier se passa sans plaisirs, sans soirée agréable, en un mot, dans l'ennui le plus absolu. Nos enfants éprouvaient un vide étonnant par l'absence de leur père : ils ne pouvaient jouer; mais aussi ils ne se livraient plus à leurs travaux accoutumés; ils se promenaient, se regardaient, bâillaient et ne faisaient rien. En vain Armand voulut user de l'autorité qui lui était confiée, il n'obtint rien; l'insubordination devint au comble, et il ne put que murmurer, et se retirer chez lui pour écrire sur son journal les griefs qu'il avait à reprocher à ses frères. Ils en vinrent jusqu'à préméditer une partie de plaisir sans son aveu, sans même l'en prévenir. Ce fut Benoît qui la proposa le premier. Mes amis, dit-il, il fait un temps superbe et qui nous annonce que la journée de demain sera belle; profitons-en pour aller voir un moment le jeune Émilion. Vous vous rappelez que, l'année dernière, on nous a raconté ses aventures; je suis bien curieux de savoir s'il a retrouvé ses parents; il est si intéressant! Il ne demeure pas loin; vous savez que c'est à deux pas de la ferme des Noyers, qui est à une lieue d'ici. Allons-y. — Voilà un projet qui me plaît, dit Adèle. Oui, je suis curieuse, comme toi, de revoir ce jeune homme et sa bonne Brigitte; mais Armand viendra sans doute avec nous. — Armand! répond Benoît; oh! que non, il ne viendra pas : ne voyez-vous pas qu'il nous boude? c'est un pédant. Il s'arroge plus de droits que notre père. Ah! mon Dieu! je ne crois pas seulement qu'il soit nécessaire de lui en parler. — Non, interrompit Léon, ne lui en parlons pas : nous sommes assez grands, je crois, pour aller seuls. — Des jeunes gens comme nous, dit à son tour Jules en se quarrant, n'ont pas besoin d'un précepteur. — Mais, reprit Adèle, s'il se fâche encore de cela, et qu'il le dise à notre père... — Eh bien! repartit Benoît, notre père s'en fâchera moins que lui. Est-ce que nous pouvons être grondés pour aller voir des gens honnêtes, vertueux, que notre père lui-même nous a fait connaître? — Non. — Non. — Non. — Eh bien! voilà qui est décidé, demain matin, sur les dix heures, après le déjeuner, nous partirons tous les quatre, et nous serons revenus pour dîner. Oh! Armand sera bien fâché de n'avoir pas été avec nous! mais ça sera bien fait.

Nos quatre rebelles ayant formé ce petit projet, ne rêvent

plus que de son exécution. Quel plaisir pour eux d'être libres, sans surveillant, d'aller courir les champs, de jouer, de se promener, de faire tout ce qu'ils voudront!... Elle brille l'aurore du jour fortuné qu'ils ont choisi! On déjeune sans rien dire au sévère Armand, qui remonte chez lui, puis chacun va songer à sa petite toilette. Jules préside à celle d'Adèle, qui, déjà un peu grande, a des prétentions, et se sent beaucoup de goût pour la parure.—Je n'ai rien pour le moment, dit-elle à Jules, qui l'examine avec une sorte d'admiration, je n'ai rien à mettre sur ma tête; je resterai comme cela, coiffée en cheveux : serai-je bien? — Tu ne peux jamais être mal, lui répond Jules d'un ton galant, et surtout à mes yeux. — Oh! je sais bien que tu me trouveras toujours passable: mais ce brutal de Benoît! oh! il n'a que de mauvais compliments à me faire. — Benoît, Armand, Léon, ils sont tes frères, Adèle; et moi... — Tu es aussi mon frère par adoption. — Oh! que je suis content de ne l'être que de cette manière! — Pourquoi? — Je ne sais, mais quelque chose me dit là qu'il est plus doux d'être ton ami que ton frère. — On peut être l'un et l'autre. — J'aime mieux l'un tout seul. — Vraiment, Jules, s'il faut que je te l'avoue, je t'aime aussi plus que je n'aime Benoît, Armand, et même Léon, qui est le plus doux de mes trois frères. — Tu m'aimes comme ton ami, n'est-ce pas? — Comme... tu dis. (*Adèle rougit.*) — Jules est bien reconnaissant de sentiments si doux. — Oh! quelque jour il faudra dire cela à mon père, afin qu'il nous marie. — Qu'il nous marie, Adèle! ô mon Dieu! comme ce mot-là fait battre mon cœur! tiens, mets la main sur ma poitrine; sens-tu? tic, tac, tic, tac, tic, tac, hein? — Eh bien! c'est comme moi : c'est bien dommage que nous soyons si jeunes! — Si jeune, Adèle! eh! quand le cœur bat au seul nom du mariage, je crois qu'on est un homme. — Jules, ne parlons plus de cela : tiens, mes jambes tremblent comme si j'allais m'évanouir... Nous sommes des enfants, quoique tu soutiennes le contraire, et mon père nous objecterait notre jeunesse; il vaut mieux nous aimer sans lui en parler. — Il ne faut pas en parler non plus à Léon, à ton frère Armand, encore moins à ce jaloux de Benoît. — Oh! que non! — Tu verras néanmoins que je serai un bon mari; je serai doux, complaisant, soumis à tes moindres volontés, ainsi que tu le désirais l'année dernière, le jour où Benoît te chercha querelle pour ces cerises; tu sais bien? — Oh! oui, je me rappelle... mais je plaisantais, Jules : d'ailleurs, l'exemple de cette pauvre madame Dumont, que son mari avait réduite à être laitière pour la corriger, m'a tout à fait changée. Je pense plus que jamais que c'est à la femme à être soumise à son époux, et que la simplicité de ses goûts, aussi nécessaire que la pureté de ses mœurs, contribue beaucoup à la paix et à l'agrément du ménage. — Oh! comme c'est bien penser!... Adèle! Adèle! nous sommes faits l'un pour l'autre... — Paix, voilà Léon. Descends pour voir si Benoît est prêt.

La conversation tendre et naïve de ces deux jeunes amants se trouvant interrompue par l'arrivée imprévue de Léon, Jules descendit, et fut très-étonné de trouver, dans la cour, Benoît occupé à marchander divers objets de menues merceries qu'un marchand, portant une balle, étalait devant lui. — Que fais-tu là? lui dit assez rudement Jules; va donc t'habiller : Adèle et Léon sont prêts, ainsi que moi. Benoît, quoique éprouvant un peu d'humeur de la manière dont Jules lui parlait, sentit que la partie de plaisir valait mieux que tous les effets du marchand, et monta chez lui en murmurant. Jules est seul avec le porte-balle : Jules examine à son tour ses marchandises ; et pendant qu'il fixe un nœud de rubans orné de quelque clinquant, le marchand lui demande un verre d'eau.—Allez à la cuisine, lui répond Jules. Le marchand laisse là sa boutique ambulante, et va trouver Marcelle. Jules se rappelle que son amie, dont les aveux viennent de l'enchanter, lui a dit qu'elle n'avait rien pour mettre dans ses cheveux..... Il se dit : Mon Dieu ! comme ce nœud de rubans lui siérait bien ! S'il n'était pas cher !... Au surplus, Léon joindrait ses épargnes aux miennes... Il aime assez sa sœur... Oui; mais avant, il faut savoir si cette parure plaît à Adèle.

Il dit; et, comme un étourdi qu'il est, il prend le nœud de rubans, sans attendre le retour du marchand, et monte précipitamment à la chambre d'Adèle. Elle le voit entrer, et ses regards se portent soudain sur l'objet qu'il tient entre ses mains. — Est-ce joli, cela? lui dit Jules.—Charmant.—Eh bien ! c'est à toi. — Qui est-ce qui m'en fait présent? — Quelqu'un; enfin suffit. Il est à toi...

Adèle veut encore le questionner; mais Jules, sans lui répondre, pose lui-même le nœud sur sa tête, et l'attache à sa manière avec des épingles.

Quand celle que nous aimons est parée, on se plaît à la regarder, à la contempler, à l'admirer; c'est ce que fit Jules ; il resta, pendant quelques moments, comme en extase devant Adèle : mais bientôt se rappelant qu'il n'avait pas payé le marchand, il descendit précipitamment dans le dessein d'acquitter sa dette. Mais quelle est sa surprise ! le marchand n'est plus dans la cour.., Jules le demande à Marcelle; Marcelle lui répond qu'il est parti depuis longtemps. Jules ouvre la porte cochère, va, court de côté et d'autre, en appelant : Marchand! marchand!... Personne ne lui répond... Cet homme est tout à fait parti, et bien loin, selon toute apparence.... Il n'a donc point remarqué qu'il manque un objet dans son magasin? Et s'il s'en aperçoit tôt ou tard, il faudra bien qu'il s'en aperçoive, que dira-t-il? que pensera-t-il?... Qu'on l'a volé!... Grand Dieu! et c'est Jules qu'il accusera d'une action indigne de lui! Jules, de toutes les manières, ne peut pas manquer d'être soupçonné, accusé peut-être par le marchand, s'il revient! Oh! s'il revient, il se plaindra, redemandera le nœud de rubans, et criera qu'on le lui a pris pendant qu'il était allé calmer sa soif! Voyez pourtant comme les intentions les plus innocentes, les plus pures, peuvent être mal interprétées! Que dira Armand, que diront Benoît et Léon, que pensera Adèle elle-même? Jules la préviendra-t-il? lui retirera-t-il cet ornement qui la rend si jolie, et dont elle est si fière?... Il n'en aura jamais le courage... Cependant voilà un effet qui n'appartient pas à Adèle ni à Jules! Quelle étourderie, mon Dieu! quelle étourderie!

Jules, tout consterné, remonte chez Adèle, qu'il n'ose plus regarder. Benoît et Léon viennent les avertir qu'ils sont prêts, et que le moment est propice pour sortir sans être vus. Armand est tout enfoncé dans ses livres, et Marcelle est dans le jardin, où elle cueille quelques légumes. Partons, partons, c'est le cri général.

Jules donne la main à Adèle, Benoît et Léon les suivent; et tous quatre profitant de la liberté qu'ils ont de s'échapper, sortent, referment doucement derrière eux la porte de la rue, et courent jusqu'au bois de Châtaigniers, où ils ont joué autrefois aux quatre coins avec leur père. Là ils ne craignent plus d'être poursuivis par Armand, qui ne peut deviner d'ailleurs la route qu'ils ont prise, puisqu'il ignore qu'ils vont voir le jeune Émilion. Nos enfants s'asseyent, et se reposent pendant quelques moments. — Comme tu es belle, ma sœur! dit alors Benoît, qui n'avait pas encore fixé Adèle. Qui t'a donc donné ces beaux rubans? (*Jules rougit.*) — Dame, répond Adèle en riant, c'est mon amoureux. — C'est Jules? — Lui-même. — Oh! il est galant! Mais, dis-moi donc, Jules, c'est à ce marchand de ce matin que tu as acheté cela; je l'ai vu sur son clayon? Combien te l'a-t-il fait payer? — Pas... cher, répond Jules, en balbutiant. — Oh! rien n'est cher pour ce qu'on aime. — Pour ce qu'on aime! reprend Jules tout rouge de colère. Est-ce que j'aime Adèle, moi? Qui t'a dit que je l'aime? — Ah! tu ne l'aimes pas? c'est différent. — Je l'aime... comme vous l'aimez tous, comme un frère chérit sa sœur... — Oui, oui, comme un frère! fais-nous croire cela! Au surplus, c'est une jeune personne assez accomplie, sans doute, pour toucher... le cœur... d'un homme sensible comme toi. — Oui, sensible à tes injures surtout. Tu n'es qu'un malhonnête!.....

Adèle, qui prend beaucoup de part à cette petite rixe, se hâte de l'apaiser, et la bande joyeuse se remet en marche. Elle passe devant la grande ferme des Noyers, et là elle ne se rappelle plus le chemin qui conduit chez la bonne Brigitte. C'est la ruelle qu'il faut prendre, dit Léon. — Non, c'est le pavé, assure Benoît. — Point du tout, c'est l'allée des Marronniers, ajoute Adèle.

On demande Brigitte à des paysans; aucun ne la connaît.

Mais Émilion? — Émilion? Oh! c'est différent; ce bon enfant est assez chéri de tout le monde! Prenez la ruelle; elle conduit au village; dans la première rue, la seconde porte, c'est là que demeure Émilion.

La petite troupe remercie et prend la route indiquée. — Voyez-vous que c'est la ruelle qu'il faut prendre, dit Léon; je m'en souvenais bien, moi... On arrive enfin à la porte d'Émilion; on frappe; personne ne répond... On frappe encore; une voisine met la tête à la fenêtre : — Qui est là? que demandez-vous? — Émilion et Brigitte. — Émilion et Brigitte? ah! pardi, vous êtes bien arrivés. Est-ce que vous ignorez qu'ils sont à Paris depuis deux mois? Émilion a retrouvé son père, sa mère, toute sa famille. — Émilion est dans le sein de sa famille! Ah, mon Dieu! quel bonheur! Contez-nous donc ça...—Comment, comment, que je vous conte ça..... ici, à ma fenêtre, et vous dans la rue? est-ce que cela se peut? — Nous allons monter chez vous. — Vraiment, tout de suite, sans que je vous connaisse! Voyez donc comme ils sont sans gêne ces morveux-là!

La voisine a fermé sa fenêtre, et elle a bien fait; car nos jeunes enfants, indignés de l'épithète qu'elle leur a donnée, sont prêts à lui dire des sottises; mais elle s'est retirée, et n'a pas voulu instruire nos amis d'un événement qui pique singulièrement leur curiosité. Il faut donc se contenter de savoir qu'Émilion et Brigitte sont heureux maintenant, et retourner à la maison paternelle. Retourner! si tôt! sans avoir joui de la campagne, de la liberté qu'on a de s'y promener!... C'est bien dur; on sera grondé par Armand aussi bien pour deux heures d'absence que pour toute la journée..... Benoît le sent, et comme c'est lui qui met toujours les autres en train, il propose à ses frères de dîner sur l'herbe à frais communs. Nous avons chacun, dit-il, quelques épargnes, excepté Jules peut-être, qui se sera ruiné pour faire un cadeau à sa belle ; achetons un pâté, quelque chose, nous le mangerons dans le bois, et nous jouerons.

Tout le monde est de cet avis : on se cotise ; on remet la bourse à Benoît, qui fait emplette d'un morceau de pain et d'une volaille rôtie ; puis on revient au bois des Châtaigniers, qui offre mille sites champêtres plus agréables les uns que les autres. C'est dans un bosquet charmant et touffu, c'est près d'une source jaillissante qui alimente un petit ruisseau, que nos enfants se déterminent à mettre le couvert. La nappe leur est fournie par la nature : c'est un tapis vert émaillé de fleurs odoriférantes. Leurs doigts leur servent de couteaux, de fourchettes ; et les verres dans lesquels ils boivent l'eau limpide de la source ne sont autre chose que le chapeau de Benoît qu'on promène à la ronde. Repas simple et champêtre, dont Jules ne laisse pas que de faire les honneurs en faveur de son amie Adèle. Cette réunion leur rappela le goûter modeste que leur offrit jadis Benoît dans la forêt, où il servait de compagnon au charbonnier Lagrange, et ce souvenir fit frémir Adèle, qui craignit d'être attaquée par des voleurs, comme ils l'avaient tous été dans cette funeste forêt. Adèle ne voulut pas communiquer ses craintes à ses frères, qui se seraient moqués d'elle ; mais elle pensait que le bois des Châtaigniers était écarté, désert ; que depuis qu'ils s'étaient assis pour dîner dans ce bosquet, ils n'avaient vu passer personne : il faisait grand jour, néanmoins, et le ciel était sans nuages ; mais Adèle n'en était pas moins inquiète ; elle mangeait avec moins d'appétit que ses frères, et regardait de temps en temps autour d'elle... Qu'on juge de son effroi en voyant accourir vers elle un homme qu'elle ne connaît pas, et dont les traits, ainsi que les gestes, paraissent menaçants! Adèle jette un cri et tombe sur Jules, qui ne peut concevoir le sujet de sa terreur, attendu qu'il ne voit point l'inconnu qui est déjà derrière lui. — N'est-ce pas là le petit drôle, s'écrie l'étranger, qui m'a pris, ce matin, ma marchandise? Léon, Jules et Benoît fixent cet homme brutal, que les deux derniers reconnaissent soudain pour être le marchand de merceries... — Justement, poursuivit le marchand en fixant Adèle ; voilà mon nœud de rubans que cette petite fille a sur sa tête. Fi, que c'est vilain de tromper ainsi un pauvre malheureux qui a tant de peine à gagner sa vie!

Le marchand, en disant ces mots, se met en devoir de détacher le nœud de rubans sur la tête de la pauvre Adèle, qui tremble comme une feuille Léon et Benoît, qui ne comprennent rien à cette scène, restent tout ébahis, tandis que Jules s'empresse de faire connaître son innocence. Il dit la vérité, mais on ne le croit point. — Voilà un bon mensonge, s'écrie le marchand : il est redescendu aussitôt pour me payer! Je suis resté plus d'un gros quart d'heure à causer avec la gouvernante, qui est de mon pays. Vraiment, si je m'étais aperçu sur-le-champ du larcin qu'on m'avait fait, je ne serais pas parti sans qu'on me l'eût rendu ; mais ce n'est que bien loin après la ferme des Noyers que j'ai remarqué qu'il me manquait quelque chose : je revenais, j'allais chez vous, lorsque le hasard m'a fait vous rencontrer ici.

Jusque-là Benoît et Léon n'avaient rien dit ; mais convaincus de la vérité par les serments et les larmes de Jules, voyant, d'ailleurs, que le marchand soupçonnait toujours la probité de leur frère adoptif, ils apostrophèrent à leur tour l'étranger, qui, malhonnête et grossier, finit par les menacer de les battre tous les trois. Alors la rage s'empara du cœur de nos jeunes gens, et la bataille commença : le marchand donne un coup de poing à Jules ; Benoît lance un coup de pied au marchand ; Léon lui saute au visage, et le meurtrit de coups, tandis que Jules le tire par une jambe pour le faire tomber. Le marchand frappe à tort et à travers. Benoît enfin tire son canif, et lui en donne un coup si violent dans la cuisse, que l'insolent personnage tombe en poussant des cris aigus. Adèle, qui est presque morte de douleur pendant l'action, conseille à ses frères de fuir ; c'est ce qu'ils font tous les quatre, laissant là, sur la terre, à côté du blessé, les restes d'un dîner qui avait commencé sous des auspices plus gais et plus heureux.

Cependant le marchand a la force de se relever, de courir encore, en criant au secours, après nos fugitifs, qui, plus légers que lui, n'emportent que quelques tapes et quelques coups de poing. Nos enfants vont toujours comme le vent ; mais ô malheur ! au détour d'une allée, une brigade de maréchaussée leur barre le passage et les arrête. Leur ennemi les rejoint, raconte à son avantage le combat dans lequel il a été blessé ; et les pleurs, les gémissements de nos jeunes infortunés n'attendrissent pas leurs satellites, qui les mènent chez le juge du village même qui est le plus voisin de la maison de leur père. Là le blessé est pansé et conduit à l'hôpital : une plainte est dressée ; voilà une affaire criminelle. Quelle douleur, quels regrets pour nos enfants d'avoir entrepris une partie où ils croyaient trouver tant de plaisir !

Le juge, qui connaissait et estimait le vertueux Palamène, envoya soudain chez lui, et retint nos enfants. Palamène n'étant pas revenu, ce fut Armand qui, pâle et tout défait, se rendit chez le juge, où il trouva ses frères et sa sœur bien confus à son aspect. Le juge raconte le fait au timide Armand, et lui déclare qu'il ne peut se dispenser de renfermer les coupables dans sa prison jusqu'à l'arrivée de leur père. Armand intercède et obtient, à force de sollicitations, qu'on lui rendra sa sœur et Léon. Pour Jules et Benoît, ils resteront en prison : le premier est l'auteur de la scène, le second a blessé le marchand ; ils resteront en prison. Quelle douleur ! quelle séparation pour Jules et pour Adèle ! pour Adèle surtout, qui voit que tout ce tapage n'est venu que pour elle, que par un effet de la tendresse que lui a vouée son jeune ami ! Mais il n'y a pas moyen de faire autrement, il faut le quitter ; il faut s'arracher des bras des deux jeunes prisonniers, qui se croient perdus...—Adieu !—Allons, adieu, mon frère. — Adieu, ma sœur ; c'est pour la vie sans doute, nous ne nous reverrons plus : adieu. Voilà tout ce que ces pauvres enfants peuvent se dire.

Armand rentre à la maison paternelle avec Adèle et Léon : il est vraiment au désespoir, Armand ; pour deux jours que son père a quitté sa maison, voilà que tout y est bouleversé ! Comment Armand osera-t-il soutenir les regards de son père ? comment s'excusera-t-il de sa négligence, de son peu de surveillance ? comment fera-t-il, en un mot, pour alléger même les torts de ses frères ? car il est bon, Armand ; il voudrait, s'il était possible, désarmer la colère de Palamène et la faire retomber en entier sur lui-même. O mon Dieu ! que les enfants sont difficiles à mener ! se dit-il, et combien l'absence d'un père de famille peut occasionner de désordres chez lui !

Pendant qu'Adèle et Léon racontent en pleurant à leur frère ce qu'ils savent du commencement de la scène dont Jules et Benoît sont victimes, ceux-ci sont enfermés par l'ordre du juge dans une salle basse de sa maison, où on leur envoie du pain et de l'eau... Quelle pénitence ! comme Jules se reproche sa légèreté, son étourderie, qui troublent ainsi toute sa famille ! C'est surtout le retour de son père qu'il redoute ! Mais son père... il est juste, son père ; il sait que Jules n'a jamais déguisé la vérité : Jules lui dira tout ; Palamène verra que tous les torts sont du côté du marchand, et il vengera ses enfants. Mais en attendant le retour de Palamène, il faut souffrir, il faut rester en prison comme de vils criminels : Jules se désespère..... Pour Benoît, il est plus tranquille ; la gaieté et la tenacité de son caractère lui offrent des motifs de consolation. D'ailleurs il se fait à tout ; il se détermine à tout ce qui peut arriver, et ne voit rien que de très-légitime dans la vengeance qu'il a exercée sur un brutal qui, s'il eût été le plus fort, aurait peut-être estropié sa sœur, ses frères et lui. Benoît attend donc sans verser une larme, et calme autant qu'il le peut la douleur du pauvre Jules.

La nuit se passe, nuit cruelle pour tous nos enfants ! Le lendemain matin, Armand, Adèle et Léon sont à tenir conseil dans la cour de la maison paternelle, lorsqu'une voiture s'arrête à la porte. On sonne ; Marcelle va ouvrir. Dieu ! quelle vue tout à la fois agréable et pénible pour nos trois affligés ! C'est leur père ! il est descendu de sa voiture ; un vieillard vénérable et une jeune personne l'accompagnent. — Entrez, dit Palamène à son ami ; c'est ici mon champêtre asile ; vous allez voir mes enfants, et vous me direz si je ne suis pas le plus heureux de tous les pères.

Le plus heureux de tous les pères! comme cette exclamation fait trembler Armand, Adèle et Léon! ils volent cependant au-devant de leur père, qu'ils embrassent avec la plus tendre effusion. Palamène paraît étonné de ne point voir Benoît et Jules; il les accuse de froideur, et semble souffrir de leur peu d'empressement. Adèle et Léon versent des larmes; Armand détourne la tête: Palamène s'inquiète, il interroge son fils aîné: celui-ci demande à lui parler en particulier. Parlez librement, lui dit son père: monsieur est mon ami; rien de ce qui me touche ne peut-être un secret pour lui.

Armand raconte alors à son père le malheur qui était arrivé la veille à sa jeune famille. Armand ajoute que, jusqu'à ce moment, il n'avait eu que lieu de se louer de la docilité et de la conduite de ses frères. Armand ne veut pas aggraver encore, par de justes plaintes, la peine que ses frères éprouvent; il pense qu'ils sont assez punis par ce qui leur arrive, et veut leur ménager au moins en entier l'amitié et la protection de leur père. Palamène, à ce récit, croise ses mains sur sa poitrine, enfonce sa tête dans son estomac, et reste immobile pendant quelques minutes... Bientôt il reprend sa sérénité.—Allez, mon fils, dit-il à Armand; allez faire préparer des logements pour mon ami et pour sa fille. — Mon père... — Allez, mon fils; bientôt vous connaîtrez mes intentions.

Adèle et Léon suivent Armand, et évitent ainsi la présence de Palamène, dont ils ne peuvent soutenir les regards sévères. Palamène fait entrer le vieillard et sa fille dans la maison; on leur sert à déjeuner. Palamène parle de choses indifférentes, remet en place les effets qui sont dans sa valise, puis il sort après avoir parlé bas à l'oreille de son ami. Il sort, Palamène; où va-t-il? Pères de famille qui me lisez, vous vous doutez qu'il vole au secours de ses enfants!

C'est en effet chez le juge que se rend l'affligé Palamène. Il lui parle longtemps en particulier, puis tous deux se rendent à l'hôpital pour y interroger le marchand, qui est déjà presque rétabli : sa blessure n'était pas considérable; cet homme méchant avait seulement exagéré son mal pour se faire donner de gros dommages et intérêts. Palamène et ce juge, fort mécontents de cet homme brutal, reviennent, et se font ouvrir la salle basse où gémissent les deux petits prisonniers... Quel moment pour ceux-ci! la tête de Méduse n'a jamais pétrifié avec autant de rapidité que l'aspect imprévu de Palamène fit d'impression sur ses deux enfants! Benoît détourne la tête, et Jules verse un torrent de larmes. Son père, attendri, s'empresse de les essuyer, et s'asseyant près de lui, il lui demande l'explication de la rixe qui s'est élevée entre le marchand et lui... Mon père, lui dit en sanglotant le sensible Jules, pardonnez-moi, oh! pardonnez-moi si j'ose vous faire un aveu, un aveu qui expliquera mon étourderie, et pourra peut-être m'excuser d'une manière à vos yeux, en aggravant mes torts d'un autre côté. Je ne suis qu'un malheureux orphelin dont vous avez daigné prendre soin, que vous avez eu la bonté de joindre à vos fils, de traiter comme votre enfant: eh bien! j'aime Adèle, je brûle pour cette jeune personne qui me paraît le chef-d'œuvre de la nature et votre plus bel ouvrage.

Palamène se hâte de l'interrompre : Parlez, Jules, lui dit-il, parlez: ce n'est point là ce que je vous demandais; parlez. —

Hier matin, mon père, dans l'intention de parer celle que j'aime, je porte chez elle un nœud de rubans pour lui demander s'il lui plaît, bien décidé à descendre tout de suite pour le payer au marchand, qui s'était arrêté à causer avec Marcelle. Je ne sais comment cela se fait; le temps s'écoule, le marchand s'en va, et le méchant a la bassesse de m'accuser d'un larcin... D'un larcin, grand Dieu!... Vous savez, mon père, si j'ai jamais manifesté à vos yeux des dispositions aussi viles pour le crime! Voilà la vérité, mon père, l'exacte vérité: ce marchand a voulu nous battre; nous nous sommes défendus; et monsieur le juge, que voilà, nous a mis en prison. Faut-il donc porter des fers quand on ne les a pas mérités?

Palamène ne peut s'empêcher de sourire de cette exclamation romantique de son fils adoptif; il serra Jules dans ses bras, lança un regard courroucé à Benoît, qui s'était tu pendant les explications de Jules, et sortit avec le juge, sans prononcer une parole qui pût faire espérer aux deux prisonniers qu'il allait abréger leur détention. Au bout d'une heure le juge lui-même vint les chercher pour les rendre à leur père, qui les emmena chez lui sans répondre à leurs remercîments ni sans chercher à réprimer les transports de leur joie.

Palamène connaissait assez les divers caractères de ses enfants pour être sûr que Jules ne lui en avait point imposé. Il voyait dans tout cela de l'étourderie, beaucoup d'étourderie, sans doute, mais de la délicatesse dans Jules, et de la bravoure dans tous ses fils, qui avaient été maltraités par un homme grossier et sans éducation. Il avait assez de crédit pour obtenir du juge que cette affaire en restât là; c'était d'ailleurs une espiéglerie d'écoliers, qui, dans aucun cas, ne pouvait armer la sévérité des lois. Le marchand reçut quelque argent, la plainte fut déchirée, et tout rentra, chez le bon père, dans l'ordre accoutumé. Cependant les enfants étaient coupables d'être sortis sans la permission de leur frère; ils n'étaient pas heureux dans leurs courses vagabondes, et cela pouvait leur servir de leçon. Palamène voyait bien aussi que son fils aîné dissimulait les plaintes qu'il pouvait avoir à faire sur ses frères, et Palamène ne voulait pas les exciter les uns contre les autres; il admira le bon cœur de son Armand, et se promit de donner encore une forte correction à Benoît, qui dérangeait toujours les autres, qui d'ailleurs était taquin et obstiné : tous les mauvais conseils venaient de lui; il était toujours l'auteur des fautes de ses frères; cet enfant était vraiment incorrigible... Quant à l'amour de Jules pour Adèle, il ne pouvait blesser Palamène, qui dès longtemps avait prémédité un hymen assorti entre ces deux enfants: mais ils étaient bien jeunes encore, il fallait attendre et permettre qu'ils s'aimassent. Mais pour réprimer la violence d'un passion naissante qui pourrait un jour les porter à des excès nuisibles aux mœurs, Palamène se promettait de les surveiller, et d'empêcher qu'ils eussent trop facilement les occasions de se voir, de se parler en tête à tête. Palamène voulait opposer à leur intelligence une juste rigueur, sans cependant leur ôter l'espoir d'être unis, ou la certitude que leur amour ne déplaisait point à leur père. C'était un juste milieu à saisir, et Palamène était bien en état de mettre une nuance raisonnable à sa sévérité. Laissons-le agir avec confiance; il sait ce qu'il fait, et nous apprendra peut-être ce que nous devons faire dans une position semblable à la sienne.

Palamène revint donc chez lui avec ses deux enfants, qui

furent fêtés, embrassés, caressés par Armand, Adèle et Léon, avec l'effusion de tendresse qu'on peut attendre de ces bons cœurs. Palamène remonta bientôt dans son cabinet, où il fit venir Armand. Mon fils, lui dit-il sans courroux comme sans faiblesse, je vous avais confié cette maison; je vous avais remis tous mes droits sur vos frères : je me flattais d'être remplacé par vous; je croyais qu'à votre âge, avec votre caractère grave et réservé, avec les connaissances, l'instruction que vous avez, et mes leçons surtout, vous auriez assez de poids, assez d'ordre, assez d'intelligence pour surveiller, pour maintenir, pour régler la conduite de quatre enfants qui sont plus jeunes et plus légers que vous. Je pars dans cette confiance; je suis trois jours absent, et pendant ce court laps de temps tout se bouleverse ici, tout est en guerre, en désordre : je rentre, tout le monde est dans les larmes; mes enfants ont été maltraités et ont maltraité; deux d'entre eux sont détenus sur des soupçons qui font rougir le front d'un père? Que faut-il que je pense de vous, mon fils? Faut-il que je vous accorde encore le jugement, la raison, la précoce maturité de l'âge que je vous avais supposés jusqu'à présent? Faut-il que je vous entende encore, de sang-froid, parler d'établissement, d'état, de mariage même? et ne dois-je pas vous imposer silence, comme si j'entendais parler Léon, votre jeune frère, plutôt que de vous écouter? Mon fils, quiconque ne sait pas seconder son vieux père, partager les travaux de sa maison, n'est pas digne d'avoir une maison, un établissement à lui. C'est dans la maison paternelle qu'on s'essaye dans les vertus laborieuses et surveillantes qui doivent un jour faire de nous un chef de maison, un père de famille estimable : celui-là est encore un enfant qui ne sait pas maintenir des enfants. Voilà, mon fils, l'opinion que votre négligence, pendant mon absence, me fait prendre de vous, et j'espère que vous n'avez pas assez d'amour-propre pour ne pas sentir que vous la méritez. — Mon père..... — Ne cherchez point à vous excuser, mon fils; je vous répète que mon opinion est maintenant formée sur vous, et qu'il n'y a qu'une longue suite de preuves de la solidité de votre caractère qui puisse m'en faire changer. Allez, mon fils; je ne vous imposerai point de corrections, de peines, de pénitences comme à un enfant; la honte que vous devez éprouver d'avoir perdu la confiance de votre père doit suffire pour vous punir, et pour vous engager à faire tous vos efforts pour la mériter de nouveau. Allez, mon fils, et signifiez à votre frère Benoît qu'il ait à se préparer à partir demain matin pour une pension où je vais le mettre et où vous le conduirez. — Quoi! mon père?..... — Point de questions, mon fils; faites ce que je vous dis.

Armand, tout rouge de honte et de regrets, va trouver Benoît, à qui il fait part devant Adèle, Jules et Léon, de l'ordre que son père lui a donné, de le conduire demain dans une pension. Dans une pension! A ce mot, tout le monde est atterré, excepté Benoît, qui dit en se mordant les lèvres : En vérité, mon père est bien injuste; il m'accuse toujours des torts de tous les autres. O mon Dieu! c'est moi qui fais tout le mal ici; je suis le plus mauvais sujet de la famille. Voilà ce que c'est que des pères qui ont des préférences, qui détestent un seul de leurs enfants pour gâter tous les autres! Il veut que j'aille en pension : eh bien! j'irai; ne me voilà-t-il pas bien malade? Il pourra choyer son Léon tout à son aise. Dame! il fait des vers, lui, c'est un génie : moi, je ne suis qu'une bête; mais il verra un jour que je n'ai pas le plus mauvais cœur de tous ses enfants...

Léon, qui se trouve apostrophé sans sujet, loin de se fâcher, s'approche pour consoler son frère. Ce bon enfant sent qu'il est permis à un infortuné d'avoir de l'humeur; et sans calculer si son frère est jaloux, méchant ou non, il lui dit : Tu m'en veux, Benoît? tu as bien tort : personne ne t'aime ici plus tendrement que moi; personne ne te plaint avec plus de sincérité! S'il dépendait de moi de changer ton sort; si je savais qu'en me jetant aux genoux de mon père je puisse adoucir sa rigueur, tu m'y verrais sur-le-champ prosterné; mais, mon ami, tu connais comme moi son caractère sévère et inflexible. Il a décidé qu'il se séparerait de toi, qu'il t'arracherait à nos embrassements, nous ne pourrons plus rien sur son cœur. O mon pauvre Benoît! il faut te résigner et obéir. — Me résigner! obéir! cela est bien aisé à dire, à toi qui es l'enfant chéri de la maison.... Mais, au surplus, ne croyez pas, mes frères, que cela me chagrine autant que vous le pensez : mon Dieu, je serai plus heureux; je ne me verrai plus sans cesse en butte aux reproches, aux duretés; je ne serai plus le plastron de la maison. Et t'a-t-il dit, Armand, en quel endroit est cette pension? — Non, et je n'ai pas osé le lui demander. — Ça m'est égal; je voudrais qu'elle fût bien loin, bien loin; cela ferait que je serais plus étranger au tableau de la félicité des autres.

Benoît, comme l'on voit, paraissait tout consolé, quoiqu'il souffrît beaucoup intérieurement. C'était surtout dans cette occasion que son caractère jaloux et méchant paraissait au grand jour. Il repoussait les caresses de ses frères, et leur disait des duretés au moment où ils lui donnaient tous des marques de leur tendresse. Le dépit entrait aussi pour beaucoup dans l'aigreur de ses plaintes. Il se voyait arraché seul à une famille dont il se croyait l'enfant le plus aimable; il se regardait comme une victime sacrifiée aux préférences que son père avait pour ses frères et sa sœur : il affectait de la résignation, mais il était bien loin d'en avoir.

Benoît s'arracha bientôt des bras de ses consolateurs; il monta chez lui, fit son petit paquet, et descendit pour dîner. Palamène était assis entre son ami et la jeune personne qu'il avait amenée. Palamène ne parla de rien à Benoît; il affecta même de le traiter avec plus d'amitié que ses autres enfants. Benoît en fut si surpris, qu'il crut un moment qu'Armand l'avait abusé en lui parlant de pension; mais il fut bientôt cruellement désabusé : le dîner fini, Palamène dit en se levant de table : A ce soir, mes enfants, sur la terrasse; mon ami nous racontera une aventure singulière, et qui lui est arrivée. Je ne serai pas fâché que Benoît l'entende, et jouisse, pour la dernière fois, du plaisir de nos soirées, avant de partir pour sa pension.

Benoît devient rouge, le cœur lui bat, il est prêt à tomber en faiblesse. Adèle, qui s'aperçoit de son état, vole à lui, le soutient jusqu'à la chambre commune, où chacun doit se livrer à ses études, et la journée se passe dans la douleur, comme elle a commencé.

TRENTE-TROISIÈME SOIRÉE.

LA VIOLENCE.

La Chapelle Saint-Léonard.

Le soir, tout le monde se réunit tristement sur la terrasse. Palamène s'apercevant, d'une part, de l'affliction de Benoît, et, de l'autre, de l'intérêt que ses frères prenaient à cet enfant incorrigible, voulut faire diversion à la douleur générale. Vous voyez, mes enfants, leur dit-il quand ils furent tous placés, vous voyez ce vieillard vénérable : eh bien ! embrassez-le, mes enfants, c'est mon bienfaiteur Delacour, et voilà sa fille, l'aimable Henriette.

Les enfants, étonnés, volent dans les bras de M. Delacour,

qui les embrasse l'un après l'autre ; et le jeune Armand jette, en passant, sur la belle Henriette un regard qui fait baisser les yeux à cette jeune personne, et qui le fait rougir lui-même sans qu'il puisse en deviner la raison. A peine Armand avait-il, dans le cours de la journée, remarqué Henriette, dont il ignorait l'état et la famille. Maintenant qu'il sait qu'elle est la fille du bienfaiteur de son père, il s'intéresse davantage à cette aimable enfant, et sa vue fait sur son cœur la plus profonde impression. Il se remet à sa place, mais troublé, mais ému; et le trait qui vient de le blesser va rester, pour la vie, enfoncé dans son cœur. Palamène continue : « Oui, mes enfants; le voilà cet homme, cet estimable Delacour, à qui je dois ma petite fortune et le bonheur d'avoir été époux et père. Vous êtes sans doute curieux de savoir comment j'ai eu le bonheur de le déterminer à venir ici? je vais vous le dire en peu de mots.

« Je partis, il y a trois jours, pour Paris, ainsi que vous le savez tous, muni des vingt mille francs que je voulais, que je devais rendre à la bienfaisance indigente. Arrivé dans cette grande ville, je me fais conduire rue du Faubourg-Saint-Denis, numéro 30, chez M. Berthier, négociant. Il était environ neuf heures du soir : M. Berthier allait se mettre à table avec sa famille. Je demande à lui parler en particulier. — Monsieur, lui dis-je, est-ce bien vous qui m'avez écrit cette lettre? — Oui, monsieur, c'est bien moi; mais vous... seriez-vous?... — Palamène, l'agriculteur, qui doit tout à M. Delacour, votre ami. — Ah! monsieur... Oui, il est bien mon ami, cet infortuné Delacour; il est bien mon ami! Vous venez sans doute.... — Je viens pour lui restituer ce qu'il a bien voulu me donner. — — Quoi! monsieur, les vingt mille francs! Oh! c'est trop, c'est trop, homme sensible et délicat. Vous ne pouvez sans doute rendre cette somme sans vous gêner vous-même ; ce n'est point là le but de la probité, il ne faut jamais qu'elle nous nuise. Des secours, des secours seulement, voilà tout ce que je vous demandais. — Rassurez-vous, monsieur, cela peut me gêner, mais heureusement cela ne me ruine point. — Non, non, je n'entends pas, je ne prétends pas que vous vous dépouilliez ainsi. Vous avez des enfants, d'ailleurs; je sais que vous avez des enfants. C'est leur héritage : oui, la somme est trop forte. Au surplus, monsieur, puisque vous êtes descendu chez moi, j'espère que vous ne chercherez pas un autre asile. Mettez-vous à table sans façon avec nous; demain nous conviendrons de ce que nous devrons faire et pour secourir notre ami, et pour ménager sa délicatesse; car il en a beaucoup...

» Je suivis M. Berthier dans sa salle, derrière sa boutique, où je trouvai une femme âgée et quatre jeunes enfants : Voilà sans doute votre famille? dis-je tout bas à mon hôte. — Oui, monsieur, me répondit-il; oui, c'est bien là ma famille, quoique mon épouse, que vous voyez, et moi, nous n'ayons jamais eu d'enfants. — Ceux-ci ?... — Pouvez-vous le demander ? ceux-ci sont à ce pauvre Delacour. Il demeure ici, là-haut; je lui ai donné un petit logement chez moi. Tous les jours je lui envoie sa nourriture, et j'ai ses enfants à ma table. — Brave homme! — L'aînée n'est pas là?... — Non; elle n'est point là, l'aînée. Vous allez la voir descendre. Rien n'est aimable comme Henriette, rien n'est estimable comme cette jeune personne; c'est, si je puis le dire, l'ange gardien de son père. A seize ans, elle réunit toutes les grâces de la beauté à toutes les qualités du cœur. Oh! tenez, la voici.

» Henriette parut en effet, et je l'admirai avec l'intérêt que vous partagez sans doute avec moi en ce moment, mes enfants; car vous la voyez, devant vous, à côté de son respectable père. »

Les enfants fixèrent Henriette, qui rougit, et le jeune Armand ne put retenir cette exclamation : Dieu! qu'elle est belle!... Palamène regarda son fils aîné avec un sentiment spontané de satisfaction, puis il continua ainsi :

« Henriette parut un moment étonnée en trouvant un étranger. Soupe-t-il? lui demanda doucement M. Berthier. — Il a soupé, répondit Henriette, maintenant il repose. — Comment, dis-je tout bas à mon hôte, ne l'engagez-vous pas à descendre avec ses enfants? — Il est indisposé depuis quelques jours, me répondit M. Berthier : il a tant d'infirmités!

» Nous soupâmes à notre tour, et j'eus tout lieu, pendant le repas, d'admirer l'esprit et les grâces d'Henriette, ainsi que les soins hospitaliers de M. Berthier envers les cinq enfants de son ami, dont le plus jeune pouvait avoir dix ans. Nous n'avions parlé de rien : les enfants se retirèrent sans savoir qui j'étais, et je restai seul avec mon hôte et son épouse : tous trois nous tînmes conseil, et il fut décidé, d'après les fortes raisons de M. Berthier, que le lendemain matin nous monterions ensemble chez M. Delacour, et que je me ferais connaître à cet infortuné. C'est ce que nous fîmes le lendemain matin, aussitôt qu'Henriette fut venue nous dire que le vieillard avait bien reposé, et qu'il était éveillé. Nous montâmes nous deux chez M. Delacour, et je fus pénétré de douleur en entrant dans une espèce de grenier, où je vis mon estimable bienfaiteur étendu sur une espèce de grabat, entouré de ses cinq enfants, qui lui prodiguaient les soins les plus tendres. — Mon cher Delacour, lui dit M. Berthier en lui tendant la main, je vous amène un de vos anciens amis. — Qui? monsieur? je n'ai pas l'honneur de le reconnaître. — Rappelez-vous ses traits. — Ils me sont absolument inconnus. — Vous vous souvenez sans doute d'un jeune laboureur... il y a environ trente ans... dans la forêt des Six-Routes... à vingt lieues d'ici... vous fîtes son bonheur en lui donnant une somme d'argent... Palamène, c'était son nom; allons, remettez-vous. — Ah! vraiment, j'avais oublié cela... Comment, ce jeune Palamène qui m'intéressa tant, ce serait monsieur? — Moi-même, homme généreux, m'écriai-je; et je viens vous offrir mes consolations, et tous les faibles services que l'on doit attendre de la reconnaissance. — Monsieur, je vous remercie... je n'ai besoin de rien pour moi. — Pour vous, je le crois, vous avez un ami tendre en M. Berthier, mais vos enfants? — Ah! vous me percez l'âme!... mes pauvres enfants! — Eh bien! eh bien! vos enfants; on peut être leur second père; on peut vous aider dans leur éducation. — Qu'est-ce que cela veut dire, monsieur? Vous êtes-vous imaginé, lorsque j'ai eu le bonheur de vous rendre service, que j'aurais la bassesse de vous demander la restitution d'un bien qui était à vous, puisque je vous l'avais donné? — Ce n'est pas cela, monsieur; mais, de même que vous m'avez secouru, parce que vous le pouviez alors, je vous prie aujourd'hui de me permettre de vous prêter de l'argent, attendu que je le puis. — Ah! monsieur... je suis bien éloigné de rougir de votre offre généreuse; mais combien elle rend ma situation pénible! combien elle rend mes malheurs plus douloureux à mon souvenir!

» M. Delacour versa des larmes; et voyant que ma présence

semblait l'affecter, je pris le parti de le quitter, en lui promettant de revenir le voir dans la journée. — Vous voyez, me dit M. Berthier quand nous fûmes seuls, vous voyez combien il a conservé de délicatesse et de fierté au milieu de ses adversités! — Il a donc éprouvé bien des malheurs? — Oh! des malheurs singuliers, inouïs, qu'il vous racontera sans doute. — Mon Dieu, que faire pour le secourir malgré lui? — Je ne sais... moi, je ne suis pas fortuné : je me chargerais bien d'un ou de deux de ses garçons; mais pour les autres enfants et lui-même, je ne puis rien.

— Attendez, monsieur Berthier, vous me donnez une idée. Oui, je crois qu'il ne peut se refuser à cette proposition. — Laquelle? — J'ai une habitation champêtre assez spacieuse, quoique ce soit une véritable chaumière. Qu'il vienne y finir ses jours avec moi, au milieu de ma famille. J'emmènerai la belle Henriette avec nous, afin que ce vieillard ait toujours les consolations de la piété filiale, et je vous payerai annuellement la pension des quatre autres enfants, que je vous prierai de gardez chez vous. — Vous vous moquez, mon ami, en me parlant de pension; donnez-moi seulement une somme quelconque pour leur établissement futur, et je me charge de leur apprendre mon commerce.

» Cet arrangement étant pris, je prie M. Berthier de monter chez le vieillard, et de le lui proposer avec tous les ménagements, toute l'adresse dont il était capable. Il descendit une heure après. — J'ai réussi, me cria-t-il de loin; mais j'ai eu bien de la peine. — En vérité! — Ce bon vieillard ne voulait pas me quitter; il pleurait; nous pleurions ensemble : j'ai été obligé de lui faire sentir que la gêne que j'éprouvais ne me permettait pas de lui être utile plus longtemps; il a cru qu'il m'était à charge, et s'est décidé. C'était le seul moyen que j'eusse à prendre: c'est en blessant sa délicatesse même qu'il m'a fallu tromper sa délicatesse. Ainsi vous partirez quand vous voudrez avec Delacour et son Henriette, qui est très-contente de ce changement, et à qui votre air, vos manières, votre franchise, inspirent le plus profond respect et la plus grande confiance.

» Nous réglâmes ensemble nos affaires d'intérêt. M. Berthier ne voulut jamais accepter plus de huit mille francs que je lui laissai, c'est-à-dire deux mille francs pour chacun des quatre enfants, qu'il garda et promit d'établir. Il tiendra parole; oh! il tiendra parole; c'est le plus honnête homme que je connaisse!... Delacour était en état de supporter la voiture; nous partîmes avec l'aimable Henriette, non sans avoir souffert d'une séparation cruelle entre deux anciens amis, comme entre ce bon père et ses quatre enfants, qui pleurèrent amèrement. Le voilà, mes amis, le voilà, ce respectable vieillard; voilà son adorable fille. Tous deux vont maintenant habiter cette maison : tous deux vont ajouter au charme de notre intérieur : je n'ai pas besoin de vous recommander le respect, les égards, les soins et la tendresse qu'on doit à leurs vertus, à leurs malheurs. »

Tous les enfants promirent à leur père de seconder sa vigilante amitié pour ces deux êtres intéressants, et ils serrèrent de nouveau dans leurs bras le bon Delacour, qui versa des larmes d'attendrissement, et remercia le ciel d'avoir ménagé à ses vieux jours une retraite aussi paisible, aussi agréable. Maintenant, dit Palamène, que cette scène avait trop attendri, je vais le laisser parler lui-même; je vais l'engager à vous raconter des malheurs dont je n'ai su qu'une partie, et qui l'ont conduit à l'état douloureux dont j'ai eu le bonheur de le retirer. Racontez-nous vos aventures, mon ami, et souhaitons tous deux qu'elles soient utiles à ces jeunes gens qui vont vous écouter avec attention.

Tout le monde se rapprocha de M. Delacour, qui avait la voix un peu faible. Armand, voyant un jour entre la chaise d'Henriette et celle d'Adèle, vint y placer son siége, et se trouva naturellement près de celle qui commençait à faire déjà une révolution singulière dans tout son être. On fit le plus grand silence, et le vieillard commença son récit en ces termes :

« J'ai eu des torts, mes amis!... Ma jeunesse a été marquée par des erreurs, plus que des erreurs, hélas ! Je m'en suis repenti ; mais la justice divine devait m'en punir tôt ou tard, et ce n'est que d'aujourd'hui qu'elle se lasse de me persécuter. Mon berceau fut les Cévennes : je suis né dans un petit bourg du Vivarais, près du mont Gerbier-le-Doux, à deux pas de la source de la Loire. Mon père était un des plus riches propriétaires du Languedoc, quoique né dans la classe qu'on appelait alors roturière. Il occupait une maison de plaisance assez belle, mais qui lui était venue d'héritage, ainsi que ses autres biens. Mon père, élevé, pour ainsi dire, dans les montagnes, avait un caractère dur, âpre et sévère ; mais il était bon, confiant, et surtout tendre et indulgent pour ses enfants. Il était resté veuf de bonne heure, et ne s'était occupé uniquement que de l'éducation de trois fils qu'il avait, dont j'étais le plus jeune. Mon père était généreux et hospitalier ; il s'appliquait à l'art médicinal, et composait lui-même avec des drogues des plantes qu'il allait chercher dans les montagnes. Mon père se plaisait à guérir les maux des pauvres habitants de ces mêmes montagnes ;

et, comme il était dégagé de tout préjugé, il nous laissait tout jeunes, mes frères et moi, courir, jouer avec les enfants des indigents qu'il soulageait. La fréquentation de ces montagnards, peu policés pour la plupart, m'avait rendu brusque, vif, emporté, violent même : je ne pouvais souffrir une injustice, et je savais user de ma force pour m'en faire justice sur-le-champ moi-même. Mon père s'apercevait bien que j'étais plus difficile à mener que mes frères ; mais il se flattait que l'âge, l'instruction et ses conseils adouciraient mon petit caractère, qui n'était pas doux du tout.

» Un jour que je jouais avec mes deux frères (pardon si je vous ennuie des détails de mon enfance, mais ils sont nécessaires pour me conduire à de plus grands événements), un jour, dis-je, que je jouais avec mes frères, nommés Saturnin et Léonard; je ne sais sur quelles vétilles nous nous fâchâmes, au point que les coups de pied et les coups de poing volèrent en moins d'une minute. J'étais le plus fort, quoique le plus jeune et le plus petit; je terrassai le pauvre Léonard avec tant de vigueur, que le malheureux enfant se cassa la jambe sur une pierre portée à faux. A peine fus-je certain de l'accident dont je venais d'être la cause, que je remplis l'air de mes cris. Saturnin, mon frère aîné, m'accusait de ce malheur ; mais je m'en accusais moi-même d'une manière si douloureuse, que nous nous réunîmes bientôt, Saturnin et moi, pour chercher ensemble et sans aigreur, les moyens d'apprendre cet événement à notre père, et de transporter le blessé chez nous. Il fut convenu entre nous (le malade lui-même eut la délicatesse de nous promettre d'appuyer ce mensonge), il fut convenu que nous dirions à M. Delacour que Léonard, se promenant tranquillement avec nous, était tombé dans un précipice dont nous avions eu bien de la peine à le tirer. Mais il fallait le transporter, et nous n'avions personne là qui fût assez obligeant pour nous y aider; nous prîmes le parti de le porter nous-mêmes. Saturnin se chargea de le prendre par les cuisses, et moi je lui soutins la tête pendant plus d'une demi-lieue que nous avions à faire jusqu'à notre maison. Jugez de la douleur qu'éprouvait ce petit malheureux, dont la jambe cassée pendait tout le long du chemin!

» Mon père, désespéré, eut l'air de ne point croire au rapport que nous lui fîmes; il me lança même un regard si sévère, que la rougeur qui couvrait mon front suffit pour lui faire deviner l'auteur de cet accident: il connaissait d'ailleurs ma vivacité et mes emportements. Ce malheureux père qui, comme je vous l'ai déjà dit, je crois, se mêlait de l'art de guérir, prodigua tous les secours possibles au petit Léonard, pour lequel il avait autant de tendresse que pour ses deux autres enfants; et le lendemain matin il me tint cet étrange discours: Charles, vous êtes un misérable que je dois repousser de mon sein paternel. J'ai tiré du blessé la vérité sur votre compte: vous êtes cause du plus grand des malheurs dans ma maison. Puisque vous avez la rusticité, les manières brusques et le caractère brutal des petits paysans des montagnes, vous êtes fait pour vivre avec eux. Allez les trouver. J'ai prié Pierre, le nourrisseur de bestiaux, de vous prendre chez lui; vous garderez ses troupeaux: on va vous mener sur-le-champ à sa chaumière.

» J'eus beau crier, pleurer, protester qu'il n'y avait point de ma faute dans tout cela, mon père fut inflexible. Un domestique m'accompagna jusqu'au mont Gerbier, où il me livra à un paysan grossier, qui soudain me donna l'occupation la plus vile et la plus dégoûtante. Pour le coup je me laissai entraîner à tous les mouvements de rage et d'indignation qui agitèrent mon cœur. Je traitai mon père d'égoïste, d'homme dur, inhumain ; et je me promis de me venger de la haine qu'il me portait sur mes deux frères, auxquels il accordait une préférence que je trouvais injuste. Puisque je suis un paysan, un manant, me dis-je, je le serai tout à fait ; on verra que je saurai profiter de la belle éducation qu'on me donne. Tous les projets les plus bizarres me passèrent par la tête, et je m'arrêtai à celui-ci. J'avais quatorze ans, dix mois de moins que Léonard, et j'étais déjà fort pour mon âge. Pierre, le maître qu'on m'avait donné, avait une fille de seize ans, nommée Marguerite. Feignons, me dis-je, l'amour le plus violent pour Marguerite, et le plus vif désir de l'épouser : mon père est orgueilleux ; cet amour et ce désir de mariage l'humilieront ; il sentira qu'il a eu tort de me confondre avec des manants, et nous verrons s'il me retirera de leur triste société.

» Concevez-vous un pareil projet ? était-il digne d'une tête folle, maligne et inconséquente, qui s'apprêtait une punition terrible en croyant punir le plus tendre et le plus délicat de tous les pères ?... Dès ce moment j'affectai les soins les plus pressants auprès de Marguerite, qui, sotte et coquette, eut la folie de répondre à la tendresse feinte d'un enfant. Le père s'aperçut de notre amour ; il voulut s'en fâcher ; je lui témoignai alors le désir que j'avais d'épouser sa fille. Pierre, croyant entrevoir dans cet hymen beaucoup d'honneur et une grande fortune, m'encouragea, et ne me parla plus que son bonnet à la main ; c'était ce que je demandais : on me respectait, on ne me donnait plus de gros ouvrages, je ne faisais rien, et je riais tout bas de la surprise et de la colère de mon père lorsqu'il apprendrait ma liaison et mes vœux. Cela arriva à la fin : il y avait six mois que j'étais chez Pierre; je n'avais pas vu mon père depuis ce temps; on ne m'avait même donné aucune nouvelle de la maison. Un jour M. Delacour se présente avec Saturnin, son fils aîné. Tous deux sont abattus, leurs yeux sont remplis de larmes : Eh bien ! monsieur, me dit mon père, vous m'avez privé d'un fils ; Léonard n'est plus. — Léonard?... — La gangrène s'est mise dans sa plaie... L'infortuné est mort avant-hier dans nos bras. Petit monstre! quel crime avez-vous commis!... c'est vous qui avez tué votre frère. — Est-ce ma faute? — Comment! ce sont là les regrets que vous en témoignez? Allez, que je ne vous revoie jamais; votre vue accroîtrait mon tourment. — O mon Dieu, je ne demande plus à rentrer chez vous; je suis devenu amoureux de Marguerite, et je vais l'épouser. — Quel conte me faites-vous là? — Ce n'est point un conte, monsieur. J'aime comme un fou la fille de Pierre, et je ne demande qu'à être son mari. — Il est bien question de pareilles folies dans un moment... — Folies si vous voulez ; mais je veux être paysan et l'époux de Marguerite. — Soyez ce qu'il vous plaira, petit mauvais sujet; je ne me mêle plus de vous; vous pouvez faire tout ce que vous voudrez.

» Mon père et Saturnin me quittent à ces mots, et me laissent fort étonné. La ruse que j'avais employée ne produisait pas l'effet que j'en attendais. Au lieu de me gronder, de me retirer de chez Pierre pour m'empêcher de faire une étourderie, de déshonorer ma famille, on m'accordait tout ce que je prétextais désirer, et l'on ne voulait plus entendre parler de moi ! Que devais-je faire à présent? Me fallait-il continuer de soupirer auprès de Marguerite? me proposais-je sérieusement de l'épouser un jour? Cela ne se pouvait pas : d'abord en ce que j'étais encore trop jeune; en second lieu, parce que je ne trouvais rien de plus haïssable que cette grosse fille..... Que faire?.....

» Je passe quelques jours dans les regrets et dans la douleur. Le souvenir de la mort du pauvre Léonard vient m'arracher des larmes. Mes nuits ne sont remplies que de rêves funestes, où je vois cet enfant me tendre les bras, m'accuser de sa mort. Je me reporte au moment où ma brutalité le fait tomber sur cette pierre fatale qui lui cause une blessure mortelle..... Je ne pense plus à rien qu'à mes fautes, je pleure, et me promets de les expier par une pénitence austère, en me jetant dans le premier couvent que je rencontrerai sur ma route. Je dis sur ma route, car je me propose de fuir, et je fuis en effet la chaumière de Pierre et de Marguerite, que je laisse sans doute fort étonnés, et désabusés sur ma fausse passion. Me voilà donc parti un soir, sans argent, sans ressources et presque sans vêtements. La détresse de ma situation me suggère d'abord l'idée d'aller me jeter aux genoux de mon père, d'implorer mon pardon et le retour de sa tendresse; mais je pense que je l'ai, sans le vouloir, privé d'un fils; que ce père malheureux me déteste, et qu'en supposant qu'il me souffre chez lui, j'aurai sans cesse sous les yeux le tableau déchirant des caresses qu'il prodiguera à mon frère Saturnin, tandis qu'il m'accablera de duretés: je ne puis supporter la haine d'un père ni l'aspect de sa tendresse exclusive pour son fils aîné. Non, me dis-je, il faut fuir pour jamais la maison paternelle, et suivre mon premier projet, celui de me mettre dans un couvent. Mais dans lequel? où le trouver? j'ignore les chemins que je dois parcourir... Eh bien! j'irai au hasard, toujours devant moi, et nous verrons si le ciel me fera rencontrer une retraite salutaire en faveur de mes remords et du désir que j'ai de le servir dans un de ses temples.

» Je marche donc à l'aventure, et la nuit s'épaissit sans que je songe aux dangers que je cours. Je suivais toujours les bords de la Loire, et le bruit que fait ce fleuve à quelques milles de sa source, dont il sort avec impétuosité, ajoutait encore au trouble de mon cœur. Je marchais, je marchais toujours, et j'étais accablé de lassitude... Je crois qu'à la fin j'aurais pris le parti de me coucher sur le sable et d'y passer la nuit, si je n'eusse pas aperçu de loin une lumière qui me parut sortir de quelque cabane isolée sur les bords du fleuve. Un pauvre pêcheur, le seul être existant que j'aie rencontré dans ma fuite précipitée, passe par hasard à côté de moi. Quelle est, lui dis-je, cette masure que je vois là-bas et qui est éclairée si tard? — Ce n'est point une masure, mon petit ami; c'est la chapelle Saint-Léonard. — La chapelle Saint-Léonard!..... Pourquoi donc est-elle ouverte à cette heure-ci? — Elle est comme cela toutes les nuits, afin que le voyageur égaré puisse y prier et s'y trouver en sûreté. — Elle ne sert donc qu'aux voyageurs? — Oh! pardonnez-moi, c'est l'endroit le plus saint et le plus utile que je connaisse; cette chapelle est pourvue d'indulgences plénières, et saint Léonard a la vertu de remettre les plus gros péchés, lorsqu'on se repent de bonne foi au pied du reliquaire qui renferme quelques-uns de ses ossements. — Il n'y a donc personne qui veille dans cette chapelle? — Oh! que si; le saint ermite qui la dessert y passe toutes les nuits, et confesse ceux qui ont besoin des secours de la pénitence. Mais vous n'êtes donc pas de ce pays-ci, mon enfant? Comment ne connaissez-vous pas la chapelle Saint-Léonard, où l'on va faire des neuvaines, où l'on fait des processions?... — Pardonnez-moi, j'en ai entendu parler. Je vous remercie de vos explications; je vais m'y rendre. — Si vous êtes égaré, dites-le-moi, je vous reconduirai chez votre père, si vous en avez un. — Merci, merci; bien obligé.

» Je me mets à courir pour éviter les questions indiscrètes du pêcheur, qui m'a dit ce que je voulais savoir; et quand je suis éloigné de lui, je m'arrête pour réfléchir sur ce qu'il m'a appris. La chapelle Saint-Léonard! combien cet homme m'avait troublé chaque fois qu'il prononçait ce nom terrible qui me rappelait mon frère et le malheur dont j'étais cause! J'y vais, me dis-je, dans la chapelle Saint-Léonard; je ne la quitterai plus; j'y passerai les jours et les nuits avec le saint religieux qui l'habite, et j'y prierai sans cesse pour le repos de l'âme de mon pauvre frère. D'ailleurs, on y remet les plus gros péchés; je m'y confesserai, et je deviendrai tout aussi pur, tout aussi innocent aux yeux de Dieu, que je l'étais avant ma naissance. O mon père! je vais donc devenir digne de toi; et si j'ai le bonheur de te retrouver un jour, tu ne me repousseras plus de ton sein... Allons, allons à la chapelle Saint-Léonard.

» Plein de ces idées consolantes, je sens se ranimer mes forces, et j'arrive à la chapelle, que je trouve en effet ouverte, ainsi que le pêcheur m'en a prévenu. Une lampe allumée est suspendue à la voûte, et je vois briller sur un autel simple le reliquaire, qui me paraît renfermer, non les restes du saint, mais ceux de mon frère, qui portait son nom. Je m'agenouille, et prie sans regarder si je suis seul dans cet asile du recueillement. Une voix inattendue me frappe et fait palpiter mon cœur. Enfant, me dit-on, as-tu besoin du tribunal de la pénitence?.....

» Je me retourne, j'aperçois un religieux assis dans un confessionnal, et tenant un livre à la main. Je me remets, en me rappelant que le pêcheur m'a dit qu'un ecclésiastique passait les nuits dans cette chapelle. Oui, mon père, dis-je à l'ermite en me levant; oui, je suis un pécheur; je suis coupable du plus grand des crimes. — Approche; épanche ton âme dans mon sein; Dieu, qui va t'entendre, t'absoudra si tu es sincèrement repentant.

» Je m'approche en tremblant, je m'agenouille à côté du révérend père, et je commence ainsi ma confession : Mon père j'ai eu le malheur de casser la jambe à l'un de mes frères, qui est mort de cette blessure. — Ciel! s'écrie le père en se levant, quel crime! quel crime affreux! Jamais ces voûtes, frappées des soupirs des pécheurs, n'en ont entendu de pareil! — Mon père! — Et vous prétendez au pardon, petit misérable! Allez, allez; l'enfer! l'enfer! voilà votre partage. — Mais, mon père, il n'y a pas de ma faute; c'est par accident... — N'étourdissez plus mes oreilles d'un forfait aussi épouvantable... Si jeune encore! il a l'air si doux, si timide! — Mon père! Je vous supplie de m'entendre. — Eh! que me direz-vous? — Je vous répéterai que c'est par un accident, un accident, entendez-vous bien, que ce malheur est arrivé. J'en ai été désespéré, et je pleure continuellement ce pauvre Léonard.... — Léonard? — Oui; Léonard, c'était son nom. — Pauvre petit! vous vous repentez donc?.... — Avec toute l'amertume de la plus sincère contrition. — A la bonne heure. Rapprochez-vous, et achevez votre confession.

» Le père Luce (c'était son nom, et j'eus tout lieu, par la

suite, ainsi que vous l'apprendrez, d'étudier son caractère), le père Luce était violent. emporté, mais surtout très-religieux. Il s'était d'abord effrayé, croyant que j'avais commis un assassinat prémédité; mais bientôt la suite de ma confession, la naïveté de mes aveux, le charmèrent. Il me serra dans ses bras, et me promit le paradis, au lieu de l'enfer dont il m'avait menacé. Cette promesse, qui aurait fait rire un philosophe, me rassura, et je me sentis comme soulagé d'un pesant fardeau. — Mon père, lui dis-je quand il m'eut donné l'absolution, je me sens du goût pour la vocation religieuse : gardez-moi ici, oh! prenez-moi avec vous : je serai votre petit sacristain, je vous soulagerai dans vos travaux. — Mais ton père, mon ami! — Mon père! j'irai le retrouver quand je serai purifié par la prière et par la macération. — Projet digne d'un ange!... Reste, mon fils, reste, et remplace auprès de moi le petit Julien que la mort m'a enlevé pour le placer sans doute dans le sein de Dieu. Mais, mon fils, quelque chose que tu voies, quelque chose que tu entendes ici, je te recommande docilité, soumission, confiance aveugle, et surtout point de désirs curieux. — Oui, mon père. — Entends-tu? docilité, soumission, confiance aveugle, et point de désirs curieux. — Surtout point de désirs curieux, n'est-ce pas, mon père? — Oui, mon fils. — Je vous le promets.

» Père Luce reprit son livre, se remit à lire sans parler davantage, et moi, tout étonné de sa gravité comme du changement qui s'opérait en moi, je m'assis sur un banc, où je m'endormis profondément jusqu'au lendemain matin. Lorsque je me réveillai, il était déjà grand jour, et je ne restai pas peu surpris en voyant que l'ermite était encore à la même place dans son confessionnal, et toujours lisant. Je supposai que l'action qu'il avait mise à sa lecture l'avait empêché de s'apercevoir de mon sommeil : je ne me trompais pas. Que lisez-vous donc là avec tant d'attention? lui dis-je; quelque histoire, sans doute? — Qu'appelles-tu, quelque histoire? c'est mon bréviaire, mon fils ; c'est mon bréviaire. Je le lis comme cela toutes les nuits, plutôt quatre fois qu'une. — En ce cas-là, vous devez le savoir par cœur; c'est donc bien amusant, un bréviaire?

» Le père sourit de ma naïveté, me montra son livre où je ne compris rien; se leva, me prit par la main, et me mena dans sa sacristie, où tous deux nous fîmes un excellent déjeuner avec des provisions qu'il avait toujours en réserve.

» J'eus tout le loisir, après, d'examiner la chapelle Saint-Léonard, dont j'étais devenu le sacristain. Cette chapelle, dont j'aurai plus d'une occasion de parler, pouvait avoir vingt pieds de long sur douze de large; la voûte en était très-basse; elle était ornée tout simplement d'un autel très-uni, sur lequel était la châsse, et au-dessus la statue coloriée du saint, qui, par parenthèse, avait une mine rébarbative. Sur la droite, contre le mur, était le confessionnal du père Luce, et de l'autre côté un bénitier. Quelques bancs de bois étaient épars çà et là, et sur la chapelle il y avait une cloche que je sonnais d'heure en heure pour avertir les paysans d'entrer faire leur prière, et de profiter des indulgences qui étaient attachées à un quart d'heure de recueillement. Derrière la chapelle était la sacristie : ce lieu était très-petit. Dans un recoin, derrière une armoire, l'ermite avait un lit, où il se jetait pendant quelques heures dans le jour. Quand il était éveillé, il prenait ma place dans la chapelle, et moi je prenais la sienne dans ce lit, qui n'était composé que d'une planche et d'une simple paillasse. Depuis que l'ermite était privé du petit Julien, mon prédécesseur, mort le mois d'avant, le révérend père était obligé de fermer la chapelle pendant qu'il reposait; mais avec moi, on la laissait toujours ouverte, ce qui augmentait les profits; car chaque voyageur qui s'y arrêtait ne pouvait s'empêcher de jeter quelque monnaie dans une bassine de cuivre placée à côté du reliquaire, et que nous vidions souvent, pour ne pas faire voir aux passants la quantité des aumônes que nous recevions. Quand il y avait des neuvaines, c'était le grand bénéfice; l'argent pleuvait. Il en était de même lorsque l'on faisait frotter au reliquaire du linge, qui prenait alors la vertu de hâter la pousse des dents des petits enfants. Toutes ces momeries me paraissaient ridicules; mais mon patron y mettait une grande importance; il m'aurait chassé s'il m'eût vu sourire de ce qu'il appelait la piété des fidèles. Voilà donc quelle était ma besogne; la nuit je sommeillais sur un banc, tandis que l'ermite lisait et relisait son bréviaire; le matin nous déjeunions amplement; je balayais ensuite la chapelle, j'entretenais la lampe; nous dînions; et à toutes les heures du jour je sonnais trois fois la cloche : puis, sortant sur la route, je criais trois fois aussi : *Voilà l'heure de la prière; fidèles, entrez, entrez dans la chapelle Saint-Léonard, tous vos péchés vous seront remis.*

» Ce qui m'étonnait toujours, c'est que le révérend père allait lui-même à la provision : il en revenait sa besace chargée de vin, de pain, de viandes cuites et froides; et il en apportait toujours une si grande quantité, que je ne pouvais pas deviner par où tout cela passait; car il me semblait qu'il y avait de quoi manger pour vingt personnes, tandis que nous n'étions que deux. Ce qui me surprenait davantage, et m'effrayait même quelquefois, c'est que toutes les après-midi je restais seul, absolument seul dans la chapelle. Le père Luce ouvrait devant moi, avec une clef qui ne le quittait jamais, une petite porte percée dans la boiserie de l'autel. Il disparaissait ainsi pendant plusieurs heures, et ne rentrait que vers le soir, par cette même petite porte, qu'il entr'ouvrait et refermait soudain sur lui. Cent fois je cherchai par la situation extérieure de la chapelle, qui donnait sur la Loire même, l'endroit où pouvait conduire cette porte mystérieuse; je ne pouvais le deviner; et souvent j'entendais comme des gémissements sourds qui frappaient mon oreille, sans que je pusse soupçonner le lieu d'où ils partaient. Sur le point de demander des explications à l'ermite, j'étais toujours arrêté par la promesse qu'il avait exigée de moi, de réprimer des désirs curieux. Si j'avais l'air de l'examiner avec attention, lorsqu'il revenait son cou chargé de la provision, ou lorsqu'il disparaissait par la petite porte, il me lançait un regard sévère, me faisait signe de la main pour m'engager à me retirer, ou souvent me répétait ce qu'il m'avait dit mille fois : Docilité, soumission, confiance aveugle, et surtout point de désirs curieux! Je n'osais plus le fixer; je me retournais, changeais de place et le laissais libre de faire tout ce qu'il voulait... mais je n'en souffrais pas moins intérieurement, et je brûlais de pénétrer des secrets qu'il paraissait avoir tant d'intérêt à me cacher.

» J'avais pourtant passé trois ans déjà dans cette inquiétude, trois années entières pendant lesquelles il ne m'avait pas été possible de former même le projet de retourner chez mon père. J'en avais bien le désir : j'étais grand d'ailleurs, formé, raisonnable; j'avais plus de dix-sept ans, et je sentais que je perdais mon temps dans un état qui devenait de jour en jour à mes yeux plus sot et plus ennuyeux. Je sentais que j'étais inutile à mes semblables, et j'éprouvais ce noble orgueil, cette ambition raisonnable qui animent, qui enflamment tout homme qui pense; mais j'étais dominé par des préjugés religieux : l'ermite, qui craignait que je ne lui échapasse, qui m'était attaché sincèrement, me parlait sans cesse de cette abnégation où l'on doit être de soi-même, de tout parent, de tout ami, pour suivre la loi du salut. Il me rappelait ensuite, quand il me voyait chanceler, la mort de mon frère Léonard, ce qu'il appelait un crime épouvantable de ma part : il me peignait la colère de mon père et la haine légitime qu'il devait me vouer toute la vie. Quand je lui alléguais qu'il m'avait mille fois remis mes péchés, que par conséquent je devais me croire aussi pur que les anges, il me disait que la tache de ces énormes péchés n'en était pas moins indélébile sur mon front, et que la haine publique ne m'en poursuivrait pas moins : en un mot il abusait mon esprit par les prestiges du fanatisme et les divagations captieuses de la théologie. Je restais, mais en formant à tout moment le projet de m'échapper. Le mystère d'ailleurs de la petite porte, des gémissements sourds que j'entendais, et le secret que le père avait toujours pour moi, tout cela m'inquiétait, et me fortifiait dans le projet de rentrer dans le monde.

» Un jour... »

Ici Palamène avertit M. Delacour qu'il était tard : Vous et moi, lui dit-il, nous avons besoin de repos; remettons à demain la suite de votre récit. Benoît ne pourra l'entendre, puisqu'il ne sera plus ici; mais au surplus ce que vous avez déjà dit est suffisant pour faire impression sur son esprit rétif et méchant, si toutefois il est capable de se repentir, comme vous le fîtes, après avoir causé le chagrin de votre vieux père.

Benoît sentit la justesse de ces reproches, mais bientôt le dépit lui tint lieu de fermeté; il essuya ses yeux, et parut résigné; ce qui affligea beaucoup Palamène, qui craignit que cet enfant ne fût vraiment incorrigible.

On se sépara donc, et, après la collation du soir, Palamène donna en secret ses ordres à son fils aîné, qui devait conduire le lendemain matin Benoît dans sa pension.

TRENTE-QUATRIÈME SOIRÉE.

LA SÉVÉRITÉ.

Histoire du Tambourin du village.

Le lendemain en effet, à sept heures, Armand entre tristement chez Benoît : Es-tu prêt, mon frère? lui dit-il. — Déjà? — Déjà !.... C'est l'ordre de mon père. — Eh bien, partons.... quand tu voudras. — Sur-le-champ. — Où me conduis-tu ? — Oh ! tout près d'ici. Tu vois... Tiens, regarde par cette croisée; tu vois ce moulin qui est là-bas sur le penchant de la colline, isolé de toute habitation? — Oui; est-ce que c'est là? — C'est là même. — Dans ce moulin? — Dans ce moulin. — Ah ça, est-ce que mon père se moque de moi, d'appeler cela une pension ? Il m'a fait charbonnier, il me fait meunier; c'est changer du noir au blanc. — Il ne te fait pas meunier; tu ne travailleras pas à la farine. Il dit que le meunier de ce moulin est un homme bien né, que les malheurs ont forcé à prendre cet état; mais M. Rolland, c'est ainsi qu'il l'appelle, est très-instruit, il est en état de continuer avec fruit ton éducation, et de te perfectionner même dans les arts agréables auxquels tu t'es déjà appliqué avec succès. — Ah ! M. Rolland est un homme instruit ! S'il a tant de talents, tant d'instruction, pourquoi n'a-t-il pas cherché à faire un autre état dans le monde ? C'est vrai ça. Mon père veut-il faire de moi un petit paysan , comme le père de M. Delacour, qui l'avait relégué dans les montagnes des Cévennes ? — Viens toujours, mon pauvre Benoît; nous verrons quel homme est ce M. Rolland.

Benoît soupire, prend son petit paquet sous son bras, et suit, la tête baissée, son frère, qui n'est guère moins triste que lui. Benoît n'a point demandé à voir, à embrasser son père. Il le taxe de trop d'injustice, de trop de dureté même, pour lui témoigner des regrets, encore moins du repentir. Benoît suit donc Armand; et tous deux sans se parler arrivent, après une heure de chemin, au moulin de M. Rolland, qui est prévenu. M. Rolland s'avance. Est-ce là, dit-il à Armand, le jeune homme que l'agriculteur Palamène devait m'envoyer ce matin? C'est lui, répondit Armand; c'est mon frère Benoît. — Sa figure parle en sa faveur. J'espère qu'il sera bien ici, et que nous nous lierons bientôt d'amitié. Il n'y trouvera pas toutes les douceurs, tous les plaisirs qu'on goûte dans la maison paternelle; mais s'il veut répondre au zèle que je mettrai à perfectionner son éducation, il sera bientôt digne de rentrer chez son père. Je suis veuf, je n'ai point d'enfants : une fille de campagne qui fait mon petit ménage, et un garçon meunier, voilà tout mon intérieur : Benoît n'aura rien autre chose à faire ici qu'étudier, lire et travailler dans cette salle basse. Je suis charmé de la confiance que son père me témoigne, et je la mériterai.

Benoît baisse les yeux et ne répond rien. Armand examine M. Rolland, et remarque, avec une secrète satisfaction pour l'intérêt de son frère, que M. Rolland a l'air bon, sensible et très-respectable : il est aisé de voir dans ses manières qu'il est bien né ; ses traits portent l'empreinte du malheur et de la longue douleur qui les a altérés. Armand prend congé de M. Rolland, et embrasse Benoît, après avoir remis à son nouvel instituteur l'argent d'avance d'un quartier de trois mois pour la pension de son frère, ce qui effraye beaucoup ce dernier. Le voilà trop sûr de rester au moins trois mois éloigné de la maison paternelle ; et pour la première fois sa fermeté l'abandonne. Il est pâle, défait ; et voyant s'éloigner son frère, il court à lui, jette en sanglotant ses bras autour de son cou, et le conjure de le ramener à son père. Armand est aussi affligé que lui ; il voudrait bien pouvoir céder à sa prière, mais il ne le peut ; ses ordres sont précis. Il prie Benoît de croire que c'est malgré lui qu'il est forcé de l'abandonner ; puis il s'arrache de ses bras, s'éloigne, et laisse cet enfant désolé entre les mains de M. Rolland, qui lui prodigue tous les soins de l'amitié.

Voilà donc Benoît décidément banni du toit de son père ; le voilà seul, livré à un étranger, et faisant retentir l'air de ses cris douloureux. Le pauvre enfant ! s'il a quelquefois déplu à nos lecteurs, il mérite bien aujourd'hui leur pitié. Laissons-le donc pour le moment chez M. Rolland, et retournons avec Armand chez notre vertueux père de famille, où Jules, Adèle et Léon, qui n'ont point vu partir Benoît, attendent leur frère aîné avec la plus vive impatience.

Armand rentre; il est obsédé de questions par tous les enfants qui sont dans la cour. Eh bien! où est-il, chez qui l'as-tu laissé? est-il bien loin?... Armand a reçu l'ordre de son père de ne point dire la retraite de Benoît. Il m'est défendu, dit-il à son frère et à sa sœur, il m'est défendu de vous apprendre ce qu'est devenu Benoît. Il est bien, très-bien; voilà tout ce que je puis vous assurer.

Les enfants le pressent, il résiste; on se fâche, on l'accuse d'être un pédant, de n'avoir point d'amitié, point de confiance pour ses frères. Il supporte ces injures, et n'en garde pas moins le secret qu'il a promis à Palamène. Le sévère, mais juste Palamène, descend bientôt, et sa présence fait rentrer nos trois curieux dans le silence et dans le respect qu'ils lui doivent. Armand rend compte en secret à son père du succès de l'affaire dont il l'a chargé; Armand ne cache point que Benoît a versé des larmes, qu'il a prié son frère de le ramener, qu'il a promis en effet d'être plus docile, plus raisonnable. Palamène fixe Armand, et fronce le sourcil pour l'avertir de se taire. Armand baisse les yeux, garde le silence, et tout rentre, dans la chaumière, dans l'ordre accoutumé.

Au dîner, Palamène, qui vit avec peine la tristesse profonde de ses quatre enfants, voulut la distraire. C'est aujourd'hui, dit-il, jour de repos; on danse au bout du village prochain sous le berceau d'acacias; nous irons nous y promener, n'est-ce pas, monsieur Delacour? La belle Henriette voudra bien accompagner son père et nos enfants.

Henriette témoigna le plaisir que lui ferait cette promenade, et l'on se dépêcha de s'arranger pour partir. Adèle n'osait plus se parer du fatal nœud de rubans qui avait causé tant de chagrins à toute sa famille, qui d'ailleurs était cause de la punition infligée à son frère Benoît. Adèle avait même brûlé cet ornement, dont la vue lui aurait rappelé longtemps des souvenirs douloureux. Elle fut donc trouver Henriette : toutes deux ornèrent leurs cheveux d'une simple couronne de fleurs des champs, puis elles descendirent embrasser Delacour et Palamène, qui admirèrent l'élégante simplicité de cette parure naturelle. Armand et Jules surtout restèrent extasiés, l'un en détaillant les grâces d'Henriette, l'autre en admirant les traits charmants d'Adèle. Pour le jeune Léon, son cœur était encore libre, et les Muses étaient les seuls objets pour lesquels il soupirait.

Nos amis partirent donc par le plus beau temps, et arrivèrent bientôt au berceau d'acacias, où toute la jeunesse des villages environnants était déjà rassemblée. Là, les jeunes garçons et les jeunes filles, brillants d'une santé qu'ils devaient au travail et à la frugalité, formaient des danses champêtres sous les yeux des mères, tandis que les pères jouaient plus loin au siam, au tonneau, à mille jeux divers. Un violon assez discordant d'ailleurs, qu'accompagnait souvent à contre-mesure un tambourin crevé depuis longtemps, et raccommodé avec du parchemin, composait tout l'orchestre de ce bal villageois, où présidaient le plaisir, la décence et la franche gaieté. Adèle et Henriette furent invitées à danser et acceptèrent, ce qui donna un peu d'humeur aux tendres Jules et Armand. Mais leur père, qui sourit secrètement en remarquant leur petit dépit, leur conseilla de danser, de faire comme les autres. Ils ne se firent pas prier : à la contredanse suivante, Armand s'empara d'Henriette, Jules saisit la main d'Adèle, et tous quatre se mêlèrent dans un quadrille où ils dansèrent jusqu'au soir sans se quitter. Léon, lui, était trop philosophe pour se livrer à ce genre de délassement. En vain son père l'engagea-t-il à suivre l'exemple de ses frères, il préféra rester auprès des deux vieillards, et se mêla même à leur conversation, qu'il sema de traits brillants d'esprit et de raison. Palamène était enchanté, et il formait déjà plusieurs projets qu'il effectua par la suite, ainsi que nous le verrons.

Cependant la nuit s'approchait et dispersait déjà les danseurs, habitués à des heures fixes pour leur repos comme pour leur travail. Au village, les plaisirs ne prennent jamais la place du sommeil; ils ne servent qu'à fortifier le corps, jamais à le détruire. Le soleil y mène les agriculteurs aux champs, comme il les ramène à leur toit rustique : on y jouit de tout sans abuser de rien, et l'on n'y connaît pas les excès. Il était donc l'heure de se retirer; Palamène en avertit nos jeunes danseurs : mais on parlait encore d'une dernière contredanse; leur père ne voulut pas les en priver, et c'eût été dommage, car celle-ci fut la plus gaie comme la plus animée. Ici l'on voyait Colas qui faisait des sauts terribles; sa tête, ses jambes, ses bras, tout était en mouvement, et ses voisins avaient soin de s'écarter de lui pour n'être point accueillis de quelques violents coups de pied. Là, on voyait la jeune Annette, qui, la tête baissée, les bras pendants, faisait de petits pas en serrant ses pieds l'un contre l'autre : elle ne regarde personne, elle est sérieuse comme si elle pensait à quelque chose de triste, et la froideur de son maintien contraste singulièrement avec le genre d'amusement qu'elle prend sans paraître le goûter. Plus loin, c'est le gros Julien, le sonneur de la paroisse : il a des prétentions, lui; il se balance en dansant, il donne de petits coups de tête, il sourit avec gentillesse; il semble qu'il dise à tout le monde : Regardez-moi; je suis le plus beau danseur du village. En un mot, rien n'est plus gai, rien n'est plus plaisant que cette danse, où chacun apporte ses prétentions, ses ridicules, comme à la ville, mais avec plus de franchise cependant, avec plus d'ivresse et d'abandon.

Quand le bal champêtre fut fini, nos quatre danseurs, en nage et très-joyeux, vinrent rejoindre Léon et leurs vieux pères, qui s'étaient assis sur un banc de pierre, à côté du violon et du tambourin. Le paysan qui jouait du tambourin était un homme très-âgé et presque aveugle. Ses yeux lui permirent cependant de remarquer les traits aimables d'Adèle et d'Henriette, ainsi que la fraîcheur et la bonne santé d'Armand et de Jules. Voilà, dit-il à Palamène, des jeunes gens qui doivent être bien contents : Dieu merci, ils n'ont pas quitté la place. Ah! cela me rappelle mon jeune temps; à leur âge, j'en faisais autant qu'eux, et j'aurais pris ce plaisir-là longtemps, sans le malheur qui m'est arrivé! — Vous avez éprouvé des malheurs, bon homme? lui dit Palamène. — Ah! monsieur! un seul, un seul, mais bien cruel, et qui m'a plongé dans l'état où je suis. — Contez-moi donc cela, vous piquez ma curiosité. — De quel côté va monsieur? — Du côté des Trois-Mares. — C'est justement mon chemin; si vous voulez, je vous raconterai mon histoire, qui n'est pas bien longue, mais qui pourra offrir un but moral à ces jeunes enfants.

Le tambourin se lève, son confrère ménétrier lui donne le bras, et notre petite caravane revient lentement à la chaumière;

mais avant d'y rentrer, le tambourin, qui refuse d'y accompagner Palamène, propose de s'asseoir en rond dans un petit taillis de jeunes ormes, et d'y faire le récit qu'il a promis. Chacun se range autour de lui, et il prend la parole en ces termes :

« Je m'appelle Luc Romain, et je suis fils de l'ancien jardinier du château que vous voyez d'ici, et qui appartient, je crois, maintenant à M. de Verseuil. Dans ce temps-là c'était un nommé M. de Serville qui en était le propriétaire. M. de Serville était un ancien militaire fort attaché à mon père, qui l'avait vu naître, qui l'avait porté dans ses bras. M. de Serville était marié à une dame plus âgée que lui; ils n'avaient point d'enfants, tandis que mon père en avait deux, garçon et fille. M. de Serville vivait fort retiré; et, pour se distraire d'une vie trop sédentaire, il avait entrepris de m'élever comme son fils, de me donner toute l'éducation que m'avait refusée l'obscurité de ma naissance. En vain mon père lui disait-il souvent : Monsieur, vous avez bien des bontés pour Luc; mais vous allez en faire un monsieur, et nous, j' n'en pourrons rien faire après! J'aimerions mieux qu'il fût tout bonnement un jardinier comme son père.

» M. de Serville lui répondait qu'il ne m'abandonnerait jamais, qu'il aurait soin de me faire un état, une petite fortune. Je me leurrais de ces espérances; mais mon père craignait pour moi la mort de mon bienfaiteur, qui était d'une santé très-chancelante; et c'est ce qui arriva.

» J'avais dix-huit ans; j'étais assez instruit, pas autant que j'aurais dû l'être, attendu qu'on me gâtait, et que je n'avais pas beaucoup de goût pour l'étude. Je m'appuyais sur la tendresse qu'avait pour moi M. de Serville, et je croyais ma fortune faite sans que j'eusse besoin de songer à acquérir le moindre talent; mais un jour je fus cruellement détrompé. Madame de Serville tomba un matin du haut en bas de son escalier, et se tua sur la place. Ce coup fut si violent pour son sensible époux, qu'il se mit au lit, et n'en fut retiré, huit jours après, que pour aller rejoindre sa malheureuse épouse. A l'instant, des collatéraux avides, des neveux qu'on n'avait jamais vus dans la maison, vinrent s'emparer de tous les biens; le château fut vendu, mon père en fut inhumainement chassé, et obligé, pour vivre, de louer une masure, et d'acheter deux vaches, dont ma sœur portait tous les jours le lait à la ville. Que devenais-je, moi? Il me fallait renoncer à la grandeur, à l'aisance dont mon enfance avait été entourée. Je n'étais plus qu'un paysan sans talents, sans moyens, sans fortune et sans protection. L'orgueil, le dépit, le tableau de la misère, tout me tourna la tête, tout égara ma raison : je quittai mon père sans lui dire un mot, sans l'embrasser, et je me rendis à Paris, où j'espérais que la fortune m'attendait. Je me présentai dans les rues de cette vaste ville comme un homme qui est fait pour attirer tous les regards; je m'imaginais que chacun me remarquait, et que je ne tarderais pas à trouver un second M. de Serville. Vain espoir! J'y mangeai le peu d'argent que j'avais emporté, et fus obligé de vendre tous mes effets, presque tous mes vêtements, pour retourner au pays, que je regrettais d'avoir quitté. Oui, me dis-je, il n'y a que mon père dans le monde qui puisse s'intéresser à moi, il n'y a que mon père! Allons le retrouver, aidons sa vieillesse, faisons... tout ce qu'il faudra faire pour le seconder dans ses travaux champêtres! Soyons un homme des champs comme lui, puisque la nécessité m'y contraint, et que l'aisance dans laquelle j'ai vécu jusqu'à présent n'a servi qu'à faire de moi un sot et un fat !

» Plein de résignation, de repentir et de tendresse pour mon père, je revins ici, dans le village même où je l'avais abandonné avec la plus noire ingratitude. Il était presque nuit quand je frappai à la porte de sa chaumière... Qui est là? me crie-t-on du dedans... Je reconnais la voix de ma sœur, et réponds avec plus de confiance : C'est moi, ouvre. — Qui, vous? interrompt le vieux Romain. — C'est moi, mon père; c'est votre fils Luc Romain. — Mon fils Luc Romain! Je n'ai plus de fils, vous vous trompez; je n'ai qu'une fille, qui prodigue à ma vieillesse tous les soins de la piété filiale. — Quoi! mon père, vous ne reconnaissez pas ma voix? — Votre voix ressemble bien à celle d'un mauvais sujet de fils que j'avais; mais ce ne peut être lui. Il m'a quitté, délaissé dans mon malheur; il est bien loin sans doute, et doit y rester. — Non, mon père; je vous jure que c'est moi qui suis Luc Romain. Veuillez me faire ouvrir la porte, et vous verrez aisément... — Je n'ouvre point ma porte à des vagabonds qui viennent je ne sais d'où, et qui peuvent me quitter demain, après-demain, à chaque moment. — Eh quoi! mon père, vous ne voulez pas recevoir votre fils repentant, et qui s'est fait une ferme résolution de rester avec vous tant que le ciel voudra vous accorder des jours? — Mon fils m'a manqué une fois, il ne me trompera pas de nouveau. Que viendrait-il chercher d'ailleurs auprès de moi? La fortune? elle m'a toujours fui. L'oisiveté? elle n'habitera jamais ma chaumière. Qu'y viendrait-il donc faire? Me dépouiller comme il l'a déjà fait? M'emporter mes légers effets, après avoir mangé les siens?

Non, non; je ne puis être d'aucune utilité à mon fils, et je n'ai pas besoin de ses secours ni de sa feinte amitié. — Mon père!... — Qui que vous soyez, bonsoir; laissez-moi me reposer. — Eh quoi! à l'heure qu'il est!..... que voulez-vous que je devienne? — Tout ce qu'il vous plaira. — Ma sœur, ma pauvre sœur! implore mon pardon d'un père irrité! — Votre sœur a trop de tendresse pour son père, pour l'engager à se charger d'un fils ingrat. — Eh quoi! personne, personne n'aura pitié de moi!

» On ne me répond plus, et je gémis en vain à cette porte qui me sépare pour jamais du plus sévère de tous les pères!... N'importe, m'écriai-je dans ma douleur, je vais passer la nuit tout entière là, là, sur le seuil de la porte qu'on refuse de m'ouvrir. Mon père sortira demain matin, il trouvera son fils dans les larmes; il le trouvera attaché à la maison paternelle, comme cette poutre qui soutient ce toit couvert de chaume. Il me verra couché à ses pieds, et il n'aura pas le courage de passer sur le corps de son fils humilié, sans lui tendre une main secourable.

» Abîmé dans la douleur et dans les regrets, je me couche en effet en travers, à la porte même de la chaumière; et la pierre glacée qui me sert de lit, s'échauffe bientôt, mouillée par les larmes abondantes que je répands. Eh quoi! me dis-je, quelle est la bizarrerie des destinées des hommes? Deux enfants sont nés du même père; l'un est là dedans, près de lui, fêté, caressé par ce père, qui a déversé sur sa fille toute sa tendresse, tandis que l'autre enfant, moi, qui suis plus en état de l'aider de mes bras et de toutes mes forces, je suis à sa porte, couché sur la pierre, nu et manquant de tout! O fatalité! fatalité! Non,

non; c'est ma faute, ma seule faute si je ne partage point l'heureux sort de ma sœur. Elle ne fut point ingrate, cette fille estimable; elle n'abandonna point son vieux père, chassé, humilié par des héritiers avides, elle lui prodigua ses soins, ses consolations; et moi, moi!... je fus un fils dénaturé; je mérite cette juste punition.

» L'aurore commençait à paraître, et me donnait l'espoir de voir enfin s'ouvrir cette porte d'airain, lorsque le malheur le plus inattendu vint détruire toutes mes espérances... Une brigade de maréchaussée passe devant la chaumière, m'aperçoit, et me prenant pour un vagabond, un homme malintentionné, m'arrête et me traîne en prison. En vain je m'écrie: Je suis le fils du vertueux Romain qui habite cette chaumière. On me répond que j'en impose; qu'au surplus, cela s'éclaircira; et je me vois plongé dans un cachot, sans espoir d'être réclamé par qui que ce soit, pas même par mon père.

» Deux jours s'écoulent sans que je voie d'autre personne que le geôlier, qui m'apporte la nourriture la plus grossière. Le troisième jour, enfin, ma prison s'ouvre, et je vois entrer ma sœur, qui se jette dans mes bras, en versant un torrent de larmes. Elle m'apprend que depuis mon départ pour Paris, la santé de mon père s'est considérablement affaiblie, et qu'il m'accuse de ses chagrins, de sa mort même, qui ne peut tarder. Le lendemain de mon arrestation, on est venu lui apprendre qu'un jeune homme mal vêtu, qui se disait son fils, a été trouvé, au milieu de la nuit, couché à sa porte. Le père Romain, à cette nouvelle, est tombé dans une si grande faiblesse, que depuis il n'a pu prononcer une seule parole. Ma sœur ajoute qu'on lui a promis ma liberté pour le même jour;

mais elle m'engage à ne point me présenter chez mon père, dans la crainte que mon aspect imprévu ne fasse sur lui une funeste révolution. Elle m'embrasse en pleurant, et me quitte.

» Vous jugez de ma douleur pendant cette fatale journée, qui se passa sans qu'on m'apportât la liberté qu'on avait promise à ma sœur. Celle du lendemain s'écoula encore, et je ne vis personne. L'inquiétude, la douleur, le remords, la honte, tout allait contribuer à aliéner ma raison, si le surlendemain mon geôlier ne fût venu me dire assez brusquement : Sors, tu es libre. La joie me fit faire des extravagances ; je voulus embrasser cet homme brutal, qui me repoussa en me riant au nez. Je sortis enfin ; et comme je ne voulais pas me rendre sur-le-champ auprès de ma sœur, quelque désir que j'eusse d'avoir des nouvelles de mon père, je fis le tour du village, en rêvant au moyen que je prendrais pour faire avertir ma sœur de mon élargissement. Le cimetière se présente à mes regards ; je le traverse, et m'arrête au pied d'un grand crucifix pour y remercier Dieu de m'avoir rendu la liberté. Pendant que je suis occupé de ma prière, un chant d'église vient frapper mon oreille ; la cloche de la paroisse sonne le tintement funèbre de la mort : tout annonce qu'on va conduire un homme à sa dernière demeure.

» Je lève la tête et fixe le spectacle qui s'offre à mes regards. Les vieux habitants du village précèdent tristement le lugubre cortége ; les jeunes gens marchent après, la tête baissée et les bras croisés sur leur poitrine ; trois ecclésiastiques viennent ensuite, et deux autres suivent un cercueil couvert de plusieurs instruments aratoires. Je me mêle dans la foule des curieux qui suivent ce simple convoi ; et pendant qu'on place l'infortuné qui en est l'objet dans les entrailles de la terre qu'il avait fécondée, je demande, par une simple curiosité, son nom à ceux qui m'entourent. Hélas! me répond-on, l'ingratitude d'un fils coupable a causé la mort de ce père trop sensible..... C'est l'ancien jardinier du château, le respectable Charles Romain. — Mon père! m'écriai-je! ah! ciel!.....

» Je cours à la fosse, je m'y précipite, et l'on ne parvient à m'en arracher qu'en me blessant de tous les côtés. Je ne sais ce que je fis dans mon délire; j'ignore comment ce malheur m'arriva; mais lorsqu'on me retira de la fosse assez profonde où je m'étais élancé, je ne revis plus la lumière du jour; j'avais perdu la vue!.....

» Tous les assistants pleuraient: le respectable curé du village était auprès de moi et me prodiguait toutes les consolations de la religion: je n'entendais rien; je demandais mon père, je l'appelais à grands cris, et je croyais voir dans mon prompt aveuglement une juste punition du ciel. Tous les simples habitants du village le crurent comme moi, et le bruit se répandit bientôt qu'il s'était fait un miracle sur la tombe du malheureux Charles Romain.

» Je fus transporté à l'hôpital, où les chirurgiens qui furent appelés détruisirent bientôt la croyance du prétendu miracle. Il fut prouvé qu'en me débattant entre les mains de ceux qui voulaient m'arracher de la fosse, mes yeux s'étaient écorchés et remplis de terre, ce qui avait affecté ma vue et devait l'affaiblir pour ma vie. J'appris cet accident avec plus de fermeté que ma bonne sœur, qui, ne me quittant ni jour ni nuit, avait cette douleur à ajouter à celle qu'elle éprouvait de la mort de son père. Je me rétablis enfin, mais presque aveugle; que pouvais-je faire? Ma sœur travailla, m'aida autant qu'elle le put; et moi, après avoir employé aussi à quelques travaux les années de force que le ciel m'accorda depuis, je me mis, dans ma vieillesse, après avoir perdu ma sœur, à jouer du tambourin pour gagner ma vie. Mon ami, qui joue du violon, et moi, nous suivons toutes les danses des villages qui nous entourent, et nous ne manquons pas, Dieu merci, d'occupation.

» Voilà, messieurs et mesdemoiselles, l'histoire funeste du pauvre tambourin. Voilà comme une seule faute, l'abandon momentané d'un père, arma la sévérité de ce père inflexible, le conduisit au tombeau, et me plongea pour ma vie dans l'aveuglement et dans l'indigence la plus cruelle! Bons enfants qui m'écoutez, ne quittez jamais vos parents; ne vous mettez point dans le cas d'être punis, d'être repoussés par eux, et répondez toujours à la tendresse qu'ils vous témoignent sans cesse. Mes bons petits amis, le vice que les pères et mères ne pardonnent jamais à leurs enfants, c'est l'ingratitude. »

Le vieux Luc termina son récit, se leva, prit le bras du ménétrier son ami, et tous deux continuèrent leur route après avoir pris congé de la compagnie.

Le vertueux Palamène s'apercevant que l'histoire du tambourin avait fait une profonde impression sur sa jeune famille, ne se permit aucune réflexion sur ce qu'elle venait d'entendre. Au contraire, il affecta de détourner la conversation sur autre chose, de parler de la danse, du plaisir qu'avaient pris ses enfants; en un mot, il rappela la gaieté bannie depuis un moment, et l'on rentra, en sautant, dans l'habitation, où Marcelle commençait à être inquiète du retard de ses hôtes. En effet, il était temps de prendre la collation du soir, et de se livrer après au repos dont nos quatre danseurs avaient grand besoin. On remit donc au lendemain la suite du récit de M. Delacour, qu'on avait laissé, la veille, sacristain de la chapelle Saint-Léonard.

TRENTE-CINQUIÈME SOIRÉE.

LA FAUSSE DÉVOTION.

Suite de la Chapelle Saint-Léonard.

Qu'elle est belle! qu'elle est noble! qu'elle est touchante, l'occupation du père de famille qui instruit, qui éclaire ses enfants par des exemples frappants de morale, par l'aspect de la vertu récompensée et du vice puni! Comme il jouit de voir ses leçons fructifier sur le cœur de ses jeunes élèves! Comme l'agriculteur, qui a greffé un jeune arbre, vient à chaque aurore examiner avec joie la force, la vigueur que prend cet arbre qu'il a sauvé de la destruction; de même le père de famille étudie avec une secrète ivresse les progrès que fait sur ses enfants l'éducation pratique qu'il leur donne. Il se dit : Je n'ai point rendu la morale sèche, aride, comme elle l'est toujours dans les préceptes; je l'ai mise en exemple, et la morale a réussi sur ces jeunes cœurs! D'enfants dociles et délicats qu'ils sont, ils deviendront des hommes éclairés, des citoyens instruits et vertueux. Oh! quelle plus belle récompense puis-je attendre de mes soins!

Telle est la jouissance du respectable Palamène. Il ne dit point à ses enfants, vous faites mal; il le leur fait sentir par l'exemple d'un autre qui a fait la même faute dans laquelle ils sont tombés. Palamène sait tout. Il ne sait point en imposer, Palamène, encore moins mentir, pour amener des leçons de vertu. Il devait en effet vingt mille francs à M. Delacour : cette histoire, qu'il a racontée à ses enfants, est véritable; seulement il avait la somme prête, et n'a parlé à ses enfants de vendre sa maison que pour éprouver la délicatesse de ses jeunes élèves. La querelle de ces derniers avec le marchand de menue mercerie n'a point été arrangée par lui; mais il sait l'envoi du pâté, ainsi que le vol qu'en ont fait nos quatre petits gloutons : cependant il n'en parlera jamais, attendu que celui qui a entraîné les autres dans sa faute est puni. Voilà tout son chagrin, à Palamène; c'est Benoît, c'est cet enfant dont il ne peut rien faire : il n'a pourtant pas un mauvais cœur, Benoît; mais sa tête est légère. Il est jaloux, emporté et querelleur. Comment fera-t-il pour corriger ce mauvais naturel? Il a déjà mortifié cet enfant, en le faisant charbonnier; à présent qu'il est chez un meunier, éloigné de ses frères, banni par son père, quel moyen prendra Palamène pour chasser de son jeune cœur les vices bas qui le souillent? Nous le verrons sans doute par la suite, et nous devons espérer que le succès couronnera l'entreprise du père de famille. Revenons à lui dans son agreste habitation, qu'il partage maintenant avec son bienfaiteur Delacour et la jeune Henriette; Henriette! sur laquelle il a des projets.

Réunis le soir sur la terrasse, Armand, Adèle, Jules et Léon pressèrent M. Delacour de continuer son intéressant récit. Il céda à leurs instances :

« Je vous ai laissés, mes amis, leur dit-il, au moment où, âgé de dix-sept ans et demi, je fis de sérieuses réflexions sur la sottise que j'avais de rester simple sacristain d'une chapelle isolée sur le bord de la Loire, tandis que je me sentais les moyens de faire autre chose dans le monde. En vain le père Luce tâchait-il de m'attacher pour toujours à son état de mendiant; je l'écoutais, il me persuadait souvent; mais dès qu'il ne me parlait plus, je retombais dans mes premières incertitudes, et mes projets se présentaient de nouveau avec plus de force à mon esprit.

» Un jour que je pensais à mon père, et que je me reprochais l'espèce d'abandon où je le laissais depuis trois ans, les larmes me vinrent aux yeux, mon cœur se serra; et, voyant bien que si je faisais mes adieux à l'ermite je ne pourrais jamais m'arracher de ses bras, je pris soudain le parti de me sauver à toutes jambes et de retourner à la maison paternelle. J'ignorais où elle était située, les chemins même qu'il me fallait prendre pour y arriver; mais je me proposais de les demander au premier passant. L'ermite était justement allé à la provision; j'étais seul dans la chapelle, le moment était favorable; cependant, pour ne pas laisser absolument la chapelle vide, je me déterminai à prier quelque voyageur à y entrer, dans le dessein de l'engager ensuite d'attendre, en priant, le retour de l'ermite.

» Me voilà donc sur la porte de la chapelle, sonnant la cloche, et criant comme à mon ordinaire : *Voilà l'heure de la prière; fidèles, entrez, entrez dans la chapelle Saint-Léonard, tous vos péchés vous seront remis!* Deux femmes voilées s'arrêtent; l'une dit à l'autre : C'est là, mistriss, c'est là l'asile que nous cherchons; entrons-y, mistriss, et prions Dieu pour qu'il nous rende la paix de l'âme.

» Ces deux femmes entrent, s'agenouillent devant le reliquaire, puis se lèvent, et le baisent avec tant d'ardeur, tant de componction, que moi-même j'en suis attendri. Je ne sais quel pressentiment secret me fait désirer de voir les figures de ces étrangères : malgré le long voile qui les cache, il est aisé de se douter que l'une d'elles est vieille, et que l'autre est jeune et pleine de grâces. Je m'approche pour lui dire d'attendre l'ermite, et toujours dans le dessein de m'échapper. La vieille lève soudain son voile, et me regarde avec des yeux effrayants. Elle était si laide que je crus voir le diable. Je détournai la vue, et je crois que je me serais sauvé sur-le-champ sans rien dire, si la vieille n'eût dit à l'autre femme : Levez votre voile, mistriss; il fait si chaud! vous devez étouffer là-dessous?

» La jeune personne leva son voile, et je me crus transporté de l'enfer dans le paradis. Rien de plus doux, rien de plus aimable que cette figure céleste, qui captiva soudain mon cœur pour la vie. Elle était brune, sa figure était plus ronde qu'ovale; l'éclat de son teint blanc, et frais comme les pleurs de l'aurore, était rehaussé par le noir d'ébène de ses cheveux, de ses sourcils, et par la vivacité de son œil grand et spirituel. Ses joues étaient assez arrondies, et deux petits trous aux deux coins de sa bouche donnaient de la grâce à tous les mouvements de cette physionomie enchanteresse. J'avais fait un pas en arrière pour éviter le spectacle de la laideur de la vieille : la beauté de la jeune mistriss enchaîna soudain toutes mes facultés; je restai immobile à la même place, la bouche béante, les bras tendus, et les yeux fixés sur cette charmante personne. La chute du tonnerre ne produirait pas une pétrification plus prompte. La belle mistriss, s'apercevant de mon extase, baissa les yeux, rougit, et se retourna un peu, tandis que la vieille, occupée uniquement de son chapelet, ne songeait qu'à marmotter quelques prières devant la statue de saint Léonard, qui faisait vraiment mon pendant par son immobilité. Dès ce moment, il ne me fut plus possible de m'arracher de ce lieu; plus enchanté par la présence de la beauté que par celle du saint de bois. Tous mes projets s'évanouirent; il me prit même une faiblesse, un éblouissement si considérable, que je fus obligé de m'asseoir sur un banc pour ne point tomber aux pieds de mon vainqueur : un feu inconnu circulait dans mes veines, mon sang paraissait bouillir dans mes artères, et le plus violent mal de tête succéda bientôt à cet état douloureux; je ne pouvais pas me rendre compte encore de la nature de mes sensations, mais je m'apercevais bien qu'il se passait en moi quelque chose d'extraordinaire.

» Ce fut bien pis lorsque je vis s'ouvrir cette belle bouche, et que je l'entendis prononcer quelques paroles qui me causèrent soudain un tremblement universel : Vous n'êtes pas seul ici, mon bon ami? me dit-elle. — Non, mademoiselle; et je sens bien que dorénavant j'y serai moins seul que jamais. — Qui est-ce qui dessert cette chapelle? — Saint Léonard. — Non, je ne vous parle pas du saint qui... — Ah ! le saint ! c'est le révérend père Luce. — Vous confondez, mon ami; le révérend père Luce est donc l'ermite que... — Oui, le révérend père Luce, religieux du couvent de Saint-Benoît. — J'entends; et vous êtes le jeune sacristain?... — Non, mademoiselle, non, je ne suis pas le sacristain. — Mais votre habit? — Je l'étais, mademoiselle; mais je ne le suis plus, je ne le serai jamais. — Je croyais. — Non, je veux rentrer dans le monde, me marier, devenir époux et père !... — Époux et père !...

» A ces mots, la jeune personne soupira, elle leva les yeux au ciel, et laissa tomber quelques larmes. Vous pleurez, mademoiselle ! m'écriai-je.

» La vieille m'interrompit : Que vous dit donc ce jeune homme, mistriss? dit-elle à sa compagne. — Ma tante... rien... il me disait que cette chapelle est desservie par le révérend père Luce, un bénédictin. — Un bénédictin ! oh ! combien j'aime les religieux de cet ordre ! C'est un bénédictin qui a reçu les derniers soupirs de votre père, de mon pauvre frère ! — Hélas !... — Tardera-t-il à rentrer? je voudrais le voir pour lui parler. Il faut qu'il nous donne son avis sur le projet que nous avons formé de nous retirer du monde. — De vous retirer du monde ! dis-je à mon tour. Quoi ! mademoiselle va se retirer du monde? — Oui, mon ami, reprit la vieille : eh ! qu'est-ce que cela vous fait? n'est-elle pas libre de faire ce qui lui plaît? — Libre, interrompit la jeune personne ! ah ! ma tante !.... — Elle n'est pas libre, m'écriai-je; vous voyez bien qu'elle n'est pas libre.

» La vieille roule ses deux effroyables yeux, et me regarde fixement avec un mouvement de surprise qui me fait baisser la vue, comme il fait rougir sa timide nièce. Cette femme, qui me paraît dure et méchante, porte ensuite ses regards sur la jeune personne. Mistriss, lui dit-elle, connaissez-vous ce jeune homme? — Ma tante, je le vois, comme vous, pour la première fois. — Comment juge-t-il si promptement de votre situation? — J'en juge, répliquai-je, par l'intérêt qu'elle m'inspire, par je ne sais quel pressentiment... — Retirons-nous, reprit la vieille en saisissant la main de sa nièce; je suis entrée ici pour profiter des indulgences, et non pour y trouver des contradicteurs.

» Les deux inconnues vont sortir; elles sont déjà sur le seuil de la porte de la chapelle : je frémis en songeant que, par mon imprudence, je me prive pour jamais de la vue de celle que j'aime. Je prends le bras de la tante, que je presse fortement en l'entraînant vers moi et en lui disant : Madame ne veut donc pas recevoir l'absolution du saint ermite de ce lieu? — Est-il aussi indiscret que vous? — Il n'est pas du moins aussi sensible. — Mistriss, remerciez monsieur le sacristain, il prend votre parti comme si vous vous entendiez tous les deux pour me résister. — Je vous jure, ma tante... — Une absolution! je ne m'en irai pas en effet sans profiter d'une absolution; mais si ce père est longtemps à rentrer... — Madame, le voilà.

» En effet, le père Luce se présente, son cou chargé de sa pesante besace; il aperçoit deux femmes, et se doutant bien qu'elles peuvent être deux bonnes pratiques pour lui, il jette le sac de côté, s'incline jusqu'à terre devant saint Léonard, et s'adressant à la vieille : Ma fille, lui dit-il en joignant ses mains sur sa poitrine, avez-vous péché? — Que trop, mon père! — Et cette jeune personne? — Autant que moi pour le moins : eh!

qui est-ce qui ne pèche pas? — Voulez-vous vous approcher du tribunal de la pénitence! — A l'instant, mon père...

» Le moine entre dans son confessional; la tante se met à côté de lui, et commence sa confession. Pendant qu'elle est livrée tout entière à cette pieuse occupation, la jeune mistriss s'assied devant le reliquaire, tire un livre de sa poche, un livre de piété sans doute, et se met à lire. Ne sachant, moi, quelle contenance avoir, craignant d'ailleurs d'allumer la colère de la tante en m'approchant trop de la nièce, je m'éloigne de cette belle personne, et, assis à l'autre extrémité devant l'autel, je prends le bréviaire de mon patron, que je trouve par hasard sous ma main, et je le parcours en donnant de temps en temps quelques coups d'œil expressifs à la belle liseuse, qui n'y répond point. Voyant que mes regards ne sont pas assez éloquents pour me faire entendre, je prends le parti de feindre de lire haut par moments, et de m'expliquer par quelques citations. En conséquence, les yeux toujours fixés sur le bréviaire, je dis à demi-voix : *Et le jeune lévite ne put voir sans admiration la beauté de cette vierge du Seigneur.*

» J'écoute si l'on me répond. Rien. Je continue : *Et l'encensoir lui tombant des mains, il fixa longtemps cette belle personne, qui eut la sévérité de ne point le regarder.*

» J'écoute encore : on se tait, mais un coup d'œil sournois que je donnai à la belle mistriss me fit remarquer qu'elle me regardait avec intérêt sous son voile, qui était à moitié relevé. Cette observation me donnant un peu de courage, je repris ma prétendue lecture, et dis, toujours à demi-voix : *Et le jeune lévite lui demanda si c'était par vocation qu'elle se résignait au culte des autels.*

» La jeune personne me répond sur le même ton que moi, et en feignant aussi de lire : *Et la vierge du Seigneur lui répondit qu'elle était sacrifiée par une parente injuste et barbare.*

» Je ne sus plus parler en entendant cet aveu. Le livre me tomba des mains, l'indignation couvrit mon front d'une rougeur subite; je crois que je me serais levé pour gronder la vieille, si la charmante inconnue ne m'eût dit, en fixant toujours son livre : *Et la vierge du Seigneur, qui vit que le jeune lévite avait de l'esprit et de la délicatesse, lui demanda à quelle tribu appartenait sa famille.*

» Je répondis : *Son père est un riche propriétaire de la montagne de Sinaïm. — Le jeune lévite,* poursuivit-elle, *se destine-t-il à brûler toujours l'encens devant l'arche sainte? — Il se propose,* repartis-je, *de rentrer dans le monde, et de prouver à la vierge du Seigneur, par tous les sacrifices possibles, le touchant intérêt qu'elle lui inspire.*

» Ici nous fûmes interrompus par l'ermite, qui, sortant de son confessionnal, ce qui me fit trembler, vint prier la jeune personne de ne pas lire si haut. Il me prit aussi son bréviaire de la main, en me disant que je n'y comprenais rien, que je ferais bien mieux d'allumer les cierges et de nettoyer la châsse, attendu que l'heure de dire sa messe approchait. Après ce peu de mots, il rentra dans son confessionnal, où sa pénitente l'attendait dans le plus profond recueillement.

» Mistriss continua de lire sans oser lever la tête, tant l'injonction de l'ermite l'avait troublée. Pour moi, ne sachant plus quel moyen prendre pour continuer notre correspondance, je me mis à frotter tant que je pus le reliquaire, que je pensai briser, tant j'avais d'humeur. Au bout d'un moment, je fus fort étonné de voir la belle mistriss quitter sa place, monter à l'autel, et baiser la châsse que je n'avais pas encore fini de nettoyer. Charmé d'abord de ce que je croyais être un acte de piété de sa part, je fus fâché de la voir descendre et se mettre sur la porte de la chapelle comme pour regarder la campagne, et tout cela sans m'avoir jeté le plus léger regard. J'étais resté immobile, la main appuyée sur la châsse, lorsque je remarquai que la jeune inconnue avait oublié son livre sur l'autel, où elle l'avait déposé avant de baiser le reliquaire. La curiosité me porte à regarder le titre de ce livre. Je le prends et frémis en pensant que ses belles mains l'ont touché. J'ouvre et je vois sur le titre : *De l'Imitation de Jésus-Christ ;* je vais remettre ce livre, que je sais par cœur ; mais il s'ouvre vers la moitié, et me laisse voir un papier écrit au crayon. Je le saisis, et j'y trouve :

» *Tout me prouve que vous êtes un honnête homme, et bien né. Si vous pouvez m'arracher des mains d'une tante qui veut sacrifier ma jeunesse et qui m'a d'ailleurs causé les plus grands chagrins, vous obligerez la plus infortunée des femmes.*

» Le crayon qui avait servi à tracer ce billet était encore dans le livre : je le pris, et j'écrivis sur un autre petit papier :

» *Que faut-il faire? dites; parlez : indiquez-moi les moyens de vous être utile. Rien ne pourra arrêter celui qui, pour la première fois, éprouve une révolution qui n'est autre chose sans doute que l'amour violent que vos charmes et vos malheurs lui inspirent.*

» Ce billet se ressentait du désordre de mes sens et de mon peu d'expérience. Je le mis dans le livre, à la même place de l'autre billet, ainsi que le crayon; mais ne jugeant pas qu'il fût prudent à moi de laisser ce livre sur l'autel, où l'inconnue aurait eu plus de peine à venir le prendre, je descendis, et mis ce livre si cher, ce fidèle interprète de l'amour, sur un banc, à la place même où mon amante s'était assise la première fois pour lire.

» L'inconnue, qui épiait mes actions, revenait pour s'en emparer; mais, ô funeste contre-temps! à peine est-elle à la moitié de la chapelle, que sa tante l'appelle. Sa confession est finie, elle se lève, va vers sa nièce, lui prend le bras, ce qui l'empêche d'arriver à son livre, et lui dit, en lui montrant le confessionnal : A votre tour, mistriss : ne faites point attendre ce saint homme, le plus respectable que je connaisse.

» La belle mistriss pâlit; elle veut aller reprendre son livre : Laissez-le là, lui dit la vieille, je le lirai à mon tour en vous attendant; n'est-ce pas *l'Imitation de Jésus-Christ*? — *L'Imitation de Jésus-Christ*, m'écriai-je en sautant sur le livre, ça doit être bien beau? je ne l'ai jamais lu. — Il ne l'a jamais lu, interrompit l'ermite! l'étourdi! il le sait par cœur.

Pendant que la jeune personne, plus rassurée par mon action, s'agenouille au confessionnal, et que la vieille monte baiser le reliquaire, j'ai le temps de soustraire le papier et le crayon que j'ai mis dans le livre; puis le rendant à la tante, je lui dis : Pardon, madame, je confondais; je sais en effet par cœur *l'Imitation de Jésus-Christ*, que je regarde comme un excellent livre.

» La vieille, à qui ma piété fait oublier son ressentiment, me donne un petit coup sur la joue, s'assied, et marmotte plus haut que nous ne l'avions fait, des phrases entières moins inn'ai pas mérité de jouir de ce bonheur ineffable? — Qui vous a dit, répliquai-je, que cette belle personne ne l'ait pas mérité plus que vous? — Plus que moi! plus que moi! mon père (en s'adressant à l'ermite), est-ce que vous n'avez pas le droit d'appeler sur moi la grâce du Seigneur? Est-ce que par votre intercession auprès des anges, je ne suis pas purifiée de toutes mes souillures? — Et l'est-il lui-même? repartis-je avec humeur; l'est-il purifié, lui qui veut purifier les autres? — Comment, comment, monsieur! interrompt l'ermite avec un ton de pédagogue. — Eh! sans doute, il est moins sûr d'être sauvé que cet ange du ciel que voilà dans les larmes, et dont il cause la touchante affliction. — O scandale! ô impiété! s'écria l'ermite furieux : sortez, petit malheureux! Je ne vous avais jamais entendu parler ainsi! sortez ; je vous chasse, et vous défends de jamais remettre les pieds dans cet asile de la piété.

» En me disant ces mots, père Luce prend d'une main le bras de la vieille, et de l'autre main celle de la belle inconnue qu'il entraîne avec lui dans la sacristie. Ma jeune amante se retourne, jette sur moi des yeux baignés de pleurs, où se peignent ensemble l'intérêt et l'amitié; mais on l'entraîne, je veux la suivre..... Tous trois entrent dans la sacristie, et m'en ferment la porte sur le nez. J'entends encore, dans l'intérieur, père Luce qui me crie : Sortez; je vous chasse, entendez-vous? que je ne vous retrouve plus ici.

» Il me chasse, me dis-je; mais je ne m'en irai pas comme cela. Je ne sortirai qu'avec ma belle Anglaise; je la suivrai partout : partout je veux faire le tourment de sa méchante tante. Oui, belle inconnue, je te consacre ma vie, mes pas, mes moindres pensées, et je t'attends ici pour commencer avec toi téressantes que celles que nous leur avions substituées. Comme sa lecture m'est fort indifférente, je m'occupe à tout ranger dans la chapelle pendant la confession de mon amante, qui me semble ne devoir jamais finir. Toute mon inquiétude était de savoir comment je m'y prendrais pour lui remettre ma réponse à son billet. L'amour m'en suggéra la facilité. Il y avait derrière le bas-côté du confessionnal un trou assez large à la planche qui le formait. Ce confessionnal était d'un bois très-ancien et presque vermoulu. Je pris un balai, et, sous prétexte d'ôter des toiles d'araignées qui s'étaient logées dans les ais mal joints de ce tribunal de la pénitence, je sus m'en approcher d'assez près pour être vu seulement de la jeune personne, et non de l'ermite, qui se trouvait alors offusqué par elle. Pour moi, la vieille lisait, et ne prenait point garde à mes démarches ; pouvait-elle d'ailleurs soupçonner notre prompte intelligence? Je montrai, en passant, à la belle pénitente un bout de papier roulé dans ma main ; elle me comprit, et le saisit par le trou où je le lui passai. Nous crûmes soudain que nous étions découverts ; car l'ermite se leva comme un furieux, et vint à moi en me disant les plus grosses injures. Voyez donc ce petit misérable ! s'écria-t-il ; qui l'aurait cru? qui l'aurait jamais deviné? — Eh ! quoi donc, mon père? — Quoi donc, mon père ! c'est bien là l'heure, c'est bien là le moment de venir nettoyer cette partie de la chapelle ! Il tourne là autour de nous ! En vérité, on croirait qu'il cherche à entendre ce que nous disons ! — Moi, mon père ! je vous jure que je n'ai nullement cette curiosité, qui serait impie. — Restez, monsieur, restez près de madame, et n'en sortez pas.

» Je fus enchanté de voir que ma terreur était vaine, et je

me résignai à m'asseoir près de la vieille, qui, ôtant ses lunettes et les tenant à sa main, à moitié élevée près de son menton, me lança des regards si perçants et si inquiets, qu'ils pensèrent me déconcerter. J'affectai néanmoins de regarder ailleurs, et je m'ennuyai là à mon aise pendant plus d'une demi-heure que l'ermite retint la jeune personne pour lui faire dire des péchés que sans doute elle était obligée d'inventer pour satisfaire à ses pressantes questions. Ce qui m'alarma beaucoup, c'est qu'elle sortit du confessionnal les yeux chargés de larmes, et comme une personne qui vient essuyer des reproches qu'elle n'a point mérités. Le moine lui-même paraissait en colère; et ce qui me convainquit du ressentiment qu'il éprouvait, c'est qu'il donna, avec infiniment de complaisance, l'absolution à la tante, et ne voulut point la donner à la nièce. J'étais indigné contre mon patron : je crois que je l'aurais battu ; mais si je me retins pour ne point l'injurier, il n'en perdit pas moins, dès ce moment, et mon estime et mon amitié.

» La pauvre enfant levait avec douleur ses beaux yeux vers le ciel, tandis que sa tante, à qui l'on venait de remettre ses péchés, en commettait sur-le-champ de nouveaux, en s'emportant contre son prochain, en disant des choses très-dures à sa nièce. Il est bien cruel, mistriss, lui disait-elle avec rigueur, il est bien affreux de voir que vous indisposiez sans cesse contre vous les ministres les plus estimables de notre rédempteur. Jugez un peu de ma douleur, de vous voir un jour condamnée aux peines de l'enfer, tandis que moi... — Vous serez dans le paradis, n'est-ce pas? m'écriai-je, n'y pouvant plus tenir.

» La vieille me regarda. Qui vous a dit, ajouta-t-elle en mordant ses lèvres, qui vous a dit, monsieur le sacristain, que je le pèlerinage de l'amour, qui vaut mieux que celui de Saint-Jacques de Compostelle.

» Comme je disais ces mots, je fus surpris d'entendre une voix étrangère qui s'écria : Qui est-ce qui parle en termes si peu décents de Saint-Jacques de Compostelle?..... Je me retournai, et j'aperçus un pèlerin que je n'avais pas remarqué, et qui venait d'entrer dans la chapelle pour y prier. Pardon, lui dis-je, mon ami, pardon si mes exclamations vous ont choqué; mais je suis si malheureux!..... — Qu'avez-vous? me demanda avec intérêt le pèlerin, en se levant de la place où il était agenouillé. Qu'avez-vous, jeune homme? Versez avec confiance vos chagrins dans mon sein, peut-être pourrai-je les adoucir. — O monsieur! impossible, impossible! Je vous prie de respecter mon secret, comme je vais respecter votre prière.

» Le pèlerin se remit à sa place, et ne me dit plus mot. Pour moi, je me promenai longtemps en long et en large dans la chapelle, ne sachant quel parti je devais prendre, m'arrêtant souvent à celui que j'avais formé, de suivre partout ma belle Anglaise, songeant ensuite que je pourrais être maltraité par sa tante, que je pourrais causer à la nièce elle-même des chagrins plus cuisants. Enfin il s'écoula ainsi plusieurs heures, pendant lesquelles j'allais souvent écouter à travers la porte de la sacristie. Ce qui m'étonnait, c'était que je n'entendais point parler dans cette sacristie, qui pourtant était très-petite. Je ne pouvais deviner ce que mon patron y faisait avec sa dévote et leur victime; mais j'étais toujours décidé à attendre que les deux femmes sortissent, et à fuir soudain cet asile du fanatisme et de la fainéantise. J'avais encore un autre sujet d'étonnement : le pèlerin que j'avais fâché en parlant de Saint-Jacques de

Compostelle était toujours là dans la chapelle, agenouillé à la même place. Cet homme m'importunait, mais je n'avais pas le droit de le renvoyer; et la chapelle étant ouverte jour et nuit, il pouvait y rester jour et nuit si cela l'amusait. Pour accroître ma surprise et mon inquiétude, la journée s'est écoulée, la nuit commence à venir, et je n'ai vu sortir de la sacristie ni le moine ni ses deux pénitentes.

» A la fin la porte de ce lieu mystérieux s'ouvre, et j'en vois sortir le père Luce tout seul. Où sont donc? lui dis-je.....

» Il ne me laisse point le temps d'achever : Tu es encore ici! me dit-il en me regardant d'un air indigné; as-tu oublié que je t'ai banni pour jamais de ma présence? — Je veux bien m'en aller, lui répondis-je; mais avant il faut que je fasse un petit paquet de mes effets qui sont dans la sacristie.

» C'était un prétexte que je prenais pour entrer dans cette sacristie, voir encore ma belle étrangère, que je présumais y être toujours. J'entre, je cherche partout..... personne..... O surprise! que sont-elles donc devenues, ces deux femmes que j'ai vues, bien vues y entrer? Je regarde si je n'aperçois point quelque porte secrète et dérobée..... Rien, absolument rien.....

» Le père Luce m'appelle : Eh bien! es-tu prêt? — Attendez, je cherche..... — Ce que tu ne trouveras jamais. — Ces dames? — Elles ne sont plus ici. — Elles ne sont plus ici! et je ne les ai point vues sortir; je n'ai pourtant pas quitté la chapelle de la journée. — Elles sont sorties de cette chapelle, te dis-je; au surplus, quel intérêt y prends-tu? — L'intérêt qu'inspirent la beauté de la jeune personne et la violence qu'on lui fait. — Ah! la violence! monsieur croit qu'on lui fait violence..... Mais,

mais, qui t'a donc rendu si raisonneur et si entêté? — Mon père...... dites-moi donc?.... . — Je n'ai plus rien à te dire, à moins que je ne te répète l'ordre que je t'ai donné de te retirer. — Quoi! si tard? à cette heure? — Il y a ici près un couvent de capucins, où l'on donne l'hospitalité à tous les voyageurs, quels qu'ils soient. Vas-y, et n'offre pas plus longtemps à mes yeux un impie qui ose vouer à la perdition de l'âme un saint ministre du Seigneur.

» Quand je vis qu'il n'y avait plus moyen de résister, je pris mon parti; et l'ermite apercevant le pèlerin, qu'il n'avait pas encore remarqué dans les transports de sa colère, se mit en prière au pied de la statue de saint Léonard, à qui je dis un éternel adieu. A peine fus-je sorti de la chapelle, que, me rappelant bien la résidence absolue que j'y avais faite toute la journée, je ne pus concevoir comment ces deux dames en étaient sorties sans que je les visse. Il fallait bien qu'elles fussent sorties, car elles n'y étaient plus; père Luce le disait d'ailleurs, et père Luce pouvait bien être un fanatique, mais je ne l'avais jamais pris en mensonge. Comment, par où avaient-elles passé? voilà ce que je ne comprenais point. Quoi qu'il en soit, j'étais séparé pour jamais de celle que j'aimais; je ne pouvais lui rendre les services signalés que je lui avais promis; je devais perdre tout espoir de revoir cette aimable étrangère qui avait su toucher mon cœur. Quel état! quelle souffrance!

» D'un autre côté, je ne savais si je devais aller coucher aux Capucins, ainsi que l'ermite me l'avais conseillé, ou si je ne ferais pas mieux d'aller sur-le-champ retrouver la maison paternelle. Quel parti prendre? j'ignorais aussi bien les chemins qui devaient me conduire à l'un ou à l'autre de ces deux asiles;

il me fallut donc marcher toujours tout droit devant moi. Il faisait très-nuit; j'étais dans la même position, dans la même indigence qu'au moment où j'avais quitté la chaumière de Pierre pour venir me confiner dans la chapelle Saint-Léonard; mais aujourd'hui j'étais bien plus à plaindre; j'avais perdu trois années de mon temps, j'avais perdu bien plus, j'avais perdu mon cœur et ma raison. Hélas! j'y étais resté un jour de trop.

» J'étais plongé dans ces tristes réflexions, qui ne me laissaient point la faculté de veiller à ma sûreté au milieu de cette épaisse nuit, lorsque je me sentis frapper sur l'épaule. La terreur soudain glaça mes sens; je me retournai, et je m'aperçus..... Mais il est tard, mes enfants; mon ami Palamène a besoin de repos; moi-même je sens que je me fatigue à parler; à mon âge, la moindre chose incommode: remettons la suite de mon récit à demain; vous y verrez des événements bien singuliers, et auxquels, certainement, vous ne vous attendez pas. »

Le vieillard se tut, les enfants se levèrent, et tout le monde rentra dans la maison.

XXXVIe SOIRÉE.

Bureau de publication rue de Thorigny, 3. Lith d'Auguste Bry, 134, rue du Bac.

L'Hypocrisie.

TRENTE-SIXIÈME SOIRÉE.

L'HYPOCRISIE.

Suite de la Chapelle Saint-Léonard.

Le lendemain soir, nos amis s'étant tous réunis sur la terrasse, M. Delacour continua son récit en ces termes :

« Je marchais donc au hasard, au milieu de la plus épaisse nuit, lorsque je me sentis frapper sur l'épaule; je me retournai, et reconnus, autant que la nuit me permit de distinguer les objets, ce même pèlerin qui n'avait pas quitté de la journée la chapelle Saint-Léonard. Mon ami, me dit-il, vous êtes malheureux, et je n'ai pas le bonheur de vous inspirer assez de confiance pour que vous versiez vos chagrins dans mon sein. —

Monsieur... — Allons, chemin faisant, racontez-moi les événements de votre vie, et le dernier surtout, celui qui cause la colère que le père ermite vous a témoignée en ma présence. — Mais... — Vous me connaîtrez après; vous saurez qui je suis; et peut-être pourrai-je vous être plus utile que vous ne le pensez. — Mais avant, daignez me dire où vous allez, bon pèlerin. — Où allez-vous vous-même? — Je ne sais. — Eh bien! cheminons ensemble, peut-être nous donnera-t-on quelque part l'hospitalité. Un instant arrêtons-nous.

» Nous nous arrêtons; le pèlerin continue : Entendez-vous cette cloche éloignée?... cinq... six... sept... huit... neuf... neuf heures! C'est la cloche du couvent des capucins, qui est à une lieue d'ici. Allons-y passer la nuit. Demain nous verrons ce que nous pourrons faire pour vous être utile.

» Le pèlerin, qui me parut bon, sensible, mais âgé, me donna le bras, s'appuya de l'autre main sur son bâton, et, tout en marchant, il me pressa avec tant d'instance de lui dire le sujet de ma douleur, que je ne fis aucune difficulté de la lui confier. Dès l'instant que je lui nommai mon père, M. Delacour, cet homme quitta brusquement mon bras, s'arrêta en me fixant comme s'il pouvait examiner mes traits : puis, reprenant mon bras et se remettant en marche, il me dit avec douceur : Poursuivez... Je ne lui cachai rien, pas même la mort de mon frère, mes remords, et ma première résolution de consacrer mes jours à l'état monastique. Il apprit de moi les circonstances de mon séjour dans la chapelle Saint-Léonard, les fréquentes absences du père Luce, le mystère de la petite porte par laquelle il disparaissait à mes regards, sans que je pusse deviner le lieu où il se rendait; mon amour pour la belle Anglaise, sa disparition subite, ainsi que celle de sa tante; enfin, le motif de la colère de l'ermite, et ma sortie de la chapelle.

» Le pèlerin, après mon récit, s'arrêta quelques instants, le coude appuyé sur son bâton, et ses deux mains jointes sur son menton. Il parut réfléchir, et me dit : Mon fils, ce que vous m'apprenez est bien plus singulier que vous ne le croyez. Si vous y aviez attaché autant d'importance que moi, vous auriez cherché depuis trois ans à trouver le secret de la petite porte : cela vous eût été alors plus facile qu'aujourd'hui. Je suis d'autant plus étonné de cette particularité, qu'il se répand depuis longtemps des bruits bien extraordinaires sur la chapelle Saint-Léonard. On prétend que l'ermite qui la dessert n'est ni aussi dévot ni aussi simple qu'il le paraît. On assure qu'il s'introduit dans le sein des familles pour y tourner l'esprit des jeunes personnes vers la religion, ou plutôt vers le fanatisme. On en a vu disparaître de ces jeunes personnes trop crédules, et le révérend père Luce n'a plus revu ces familles désolées. Il est bien malheureux que vous soyez maintenant banni de cette chapelle, qui renferme sans doute quelque secrète issue, quelque souterrain. Je ne sais, mes pressentiments ne m'ont jamais trompé; je crois que votre belle Anglaise, victime sacrifiée sans doute par une tante fanatique, est quelque part dans cette chapelle mystérieuse ou aux environs. Savez-vous ce qu'il faut faire? Aller d'abord coucher aux Capucins; demain, retournez chez votre père, dont le château n'est pas loin d'ici; je vous y accompagnerai, moi; je le connais; il ne sera sûrement pas fâché de me revoir : ensuite nous reviendrons à la chapelle Saint-Léonard, et nous tâcherons de pénétrer les mystères que sans doute elle renferme... Tenez, voyez-vous ce clocher qui s'élève là, sur la droite, derrière ce coteau?... Voilà encore la cloche; ah ! c'est le couvre-feu du couvent ; c'est pour avertir les voyageurs que dans une demi-heure les portes seront fermées, et qu'on n'y recevra plus personne. Hâtons-nous de prendre ce sentier, qui va nous y conduire avant que le terme fatal soit expiré.

» Je suivis mon guide, qui m'inspirait un profond respect et une confiance aveugle, et en moins de vingt minutes nous fûmes à la porte du couvent. Le pèlerin tira un cordon de sonnette, et le frère portier nous ouvrit. Dès qu'il vit que nous demandions l'hospitalité, il nous introduisit dans un vaste réfectoire, où nous trouvâmes deux ou trois personnes qui profitaient du même secours que nous, et qui soupaient. Nous fîmes comme elles, et nous nous retirâmes après dans un dortoir commun, où il nous fut impossible de causer en particulier. L'usage de cette maison était de ne point renvoyer les voyageurs le lendemain sans leur donner à déjeuner amplement. Nous nous réunîmes donc aux autres voyageurs dans le même réfectoire de la veille : pendant que nous déjeunions, un père capucin passa, et dit assez brusquement à celui qui nous servait : Frère Hippolyte, j'ai déjà défendu qu'on donnât la moindre chose à ce mendiant d'ermite de la chapelle Saint-Léonard. Je n'entends pas qu'on lui fasse la plus légère aumône. J'ai de fortes raisons pour croire que cet homme est plus riche que tout notre couvent.

» Le père capucin se retira rapidement après ce peu de mots, et nous laissa très-étonnés d'entendre citer un homme dont nous avions mille motifs de pénétrer la conduite. Mon guide alors s'approcha du frère Hippolyte, et lui trouvant une physionomie ouverte et des manières franches, il se hasarda à lui adresser la parole : Oserais-je vous demander, mon frère, si cet ermite dont on vient de vous parler est le même qui dessert le petit oratoire qui est à une lieue et demie d'ici? — C'est lui-même, monsieur. — J'y suis passé hier; il m'a eu l'air d'un saint homme. — Dites d'un bon cafard. — En vérité? — Son ordre l'a presque abandonné; et, s'il n'était pas soutenu par monsieur l'évêque, dont il trompe la religion, il serait maintenant dans un cachot de son couvent. — Ah! bon Dieu! et qu'a-t-il donc fait? — On l'ignore; mais on croit soupçonner à juste titre qu'il a plus d'un moyen de s'enrichir. Dernièrement, le chapitre de son couvent envoya faire une descente chez lui; le drôle sut empêcher sur-le-champ, par la protection de monsieur l'évêque, la visite qu'on voulait faire: elle aurait dévoilé bien des atrocités. — Mais une visite est bientôt faite dans une chapelle aussi petite? — Dans une chapelle aussi petite! Oh! il a sûrement une autre chapelle invisible à tous les regards; car on a vu entrer chez lui bien des gens qu'on n'en a jamais vus sortir. — Bon! mais où serait donc cette chapelle invisible? La sienne est isolée, sur les bords d'un fleuve, entourée de routes et de bois de tous les côtés! — Si vous êtes curieux d'apprendre une histoire singulière, et si d'ailleurs vous n'êtes pas pressé, venez dans ma cellule après le déjeuner, je vous conterai l'origine de la chapelle Saint-Léonard, et je vous apprendrai des choses extraordinaires.

» Le pèlerin serra la main au frère en signe de consentement, et dès que les voyageurs se furent tous remis en route, nous suivîmes tous deux ce frère complaisant: nous étions trop intéressés au récit qu'il allait nous faire, pour négliger de nous instruire des moindres particularités qui pouvaient concerner le père Luce et l'oratoire que j'avais habité trois ans. Le frère

Hippolyte nous introduisit dans sa cellule, en ferma la porte avec soin, et, soit que par goût il aimât à jaser, ou soit que nous lui inspirassions de la confiance, il nous fit le récit suivant, que je vais vous rapporter avec ses propres expressions.

» Vous n'êtes sûrement pas né dans ces contrées, bon pèlerin; car si vous y aviez seulement été élevé, vous auriez entendu parler de la fameuse église Saint-Bathilde, l'un des plus antiques monuments qu'on ait vus, de mémoire d'homme, sur les bords de la Loire. Cette église, presque abandonnée, de la plus antique vétusté, et qui tombait en ruine tous les jours, fut détruite une nuit à la suite d'un événement que je vais vous raconter, mais qui exige que je prenne mon récit de plus haut. Écoutez-moi avec attention.

» Il y avait dans les Cévennes un père de famille nommé le duc d'Asfeld, qui était le plus riche et le plus puissant seigneur du Languedoc. Le duc d'Asfeld avait une fille et un fils : Mathilde, sa fille, était la plus belle personne qu'on pût voir : à l'âge de vingt ans elle avait tous les appas, tous les talents qui font une demoiselle accomplie. Son frère, le jeune Léonard d'Asfeld, avait un an de moins; mais beau, bien fait, vif et spirituel, il était tout pour son père, qui fondait sur lui l'espoir de son nom et de sa vieillesse. Le jeune Léonard d'Asfeld avait pour instituteur un nommé Doctorin, homme d'une quarantaine d'années, simple clerc tonsuré, qui joignait à un esprit peu commun beaucoup d'instruction et de connaissances. Doctorin était grave, posé, réfléchi; et, malgré cet extérieur peu fait pour plaire à la jeunesse, il n'en avait pas moins gagné l'estime, la confiance et l'amitié de son élève. Léonard d'Asfeld était d'une vivacité et d'une étourderie inconcevables, et cependant il aimait son précepteur, qui d'ailleurs avait ses vues pour flatter quelques passions naissantes du jeune homme, et pour se l'attacher. Avec tout son esprit, avec toute son instruction, Doctorin était faux, méchant, vindicatif, et surtout ambitieux à l'excès. Singulièrement aimé et estimé du vieux duc, qui n'avait plus d'épouse, Doctorin n'avait pu voir sa fille, la belle Mathilde, sans en devenir éperdument amoureux. Cet homme dissimulé avait bien senti que jamais il n'obtiendrait la main de cette héritière du plus grand nom et de la plus grande fortune de sa province; mais habitué aux crimes de tout genre, il ne songeait qu'à déshonorer la sœur de son élève, et même à l'enlever si cela lui était possible. Depuis longtemps il méditait ces noirs projets, dans lesquels il s'affermissait encore en voyant la haine que lui portait la belle Mathilde, peut-être plus clairvoyante que son père.

» Les choses en étaient à ce point, lorsque le jeune d'Asfeld voulant chasser un jour seul avec son domestique, tomba de cheval, et se blessa si dangereusement, qu'il fut impossible de le transporter ailleurs que dans la maison la plus proche du lieu de son accident. Cette maison, simple et habitée par un négociant retiré, frappa la vue du domestique, qui courut y demander l'hospitalité pour son maître. M. Blinvil, c'était le nom du maître de cette maison, courut lui-même avec ses gens à la place où le jeune d'Asfeld était baigné dans son sang; il le fit transporter chez lui, et fit appeler son chirurgien, qui déclara que le blessé courait risque de perdre la vie si l'on s'avisait de le changer seulement de lit d'ici à huit jours. M. Blinvil apprenant le nom de son hôte, fut sur-le-champ, avec le domestique du jeune d'Asfeld, chez le vieux duc, qui ne s'attendait guère à apprendre une aussi fâcheuse nouvelle. Le duc, au désespoir, eut néanmoins l'attention de remercier Blinvil de ses soins généreux : il monta soudain en voiture avec sa fille, Doctorin et Blinvil ; puis tous quatre revinrent chez ce dernier, où le jeune malade fut plaint et embrassé tour à tour par son père, sa sœur et son précepteur. Le duc promit de venir et d'envoyer le plus souvent possible; puis il retourna chez lui avec Mathilde et l'instituteur.

» Le jeune d'Asfeld resta six semaines chez M. Blinvil, où les soins les plus minutieux lui furent prodigués. Quand il fut convalescent, son père le rappela, mais il lui en coûtait beaucoup de quitter cette maison hospitalière. M. Blinvil avait une fille charmante : la jeune Eugénie n'avait point quitté le chevet du lit de notre malade, et l'amour avait blessé ensemble, d'un seul trait, ces deux cœurs purs, ingénus, faits pour s'aimer, pour s'adorer à jamais. Eugénie fut enchantée et désespérée de la convalescence de son ami; elle sentit qu'elle allait le perdre: l'état de son père ne lui permettait pas de cultiver la connaissance du duc d'Asfeld, d'entrer dans l'intimité d'un aussi grand seigneur, encore moins d'espérer une alliance entre les deux familles. Eugénie, pour la première fois, se repentit d'avoir ouvert son cœur aux séduisantes impressions d'un imprudent amour. Elle apprit, le cœur serré, que le duc d'Asfeld viendrait chercher son fils le lendemain; et, pour éviter d'accroître son tourment, elle se promit de rester chez elle, de ne point se trouver à des adieux trop déchirants pour son sensible cœur.

» De son côté, le jeune d'Asfeld n'avait pas pu recevoir les soins consolateurs de la fille de Blinvil, sans être touché de la grâce, de l'esprit et des qualités éminentes de cette fille céleste.

D'Asfeld connaissait l'amour pour la première fois; pour la première fois il sentait qu'il allait revoir avec peine et le duc, et sa sœur, et son ami Doctorin, et la maison paternelle : il eût préféré l'asile de l'amour à tous les châteaux, à tout l'éclat des rangs et de la fortune; mais son vieux père brûlait de le revoir chez lui; le jour était fixé pour quitter Blinvil, il n'était pas possible de reculer une cruelle séparation. Ces deux jeunes gens s'aimaient donc; mais ils ne s'étaient pas encore communiqué leurs mutuels sentiments. Le moment approchait, qui devait les convaincre d'un retour réciproque.

» Ce moment fatal arrivé. Le duc, après avoir remercié Blinvil, est déjà monté dans sa voiture; il appelle son fils, mais bientôt il pense qu'il a oublié de remercier mademoiselle Blinvil, qu'il n'a pas vue d'ailleurs à côté de son père. Le duc la demande; Blinvil envoie chercher sa fille : Eugénie sent qu'un refus de paraître serait une affectation qui pourrait donner des soupçons; elle descend; mais, Dieu! que devient-elle, en jetant un regard sur son ami, qui la fixe avec les yeux les plus tendres et les plus expressifs? Jamais elle ne l'a vu si beau, si séduisant. Jusque-là le jeune d'Asfeld, malade, pâle, ou couché, ou bien enveloppé dans une longue robe de chambre, n'avait pu faire briller à ses yeux les avantages de la taille et les grâces qu'il avait reçues de la nature. Il est à présent habillé avec la plus grande élégance. Une jambe faite au tour, un buste parfait, des traits charmants, plus frais, rehaussés par l'éclat d'une coiffure recherchée, tout cela frappe et trouble la vue de la pauvre Eugénie. Elle regarde, et ne peut que s'écrier : Il s'en va donc pour jamais!...

» L'infortunée tombe évanouie dans les bras de son père!...

» D'Asfeld, à son tour, se jette sur les mains d'Eugénie, qu'il baigne de ses larmes en s'écriant : Eugénie, ma chère Eugénie ! rappelez vos sens !... Je reviendrai, nous nous reverrons ; oh ! il faut que nous nous revoyions ou que je meure !

» Quelle ingénuité de la part de ces deux amants, et quelle scène pour les deux pères, qui se regardent sans oser se communiquer leurs mutuels soupçons ! Le duc, effrayé de l'idée d'une tendresse qui pique sa vanité, redescend de sa voiture, prend le bras de son fils, et le force, malgré ses cris et ses larmes, à se placer à côté de lui dans le carrosse qui vole déjà, tandis que le malheureux Blinvil entraîne sa fille dans l'intérieur de sa maison, désespéré de la fatale découverte qu'il vient de faire.

» Je laisse Blinvil et sa fille pour le moment, et j'entre au château d'Asfeld avec le duc et son fils, qui ne se sont pas dit un mot pendant le voyage. Le jeune homme, revenu à lui, a senti son imprudence, et s'est déterminé à ne point parler à son père, dont il redoute même les regards. Effet surprenant de la vanité ! La tendresse du duc est presque anéantie pour ce fils, qu'il chérissait plus que lui-même une heure auparavant : les regards de la sévérité animent seuls maintenant ses yeux, qui ne se fixaient jamais qu'avec ivresse sur ce fils adoré. Ce n'est plus un père, le duc ; c'est un Mentor, un étranger, un tyran !... Il n'ose pourtant pas encore communiquer ses réflexions à son fils, mais il attend un moment favorable, et ce moment sera terrible. Qui donc l'adoucira ? Celui qui, seul dans le château, peut avoir intérêt à flatter les passions du jeune d'Asfeld, l'homme seul qui sait s'accommoder, se plier aux faiblesses des autres, et voir dans l'événement le plus simple le fondement de sa fortune à venir; cet homme, c'est Doctorin.

» Doctorin a été témoin de la scène, il va chez son élève, qu'il trouve assis la tête enfoncée dans ses mains : Mon fils, lui dit l'hypocrite, vous venez d'affliger bien cruellement votre vieux père ! — Comment cela ? — Lui qui fondait sur vous toutes ses espérances, tout l'éclat de sa maison ! — Eh bien ! comment aurais-je détruit ses espérances ? — Il le craint. — Mais pourquoi ? — Me croyez-vous aveugle ? me croyez-vous aussi assez dénué de lumières et d'expérience pour ne pas voir que vous aimez la fille de Blinvil ? — Oui, je..... je l'aime, et je serais bien ingrat si je la haïssais ! — Ah ! autre chose est de haïr, ou d'aimer d'amour. — Je ne sais pas si je l'aime d'amour ; mais ce que je sais bien, c'est qu'il m'est impossible de l'aimer davantage. — Vous voyez que vous en convenez vous-même. — Quel mal trouvez-vous à cela ? — Mais elle vous aime aussi ? — J'ose le croire. Après ? — Et vous voudrez l'épouser ? — Oui, sans doute. — Et votre père n'y consentira jamais. — Pourquoi n'y consentirait-il pas, cet homme injuste? Dira-t-il que je détruis la grandeur de son nom, puisque je suis un homme, que son nom me reste, et qu'il ne tient qu'à moi de l'ennoblir encore par mes vertus privées et publiques ? L'hymen au contraire, l'hymen avec celle que j'aime agrandira mon âme, la portera vers de plus grandes actions : oui, qu'on m'accorde Eugénie, et je me sens capable de tout. — Jeune homme, vous ne savez pas ce que c'est que raisonner en sage, en père de famille. — Écoutez, je sais peut-être mieux raisonner que vous ne le pensez ; je sais que mon père va m'objecter le défaut de fortune et de naissance de mon Eugénie ; je sais que je dois m'attendre aux plus dures contrariétés de sa part ; mais ce que j'ignorais, c'est que vous eussiez assez peu d'amitié pour moi pour vous ranger du parti de l'homme dont j'attends les plus cruelles persécutions. — Vous vous trompez, mon fils; ah! que vous me connaissez mal! Je ne venais ici que pour vous offrir des consolations, mes services..... oui, pour vous promettre de vous servir auprès de votre père. — Parlez-vous sincèrement, mon cher instituteur? — Très-sincèrement, mon ami ; déjà j'ai détruit une partie de ses soupçons, déjà je lui ai dit que l'intérêt que vous aviez témoigné à cette jeune personne était un effet tout naturel de la reconnaissance que vous lui deviez. Quant à l'évanouissement d'Eugénie, je lui ai certifié que ces sortes d'accidents arrivaient souvent, depuis peu, à cette enfant, dont la santé est très-chancelante. Il m'a cru, et je me flatte de lui persuader bientôt tout à fait que la plus grande indifférence règne entre Eugénie et vous. — Ah! mon ami! — Par la suite, si vous tenez toujours à votre amour, nous verrons à prendre des moyens pour... — Vous me rendez la vie!

» Le jeune d'Asfeld saute au cou du perfide Doctorin; et celui-ci, qui n'a point encore parlé au duc ainsi qu'il vient de le dire à son fils, se transporte soudain chez le père, à qui il dit au contraire que l'amour du jeune homme est excessif, qu'il faut prendre tous les moyens pour y mettre ordre, et mille autres raisons semblables. Je viens de le voir, ajouta-t-il; je lui ai dit tout ce que vous-même vous pourriez lui dire de plus fort; rien n'y fait; il est violent, emporté; il méconnaît mon autorité; il insulte à mon amitié; il pourrait vous manquer de respect, et vous forcer à le punir sévèrement. Croyez-moi, monsieur le duc, ne lui parlez encore de rien; attendez du temps et de mes conseils l'effet salutaire que j'espère en obtenir; je vous rendrai compte de toutes nos observations, comme de ses moindres démarches.

» Le duc promet de contenir sa colère, de garder le silence, et remercie Doctorin du zèle et de l'amitié qu'il croit qu'il lui témoigne, en le priant de veiller toujours sur son fils et de lui rapporter tout ce qu'il dira. Voilà mon trompeur fort bien avec les deux parties; et voilà le père et le fils qui dissimulent réciproquement leur douleur. Le duc ne dit rien à son fils de son amour; il affecte même de le traiter avec plus de tendresse; et le jeune homme croit devoir le retour de son père aux soins obligeants de son instituteur.

» Cependant le jeune d'Asfeld, pour étudier les dispositions du duc à son égard, lui dit, quelques jours après, que la reconnaissance exige qu'il aille rendre une visite à M. Blinvil. Nous irons tous deux, lui répond le duc; je lui dois une visite aussi. Quoique contrarié par cet incident, d'Asfeld n'en jouit pas moins de l'espoir de revoir Eugénie; il s'habille en conséquence de la manière la plus galante, monte en voiture avec son père, et les voilà tous deux chez Blinvil, qui les reçoit avec l'air le plus froid et le plus triste. Le duc abrége les compliments: Et mademoiselle Blinvil, dit-il, est-ce que nous n'aurons pas le plaisir de la voir?

» D'Asfeld est enchanté intérieurement de voir que son père prévient ses désirs; il attend la réponse de Blinvil; elle est courte: Ma fille est dangereusement malade; elle ne peut voir personne. — Je voudrais bien vous dire un mot en particulier, ajoute le duc. — Volontiers, reprend sèchement Blinvil. Et tous deux, passant dans un cabinet particulier, laissent notre jeune homme en proie aux plus mortelles inquiétudes. Elle est dangereusement malade! ah! Dieu! serait-ce à cause de moi? faudra-t-il, après qu'elle m'a rendu la santé, que je lui arrache la vie? Et mon père, que fait-il, qu'a-t-il de particulier à dire au père d'Eugénie?

» D'Asfeld, pour distraire son ennui, parcourt à grands pas la salle où il est resté seul; il examine chaque meuble: un portrait de chasseur frappe sa vue; c'est un dessin d'Eugénie. Ciel! il ne se trompe point; ce sont les traits d'Asfeld qu'Eugénie a tracés sous un costume imaginaire. Elle s'occupe de lui! elle le chérit donc? Plus loin, c'est le portrait même d'Eugénie en miniature, et qui paraît être l'ouvrage d'un autre: d'Asfeld le prend, le baise mille fois; et comme il sait que l'amour fait excuser certains larcins, il cache le portrait charmant dans son sein, bien décidé à ne le jamais restituer. Une porte s'ouvre, il croit voir revenir les deux pères; mais, ô surprise! c'est Eugénie elle-même, qui reste saisie d'étonnement. Je vous croyais parti, ainsi que le duc, dit-elle en reculant deux pas. — Dieux! Eugénie! une maladie aiguë n'altère donc point votre santé? — O d'Asfeld! un dieu plus cruel que les maux du corps me poursuit: l'amour, l'amour dévorant est dans mon cœur! — Il est dans le mien aussi; mais ce n'est point un dieu cruel ni dévorant: il fait mon bonheur; il me retrace sans cesse celle que j'aime, ses traits divins et les sublimes qualités de son âme! — D'Asfeld! adieu... Si mon père, si le tien rentraient... — Un moment!..... — Non; adieu! — Eugénie!..... — Eugénie t'aimera jusqu'à son dernier soupir. — Eugénie sera mon épouse! — Jamais, jamais: ô mon Dieu! non, jamais..... Adieu.....

» Eugénie s'est à peine retirée, que les deux pères reviennent, mais l'œil enflammé, les traits altérés, comme deux hommes qui viennent d'avoir une explication sérieuse. Le duc prend froidement congé de Blinvil, qui se retire sans reconduire les deux seigneurs ; et d'Asfeld est obligé de quitter encore une fois ce séjour, où il laisse l'amour, le malheur et la constance, mais il a le portrait d'Eugénie; le jeune d'Asfeld est moins malheureux que son amante.

» C'est dans la voiture que la colère du duc, trop longtemps contrainte, éclate tout à fait. Il a tout appris, dit-il, par Blinvil; il sait que son fils adore Eugénie et en est adoré. Il a fait là-dessus des remontrances sévères à cet homme, dont l'alliance le déshonorerait; il ordonne à son fils de chasser de son cœur cet amour sans espoir et sans but, à moins qu'il ne veuille encourir sa malédiction, et subir les justes châtiments qu'un père irrité a le droit d'infliger à un fils rebelle. Les larmes, les prières du jeune homme, rien ne touche ce cœur endurci par l'orgueil; et d'Asfeld, de retour au château, ne peut plus que se livrer à son désespoir.

» Doctorin entre chez lui au moment où il remplit son appartement de ses cris douloureux. Le précepteur veut consoler l'amant d'Eugénie : il est sourd à tout; il parle de fer, de poison pour trancher ses jours; il ne voit et ne veut qu'Eugénie. Eh bien! mon fils! eh bien! lui dit avec confidence l'hypocrite, qui juge le moment favorable à ses vues; vous l'aurez, votre Eugénie, oui, vous l'aurez; je vous mettrai moi-même dans ses bras! — Vous! mon cher, mon respectable ami! Ah Dieu! je vous devrais la vie! — Il ne tient qu'à vous de vous voir réuni dès cette nuit même à Eugénie. — Il ne tient qu'à moi? — Oui; mais il faut que je sache d'avance si vous êtes capable, pour elle, des plus grands sacrifices. — De tout, de tout; oh! parlez, parlez! — Apprends donc, mon fils, un secret que j'ai jusqu'à présent renfermé dans mon sein. Tu aimes Eugénie, et moi j'adore ta sœur, la belle Mathilde. Je sais que ma naissance, ma fortune, rien en moi ne peut me rendre digne de la fille du duc d'Asfeld; mais quoi! ne connais-tu pas l'amour? ne sais-tu pas qu'il ne calcule ni les rangs ni les convenances? Ne l'éprouves-tu pas toi-même, en brûlant pour une jeune personne d'un état si inférieur au tien? Tu ne peux donc pas me blâmer; tu ne peux que me plaindre comme je te plains, et me servir comme je brûle de te servir. Lions-nous donc d'intérêt: que l'amour nous unisse; que la nécessité nous force à feindre avec adresse, et que le malheur nous donne de la tête et de l'intrépidité. A minuit précis entraîne ta sœur du côté du jardin, sous un prétexte quelconque, à la porte qui donne au bas de la montagne; j'aurai des gens sûrs, une voiture toute prête, et c'est dans cette voiture que tu trouveras ton Eugénie. — Ciel! — Elle y sera, te dis-je; je me charge de t'y réunir à elle. Vois combien nous serons heureux, Eugénie et toi, Mathilde et moi: tous les quatre réunis, nous formerons deux mariages secrets; et quand il n'y aura plus de remède, il faudra bien que le duc ratifie les nœuds formés par ses deux enfants ou qu'il meure loin d'eux..... Tu ne me réponds rien, d'Asfeld! as-tu de la faiblesse ou des préjugés? — Non; mais j'ai des mœurs et de la délicatesse. — Des mœurs et de la délicatesse! il est bien question de tout cela quand on aime! — Vil scélérat! — Comment! — As-tu osé me le confier, ce projet inventé par l'enfer; ce projet où je vois le déshonneur de toute ma famille et la mort du plus infortuné des pères? Apprends que j'ai trop de vertu pour tremper dans tes indignes complots. Fuis ma présence, fuis, et tremble que je ne révèle à ton bienfaiteur la manière indigne dont tu veux le récompenser de sa confiance et de ses bontés. — Qu'entends-je?..... Aurais-je pu soupçonner que l'orgueil du fils égalât la vanité du père? — Fuis, misérable; n'attends pas que cette arme (*il tire son pistolet*) t'arrache une vie que sans doute tu as souillée de tous les forfaits, puisque tu es capable d'en concevoir un aussi exécrable! — Jeune homme, abaisse ce ton qui ne te convient point, et apprends que, si tu fais un geste, si tu dis un mot des projets que j'ai eu la sotte confiance de te révéler, je puis te perdre, toi, Eugénie, et ton père lui-même.

» Le jeune d'Asfeld était né vif et même violent; il ne put entendre les menaces de ce lâche sans une indignation si forte, qu'elle le porta à tirer son pistolet sur lui. Malheureusement le coup n'attrapa pas Doctorin, qui sortit de l'appartement en criant soudain au meurtre, à l'assassin..... Tout le monde s'agite; on a entendu le coup de pistolet, on se précipite dans l'appartement du jeune homme. Doctorin y rentre bientôt, précédé du duc lui-même, qui, trouvant encore l'arme fatale entre les mains de son fils, ne doute point qu'il n'ait voulu assassiner son précepteur. Que t'ai-je fait, malheureux jeune homme? s'écrie piteusement l'infâme Doctorin. Eh quoi! parce que je te représente que tu causes le malheur du plus respectable des pères; parce que je te donne des conseils que mon âge et l'autorité que l'on m'a confiée me prescrivent de te donner; parce qu'enfin je te démontre la bassesse et la vileté de ton inclination, tu attentes à mes jours, tu tires le pistolet sur un ecclésiastique timide et sans défense! Ah! Dieu! quel prix de mes soins!

» D'Asfeld est hors de lui : il se lève pour tirer vengeance de ce nouveau trait de perfidie; son père lui-même arrête son bras furieux, et donne ordre qu'il soit renfermé soudain dans la tour la plus reculée de son château. Doctorin a la bassesse encore d'insulter à son malheur en demandant sa grâce au duc. Qu'il soit libre, s'écrie le monstre, ou je quitte la maison!..... On ne l'écoute point; le pauvre jeune homme est traîné, sans pouvoir se faire entendre, dans la prison qu'on lui destine; et Doctorin, après avoir expliqué à sa manière les motifs de la violence du jeune d'Asfeld, se retire chez lui pour méditer les moyens qu'il prendra pour perdre toute cette famille, qui lui est devenue odieuse.

» Sa scélératesse est tellement raffinée, qu'il lui faut une vengeance singulière, éclatante, extraordinaire. Il dresse donc ses batteries en conséquence, et dès le même jour il se rend à la maison de Blainvil, qu'il trouve absent, ainsi qu'on le lui avait dit. Le traître s'insinue dans la confiance d'un domestique qu'il corrompt, et apprend de lui qu'Eugénie fatiguant son père de l'excès de son amour et de sa douleur, Blainville a pris le parti de mettre au couvent cette fille qu'il adorait, et qui fait maintenant son malheur. C'est à quatre heures du matin qu'elle doit monter en voiture avec ce père désolé, qui doit la conduire aux Feuillantines, couvent de femmes situé à dix lieues de là. Doctorin s'arrange sur ces renseignements, et voici comment il s'y prend pour exercer la plus horrible vengeance.

» Tandis que le jeune d'Aslfed gémit sur ses malheurs en attendant qu'il puisse s'expliquer avec son père et dévoiler le monstre qui le perd ; tandis qu'il examine les murs de la maison paternelle, devenus pour lui un cachot sombre et lugubre, la nuit déploie ses voiles sombres sur la terre ; ses voiles, qui couvrent les forfaits du coupable !... D'Asfeld, qui ne pense qu'à son père et à son amante, entend sonner, sans fermer l'œil, toutes les heures de cette nuit terrible : à peine la troisième heure a-t-elle frappé son oreille, qu'il entend ouvrir sa prison. Que voit-il? Bernard, le domestique de Blainvil ! — Eh quoi ! Bernard, c'est vous ! lui dit d'Asfeld. Comment avez-vous fait?... — L'amour rend ingénieux, lui répond le perfide agent de Doctorin. A peine mademoiselle a-t-elle su votre détention, qu'elle m'a envoyé ici, où j'ai eu l'adresse de soustraire la clef de votre cachot à un domestique que j'ai fait boire jusqu'à ce qu'il ait perdu la raison. — Dans quel dessein, Bernard? — Dans le dessein de vous sauver. — Me sauver ! eh ! mais, je ne suis point coupable ! — Vous l'êtes plus que vous ne pensez ; vous laissez sacrifier Eugénie ! — Sacrifier Eugénie ! — Oui ; dans une heure d'ici on l'enlève de la maison paternelle. — Qui? — Vous ne le croirez jamais ; ce même Doctorin, votre précepteur, qui vous perd aujourd'hui, est amoureux d'Eugénie plus qu'il ne l'est de Mathilde. A quatre heures, je vous le jure, vous les trouverez sur la route du Puy. — Grands dieux ! est-il possible? — Venez avec moi, venez ; nous n'avons pas un moment à perdre pour sauver ma maîtresse, qui vous est si chère ! J'ai des chevaux là-bas, venez ; quand vous aurez secouru l'innocence, vous reviendrez ici, si vous le voulez pour faire éclater la vôtre, qui aura acquis une preuve de plus.

» L'idée du danger d'Eugénie effraye tellement le jeune d'Asfeld, qu'il ne prend pas de plus amples informations ; il n'a même pas l'attention de demander au domestique pourquoi il n'a pas averti son maître M. Blainvil plutôt que lui, d'Asfeld, de l'enlèvement projeté par Doctorin; question qui était toute naturelle, et qui certes eût embarrassé beaucoup le traître. D'Asfeld donc s'arme de pistolets que lui tend Bernard, et le suit jusqu'à la porte du château sans éprouver aucune résistance. Là il monte à cheval avec son guide, et tous deux vont attendre sur la route le passage de la voiture qui doit renfermer Blinvil et sa fille. Cette voiture paraît bientôt; il faisait un peu frais; Blinvil s'était couvert la tête d'un mouchoir qui cachait ses traits. D'Asfeld le prend pour Doctorin, au petit jour, qui n'est pas encore assez clair pour qu'on puisse distinguer les objets : Traître, lui crie-t-il, rends-moi Eugénie, ou tu es mort!

» Eugénie jette un cri, et s'évanouit. Blinvil met la tête à la portière, comme pour haranguer l'imprudent d'Asfeld, qu'il a reconnu. Celui-ci lui tire un coup de pistolet, et le renverse mort dans sa voiture... Son sang rejaillit sur sa fille!,.. D'Asfeld veut forcer Eugénie inanimée à descendre; mais un autre incident vient déranger ses projets. Plusieurs étrangers paraissent, le duc est à leur tête. Dieu! quel est l'homme qui l'accompagne? C'est Doctorin lui-même. Doctorin paraît craindre pour les jours du duc. Le misérable, s'écrie-t-il, après avoir assassiné le père d'Eugénie, est capable d'égorger son père!

» Ce perfide Bernard, son complice, s'avance vers lui pour lui parler. Doctorin lui tire à son tour un coup de pistolet; et l'étendant sans vie à ses pieds, il ensevelit à jamais ses secrets dans son sang. Cependant, bon pèlerin, représentez-vous l'état du malheureux d'Asfeld; il a privé son amante de son père; il n'est plus à ses yeux qu'un vil assassin!... Le duc l'accable du poids de sa malédiction. Que fera-t-il? Abandonnera-t-il Eugénie, dont heureusement les yeux sont fermés encore, mais qui ne les rouvrira que pour voir à ses côtés son père assassiné, que pour apprendre et détester le nom du coupable? Il est perdu, d'Asfeld, il le sait; il n'a plus d'amante, il n'a plus de père, il n'a plus rien!..... Il prend un parti désespéré; il est encore monté sur un cheval excellent, il le pique, et disparaît aux regards étonnés de tous les témoins de son crime. Le duc envoie à sa poursuite un de ses gens qui monte sur le cheval de Bernard. D'Asfeld, qui aperçoit l'homme qui le suit, se retourne, le menace de lui brûler la cervelle; le valet, lâche ou complaisant, revient à bride abattue vers ses maîtres.

» Pendant que le duc, Doctorin et leur suite ramènent à la maison paternelle la malheureuse Eugénie, qui a eu le malheur de recouvrer ses sens, et le cadavre de l'infortuné Blinvil, d'Asfeld court toujours, et ne s'arrête qu'à la fin du jour, que lorsque la fatigue ne permet plus à son cheval de le porter. Je ne le suivrai point dans son exil; il me suffira de dire que l'infortuné passa deux années entières dans ses voyages, plongé dans la plus profonde douleur, et maudissant tous les jours son existence. Cependant l'inquiétude, l'ennui, le désir de revoir son père, peut-être celui de se jeter aux pieds d'Eugénie, tout le ramena, au bout de deux ans, dans les contrées qui l'avaient vu naître. Il se rendit d'abord à la maison d'Eugénie, non dans le dessein de se présenter à ses regards, mais pour apprendre de quelque valet les détails des suites qu'avait eues son crime. Cette maison n'était plus habitée par l'amour; un parent éloigné de Blinvil en avait pris possession. Eugénie n'était plus; elle n'avait pu survivre longtemps à son père, ni à la honte d'avoir aimé un assassin. Elle était morte en accusant d'Asfeld. Mais depuis sa mort on avait fait des découvertes précieuses. Il était prouvé, par un papier trouvé sur le cadavre de Bernard, que Doctorin avait mené toute cette affaire. Doctorin, s'était banni de lui-même de la maison du vieux duc, qui se proposait de livrer ce scélérat à la justice. On ignorait ce que ce Doctorin était devenu ; on croyait que, bourrelé par ses remords, il s'était jeté dans quelque cloître. Mais pour le vieux duc, il terminait sa pénible existence avec sa fille Mathilde ; et tous deux redemandaient sans cesse un fils et un frère que la suite de mille explications avait fait reconnaître plus malheureux que coupable.

» D'Asfeld, plus triste encore après ces détails, en apprenant la mort d'Eugénie, brûlant d'ailleurs de se venger du monstre qui l'avait perdu, à la première occasion qui l'offrirait à sa vue, n'en fut pas moins décidé à se rendre tout de suite chez son père, à consoler ce vieillard infortuné, à lui rendre enfin un fils après le retour duquel il soupirait.

» Plein de l'espoir de revoir son père, d'Asfeld quitte la maison d'Eugénie : il était tard, on était sur l'arrière-saison, dans ces temps lugubres où la nuit dispute au soleil les trois quarts de sa carrière. A peine d'Asfeld a-t-il repris la route qui doit le conduire à la maison paternelle, qu'un brouillard affreux s'élève, et lui cache jusqu'aux arbres qui l'avoisinent. D'Asfeld quitte sa route, s'égare, tourne, prend divers chemins, et s'égare encore davantage. La nuit vient ajouter à son embarras ; il ne sait plus que devenir, lorsqu'une cloche qu'il entend lui fait compter sept heures, et l'avertit qu'il est près d'une église. J'irai, se dit-il, j'irai y demander l'hospitalité ; et quels que soient les ecclésiastiques qui la desservent, ils ne me la refuseront pas.

» D'Asfeld trouve enfin, à tâtons pour ainsi dire, cette église favorable; mais quelle est sa surprise! elle tombe partout de vétusté, et paraît presque abandonnée. Est-ce un monastère? est-ce une église paroissiale? c'est ce qu'ignore mon jeune héros. Il s'en informe bientôt à une espèce de sacristain qu'il rencontre sous le porche ruiné de cet antique monument. — Mon ami, lui dit d'Asfeld, pourrait-on donner ici l'hospitalité à un jeune voyageur égaré?—Cela serait bien difficile, monsieur; car, hors les cellules de nos cénobites, il n'y a pas ici une chambre dont les murs ne soient délabrés. — Cela m'est indifférent, mon cher ami; pourvu que je sois à l'abri des bêtes fauves ou des malveillants qui peuvent courir la nuit dans ces campagnes, je serai toujours bien. — En ce cas-là, monsieur, vous pouvez rester; et, si vous êtes fatigué, je pourrai même vous prêter ma propre chambre, où nous serons fort bien tous les deux. — Grand merci, homme obligeant; mais dites-moi, sommes-nous près d'un village, dans une abbaye? Quel est ce lieu qui me paraît bien ravagé par le temps? — Ce lieu, monsieur, est une antique église paroissiale de deux villages qui sont à une lieue d'ici: on l'avait abandonnée depuis des siècles, attendu qu'elle n'offrait plus de solidité et qu'elle était devenue le repaire des oiseaux nocturnes et sinistres. On l'appelle l'église Sainte-Bathilde. — L'église Sainte-Bathilde! eh! qui la dessert maintenant? — Je vais vous conter cela. Il y a environ dix-huit mois qu'un saint homme, poursuivi par un grand seigneur qui l'accusait de crimes qu'il n'avait jamais commis, a été se confesser à monsieur l'évêque, et lui a demandé la permission d'expier ici ses péchés. Ce saint homme, après l'avoir obtenue, a pris avec lui cinq à six religieux, comme lui maltraités et malheureux, et ils ont fondé ici une espèce d'ermitage, toujours sous l'invocation de sainte Bathilde. — Ne pourrais-je pas voir ces saints personnages? — Non, ils sont tous rentrés dans leurs diverses cellules; mais demain matin, avant de partir, vous pourrez entendre la messe du supérieur de cette petite communauté. Comme il se fait tard, entrez avec moi : il est temps que vous partagiez un mauvais souper et que vous vous reposiez.

» D'Asfeld suivit le sacristain, qui le fit traverser une multitude de décombres, et arriver enfin à une espèce de cellule très-malpropre et presque nue, où d'Asfeld aperçut, avec surprise, des sabres et des pistolets attachés à la muraille. Il vint en pensée à d'Asfeld, qui frémit soudain, que les prétendus cénobites qu'on lui vantait pourraient bien être des voleurs réfugiés dans ces ruines presque inhabitables. Il se promit en conséquence de ne point dormir et de rester sur la défensive. Son étonnement redoubla lorsqu'il vit son hôte, dont la figure était d'ailleurs rébarbative, décrocher toutes les armes, en faire un faisceau, le mettre sous son bras, sortir, et l'enfermer seul dans cette cellule, éclairée seulement par une faible lampe.... Son courage ne l'abandonna point; mais il sentit son imprudence, et se promit de faire voler la tête du sacristain au moindre geste qu'il lui verrait faire. Il prit ensuite le portrait d'Eugénie, qui ne le quittait jamais, le baisa, et se recommanda à Dieu et à sa dame, comme faisaient autrefois les preux chevaliers. Ses doutes furent bientôt changés en certitude. Au bout d'une heure le sacristain rentra; il était accompagné de deux religieux, portant chacun une lampe, qu'ils déposèrent sur une table de bois. Est-ce là, dit l'un des religieux au sacristain, est-ce là l'étranger qui vous a demandé l'hospitalité? — C'est lui-même. — En ce cas, mon frère, dit le religieux, d'un air patelin, au jeune d'Asfeld, mon frère, il faut que vous vous soumettiez à une loi que chaque voyageur subit en cette sainte retraite. — Laquelle, mon père? — Il faut que vous nous remettiez vos armes, si vous en avez. — Jamais, mon père; jamais mes armes ne me quittent. — Il le faut, mon frère; accordez-nous cette faible marque de votre confiance, ou nous serons obligés d'user de violence. — De violence! — Oui, mon frère. Nous avons été déjà si cruellement trompés en recevant ici des misérables qui nous insultaient, qui voulaient même dépouiller le temple du Seigneur! — Ai-je l'air d'un de ces scélérats? — Non : mais vous êtes jeune et robuste; nous ignorons qui vous êtes. — Je me ferai connaître. — Mon frère, accordez-nous cette faveur; nous vous la demandons pour l'amour de Dieu et du prochain.

» En disant ces mots, les deux cafards s'agenouillèrent devant un crucifix, croisèrent leurs bras sur leur poitrine, et marmottèrent quelques prières. D'Asfeld, qui n'était pas leur dupe, avait bien envie de purger déjà la terre de ces trois coquins; mais il sentit qu'ils pouvaient être en nombre plus considérable, et réprima autant qu'il le put l'excès de son indignation. En effet, deux autres religieux se présentent, et réitèrent l'invitation que les premiers ont faite à d'Asfeld de remettre ses armes. Celui-ci refuse; alors tous les cinq se jettent sur lui, et le menacent de le tuer. La rage donne des forces au jeune homme, qui résiste seul aux efforts de ces cinq scélérats; mais enfin il va succomber sous le nombre, sans un incident inattendu. Un autre religieux survient. Celui-ci paraît être le supérieur des autres : Laissez ce jeune homme, dit-il; maintenez-le seulement, afin que je l'interroge... Il se fait un silence; mais quelle est la surprise du jeune d'Asfeld en reconnaissant Doctorin! Doctorin à son tour reste confondu à son aspect. C'est donc toi, monstre! lui dit le jeune homme; tu mourras.

» Il dit, et tirant un de ses pistolets, dont il ne s'est pas encore dessaisi, il étend Doctorin sans vie à ses pieds. La rage et l'effroi saisissent les autres brigands; ils donnent une secousse si violente à l'un des pans de bois de cette cellule ruinée, qu'elle s'écroule sur eux et sur le jeune d'Asfeld... Alors les brigands se débarrassant des décombres, courent toute l'église; ils ne, se connaissent plus, et les voilà, armés de maillets et de cognées, qui démolissent cet antique monument, et s'ensevelissent eux-mêmes sous ses ruines. Si vous voulez savoir ce qui les porta à cet acte de désespoir, je vous dirai que Doctorin, à la tête de quelques misérables, avait commis déjà tant de crimes dans les ruines de l'église Sainte-Bathilde, que, sous le costume de saints ermites, ils avaient attiré, dépouillé et assassiné tant de voyageurs, que la justice les poursuivait. Ce fut précisément au moment où d'Asfeld allait succomber sous leurs efforts qu'une troupe nombreuse de soldats, envoyés pour les arrêter, cerna l'église, et leur inspira tant de terreur, qu'ils préférèrent s'ensevelir tous sous les décombres de cet antique monument, plutôt que de se livrer. On dit que rien n'était plus curieux que de voir ces brigands, montés sur des pans de mur qui fléchissaient sous eux, jeter sur la troupe, en bas, des pierres, des poutres, et se précipiter eux-mêmes dans ces énormes démolitions. Il fut impossible d'en saisir un seul, et plusieurs soldats furent tués ou blessés. Ainsi, cette vaste église fut détruite en une nuit, et ne présenta plus qu'un monceau de ruines. Le malheureux d'Asfeld fut, hélas! la première victime de cette démolition : il y fut écrasé. Lorsqu'on débarrassa cette place pour en chercher les cadavres, le sien, naguère si beau, si frais, fut trouvé mutilé et absolument défiguré; on remarqua seulement que sa main droite avait tenu toujours collé sur sa bouche le portrait de son Eugénie; exemple touchant de la constance et du malheur!....

» Son vieux père fit déposer ses restes précieux dans la chapelle de son château, et ne lui survécut pas longtemps. Ce fut en mémoire de cet événement déplorable que monsieur l'évêque permit au père Luce de faire bâtir sur les fondations mêmes de l'antique église Sainte-Bathilde une chapelle dédiée à saint Léonard, qui était le patron du malheureux d'Asfeld. Vous voyez, mes amis, que si la chapelle Saint-Léonard est petite, elle peut communiquer à de vastes souterrains, et que le père Luce.... Mais je m'arrête; on ne doit jamais médire de son prochain; s'il fait mal, c'est pour lui, et Dieu seul doit être le dispensateur des peines comme des récompenses. Il me suffit de vous avoir rapporté l'histoire du jeune d'Asfeld, qui a fait tant de bruit dans nos contrées, et qui vous apprend l'origine de la chapelle Saint-Léonard. Adieu, bon pèlerin; continuez votre route; mais, croyez-moi, si vous revoyez l'ermite Luce, ne soyez plus la dupe de son hypocrisie. Adieu; je vous souhaite un bon voyage.

» Le frère capucin se tut, et nous le quittâmes, après l'avoir remercié de ses soins hospitaliers.... Mais il est plus tard aujourd'hui qu'à l'ordinaire; mon récit m'a entraîné; il est temps, bon Palamène, que j'en remette la suite à un autre jour. »

Palamène engagea son hôte et sa fille Henriette à prendre la collation du soir, et tous les trois rentrèrent dans la maison avec les enfants, que l'histoire du malheureux d'Asfeld avait singulièrement intéressés.

TRENTE-SEPTIÈME SOIRÉE.

LE FANATISME.

Fin de la Chapelle Saint-Léonard.

Le jour d'après, nos enfants, curieux de connaître la suite des aventures singulières de M. Delacour, le pressèrent de se rendre de bonne heure sur la terrasse, où, depuis quelque temps, ils passaient les soirées les plus délicieuses pour eux. M. Delacour ne se fit point prier longtemps; il réunit autour de lui son jeune auditoire, et lui raconta ainsi ce qui lui arriva après son départ du couvent des Capucins, où il avait appris, sur la chapelle Saint-Léonard, des choses si singulières.

« Notre projet, au vieux pèlerin et à moi, était, ainsi que je crois vous l'avoir dit, mes amis, de nous rendre à l'habitation de mon père. Je n'étais pas, sur cette visite, sans inquiétude ni sans remords. Il y avait près de trois ans que j'avais quitté ce père infortuné, sans lui donner de mes nouvelles, sans m'informer des siennes. Il m'avait peut-être maudit, déshérité, et j'avais sans doute mérité ce juste traitement par ma fuite, et l'abandon où je le laissai. Cependant je me flattais que, lorsqu'il apprendrait ma conduite et le saint asile où j'avais passé le temps de mon éloignement de la maison paternelle, il s'apaiserait et me rendrait sa tendresse. Le pèlerin, d'ailleurs, disait être son ami; ce bon vieillard, qui m'avait pris en amitié, ne pouvait que me protéger auprès d'un père irrité; il me l'avait promis, il allait sans doute tenir sa parole, et j'espérais recouvrer la tendresse de M. Delacour. Je ne manquais pas de courage : cependant quand je vis s'élever devant moi la cime du mont Gerbier; quand, en détournant mes regards sur la droite, j'aperçus le toit paternel et les vastes jardins de notre maison, ma fermeté m'abandonna; je sentis mes genoux fléchir sous moi, et je ne fus pas maître d'un tremblement universel.

» Le pèlerin, qui s'aperçut de mon trouble, se hâta de le faire cesser; il me serra la main, et me dit : Jeune homme, ne faut-il pas qu'un jour tu paraisses devant Dieu? prépare-toi donc à cette vue redoutable, en expiant, par un franc et ferme repentir, ta faute aux pieds de ton père, qui est pour toi l'image de Dieu sur la terre.

» Je repris courage à cette exhortation, et tous deux nous arrivâmes à la maison, que nous trouvâmes plongée dans la plus grande consternation. Un domestique nouveau, qui ne me connaissait point, nous dit en pleurant : Si vous avez quelque chose à dire à monsieur, hâtez-vous, car il n'a plus que quelques moments à vivre. — Ciel! mon père! m'écriai-je. — Son père! reprit à son tour le domestique.

» Mon guide, fâché de mon exclamation, et craignant que le serviteur ne montât chez son maître accroître ses maux en lui apprenant brusquement le retour de son jeune fils, pria le domestique de nous accompagner, et de ne point parler avant nous : il y consentit, et nous entrâmes dans une pièce où le vieillard était couché sur le lit de douleur. Il y avait beaucoup de monde dans cette chambre ; je cherchai des yeux, et restai fort étonné de ne point y voir Saturnin, mon frère aîné. Il me parut que le mourant était entouré d'étrangers, tous subalternes. Comme j'avais mon mouchoir sur ma figure, et que d'ailleurs la vue de mon père était trop affaiblie pour distinguer les objets, il ne me reconnut point; il parlait, mais très-bas, et semblait occupé, à notre arrivée, à dicter ses dernières volontés à deux notaires qui, assis devant une table, écrivaient ses moindres paroles. L'instant n'était pas favorable pour interrompre le malade; j'aurais bien désiré pouvoir voler dans ses bras; mais le pèlerin me contint par un signe. Nous nous assîmes, et le moribond continua de dicter ainsi aux deux notaires :

» *En conséquence, comme mes deux enfants m'ont abandonné, le jeune par ingratitude, l'aîné pour une amourette, folie de jeunesse que je voulais réprimer; comme enfin mes vieux jours n'ont plus été livrés qu'à des serviteurs qui cependant ont eu pour moi plus de soins que ne m'en auraient prodigué mes enfants, je me crois débarrassé des devoirs de la paternité; comme ces fils dénaturés ont secoué le joug du devoir filial, je n'ai plus d'héritiers que ceux qu'il me plaît d'adopter... je les déshérite donc tous les deux, et les réduis à leur simple légitime...*

» Ici je fis un mouvement que mon guide réprima encore une fois en mettant le doigt sur sa bouche pour m'ordonner le silence. Le vieillard continua :

» *Et je donne et lègue, à l'exception des pensions que j'ai réservées plus haut pour mes domestiques, je donne et lègue, dis-je, tous mes biens à mon confesseur que voilà.*

» Ce confesseur, je ne l'avais pas encore remarqué, parce que, penché sur le chevet du lit du malade, il avait jusque-là caché entièrement sa figure. En entendant le don que lui faisait son pénitent, il fit un mouvement; et je restai pétrifié en reconnaissant le père Luce lui-même, l'ermite de la chapelle Saint-Léonard!...

» Je ne pus retenir un cri involontaire, auquel j'ajoutai : Quoi! ce cafard aurait une aussi forte succession!...

» A ces mots le désordre se met dans l'appartement; chacun me regarde, et deux anciens serviteurs, qui ne m'avaient pas remarqué, me reconnaissent. C'est lui, s'écrient-ils! — Qui donc lui? demanda à son tour le vieillard.

» Je n'ose plus parler; c'est le pèlerin qui se charge de me tirer d'embarras : il s'approche du lit du mourant. Delacour, lui dit-il, peux-tu distinguer mes traits? — Avec peine... mais le son de cette voix ne m'est pas étranger. — Étranger!... Ton frère Charles peut-il être étranger pour toi? — Mon frère!....

» Nouvelle découverte pour moi : le pèlerin est mon oncle, le frère de mon père, dont j'ai tant entendu parler dans mon enfance, mais que je n'ai jamais vu, attendu qu'il habitait des contrées éloignées. Père Luce, étourdi de voir revenir tant de parents à la fois, cache sa figure dans ses deux mains, et tout le monde se rapproche du lit avec moi, qui serre contre mon cœur la main de mon oncle. Celui-ci continue : Mon frère, si je suis resté si longtemps éloigné de toi, si j'ai eu le malheur de revenir au moment où la tombe semble s'entr'ouvrir pour te recevoir, sera-ce, mon ami, pour te voir commettre la plus horrible des injustices? — Laquelle, mon frère? je n'ai plus d'enfants!... — J'ignore ce qu'est devenu ton fils aîné; mais il t'en reste encore un, un bien tendre, bien intéressant, et que je te ramène soumis, respectueux et repentant. — Que dis-tu? Quoi! Charles?... — Oui, Charles, ton jeune fils, que j'ai vu naître, que j'ai nommé jadis de mon nom sur les fonts baptismaux : Charles est ici avec moi; c'est lui qui dans ce moment presse ta main sur ses lèvres brûlantes; c'est lui qui inonde de ses larmes cette main que tu n'auras pas la cruauté de lui retirer... — O mon frère!... Mais qu'a-t-il fait jusqu'à présent? Pourquoi si longtemps absent, sans venir, sans écrire même? — Ses remords, sa douleur, la persuasion où il était qu'il avait perdu la tendresse de son père, tout l'avait porté à se jeter dans la profession religieuse : il était, en un mot, le sacristain de ce moine hypocrite, qui aurait la bassesse de le dépouiller aujourd'hui! — Mon frère, tu te trompes; depuis trois ans que le révérend père Luce me donne ses soins consolateurs, il ne m'a jamais dit que mon fils fût auprès de lui. — Le fourbe! — Au contraire, il m'assura dans le temps qu'il l'avait vu passer, lié avec une troupe de mauvais sujets, et que, depuis, les nouvelles qu'il s'était procurées lui avaient appris que ce fils dénaturé, voué aux vices les plus bas, était la honte de son père. — Le misérable! Révérend père Luce, parlez : osez démentir que ce jeune homme ait été le sacristain de votre chapelle?

» L'ermite déconcerté resta muet pendant quelques instants. Tous les spectateurs, haletants d'inquiétude, ont les yeux fixés sur lui, dans l'attente de l'aveu qu'il va faire... L'hypocrite se rassure; et persuadé que personne ne peut le démentir, il a l'audace de répondre : Je ne sais ce qu'on veut me dire : ce roman est assez bien inventé; mais j'atteste, sur ma conscience, que je vois ce jeune homme pour la première fois.

» Et il ajoute tout bas *aujourd'hui*; voulant dire : *Je le vois pour la première fois d'aujourd'hui;* espèce de détour qu'il s'imagine devoir faire pour mettre en sûreté sa conscience, en croyant ne pas mentir. Ainsi sa cafardise ne l'abandonnait pas, et il mentait tout en ayant la peur d'être damné pour avoir menti. Quoi qu'il en soit, sa hardiesse nous pétrifia, mon oncle et moi; mais mon oncle, plus ferme et plus indigné encore que moi, s'approcha du moine, et lui prenant le bras, qu'il secoua rudement, il lui dit : Scélérat! tu ne périras que de ma main; je te poursuivrai partout!

» Le moine intimidé, et naturellement faible et lâche, voulut sortir de l'appartement, mais il fut arrêté par un des notaires lui-même, qui s'écria à son tour : Voilà bien l'homme le plus faux et le plus perfide que j'aie jamais rencontré!.... J'ai été plus de vingt fois à la chapelle Saint-Léonard, et je soutiens, moi, que j'y ai toujours vu ce jeune homme : il avait la même robe qu'il porte encore, et qui, si l'on y fait attention, est de la même couleur et de la même étoffe que celle de cet indigne religieux.

» L'ermite ne peut plus révoquer en doute cette nouvelle

preuve ; il craint d'ailleurs, en se voyant accusé par un homme dont il ne soupçonnait pas d'être connu, qu'une autre personne n'élève encore la voix pour le confondre : il prend le parti d'avouer la vérité ; mais il ajoute : Si depuis trois ans, dès le moment que le sacristain m'a dévoilé son nom et l'état de son père, je me suis transporté ici ; si j'ai cherché à perdre le fils dans l'esprit du père ; si j'ai tâché, en un mot, de me rendre héritier de M. Delacour, je n'ai fait tout cela qu'en vue du bien de l'église et des fidèles, que pour voir accroître le patrimoine des pauvres, dont je ne suis que le trésorier, quelques richesses qu'on me donne. Peut-on trouver cette intention blâmable? et ne vaut-il pas mieux voir vingt mille indigents se partager une fortune considérable que la voir passer entre les mains d'un seul individu ? Pauvres qui ramassez avec peine quelques miettes de la table du riche, ne m'accusez pas de votre détresse ! un moment plus tôt j'allais la faire cesser; mais le ciel ne l'a pas voulu ! Adieu, mes chers frères ; je vous laisse : l'égoïsme est votre loi suprême ; je retourne à ma pauvreté : l'humilité et la prière, voilà tout ce qui me reste pour le malheureux qu'en vain je voudrais secourir autrement. Adieu, mes frères.

» Le moine sortit, et tout le monde lui lança un regard d'indignation qui ne parut point l'affecter. Quand il fut parti, mon père, qui ne pouvait revenir de sa surprise et de son indignation, serra la main de son frère, puis il s'écria : Charles, où es-tu? Viens dans les bras de ton père, qui te rend toute sa tendresse. — Ah ! mon père !...

» Je me précipitai sur le lit du vieillard, que j'accablai de mes vives caresses. On parla ensuite de la scélératesse du moine; puis mon père, ayant fait déchirer son premier testament, en dicta un autre tout à fait à mon avantage; mais j'exigeai de lui qu'il y mît, pour clause importante, qu'en cas que je rencontrasse mon frère, je serais tenu de lui restituer la moitié de mon héritage.

» Le soir même j'eus la douleur de voir mon père expirer dans mes bras; et le lendemain mon oncle, ayant quitté son habit de pèlerin pour prendre des vêtements plus convenables à sa fortune et à son état, se mit à la tête de mes affaires, et les régla en parent tendre, en tuteur délicat.

» Il ne s'était jamais marié, et il n'avait entrepris le pèlerinage de Saint-Jacques de Compostelle qu'à la suite d'une maladie où il en avait fait le vœu. Mon oncle m'accabla de ses bienfaits, me promit sa fortune à son tour; et quelques jours après nous apprîmes, par des actes qu'on nous envoya légalisés, que mon frère n'existait plus. Il n'avait quitté la maison paternelle que pour enlever une jeune personne avec laquelle il avait voyagé quelque temps; mais ayant rencontré le frère de sa maîtresse, les deux jeunes gens s'étaient battus en duel, et Saturnin était resté mort sur la place.

» Ainsi mon héritage m'appartenait bien; j'étais riche, heureux, mais toujours occupé de ma belle Anglaise et des souterrains qu'on m'avait dit exister sous la chapelle Saint-Léonard. Quand j'eus mis ordre à mes affaires, je parlai à mon oncle de mes amours, et du projet que j'avais formé de chercher partout celle que j'aimais. Mon oncle, qui me chérissait et ne voulait me contrarier sur rien de ce qui pouvait contribuer à mon bonheur, me promit de m'accompagner partout; et, aidé de cet appui, de cet ami tendre et sensible, je dressai mes batteries ainsi que je vais vous le dire, afin de visiter la chapelle Saint-

Léonard, dont l'ermite était devenu notre plus mortel ennemi.

» Il ne m'était jamais venu dans l'idée, du temps que j'avais l'honneur d'être son sacristain, de prendre ses clefs, ni de les essayer à toutes les portes, surtout à celle de la boiserie de l'autel. Tandis que le saint père dormait, il m'était très-facile de m'éclairer ainsi sur le mystère de ses fréquentes disparitions : j'étais alors trop crédule, trop simple et trop dévot pour me permettre une action que j'aurais regardée comme très-malhonnête. Il n'y avait pourtant que ce moyen à prendre pour découvrir ses secrets, et il n'était plus en ma puissance. Comment faire? J'avais un valet fort adroit, nommé Lafrance; je lui indiquai l'auberge du village où tous les jours l'ermite allait chercher ses provisions. Il a coutume, dis-je à Lafrance, de porter tous les deux jours à cette auberge une cruche vide, et d'en remporter une pleine de vin. Quand celle-ci est à sec, l'ermite la reporte vide, et on lui remet l'autre, qu'on a remplie pendant son absence. Aie soin de te munir d'une poudre narcotique. Tu iras boire dans cette auberge; et sans affectation, quand tu en pourras saisir l'occasion favorable, tu jetteras cette poudre dans la cruche vide, qui est toujours à côté du comptoir : cette poudre se trouvera ainsi mêlée au vin qu'on y versera.

» Lafrance fit à la lettre ce que je lui avais prescrit. Il alla même plus loin; car, un moment après, il vit l'hôte remplir devant lui cette cruche somnifère, et sut que c'était le lendemain matin que l'ermite venait la chercher. Nous ne perdîmes pas un moment, mon oncle et moi; nous partîmes, et fûmes coucher au couvent des Capucins, afin d'être plus près de la chapelle le lendemain matin. Nous nous levâmes de bonne heure; et, cachés tous deux sous de grands manteaux, nous fûmes rôder autour de la chapelle. Elle était fermée, ce qui nous fit présumer que le saint homme était allé à la provision. Abrités par un petit bois, nous le vîmes bientôt revenir en effet, son cou chargé de la pesante besace. Comme il était seul, et qu'il n'avait pris encore personne pour me succéder, nous craignîmes qu'entré dans la chapelle il n'en poussât la porte et s'y enfermât, soit pour prendre ses repas, soit pour se livrer au repos. En conséquence, à peine eut-il ouvert la chapelle, que nous nous y glissâmes derrière lui, et nous agenouillâmes au pied du reliquaire avec l'air de la plus grande componction. Il nous regarda un moment, et nous fit trembler de peur qu'il nous reconnût; mais comme nos manteaux nous couvraient la figure jusqu'au nez, nous nous rassurâmes bientôt, et nous le vîmes entrer dans la sacristie avec la besace et la cruche qui devait nous être si favorable. Je savais qu'à peine arrivé de ses courses, il avait l'habitude de déjeuner et de boire trois ou quatre verres de vin. Nous laissâmes en conséquence s'écouler une heure entière, pour laisser à la poudre narcotique le temps de faire son effet. Au bout de ce temps, nous nous hasardâmes à entrer, en marchant sur la pointe du pied, dans la sacristie, dont la porte était restée entr'ouverte. Mais quelle fut ma surprise de n'y point trouver l'ermite! Je cherchai de tous les côtés; rien, personne. Voilà, me dis-je, le tour qui m'est arrivé le jour de ma belle Anglaise : elle disparut ici, et cependant je fus aussi sûr qu'elle n'était point sortie que je le suis aujourd'hui que le père Luce n'a point passé devant nous pour sortir de la chapelle. A coup sûr il y a ici quelque porte secrète ; mais où? ces murs sont tout en pierre de taille, et le peu de boiserie qui les couvre est vermoulu, trop avarié par le temps pour pouvoir recéler un secret. Par où donc cet homme s'est-il échappé? Nous aurait-il reconnus? Aurait-il sauté par cette fenêtre étroite? Mais cette fenêtre donne sur la Loire, qui vient baigner de ce côté les murs des fondations de cette chapelle : certainement l'ermite ne se sera pas noyé pour éviter notre présence.

» Nous ne tardâmes pas à être bientôt éclairés.... Pendant que nous cherchions de tous les côtés, nous sentîmes le plancher trembler sous nos pieds... La terreur d'abord s'empara de mon âme; mais mon oncle me fit signe de me cacher avec lui derrière l'armoire où était placé le lit ou plutôt le grabat du moine. Nous nous y blottîmes à la hâte, et de là nous vîmes une trappe se soulever, puis une tête en sortir, puis le corps tout entier; et nous reconnûmes notre homme, qui marmottait entre les dents : — Que diable! cette chienne de trappe tient bien ce matin!....

» Il tenait à sa main la fameuse cruche, et nous le vîmes en avaler quelques traits en buvant salement à même... Bientôt la poudre faisant son effet, il chancela, bâilla, étendit les bras, se frotta les yeux, et marcha de notre côté, ce qui nous fit trembler.... Je craignis qu'il ne voulût se jeter sur son lit pour y dormir à son aise, et je vis le moment où nous allions être découverts... Mais bientôt il se ravisa, entra dans la chapelle, fut en fermer la porte qui donnait sur la route, et, n'ayant plus apparemment la force de revenir à la sacristie, il s'étendit tout uniment sur un banc de bois au pied de l'autel, et ne tarda pas à y ronfler d'une manière très-bruyante.

» Nous étions au comble de nos vœux; l'ermite ne nous gênait plus, et nous connaissions le secret de la trappe; cependant, qu'allions-nous faire dans ces souterrains? notre vie y était-elle en sûreté? Nous étions bien armés; mais pouvions-nous deviner ce que nous trouverions dans cette obscure demeure? Mon oncle fit ces réflexions, et son courage parut chanceler un moment; mais moi, qui étais né vif, impétueux, et surtout entreprenant, je le raffermis, en lui remontrant qu'à coup sûr nous n'y rencontrerions ni des voleurs ni des gens redoutables. Pendant trois ans que j'avais habité la chapelle, je ne m'étais aperçu de rien qui pût inspirer la défiance, encore moins l'effroi. Au surplus, pour épuiser toutes les précautions, je pris deux flambeaux dans un tiroir que je connaissais, puis les ayant allumés à la lampe qui brûlait jour et nuit devant le reliquaire, j'en donnai un à mon oncle, après avoir gardé l'autre. Intrépide que je suis, j'ouvre la trappe, et j'y passe le premier. Je ne sais quel pressentiment me dit que la recherche que je vais faire me sera favorable... Pour quel sujet, je l'ignore; mais j'ai du courage et de l'espoir. Mon oncle me suit, tenant sa torche d'une main et un pistolet de l'autre. Nous descendons des degrés qui, en tournant, nous offrent une grille de fer... Quel contre-temps! cette grille est fermée!... Il y a un moyen, dis-je à mon oncle; l'ermite en a sûrement la clef sur lui; allez lui prendre son trousseau, nous les essayerons toutes.

» Mon oncle remonte et redescend soudain, muni de trois clefs qu'il a prises au père Luce sans qu'il se réveillât. J'essaye, et bientôt je vois la grille s'ouvrir devant moi... Nous descendons encore, et nous nous trouvons sous une vaste voûte éclairée par une lampe... Nous prenons une route à droite; elle nous conduit à une espèce de chapelle dans laquelle brûlent six lampes. Au milieu on voit s'élever un tombeau orné d'une figure en marbre blanc, représentant un jeune chevalier couché et armé de toutes pièces. Sur un monument on lit l'épitaphe que voici :

» *Ici périt, sous les débris de l'église Sainte-Bathilde, et par les crimes d'une troupe de brigands, le jeune, le beau Léonard, comte d'Asfeld. Son corps n'est point ici ; mais on a déposé dans ce cénotaphe des pierres tachées de quelques gouttes de son sang précieux. Vous qui passerez près de ce monument, versez des larmes sur ce marbre, et priez Dieu pour l'âme de cet aimable jeune homme, qui connut la constance et le malheur.*

» Nous fîmes une courte prière au pied du cénotaphe du malheureux d'Asfeld, et nous continuâmes notre active recherche. Ces souterrains étaient immenses, et nous n'avions encore découvert personne qui fût existant. Partout seulement on voyait écrits sur les murs, en gros caractère, des versets, des psaumes et des légendes chrétiennes ; partout on pouvait soupçonner que ce lieu était habité. Enfin, après avoir longtemps marché, nous nous trouvâmes dans une espèce de chapelle plus basse, mais plus grande que celle d'en haut. Quelle fut notre surprise d'y rencontrer sept ou huit femmes toutes endormies !... On voyait au milieu d'elles une table chargée des débris d'un excellent déjeuner; et sans doute le vin qui venait d'engourdir les sens de l'ermite avait produit sur ses saintes ouailles le même effet. Tandis que mon oncle, stupéfait, était resté presque inanimé, une curiosité naturelle à mon âge m'avait engagé à m'approcher de toutes ces femmes, et de les examiner attentivement avec ma torche. Dieu ! quel est mon bonheur !... la vieille tante de mon étrangère est penchée, endormie sur le dos d'un siége, et ma belle Anglaise elle-même est près de sa tante, plongée aussi dans le plus profond sommeil.

» La voilà, m'écriai-je ; mon oncle, mon oncle ! la voilà, la voilà ! — Paix donc, imprudent ! me dit mon oncle. — La voilà ! — Qui ? — Celle que j'aime, que j'aimerai toute ma vie ! Mon oncle, il n'y a pas un moment à perdre, il faut agir. — Que veux-tu faire ? — L'enlever, mon oncle, la soustraire à ses persécuteurs. — Insensé ! y penses-tu ? — Ah ! mon cher oncle, permettez-moi de vous rappeler le billet que m'écrivit cette belle personne, la première fois que j'eus le bonheur de la rencontrer dans cette chapelle. Le voilà ce billet ; il ne m'a jamais quitté. — Que dit-il ? « *Tout me prouve que vous êtes honnête homme, et bien né. Si vous pouvez m'arracher des mains d'une tante qui veut sacrifier ma jeunesse, qui m'a d'ailleurs causé les plus grands chagrins, vous obligerez la plus infortunée des femmes.* » Vous l'entendez, mon oncle ! le moment est favorable ; osons la soustraire à ce lieu funèbre, où le fanatisme exerce sans doute ces macérations destructives de la jeunesse et de la beauté. Cher ami, daignez m'aider ; je connais l'effet long et soporifique du narcotique qui a engourdi ses sens ; osons la transporter hors de cette chapelle.

» Mon oncle s'opposait toujours à mon projet ; il m'objectait mille bonnes raisons que je n'écoutais point. Enfin, sa tendresse pour moi et sa haine pour le fanatisme lui firent vaincre sa répugnance à tremper dans cet enlèvement. Nous attachâmes chacun à notre chapeau la torche favorable qui devait éclairer nos pas ; je pris ma belle Anglaise par-dessous les bras ; mon oncle la porta par les jambes, et nous parvînmes à la retirer de la chapelle sans qu'elle se réveillât ; mais notre embarras fut extrême quand nous vîmes que nous ne pouvions plus retrouver les routes souterraines que nous avions déjà traversées. Nous fûmes obligés de déposer notre trésor au pied du tombeau d'Asfeld, et nous nous mîmes à examiner les différentes sinuosités des souterrains. Je découvris le premier un escalier très-étroit qui conduisait à une grille toute semblable à celle que nous avions déjà rencontrée en descendant, et je revins avec mon oncle à la belle Anglaise. Mais elle commençait à se réveiller; et regardant autour d'elle avec effroi, elle nous aperçut et jeta un cri terrible qui nous fit tressaillir. Je me précipitai à ses pieds, en lui disant à voix basse : Belle mistriss, reconnaissez un homme qui vous adore, et daignez vous confier à ses soins respectueux : il veut vous arracher à la tyrannie.

» Elle me regarde sans rien dire, et paraît me reconnaître à la joie qui brille dans ses regards. Mon oncle s'approche, il se nomme : son visage est si respectable! mes yeux sont si tendres, si passionnés! Mistriss, sans s'informer des moyens que nous avons pris pour pénétrer dans cet asile de ténèbres, se laisse prendre la main par mon oncle, qui la guide, tandis que j'ouvre la grille avec la même clef qui m'avait déjà servi pour l'autre. Plus haut, nous rencontrâmes une petite porte de bois, dont je trouvai encore la clef dans les trois que mon oncle avait dérobées à l'ermite; et nous vîmes, à notre grande satisfaction, que cette petite porte était justement celle de l'autel de saint Léonard, et que nous étions dans la chapelle. Père Luce y était encore, toujours endormi sur un banc. Nous passâmes légèrement devant lui; mais nous eûmes une terreur bien fondée, lorsque nous le vîmes se retourner, se frotter un peu les yeux et nous dire : *Allez au confessionnal, j'irai dans un moment, et je vous remettrai vos péchés*. Nous ne pûmes nous empêcher de sourire en voyant son erreur : il retomba bientôt dans son assoupissement, et nous en profitâmes pour ouvrir la porte de la chapelle qu'il avait fermée, et pour nous sauver à la hâte.

» Nous respirions enfin ! nous étions sur la route, et libres ! Nous nous hâtâmes d'atteindre le prochain village, où nous prîmes, à tout prix, des chevaux qui nous conduisirent chez moi, dans ma propre maison, où nous arrivâmes à la nuit. Jusqu'à ce moment la belle Anglaise n'avait pas dit un mot ; interdite, peut-être effrayée de l'imprudence quelle croyait commettre, elle osait à peine nous regarder, et ne répondait pas lorsque nous lui adressions quelques questions ; mais quand elle vit l'aisance et le ton de notre maison (je dis de notre maison, car mon oncle y logeait avec moi), elle se rassura, et nous remercia de l'air le plus affectueux du service que nous venions de lui rendre. Nous lui apprîmes la ruse que nous avions employée ; elle en sourit, et nous jura qu'une larme de ce vin, noyée dans un verre d'eau, avait suffit pour l'endormir à ce point ; mais sa tante et les autres dévotes en avaient tant bu, qu'il était probable qu'elles ne se réveilleraient, comme les marmottes, qu'au bout de six mois. — Quel est donc ce lieu de douleur, lui demandai-je, ce lieu infernal où l'on croit plaire à Dieu en s'isolant du monde ?

» Elle nous donna soudain les détails suivants :

» Ma tante, qui voulait me sacrifier avec elle pour des raisons que vous connaîtrez un jour, cherchait partout un cloître austère pour y confiner mes jours et les siens. Le hasard nous fit entrer dans la chapelle Saint-Léonard : l'ermite, après nous avoir confessées toutes deux, ainsi que vous le savez, nous engagea à passer dans sa sacristie, ce que nous fîmes. Ma tante lui avait révélé ses secrets et ses projets au tribunal de la pénitence ; le misérable voulut en profiter... Vous cherchez un cloître, lui dit-il ; eh! ma fille! qu'iriez-vous faire dans ces asiles de damnation, où les femmes portent et renferment tous les vices qu'elles auraient eus dans la société, où l'ouvrage du salut est presque impossible par les contrariétés, les rapports médisants, les cabales qui s'y excitent et s'y fomentent ! Non, ma fille, ce n'est point un cloître qu'il vous faut; vos péchés sont énormes, il faut les expier d'une manière plus rigide et plus agréable aux yeux de Dieu. C'est ici même que vous devez dévouer votre existence et celle de votre nièce. Ici, dans les souterrains de cette chapelle qui fut autrefois une vaste église, il existe un lieu de pénitence, un véritable purgatoire, qui doit conduire tout droit en paradis les âmes qui s'y purifient. Ma fille, vous sentez-vous la force et la résignation nécessaires pour vivre dans ces chapelles souterraines inconnues aux mortels, et que mes regards seuls ont pénétrées jusqu'à ce jour? Vous y trouverez des humbles pécheresses, qui, comme vous, ont renoncé au monde et à ses pompes : l'exercice chrétien, la prière, voilà leurs seules occupations ; elles ont eu assez bonne opinion de moi pour me confier leurs moyens d'existence, et là elles attendent la mort, qui ne sera pour elle que le passage de la pénitence à la béatitude éternelle.

» Ma tante réfléchit un moment, regarda l'ermite, et lui demanda à voir cette sainte retraite. L'ermite lui répondit qu'il ne pouvait la montrer qu'à ceux qui avaient un ferme projet de s'y établir. Ce n'est pas une fois qu'il faut l'examiner, ajouta-t-il, c'est toujours, et ce n'est qu'à cette condition que j'en ouvre les portes aux pécheresses repentantes..... Je pleurai, je me jetai aux genoux de ma tante, je la suppliai de s'y enfermer seule, si tel était son goût, mais de ne point me forcer à y flétrir ma jeunesse... Quand la cruelle vit que je redoutais ses projets, elle s'y affermit par contrariété, et se décida tout à coup. L'ermite ne lui donna pas le temps de se dédire; il ouvrit une trappe percée dans le parquet de la sacristie, et ma tante avec lui me forcèrent, malgré mes larmes, de m'y enterrer toute vivante. Cependant ma tante frémit quand elle vit se refermer derrière elle une grille de fer : elle se promettait peut-être de ne rester que quelques jours dans l'ermitage, et seulement pour m'effrayer et m'affliger pendant quelque temps; mais cette grille lui faisait craindre de la violence, et son cœur n'était pas tranquille. Nous descendîmes néanmoins, et trouvâmes dans une chapelle souterraine sept ou huit femmes mystiques, et toutes vouées à la dévotion la plus outrée, qui nous reçurent à merveille, nous regardant déjà comme des compagnes que le ciel leur envoyait. Ma tante, voyant mes larmes et ma douleur, affecta de parler comme ces fanatiques, et je perdis tout espoir de revoir la lumière du jour; dirai-je plus?... de revoir le jeune sacristain qui m'avait témoigné tant d'intérêt, et qui laissait dans mon cœur une trace ineffaçable!... Vous ne vous doutez pas de la vie que mènent ces malheureuses femmes dans cet antre du fanatisme : toutes abusées par l'ermite, qui a su se faire un couvent souterrain, toutes ont quitté leurs familles, qui sans doute les pleurent, ne sachant pas ce qu'elles sont devenues, et ne pouvant présumer qu'elles se soient vouées à cette espèce d'état monastique. L'ermite a hérité à cela de très-grands biens que la plupart de ces femmes lui ont légués. Il y a dans ces caveaux des espèces de cellules où l'on a réuni les choses les plus indispensablement nécessaires à la vie. Tous les matins, l'ermite descend, et apporte à déjeuner; les repas y sont une très-grande affaire, et le père Luce a soin qu'ils soient toujours bons et copieux : le soin de la cuisine est confié tour à tour à chacune des recluses. Toute la journée on ne fait que prier; et deux fois par jour l'ermite donne l'absolution à ses ouailles, qui le craignent, et le regardent comme un véritable prophète du Seigneur. Ces femmes sont tellement fanatisées, qu'aucune d'elles ne voudrait rentrer dans le monde, quand on lui en laisserait la liberté; ce que l'ermite ne souffrirait pas, d'ailleurs, dans la crainte que son petit couvent ne le fît punir par ses supérieurs, qui ignorent cette infraction aux lois canoniques. Il est donc impossible de sortir de ce lieu, qui est muré et grillé de tous les côtés, et je crois que si ma tante ou moi nous en avions manifesté le désir, ces malheureuses femmes se seraient jetées sur nous comme les bacchantes qui déchirèrent Orphée. Rien ne pouvait donc m'arracher de cette prison éternelle; sans vos soins généreux, j'y serais encore, et je crois que tôt ou tard j'aurais attenté à mes jours! Jeune homme bon et sensible, et vous, vieillard respectable qui lui tenez lieu de père, et qui me faites mieux sentir les torts d'une cruelle parente, daignez achever votre ouvrage, en me protégeant, et daignant me laisser près de vous. Les soins domestiques, tous ceux que vous voudrez me confier, ne coûteront rien à mon cœur, qui vous est acquis à jamais par l'estime et la reconnaissance! Je n'ai plus de père, plus d'amis, plus de parents! Vous me tiendrez lieu de tout, et je vous chérirai autant que j'ai aimé l'homme infortuné qui fut l'auteur de mes jours!

» La belle mistriss, à ces mots, saisit la main de mon oncle, qu'elle inonda de ses larmes. Le vieillard en fut tellement attendri, qu'il la serra contre son cœur, en lui promettant sûreté, protection et bonheur ! Je lui donnai ensuite des femmes pour la servir, l'appartement qu'avait occupé mon père lui-même, et nous la laissâmes maîtresse d'y goûter quelque repos après tant d'émotions.

» Quand je fus seul avec mon oncle, ce tendre ami me demanda quels étaient mes projets. Je ne balançai point à lui répondre que mon dessein était d'épouser la belle infortunée. Il ne parut point dans l'intention de s'y opposer; mais avant toute explication il exigea que nous demandassions à la jeune mistriss des détails sur sa naissance, ainsi que le récit des malheurs qu'elle avait éprouvés, afin de la connaître, et de juger si en effet elle était digne, autant qu'elle paraissait l'être, d'entrer dans une famille honnête, et qui jouissait depuis des siècles, dans la province, de la meilleure réputation. Je trouvai son observation si juste, que, malgré la violence de ma passion naissante, je consentis à cette épreuve, dont un secret pressentiment me disait que ma belle inconnue sortirait triomphante. Pour bien aimer, il faut pouvoir estimer l'objet de son affection. Je le sentais, et je me proposais d'y renoncer si je le trouvais indigne de ma tendresse. En conséquence, nous laissâmes l'étrangère se reposer quelques jours, et, quand nous vîmes que nous étions bien établis dans sa confiance, nous exigeâmes qu'elle nous donnât entièrement la sienne, en nous racontant ses aventures. Elle nous le promit, et pendant cet intervalle de temps nous apprîmes que le père Luce n'habitait plus la chapelle Saint-Léonard.

» Par un effet du hasard, qui tôt ou tard dévoile les secrets des coupables, le chapitre de son couvent, qui, ainsi que nous l'avait dit déjà le capucin dont nous tenions l'histoire du jeune d'Asfeld, soupçonnait quelques mystères dans la chapelle, y envoya faire une visite le matin même de l'évasion de la belle mistriss, une minute peut-être après notre départ. Ce n'est pas la première fois qu'on y faisait des visites, on nous l'avait assuré; mais toutes avaient été infructueuses par l'adresse de l'ermite, et surtout par la protection de monsieur l'évêque, qu'il réclamait toujours dans cette occasion. Ce jour-là on fut plus heureux. Les religieux envoyés par le couvent des Bénédictins entrent dans la chapelle, y trouvent l'ermite endormi, se gardent bien de le réveiller; et, apercevant la petite porte de la boiserie de l'autel que nous avions laissée ouverte, ils pénètrent dans les souterrains à la faveur de nos torches, qui brûlaient encore sur les marches des escaliers. Qu'on juge de leur surprise en trouvant un couvent complet dans cet asile souterrain! Plusieurs des dévotes qui étaient déjà réveillées furent interrogées, et dirent la vérité, croyant avoir fait une chose bien agréable au ciel. Toutes furent emmenées, ainsi que l'ermite, et traduites devant monsieur l'évêque, qui, indigné de l'abus que l'hypocrite père Luce avait fait de sa confiance, le renvoya à son couvent, et condamna les vieilles folles à être renfermées dans des maisons conventuelles et de réclusion. L'ermite, rendu à son couvent, y fut renfermé aussi pour sa vie; et c'est ainsi que se termina l'aventure de la chapelle Saint-Léonard, qui fut fermée, et devint déserte encore une fois. Je n'ai jamais entendu parler depuis du père Luce, qui sans doute n'aura jamais su comment et par qui la belle Anglaise avait été enlevée, ni l'événement auquel j'avais pris tant de part, et qui avait mis au grand jour des secrets qu'il gardait si bien depuis plus de dix ans.

» La jeune mistriss déplora, pendant quelques jours, le sort de sa tante, qui partageait la détention de ses extravagantes compagnes, et qui, sans doute, enrageait tous les jours de n'avoir plus sous sa main une nièce à tourmenter; puis enfin elle nous fit, à mon oncle et à moi, le récit que nous désirions si ardemment. Comme cette histoire m'a paru neuve et singulière, je me suis amusé à l'écrire en forme de nouvelle. J'ai mon cahier ici; demain je vous en ferai lecture, mes amis : pour aujourd'hui, il est temps que nous quittions tous cette terrasse, où l'air, un peu plus piquant qu'hier, m'a gelé de froid depuis un moment. A mon âge, les intempéries des saisons se font sentir plus vivement qu'à ces jeunes enfants. A demain donc, mes petits amis : vous trouverez dans ma lecture des leçons d'une excellente morale, et surtout de respect filial et de docilité. »

XXXVIIIE SOIRÉE.

Bureau de Publication rue de Thorigny 3.

Imp^é par Auguste Bry, 134, rue du Bac

La Coquetterie.

TRENTE-HUITIÈME SOIRÉE.

LA COQUETTERIE.

Histoire de Mistriss Belly Clarius.

Les aventures étonnantes de la chapelle Saint-Léonard avaient fait un très-grand plaisir à nos enfants : les enfants aiment en général le merveilleux ; mais, je l'ai dit, il faut, pour que le but moral atteigne plus sûrement leur raison, que le merveilleux qu'on leur offre soit en même temps simple, vraisemblable et naturel. La fable sourit à leur esprit sans convaincre leur cœur ; l'histoire remplit le double but de convaincre leur cœur et leur esprit. Ils raisonnent, ils comparent, ils se mettent à la place d'un personnage vraisemblable, au lieu qu'ils ne peuvent rapprocher leur manière de voir de celle d'une fée, d'un enchanteur, d'un esprit surnaturel qu'ils ne comprennent point, et qui leur présente des facultés qu'ils n'ont point. Sous ce point de vue, le récit de M. Delacour devait faire sur eux une profonde impression ; mais Palamène voyant que les excès du fanatisme qu'on leur avait dépeints pouvaient contrarier le respect qu'il voulait leur inspirer pour la religion, se proposait, par d'autres exemples, de les ramener à des idées plus saines, plus convenables à leur éducation : car les enfants jugent tout avec un excès d'exaltation qu'il faut réprimer autant qu'on le peut, et il est difficile de tenir toujours leur petit jugement dans un juste milieu.

M. Delacour, après lequel ils soupiraient, se présenta enfin sur la terrasse avec son manuscrit. Tout le monde l'entoura ; il se fit un grand silence, et le vieillard commença sa lecture en ces termes :

« Il y avait à Londres un riche négociant, nommé sir Clarins, qui ne s'était jamais marié. Sir Clarins avait déjà trente-six ans, et vivait avec sa sœur, madame Herbert, femme d'environ quarante ans, qui, veuve de bonne heure, avait associé sa fortune au commerce de son frère. Sir Clarins aimait beaucoup cette madame Herbert, femme hautaine, capricieuse et méchante, qui ne pouvait pas le souffrir, mais qui passait sa vie avec lui parce qu'il lui fallait quelqu'un sur qui elle pût dominer et qu'elle pût tourmenter. Le frère et la sœur s'étaient promis de ne jamais prendre d'engagement, et ce n'était qu'à cette condition qu'ils avaient confondu leurs fortunes. Cependant sir Clarins, ennuyé du commerce, craignant d'ailleurs par quelques pertes qu'il y avait déjà faites de voir s'échapper de ses mains le bien qu'il avait gagné, résolut de se retirer et de vivre à la campagne. Il en parla à sa sœur, qui, pour la première fois peut-être, fut de son avis. Ils vendirent donc leur belle maison qu'ils avaient dans Chering-Cross, et achetèrent une très-belle campagne à Sarrey, petit village situé à quelques milles de Londres. Madame Herbert, qui aimait le faste et la grandeur, embellit cette retraite de tout ce qu'il y avait de plus recherché en meubles, et tous deux furent s'y fixer avec un domestique assez nombreux. Sir Clarins se plut pendant quelque temps dans sa maison; mais, habitué jusqu'alors à une vie extrêmement active, il finit par s'ennuyer, et ne trouva plus de délassement que dans les plaisirs de la chasse. C'était devenu un goût si dominant chez lui, qu'il y passait souvent des journées entières : il sortait le matin et ne rentrait plus que le soir. Sa sœur lui fit des reproches amers de l'abandon où il la laissait; sir Clarins y répondit avec aigreur; leur mésintelligence devint bientôt sensible; et sir Clarins, qui, dans son commerce, avait eu moins d'occasion de s'apercevoir de la domination de sa sœur, sentit enfin le poids du despotisme qui pesait sur lui. Il s'en plaignit; on se fâcha; et, dès ce moment, les querelles devinrent éternelles dans la maison. Sir Clarens n'en fit que prolonger plus longtemps ses fréquentes absences, et madame Herbert chercha de son côté de la dissipation dans son voisinage.

» Il y avait à deux pas de sa maison un château superbe, appartenant à une riche mylady, qui venait tous les ans y passer la belle saison. Madame Herbert s'était liée avec cette mylady Bronton, femme à peu près de son caractère et aussi méchante qu'elle. Un soir que madame Herbert faisait sa partie chez cette femme, on annonça miss Belly et sir Henri. Tous les regards se tournèrent vers ces deux étrangers; et si les hommes furent ravis de la beauté de la jeune miss, les femmes restèrent enchantées des grâces et des traits charmants du jeune Henri. Mylady Bronton, qui les connaissait, les fit asseoir, parla de portraits à faire, de la ressemblance du sien, qui était l'ouvrage de miss Belly, et promit à cette dernière de lui procurer de l'occupation dans ses connaissances. La visite des jeunes gens fut courte, ils sortirent, et chacun s'informa d'eux à mylady, qui répondit d'un air distrait: Ce sont des jeunes gens bien nés, mais peu fortunés, et que le sort a réduits à faire valoir, pour vivre, les talents qu'ils doivent à une éducation soignée. Ils habitent ordinairement la capitale; mais ils ont loué, à un mille de ce village, une habitation champêtre où ils viennent se délasser de temps en temps de leurs travaux.

» Madame Herbert, que les traits du jeune homme avaient singulièrement émue, continua des questions que la société semblait avoir abandonnées d'après la courte explication de mylady; elle dit à son amie: Ces enfants sont intéressants!..... Sont-ils frère et sœur? — Non: cousin et cousine. — Cousin et cousine! cela est-il bien vrai? — Oh! très-vrai; j'ai connu les deux pères. — Quel âge? — Mais Belly a vingt ans, et son cousin deux années de plus, à ce que je crois. — Tous deux savent peindre? — Belly, le frère, fait des ouvrages de théâtre; c'est lui qui a fait dernièrement, au théâtre de Covent-Garden, *the Road to Ruin*, cette jolie petite pièce qui a fait courir tout Londres[1]. — Bon, je l'ai vue: il y a de l'esprit, mais beaucoup

[1] *The road to ruin*, en français *le chemin de la ruine.*

d'esprit... Et ils vivent ensemble, sans père, sans mère, sans parents? — Ils sont orphelins; mais ils ont des mœurs si pures! ils sont si aimés, si estimés, qu'en vérité je m'intéresse à eux avec la plus tendre affection. — Eh bien, procurez-moi leur connaissance: je... je voudrais faire faire mon portrait et celui de mon frère. Je leur en procurerai d'autres; d'ailleurs, j'ai des connaissances si brillantes!... — Volontiers, ma chère amie; mais je ne me flatte point de les envoyer chez vous; ils ont une certaine hauteur au milieu de leur médiocre fortune... Allez-y, je vous donnerai leur adresse; ils ne restent pas loin d'ici.

» Leur domicile eût été éloigné de deux cents lieues, que madame Herbert aurait été les y chercher. Le jeune Henri avait fait sur son cœur une impression ineffaçable; impression funeste, hélas! qui a fait le malheur de bien des êtres intéressants!.....

» Madame Herbert quitte soudain la société; elle rentre chez elle, se jette sur sa chaise longue, et réfléchit. Madame Herbert réfléchir! c'est un peu fort, un peu nouveau pour elle sans doute; mais on sait que les réflexions de l'amour sont si tumultueuses, si obscures, qu'elles sont plutôt le délire du cœur que l'ouvrage de l'esprit. Le soir, elle brusque son frère plus qu'à l'ordinaire; et regardant ses traits mâles et brunis par le soleil, elle fait la comparaison d'un homme à un autre homme. On sent bien que tout l'avantage est du côté du jeune Henri, dont l'image est profondément gravée dans son cœur. Madame Herbert passe une nuit très-agitée; puis, le lendemain matin, elle fait mettre ses chevaux à sa voiture, et se fait conduire à Briste, petit hameau situé à un mille, où demeure le couple fortuné à qui sa connaissance fatale va ravir pour jamais le bonheur. Elle entre, et ne trouve que miss Belly. Je vous ai vue hier, mon ange, lui dit madame Herbert, chez mylady Bronton mon amie; vous faites des portraits, à ce qu'elle m'a dit? — Oui, madame. — Eh bien, je vous prie d'entreprendre le mien, dont je veux faire un cadeau à mon frère. Mylady vous aime beaucoup. — Elle est bien bonne. — Elle fait beaucoup d'éloges de vous, ainsi que de votre cousin : il n'est point ici, votre cousin? — Pardonnez-moi, madame; mais il travaille dans son cabinet. — Vous lui direz que je suis venue.

» Madame Herbert prononça ces mots sans réflexion, et comme si elle était persuadée qu'ayant fait une profonde impression sur le cœur du jeune homme, celui-ci dût être enchanté d'apprendre que l'objet de sa flamme est venu. Miss Belly se hasarda à lui répondre : Mon cousin a-t-il l'honneur de connaître madame?

» Madame Herbert resta un moment interdite... Elle répond : Ce n'est pas cela; mais j'ai vu sa pièce à Covent-Garden : elle m'a fait un plaisir... Il a de l'esprit, sir Henri, et tous deux vous avez des talents bien rares!

» Miss Belly s'inclina sans répondre, et madame Herbert, jalouse de prolonger sa visite dans l'espoir de voir entrer celui qui seul l'a provoquée, prie son aimable hôtesse de commencer sur-le-champ son portrait. Ce n'est pas, ajouta-t-elle, que j'en sois très-pressée; vous y mettrez autant de séances qu'il en faudra; je viendrai les prendre ici, attendu que c'est une surprise que je veux causer à mon frère, et qu'il ne faut pas qu'il vous voie chez moi avant que l'ouvrage soit fini.

» Miss Belly dispose son chevalet; elle commence; et le modèle, très-distrait, est plutôt occupé à tourner la tête vers les portes qu'à se poser comme il convient. La jeune artiste lui annonce enfin qu'elle en a fait assez pour ce moment, et madame Herbert est obligée de sortir sans avoir vu celui qui a touché son cœur. Elle remet la partie au lendemain; le lendemain, mêmes disgrâces; sir Henri est toujours occupé dans son cabinet. Madame Herbert, désolée de ce contre-temps, prie miss Belly de lui donner à déjeuner pour la troisième séance: Cela me ferait venir de meilleure heure, ajouta-t-elle... Ce n'est pas ce motif qui la guide, c'est l'espoir de trouver les deux parents réunis. Son espoir est comblé à la fin: elle trouve ce matin-là miss Belly et sir Henri réunis autour d'un guéridon, où l'on a mis du thé, du beurre, du pain grillé et des fruits. Madame Herbert a tout le loisir d'examiner sir Henri; elle le trouve aussi aimable et spirituel que bien fait. La tête lui tourne tout à fait, il est impossible qu'elle donne séance tant que le jeune homme sera là. Miss Belly ne sait à quoi attribuer ses distractions; enfin sir Henri rentre dans son cabinet, et le modèle devient plus docile.

» Madame Herbert donna ainsi dix séances, pendant lesquelles elle eut le plaisir de voir souvent l'aimable poëte qui causait son délire. Quand le portrait fut fini, elle engagea les deux jeunes gens à venir souper chez elle, pour en recevoir le prix et pour jouir de la surprise agréable que ce chef-d'œuvre causerait à son frère. Les jeunes gens s'excusèrent sur leur éloignement de la maison de sir Clarins: madame Herbert leur promit des lits, et la liberté de revenir chez eux le lendemain de cette charmante réunion. Sir Henri et sa cousine y consentirent.

» Dès que le jour fut fixé, madame Herbert s'étudie à faire

plus d'accueil à son frère. Elle ne voulait point donner à sir Henri le tableau de la mésintelligence qui régnait entre elle et sir Clarins; elle fut donc, avec ce dernier, si aimable, qu'il en fut étonné, et ne sut que répondre à ses preuves d'affection. Elle l'engagea un jour à rentrer souper de bonne heure; elle avait une connaissance très-utile à lui faire faire; elle l'assurait qu'il ne serait pas fâché de cet acte de complaisance. Sir Clarins promit, et revint en effet avant la nuit. Quelle est sa surprise de rencontrer près de sa sœur un jeune homme, et surtout une jeune personne si belle, que sa vue se trouble, et son cœur palpite pour la première fois!... Sir Clarins examine ce chef-d'œuvre de la nature; il détaille ses traits, ses grâces, et croit voir le modèle des divinités que les peintres et sculpteurs se sont plu à retracer à nos yeux. Le même trait qui a frappé la sœur pour le cousin vint percer le cœur du frère pour la charmante cousine; et, par un effet d'une sympathie assez bizarre, vu la différence des âges, la belle miss éprouve un sentiment tendre et spontané pour sir Clarins. Ce doux retour de l'amour n'agissait pas de même sur le cœur de sir Henri; ce jeune homme trouvait madame Herbert si laide, si horrible, il la jugeait d'ailleurs tellement acariâtre et méchante, qu'il la détestait souverainement. L'infortuné l'aurait fuie comme un monstre s'il eût pu se douter des prétentions que cette folle avait sur lui.

» Le souper fut très-agréable jusqu'au dessert, où le cœur du pauvre Clarins fut tout à fait séduit à la vue du portrait de sa sœur qu'on lui présenta. Cet ouvrage était si parfait, il annonçait un si grand talent dans son auteur, que sir Clarins sentit redoubler sa tendresse et son estime pour l'artiste. Il remercia assez gauchement sa sœur d'une surprise à laquelle il ne s'attendait pas et qui l'étonnait; puis il tourna tous ses éloges, tous ses remercîments vers miss Belly, qui les reçut avec cette rougeur, avec cette modestie qui accompagnent toujours les grâces décentes comme les vrais talents.

» Il fut question ensuite de conduire les jeunes gens dans les appartements qu'on leur avait préparés. Sir Clarins donna la main à miss Belly, et madame Herbert fit la plaisanterie de reconduire son hôte, qui s'empressa aussi, par pure politesse, de lui présenter son bras. Tandis que nos jeunes parents dormaient du sommeil de l'innocence, sir Clarins et madame Herbert étaient agités séparément et par le même motif. Sir Clarins se retraçait les charmes et les talents de l'aimable Belly, et madame Herbert se proposait de déclarer, dès le lendemain matin, sa passion au jeune poëte. Ce n'est pas qu'elle voulût manquer sur-le-champ à la parole qu'elle avait donnée à son frère de ne plus se marier, elle ne se promettait pas d'en venir là tout de suite; mais elle croyait le jeune homme assez corrompu; elle se flattait d'inspirer encore assez de désirs pour nouer une intrigue amoureuse et vivre dans un commerce scandaleux.

» En conséquence, le lendemain matin, elle fait appeler le jeune homme seul dans son boudoir. Elle s'était mise sous les armes, rien ne lui manquait pour séduire le cœur et les sens de l'homme le plus froid. Madame Herbert commence par dévoiler son amour au jeune Henri; elle emploie ensuite toutes les ressources de la coquetterie, tout le manége des larmes, des soupirs, des œillades; mais, ô surprise pour elle! rien de tout cela ne réussit; l'effroi se peint sur les traits de sir Henri; il lui parle avec hauteur, avec dureté; son mépris est évident.... Elle va jusqu'à lui proposer sa main. Il la refuse ; il a fait vœu, dit-il, de fuir tout engagement : les muses seules et la solitude, voilà ce qu'il chérit... Madame Herbert a la bassesse de s'abaisser jusqu'aux larmes, jusqu'aux prières : sir Henri, qui rougit lui-même de voir à quel point cette femme se dégrade devant lui, jure qu'il ne la reverra jamais... Madame Herbert devient furieuse ; elle le prévient que si un seul mot de leur conversation vient à percer dans la société, elle saura se venger d'un homme injuste et grossier... Sir Henri se retire troublé; il va trouver sa cousine, qui l'attend près de sir Clarins, et la ramène à Briste sans lui raconter la scène qui vient de se passer. Il a même la délicatesse de n'en point parler à cette parente sensible, à qui il veut éviter le tableau repoussant du vice; et tous deux reprennent le cours de leurs occupations paisibles et solitaires.

» Cependant madame Herbert n'a plus d'autre passion que la rage et le désir de se venger. Henri n'est plus à ses yeux un jeune homme vertueux, doux, charmant ; Henri est un monstre à qui elle voue autant de haine qu'elle avait ressenti pour lui d'amour ; il faut qu'elle le perde, il le faut, et elle ne pense plus qu'à en chercher les moyens. Tandis que sa tête travaille pour faire le tourment d'une famille qu'elle déteste, son frère ne pense qu'à faire le bonheur de celle qu'il adore. Sir Clarins a vu miss Belly, son cœur est épris pour la vie ; mais, plus vertueux, plus délicat que madame Herbert, sir Clarins ne voit dans son amour qu'un but décent ; il songe sérieusement, non à séduire, mais à épouser ; il est las de la société désagréable de sa sœur, il veut la rompre cette orageuse société. Il est riche, il peut faire la fortune de ce qu'il aime ; il en a le projet, et veut hâter son exécution. En conséquence, il se rend à son tour, à l'insu de sa sœur, chez la belle miss, qu'il trouve occupée à faire de la musique avec son cousin. Sa vue déconcerte un peu sir Henri, tandis qu'elle émeut singulièrement miss Belly. Sir Clarins donne d'abord à sa visite un prétexte d'usage, d'honnêteté ; ensuite il cherche à s'insinuer dans la confiance des deux cousins, qui, se livrant bientôt à l'estime qu'il leur inspire, lui font, sans en prévoir les conséquences, l'aveu de leur état, de leur fortune et de leur peu d'ambition. Sir Clarins est enchanté de leur franchise, de leur ingénuité ; il leur fait un tableau de sa fortune, de ses goûts, qui sont absolument ceux de miss Belly, et finit par demander sa main. Miss Belly rougit, et son cousin étonné balance un moment à répondre. Sir Henri, qui chérit sa cousine plus que lui-même, n'hésiterait pas à consentir à un établissement avantageux, s'il ne craignait le caractère violent et les persécutions de madame Herbert : il ose hasarder une réflexion. — Je crains, monsieur, dit-il à sir Clarins après l'avoir remercié de la préférence flatteuse qu'il donne à miss Belly, je crains que madame votre sœur ne s'accorde pas bien avec une enfant comme ma cousine, et cela seul... — Cela seul, répondit vivement sir Clarins, va se détruire par un mot ; c'est qu'en épousant miss Belly je me sépare pour jamais de ma sœur, dont le caractère hautain et méchant me fait souffrir horriblement, surtout depuis que j'ai quitté mon commerce. Henri, fiez-vous à mon expérience ; je sais assez qu'une jeune femme et une mégère de quarante ans ne peuvent pas vivre ensemble ; ainsi, n'avez-vous que cette difficulté à m'objecter ?

» Sir Henri ne répond pas ; enfin il rompt le silence, et demande huit jours pour connaître les dispositions de sa cousine et répondre à l'offre obligeante qu'on lui fait.

» Huit jours! huit jours sont huit siècles pour un homme qui aime passionnément. Sir Clarins les accorde néanmoins, et promet de revenir, au bout de ce long terme, chercher ou le bonheur ou l'arrêt de sa mort. Il se retire, et sir Henri n'a pas besoin des huit jours qu'il a demandés pour connaître l'état de sa cousine ; un moment suffit pour dévoiler son cœur ; il voit ce cœur sensible aux manières de sir Clarins; il le voit touché et prêt à consentir à tout. Sir Henri estime singulièrement Clarins; il voit dans cette union un bonheur inespéré pour sa cousine, et cependant il ne sait pourquoi il frémit ; son cœur bat violemment ; il semble qu'un funeste pressentiment l'agite, l'avertisse de ne point consentir à ces nœuds formés sous les auspices des furies. Sir Henri sait que miss Belly aime, et il voudrait réprimer son amour, quoiqu'il ne puisse pas désapprouver ce sentiment pour le seul homme qui convienne à sa cousine. On lui promet bien qu'on vivra loin de madame Herbert ; mais qui lui assurera que madame Herbert voudra vivre loin de son frère, loin de sir Henri surtout, pour qui elle a conçu la plus ridicule passion? Cette femme sera sans cesse attachée à ses pas ; et qui sait si, déçue dans son amour, elle ne cherchera pas à se venger en troublant le ménage de son frère?... Pauvre Henri! voilà en effet ce qui doit arriver ; tu le prévois, Henri, et tu n'as pas la force de prévenir ce malheur en contrariant les sentiments d'une parente qui t'est bien chère.

» Les huit jours enfin sont écoulés. Sir Clarins reparaît; et bientôt il lit son bonheur dans les yeux de miss Belly et dans le silence de son cousin. Il va être heureux enfin; on le confirme dans cet espoir ; il ne s'agit plus que de régler les affaires d'intérêt, ce qui est bientôt fait, et de fixer un jour pour l'hymen. — Je voudrais, dit Clarins, que cet hymen fortuné se fît d'abord secrètement. Ma sœur est encore chez moi ; elle n'a pas là, toute prête, une maison pour la recevoir.... Elle a pris sur moi un empire singulier.... Si je lui parle d'un simple projet de mariage, elle va s'emporter, pleurer ; que sais-je ? Il vaut mieux qu'elle apprenne la chose quand elle sera faite, alors il n'y aura plus de remède, et il faudra bien qu'elle prenne son parti. Mylady Bronton est votre amie comme la mienne ; je l'ai prévenue ; elle veut bien me prêter son château, sa chapelle ; son aumônier nous y donnera la bénédiction nuptiale après-demain, si vous y consentez, à l'insu de ma sœur et en présence de quatre ou cinq amis.

» Cet arrangement, qui paraissait très-simple à la bonne miss Belly, ne plut point du tout à sir Henri ; il éleva des difficultés que sir Clarins s'empressa de lever ; miss Belly elle-même se mit avec sir Clarins contre son cousin. Ceci, lui dit-elle, ceci, mon cher Henri, n'est qu'une précaution momentanée. Madame Herbert m'aime ; elle m'a donné mille marques de son affection ; le dépit qu'elle pourra concevoir, et qui n'est au fond qu'une preuve de tendresse pour son frère, sera bien moins violent quand elle saura que c'est moi, son aimable artiste, ainsi qu'elle m'appelle, qui deviens sa belle-sœur : je suis sûre même qu'elle me serrera dans ses bras, et que, loin de nous quitter, elle formera avec nous la famille la mieux unie et la plus heureuse.

» Henri secoua la tête, regarda sa cousine avec attendrissement, et sentit même quelques larmes couler de ses yeux; mais né bon, sensible et confiant, il ne voulut point affliger sa chère parente, et consentit à tout. Sir Clarins, au comble de la joie, fit donc en secret tous ses préparatifs; et le jour fixé pour son hymen, il conduisit sir Henri et sa cousine dans sa voiture, chez mylady Bronton, qui parut charmée d'un événement aussi heureux pour sa protégée.

» Les deux époux sont unis, et l'on ne pense plus qu'à dîner ensemble avec cette gaieté, cette franche expansion qu'excite toujours un mariage bien assorti. Mais quelle est la surprise de sir Clarins en voyant entrer au dessert sa sœur elle-même, madame Herbert!... Sir Clarins voit qu'il a été trahi par mylady : il lui lance un regard terrible; mais celle-ci se lève, court à madame Herbert, qu'elle embrasse, en lui disant : —Venez, ma chère amie, venez prouver à nos hôtes que je leur ai ménagé une surprise agréable... Sir Clarins, vous vous cachiez de la plus tendre sœur, et vous aviez le plus grand tort. Apprenez qu'elle a su vos projets, et qu'elle ne vient ici que pour y donner le plus entier consentement.

» Oui, mon frère, s'écrie à son tour madame Herbert en étendant les bras vers Clarins; oui, vous voyez une sœur enchantée de votre bonheur, ravie surtout que vous ayez fait un choix si sage et si digne de vous. Venez, charmante Belly, ou plutôt ma chère sœur, venez dans mes bras, et sachez tous que si j'ai quelque ressentiment du mystère qu'on m'a fait, je veux vous prouver vos torts à force de soin et d'amitié.

» Madame Clarins court dans les bras de madame Herbert; sir Clarins reste tout étonné des politesses de sa sœur; sir Henri baisse les yeux, et paraît soupçonner la sincérité de cette femme : cela fait un tableau vraiment piquant, et qui se prolonge pendant un moment de silence. Sir Clarins le rompt, et dit à madame Herbert : Aujourd'hui même vous auriez su, ma sœur, mon changement d'état ; je craignais que vous ne vous autorisassiez de la promesse que je vous avais faite de passer mes jours auprès de vous. A présent que l'amour m'a fait manquer à cette promesse dictée par la froide raison, vous êtes libre, ma sœur, de prendre le parti qu'il vous plaira de suivre. Mes papiers sont en règle, votre fortune est totalement indépendante de la mienne ; j'en ai fait le partage d'une manière qui ne vous est pas défavorable ; vous choisirez une retraite où vous voudrez. — Où je voudrai, méchant ! interrompit madame Herbert ; ne sais-tu pas qu'il m'est impossible de me séparer de toi ? ne sais-tu pas que je chéris depuis longtemps ton épouse, et que mon bonheur est désormais de vivre avec elle ? — Non pas, non, ma sœur, s'il vous plaît, il n'en sera rien ; je connais trop votre humeur, vos caprices, vos emportements, pour avoir l'imprudence d'y exposer ma jeune épouse. La différence d'âge met entre vous deux un éloignement insurmontable. Je veux être libre enfin, et je veux que ma femme le soit aussi. Vous aurez donc la bonté de prendre votre parti, ou je prendrai le mien.

» Sir Clarins était content de lui : cet acte de fermeté ne lui était pas ordinaire ; il attendait, d'un air très-satisfait, la réponse de sa sœur. Celle-ci, outrée à l'excès, mais voulant jouer son rôle jusqu'à la fin, se mordit un peu les lèvres, puis continua : Il est indigne, Clarins, il est affreux d'injurier ainsi, devant des étrangers, une sœur qui ne vous a jamais donné que des marques de sa tendresse, qui s'est vouée pour vous au célibat !

Quand c'est vous qui la trompez; quand c'est vous qui, le premier, manquez à vos engagements envers elle, c'est vous qui vous permettez de lui dire des choses dures, de la bannir de votre maison, de la sienne! Ah! Clarins, combien il faut que je rappelle toute notre ancienne amitié pour oublier un pareil procédé! J'en aurai la force; mais que ce soit le dernier! Que je n'entende plus parler de séparation! Je conçois bien que vous pouvez avoir le cœur de vous décider à vivre loin d'une sœur qui jusqu'ici a fait votre intime société; je conçois que vous pouvez la haïr, la détester, lui supposer des ridicules, des torts même; je conçois tout cela : mais moi, qui n'ai point cette injustice, ce cœur froid, cette âme sèche, je ne puis me séparer d'un frère que je chéris, ni me résoudre à passer ma vie loin de sa femme, de sa femme qu'il ne connaît que par moi, dont le bonheur actuel est mon ouvrage, et que je veux traiter à jamais comme ma plus tendre amie!

» Madame Clarins, dupe de ce discours artificieux, serre madame Herbert contre son sein en s'écriant : Oui, bonne sœur, oui, je suis votre amie; nous nous aimerons toute la vie!

» Madame Herbert poursuit : Clarins, vous la voyez, interrogez-la, demandez-lui si elle consent à se séparer de moi; je souscris d'avance à sa décision. — Non, non, jamais, reprend madame Clarins! Monsieur, mon cher époux, accordez-moi la faveur de vivre avec cette digne sœur; elle sera ma plus douce compagne!

» Sir Clarins se tait, mais sir Henri, qui gémit de voir sa cousine aussi facile, veut parler. Madame Herbert s'en aperçoit, et lui ferme la bouche en lui disant : Sir Henri n'est-il pas aussi de l'avis de sa cousine? Il connaît mon attachement pour sa famille, et il me rend assez justice pour croire que je ne puis que m'intéresser au bonheur de mon frère et de son épouse, qui est ma protégée.

» Elle sourit en disant ces mots, et sir Henri n'a pas la force de lui dire des choses désagréables. Clarins est ému en voyant les embrassements que se prodiguent les deux belles-sœurs; il embrasse à son tour madame Herbert, et il est décidé qu'elle restera auprès des jeunes époux, au grand mécontentement de sir Henri, qui n'aurait point consenti à cet hymen s'il eût pu prévoir cet arrangement. Henri néanmoins prend son parti; il redoute madame Herbert, il chérit la retraite, la solitude et ses glorieux travaux. Il souhaite à sa cousine un bonheur durable, et retourne seul à Briste, où il s'enferme dans son cabinet, avec le ferme projet de n'aller à Surrey que le moins souvent qu'il le pourra. En vain madame Clarins, qui chérit son cousin et regrette sa société, le presse de venir vivre près d'elle, Henri est inébranlable. Il part, et laisse tout le monde pénétré de ce qu'on appelle sa misanthropie, excepté madame Herbert, qui, trop fine pour ne pas voir toute la haine que lui a vouée ce jeune homme, est enchantée de son absence.

» Qu'on ne croie pas que cette méchante femme nourrissait encore l'espoir de le séduire ou de l'épouser; elle ne songeait qu'à le perdre, et avec lui sa belle-sœur, et peut-être son frère, à qui elle en voulait beaucoup de son mariage. Ce n'était que dans l'intention de dresser ses batteries de bien loin qu'elle avait joué le sentiment, afin de rester dans la maison et d'être plus libre d'y exécuter ses funestes projets. Mylady Bronton, qui, sans avoir sujet d'en vouloir à miss Belly, voyait avec envie son élévation, avait appris à madame Herbert l'hymen qu'on allait faire chez elle, et toutes deux avaient arrangé la scène de fausse tendresse que nous avons vue plus haut. Madame Herbert donc accable pendant quelque temps sa belle-sœur de ses caresses ; elle fait tous les jours à son frère des compliments nouveaux sur le choix qu'il a fait, et par ce moyen elle s'insinue si bien dans sa confiance, qu'elle devient bientôt maîtresse absolue de son cœur et de son jugement. Quand elle est à ce point de pouvoir, elle commence les premières scènes du drame qu'elle a imaginé... Conduite atroce, vengeance affreuse, exercée pour un intérêt étranger, sur une victime innocente, enceinte, hélas! et qui n'avait plus qu'un mois à attendre pour devenir mère!....

» Sir Henri n'était pas venu trois fois à Surrey depuis huit mois que sa cousine y était établie. Madame Clarins, qui chérissait ce bon parent, voyant qu'il était devenu si froid envers elle, fit un jour la partie d'aller le surprendre à Briste : elle communiqua son projet à madame Herbert, qui l'approuva et lui proposa de l'accompagner. La partie ainsi arrangée, les deux dames partirent un matin, en disant à sir Clarins qu'elles allaient à Briste, et qu'elles ne reviendraient que le lendemain. Dans la journée, une espèce de paysan se présenta chez sir Clarins, et demanda à lui parler en particulier. Introduit dans son cabinet, le paysan, après avoir bien examiné s'il n'était entendu de personne, lui dit tout bas : J' vous demandons ben pardon, monseigneur.... — Monseigneur! je ne suis point un grand seigneur, mon ami, je suis ton égal, appelle-moi monsieur. — Eh ben! monsieur donc, j' vous d'mandons ben pardon si j' prenons tant d' précautions pour vous parler sans témoins; c'est que, voyez-vous, j' craindrions trop de vous faire rougir devant du monde. — Rougir, mon ami! l'honnête homme ne s'y expose jamais, et je ne crois pas... — Pardon, mille fois pardon : mais c'est que... voyez-vous... la misère où j' suis.... l'ingratitude d'une fille, mon enfant, qui m'a fait ben de la peine!... — Parlez sans vous troubler, et surtout essuyez vos larmes; je n'aime point qu'un homme ait la faiblesse de pleurer devant son semblable. — Eh! comment ne pleurerais-je pas, mon bon monsieur! vous-même vous allez bientôt.... à votre tour... — Mon ami, est-ce que le chagrin aurait altéré votre raison? — C'est ça, monsieur, oui; j' sommes si malheureux! — Bien! contez-moi vos malheurs; si je puis les soulager... — Oh! vous le pouvez, oui; il n'y a que vous au monde qui puissiez adoucir ma peine. — Eh bien! parlez donc. — C'est que vous allez p'têt' vous fâcher, me chasser, que sais-je? — Parlez toujours; voyons, qu'avez-vous? — Je n' sommes qu'un pauvre paysan, monsieur; mais j'ons la probité, et de ce côté-là j'égalons toutes les naissances et toutes les fortunes du monde. — Je n'en doute pas. — J' n'avions qu'une fille, qu'était jolie! oh! All' m'a quitté si jeune, que j'aurions ben de la peine à la reconnaître; mais j' n'oserions pus paraître devant elle. — Pourquoi? — C'est qu'elle est devenue si grande dame! — Eh bien! c'est une raison pour que vous la voyiez, pour qu'elle adoucisse votre sort. Quelle est-elle? La connais-je? — Si vous la connaissez!... C'est votre épouse. — Ciel! que dis-tu? Miss Belly!... — Belly, oui, c'est ben son nom; mais elle n'est pas pus miss que moi. — Ma femme est ta fille! — V'là l' mot lâché; vous allez me chasser à présent? — Non, non, parle; explique-toi. Tu dis... — Je dis monsieur, que j' sommes le père de c'te jolie fille que vous avez épousée. Elle a quitté de bonne heure ma chaumière, et c' n'est que d'puis queuqu's jours que j'ons appris la fortune brillante qu'elle a faite. — Malheureux! prends garde de te tromper. — Je n' me trompons point; elle a été élevée à la ville, chez une belle dame, qui lui a appris la musique, la peinture, tout plein de belles choses; mais tout ça ne li a pas appris à respecter son père, à soulager sa misère, à le consoler dans ses vieux jours. — — Allons, tu es un fou, bonhomme!... Ma femme était orpheline : elle et son cousin n'avaient plus de parents, lorsque.... — Son cousin! qu'est-ce que c'est que son cousin; j' nons jamais eu d' frère ni d' sœur; Belly ne peut avoir ni cousin ni cousine. — Ciel!..... comment! sir Henri, qui demeurait avec elle, qui... — Sir Henri! je n' connais pas ça, moi. — Grand Dieu!....

» Sir Clarins cache son visage de ses deux mains, et n'ose se livrer à la foule de réflexions douloureuses qui assiégent son esprit; mais toujours persuadé que le paysan confond, qu'il se trompe ou qu'il a perdu la tête, il continue à l'interroger. Mon ami, lui dit-il, tremblez de m'en imposer, et surtout donnez-moi des preuves de ce que vous avancez. Qui êtes-vous, d'abord, comment vous nommez-vous? — On m'appelle Tom Benk; je suis né et toujours cultivateur à Forshire, hameau qui est à vingt milles d'ici; c'est là que, veuf de bonne heure, j'él'vions tranquillement not' fille Belly aux travaux d' la campagne, lorsqu'une belle dame passe un jour, me d'mande ma fille pour faire son éducation et l'emmène à Londres. — Comment se nommait cette dame? — Lady Waring. Elle est morte un beau jour, c'te lady Waring; et depuis sa mort j' n'ons jamais su où c' que not' fille s'était retirée. J'ons su seulement qu'elle faisait des portraits pour le monde; j'i ons écrit let' su' let', ou plutôt j'i ons fait écrire par notre recteur, et... — T'a-t-elle répondu? — Queuquefois. — As-tu de ses lettres? — Vraiment, j'crais que j' les ons oubliées... (*Il se fouille.*) Ah! mon Dieu! oui.... Non, non, v'là l' paquet, voyez-vous-même; vous connaissez son écriture?

» Sir Clarins prend, en tremblant, le paquet de lettres que le paysan lui donne; il en ouvre une, et lit :

« *Ma chère fille, celle-ci est pour...*

LE PAYSAN.

» Ah! c'tell'là, c'est une lettre de moi où c' que j'li demandais... Lisez-la, vous verrez sa réponse après.

SIR CLARINS, *lisant.*

« *Ma chère fille, celle-ci est pour te demander si tu suis toujours*
» *le sentier de l'honneur. Je te dirai que mes deux dernières vaches*
» *sont mortes, et que je suis ruiné. On dit que tu gagnes de l'ar-*
» *gent à peindre le monde; tâche donc de m'envoyer quelque chose,*
» *C'est la vingtième fois que je t'en prie, et jamais tu n'as égard à*
» *ma prière. Si tu refuses celle-ci, je te prédis que le malheur te*
» *poursuivra comme il poursuit les enfants ingrats. Tu enverras la*
» *somme au recteur Sompton, à Forshire.*

» *Je suis ton père,*

» Tom Benk. »

LE PAYSAN.

» Tenez, v'là c' qu'all' m'a répondu.

SIR CLARINS, *lisant, et confondu de reconnaître l'écriture de sa femme.*

« *Digne recteur....*

LE PAYSAN.

» C'est au recteur de not' paroisse qu'all' écrit.

SIR CLARINS, *lisant.*

« *Digne recteur, je suis désolée d'apprendre les malheurs qui* » *sont arrivés à celui que je respecte et que je chéris tant, ce ver-* » *tueux* Tom Benk.

LE PAYSAN.

» All' n' me nomme pas son père; non; all' en rougirait trop!

SIR CLARINS, *continuant.*

» *Malheureusement je ne puis rien pour lui; moi-même je suis si* » *infortunée! Les arts sont une triste ressource pour ceux qui s'y* » *livrent; et de tous les états de la vie, si c'est le plus beau, c'est le* » *moins lucratif. Des compliments, oh! on nous les prodigue; mais* » *la fortune semble fuir notre atelier pour aller enrichir l'exacteur* » *et le corrupteur de son pays. J'ai peu de portraits dans ce mo-* » *ment-ci; pour le jeune homme, vous connaissez sa tête, et le peu* » *de ressources de l'art qu'il professe.*

LE PAYSAN.

Le jeune homme! v'là qui n'a jamais été clair pour moi.

SIR CLARINS. *Il soupire, et poursuit.*

» *Dites donc au bon* Tom *qu'il cesse de me persécuter. En vérité,* » *ce serait tout ce qu'il pourrait faire si je lui devais mon éducation* » *et le peu de talents que je possède. C'est vous que j'en dois re-* » *mercier, bon recteur, vous et cette respectable lady Waring, que* » *j'ai trop tôt perdue... Adieu, homme vertueux; ne dites point mon* » *adresse nouvelle à celui qui vous a fait m'écrire : je veux me* » *délivrer de ses importunités, quoique je ne cesse de faire des* » *vœux au ciel pour cet homme à qui je dois la vie!* »

LE PAYSAN.

» A qui je dois la vie! c'est ben heureux qu'all en convienne..... Voyez, voyez les autres lettres!

» Sir Clarins, affecté au delà de tout ce qu'on peut dire, jeta un coup d'œil sur deux ou trois autres billets adressés de même par miss Belly au recteur de Forshire, et qui tous parlaient du vieux Tom, à l'exception qu'elle ne l'y nommait jamais son père; ce qui aurait frappé sans doute un homme qui aurait soupçonné des ennemis à son épouse. Mais madame Clarins n'était entourée que d'amis: personne au monde ne pouvait avoir l'intention de lui nuire. La réflexion n'en vint pas même à l'esprit de son époux. L'infortuné ne put que se jeter dans un fauteuil, en s'écriant: O mon Dieu! Henri n'est point son cousin!

» L'adroit paysan se récria encore sur ce cousin. Il était fils unique, disait-il, et d'un père qui n'avait jamais eu ni frère ni sœur..... Cet homme semblait prendre à tâche d'appuyer sur ce qui pouvait nuire à sa prétendue fille: c'était une gaucherie; il la sentit à la fin; voyant surtout que sir Clarins le regardait d'un œil étonné, il voulait réparer un peu sa sottise, en se récriant sur la vertu de sa fille, dont il n'accusait que l'oubli et l'ingratitude. Mais le trait était enfoncé dans le cœur de l'époux malheureux, il croyait voir dans sir Henri un amant avec lequel miss Belly avait vécu librement avant son mariage, et pour qui elle pouvait encore trahir les devoirs d'une épouse, puisqu'elle avouait tout haut son extrême tendresse pour lui... A la fin, sir Clarins se leva: Reste ici, mon ami, dit-il au paysan; madame n'y est point, elle n'y reviendra que demain: je veux qu'elle te voie, qu'elle embrasse son père en ma présence; mais, surtout, ne dis à personne ici que tu es son père; ne révèle à qui que ce soit aucun des secrets que tu m'as confiés; j'ai mes raisons, que tu sentiras après. — Je ne pouvons rester ici plus d'un jour, répondit le paysan un peu interdit; j'ons des emblaves de labourage qui sont pressées, oh! pressées! mais c'est l'affaire de huit jours au plus. Je reviendrons, je vous promettons de revenir, et de rester même tout le temps que vous voudrez ben me garder; mais pour aujourd'hui..... — Qu'espérais-tu donc en venant ici? — Voir not' fille, voir not' gendre, et repartir bien vite. — Un jour de plus seulement. — Impossible, mon bon monsieur, impossible!.....

» Sir Clarins fit tous ses efforts pour retenir le paysan, qui s'obstina à partir sur-le-champ. Sir Clarins exigea qu'il lui laissât les lettres de sa femme. Tom Benk y consentit, et partit bientôt, comblé des présents de Clarins, qui croyait réparer par ses bienfaits l'ingratitude de sa femme envers son père.

» Qu'on juge de l'état de sir Clarins après le départ du paysan!... C'était moins la naissance de Belly et le mystère qu'elle en avait fait qui l'affectaient que la liaison de cette jeune personne avec un jeune homme sous le titre de son cousin..... L'infortuné sentit profondément tous les traits de la jalousie et du mépris. Mais pour mieux s'assurer de l'intelligence du couple perfide, il se transporta soudain chez mylady Bronton, qui, à ce qu'elle lui avait dit plusieurs fois, avait connu la famille de Belly et de Henri..... Mylady Bronton n'était point chez elle; amie des plaisirs et de la parure, des fêtes qu'on allait donner au Colisée de Londres l'avaient attirée dans cette capitale, où elle devait passer six semaines. Sir Clarins, désolé de ce contre-temps, aurait bien fait tourner sur-le-champ son cocher vers Londres, tant il était impatient de s'instruire du sort de sir Henri; mais il préféra ne point faire d'éclat qu'il n'eût consulté sa sœur madame Herbert, en qui il avait une extrême confiance, et qui d'ailleurs avait voué à sa coupable épouse la plus tendre amitié. Ce parti pris, on devine avec quelle agitation il passa la nuit et attendit le lendemain le retour des deux dames.

» Elles arrivent : madame Clarins saute au cou de son mari. Mon cousin, lui dit-elle, te fait mille compliments; il se porte à merveille; mais il ne vient pas nous voir parce qu'il finit son grand ouvrage, celui où il fait un si beau rôle pour mistriss Goher.

» A ce mot de *mon cousin*, sir Clarins fronce le sourcil, et se dérobe aux embrassements de sa femme, qui, jeune et vive, ne s'aperçoit pas de l'altération de ses traits. Elle remarque bien son air un peu froid; mais elle l'attribue au regret qu'il a eu d'être pendant vingt-quatre heures éloigné d'elle. Bientôt elle passe dans son appartement pour y changer ses habits de voyage; et sir Clarins saisit ce moment pour prier sa sœur de venir lui parler en particulier chez lui aussitôt qu'elle aura terminé sa toilette. Madame Herbert a l'air tout étonné; elle lui demande s'il a été malade; il lui répond que non. Madame Herbert lui promet de venir bientôt le rejoindre.

TRENTE-NEUVIÈME SOIRÉE.

LA TRAHISON.

Suite de l'Histoire de Mistriss Belly Clarins.

» Madame Herbert quitte en effet sa belle-sœur sous un prétexte quelconque, puis elle monte chez son frère, qu'elle trouve la tête appuyée sur un secrétaire et les yeux baignés de larmes. Eh ! bon Dieu ! qu'avez-vous, sir Clarins ? lui demande cette femme astucieuse. — Ma sœur, ma sœur, plaignez-moi, consolez-moi, je suis au désespoir ! — Eh ! grand Dieu ! que vous est-il arrivé ? — Le plus grand des malheurs ! j'ai perdu bonheur, estime, amour, confiance ; j'ai tout perdu !..... Que me dites-vous là ? Expliquez-vous de grâce ; je ne vous entends pas ! Ma sœur, vous avez connu ma femme avant moi? — Oui, j'ai eu le plaisir de la connaître avant vous, cette charmante femme. — Cette charmante femme! ah! dieux! un monstre, ma sœur! un monstre que je déteste! — Mon frère, quel égarement! — Elle m'a trompé, ma sœur; elle vous a trompée, elle a abusé tout le monde. — Vous m'effrayez! — Henri n'est point son cousin. — Plaît-il? — Elle n'est point orpheline. J'ai vu son père; je l'ai vu. C'est un paysan dans la plus grande misère. — Comment? — Elle a abandonné son père pour vivre avec un amant. Point de doute, ma sœur, Henri est son amant. — Quel conte me faites-vous là, mon frère! je vous écoute et je ne puis vous comprendre. Qui a pu vous faire un roman aussi invraisemblable? — Oui, ma sœur, vous avez raison, tout cela est invraisemblable; mais tout cela est. — Henri?... — N'est point son cousin. — Et son père? — Je l'ai vu, vous dis-je. — Vous l'avez vu? — Oui; et jamais ni lui ni son père n'ont eu de parents autres que Belly. — Voilà qui est singulier. — Qui vous a dit qu'ils étaient parents? En avez-vous eu des preuves? — Des preuves! mais non... Tout le monde le disait. — C'est qu'il le disait à tout le monde. — Mylady Bronton... — Ah! mylady Bronton sait cela; allons la voir. — Elle n'est point ici. — Où est-elle donc? — A Londres. — A Londres? eh bien! je pars pour Londres, moi; oui, mon frère, j'y vais dans ce moment. Il vaut mieux que ce soit moi qui m'informe... vous êtes trop ému, vous. J'y vais, mon frère; mais, je vous le jure, c'est pour vous contenter, car je ne crois pas un mot... — Ah! vous ne croyez pas... Eh bien! vous connaîtrez peut-être son écriture. Lisez ses lettres, et voyez de quelle manière elle y traite son père!

» Madame Herbert a l'air de dévorer les lettres de Belly.....

Elle reste un moment confondue ; puis se levant tout à coup : Je pars, s'écrie-t-elle ; oui, je veux savoir si mylady Bronton, qui connaît ces jeunes gens depuis longtemps, m'en a imposé. Ce serait affreux !... Se jouer ainsi de l'honneur d'une famille ! Ah ! mylady, mylady ! nous allons voir !... Je pars, mon frère ; mais, pour Dieu, promettez-moi de suspendre toute explication avec votre épouse jusqu'à mon retour. Mon frère, j'exige de vous cette retenue ; il vaut mieux attendre que nous ayons toutes les preuves ! Me le promettez-vous ? — Ma sœur !..... je..... Eh bien ! oui, je vous le promets ; mais à condition que vous me jurerez, à votre tour, d'être sincère, et de me rendre exactement tout ce que vous aurez appris de mylady Bronton. Je connais votre affection pour ma femme ! — Elle est forte, il est vrai ; mais, pour le bonheur de mon frère, je tâcherai de la surmonter ; oui, je tâcherai de la surmonter.

» La méchante femme essuie les larmes de sir Clarins ; elle le console, elle pleure même avec lui pour rendre la chose plus touchante ; puis, après lui avoir fait répéter son serment de ne rien dire à sa femme qu'elle ne soit revenue, elle monte dans sa voiture et part pour Londres, où elle va mettre dans ses intérêts la jalouse mylady Bronton, qui a juré à la pauvre Belly une haine éternelle depuis qu'elle l'a vue faire fortune.

» La pauvre Belly !... Elle ignore, hélas ! tout ce qui se trame contre elle et contre son intéressant parent. Cette épouse modeste, sensible et douce, demande son époux, on lui dit qu'une migraine affreuse le retient chez lui ; elle y vole, sa porte lui est fermée. Elle s'inquiète, elle s'informe ; on ne peut lui répondre. Pour accroître sa douleur, cet époux invisible se fait servir chez lui quelques légers aliments. Il ne veut voir personne, pas même son épouse. Pas même son épouse! que cet ordre est dur pour la sensible Belly! Voilà la première fois qu'elle est repoussée par l'homme qui, jusqu'à ce moment, l'a accablée des marques de son affection. Qu'a-t-il? que lui est-il arrivé?... Elle demande madame Herbert. Madame Herbert, lui dit-on, vient de monter en voiture; on ne sait où elle est allée... La pauvre Belly soupire, se résigne, et attend qu'on lui explique ces allées, ces venues, tout ce mystère auquel elle ne comprend rien.

» Sur le soir elle entend le bruit d'un carrosse qui entre dans la cour: elle vole sur l'escalier; c'est madame Herbert qui revient. Ah! vous voilà, ma chère amie! lui dit Belly; pourriez-vous m'expliquer?... — Rien, rien, ma chère enfant; laissez-moi, laissez-moi parler à votre époux...

» Madame Herbert monte; Belly veut la suivre; madame Herbert la prie de rester chez elle; puis elle lui serre la main en lui disant avec le ton de l'intérêt: Vous saurez tout... Pauvre femme! vous avez des ennemis bien cruels!...

» Madame Herbert n'en dit pas davantage; elle monte précipitamment chez sir Clarins, s'y enferme avec lui, au grand étonnement de madame Clarins, qui attend chez elle la fin de cette bizarre aventure.

» Madame Herbert, seule avec sir Clarins, s'assied dans un fauteuil. Sir Clarins n'ose l'interroger. Eh bien! lui dit-il...

» Madame Herbert se lève, fait quelques tours dans la chambre, et revient s'asseoir sans dire un mot. Sir Clarins l'interroge une seconde fois. — Eh bien! ma sœur, mylady Bronton!..... — Eh bien! mon frère, mylady Bronton n'en sait pas plus que nous. — En vérité?..... Il me semble cependant lui avoir entendu dire qu'elle avait connu le père de Belly et celui de Henri? — Oui, elle a connu le père de Belly; c'est en effet un paysan de Forshire. — Fort bien... Et celui de sir Henri? — Celui de sir Henri?..., c'est un homme de paille, comme on dit, qu'on lui avait présenté comme tel. Elle a découvert depuis la verité, la cruelle vérité, ils ne sont point parents. — Ils ne sont point... que sont-ils donc, grand Dieu! — Mon frère, calmez-vous, apaisez-vous. Je suis... oui, je suis désespérée d'être obligée, par la tendresse que je vous porte, d'aggraver vos peines, de nuire à une femme que j'aimais, que j'estimais..... mais il faut que je vous dise tout. — Tout? Y a-t-il donc encore quelque chose? — Avant de venir s'établir à Briste, Belly et son prétendu cousin avaient été obligés de quitter Londres, où leur commerce scandaleux était la fable de tout le monde. — Et je ne me suis douté de rien! aveugle confiance! — Depuis son mariage, Belly... — Depuis son mariage?... — Belly a vu souvent Henri ici... dans... sa chambre à coucher. — Ciel! (*Sir Clarins fixe madame Herbert.*) Ma sœur, d'où savez-vous cette singulière circonstance? — De votre garçon jardinier, qui l'a vu souvent; oui, qui a souvent vu Henri monter par-dessus le petit mur de la basse-cour, et s'introduire dans le corps de logis que vous avez donné à votre épouse. — Et pourquoi... grand Dieu!..... pourquoi mon garçon jardinier n'a-t-il point tiré sur ce corrupteur? Pourquoi ce garçon jardinier ne m'a-t-il pas averti? — On lui avait donné la pièce pour se taire: aussi n'est-il plus ici. Je l'ai rencontré sur la route : il m'a fait ce cruel aveu, et m'a quittée en me jurant que jamais on ne le verrait à Surrey. — Ma sœur!... — Du courage, mon frère... Pauvre frère! être trompé aussi cruellement!... si je m'étais jamais doutée! vraiment, hier et ce matin, chez sir Henri où j'ai accompagné votre coupable épouse... j'ai bien remarqué des libertés qui..... que je..... mais je les croyais parents, moi; j'étais simple et crédule comme vous. — Ma sœur, quel parti prendre? — Vous n'en avez qu'un à suivre; mais il faut de la tête pour l'exécuter. C'est, avant de faire un éclat, toujours scandaleux, de confiner votre femme, jusqu'après ses couches, dans la petite ferme que vous avez acquise à deux milles d'ici. Il y a un petit pied-à-terre, un logement de maître qui est assez commode... J'irai, moi, j'irai si vous y consentez, m'y établir avec elle; je veillerai sur ses actions : j'aurai soin d'écarter Henri, et lorsque cette femme coupable vous aura donné l'enfant que l'hymen vous accorde, vous vous séparerez d'elle pour jamais. — L'enfant, ma sœur!..... est-il bien mon enfant? — Oh! oui; pourquoi vous imaginer?... Elle est devenue enceinte dès les premiers jours de son mariage : c'eût été bien atroce à elle!..... — Mais ces visites nocturnes du monstre qui... — Oh! cela est arrivé deux ou trois fois depuis huit mois. Rassurez-vous, sir Clarins; soyez père, mais ne soyez plus époux. — Il faut que je la voie; que je l'accable de reproches. — Voilà bien le projet d'une tête exaltée! Vous la verrez, vous l'accablerez de reproches, n'est-ce pas? Elle niera tout, elle pleurera, elle s'évanouira, vous vous attendrirez, vous pardonnerez, et vous serez toujours dupe. — C'est une injustice criante de la bannir sans lui expliquer... — Mon Dieu, mon frère, expliquez, parlez, faites ce que vous voudrez; je suis même bien fâchée de vous avoir donné un conseil qui contrarie mon cœur, contre une amie que j'aurais dû protéger, défendre et justifier, en vous déguisant la vérité. Voyez la singularité du personnage que je joue ici : par amitié pour mon frère, il faut que je perde mon amie. Après tout, l'infortunée n'a que moi ici pour prendre ses intérêts. Je change de dessein, mon frère, et je vous engage bien fort à pardonner tout; cela lui fera peut-être quelque impression. — Que vous êtes cruelle, ma sœur! peut-on pardonner de pareils outrages?... Non, je me décide à suivre votre premier conseil. Qu'elle aille loin de moi me donner le fruit d'un hymen malheureux, et je la rends pour jamais à l'amour qu'un autre lui a inspiré. Ma sœur, faites les préparatifs nécessaires, et daignez vous charger de lui annoncer mes dispositions à son égard. — Non, mon frère; il m'en coûte trop de l'affliger. — Préférez-vous mon désespoir et mon déshonneur? — Pauvre Belly, tu es en effet bien coupable! — Si elle l'est! — Allons, je me résigne donc à punir l'épouse pour rendre le bonheur à l'époux. Je suivrai vos avis, mon frère : je la conduirai dès demain matin à la ferme de Voor, et j'y resterai avec elle un mois, deux mois s'il le faut, jusqu'à ce qu'elle soit devenue mère. Je vous écrirai, mon frère, et vous serez instruit, jour par jour, de sa conduite, de ses moindres démarches. — Dites-lui, ma sœur, que je sais tout. — Oh! tout! — Que je la déteste autant que je l'aimais. — Sans doute. — Et que je ne me suis déterminé à me séparer d'elle que d'après les preuves les plus certaines de sa perfidie. — D'après des preuves sans nombre et irrécusables. — Allez, ma sœur, allez; je vous remets toute ma confiance et tous mes droits d'époux sur la plus perfide des femmes.

» Madame Herbert, après cette explication qui favorise ses projets, descend chez miss Belly, qu'elle trouve plongée dans la plus mortelle inquiétude. — Qu'y a-t-il, ma sœur? lui cria celle-ci. — Ma pauvre sœur, il faut vous décider à rester pendant quelque temps éloignée de votre époux. — Ciel! et pourquoi? — On vous a noircie dans son esprit; des méchants, des ennemis secrets lui ont fait entendre que sir Henri n'est point votre cousin. — Est-il possible qu'une calomnie aussi atroce... — Les explications que j'ai été prendre aujourd'hui à Londres auprès de mylady Bronton ne l'ont point convaincu, il veut se donner le temps d'éclaircir ce qu'il appelle le mystère de votre naissance, que vous avez eu tort en effet de ne point lui dévoiler depuis votre mariage. — Cela pouvait-il l'intéresser? Je lui ai dit en somme que mon père et ma mère étaient morts lorsque j'étais en bas âge; que le respectable recteur d'un petit village avait pris soin de moi et de sir Henri, mon cousin, orphelin comme moi, jusqu'au moment où une grande dame m'a emmenée à Londres... Mais je vous ai donné vingt fois, à vous, ma bonne amie, les détails de mon éducation : il fallait donc les lui rapporter. — Aussi je n'ai pas manqué de lui dire tout ce que vous m'aviez appris : il a traité mon récit de fable, de roman fait par vous pour me tromper et l'abuser avec moi. — Mais je puis donner des preuves. — Il n'en veut point. — Il faut donc qu'il ait le droit de m'accabler sans m'entendre! — Il vous entendra, mais quand le temps aura calmé sa tête, que je connais violente et prompte à se démonter. Ma chère, il faut vous résoudre à passer quelques jours à la campagne. Vous connaissez la ferme de Voor; c'est un charmant séjour; je vous y accompagnerai. Oh! je lui ai bien promis de ne pas vous abandonner dans votre malheur. Vous pouvez être injuste, lui ai-je dit; mais moi, je ne serai jamais froide ni insensible à l'amitié.

» Madame Clarins embrassa son adroite ennemie, qui vint à

bout, après mille autres raisons, de la déterminer à la suivre le lendemain matin. Ainsi cette méchante madame Herbert se jouait de deux personnes sous les dehors de la plus franche amitié... Le lendemain matin, madame Clarins, qui avait passé une nuit cruelle, demanda à voir son époux. On lui dit qu'il était sorti pour la journée. Elle monta donc en voiture les yeux baignés de larmes, et presque évanouie dans les bras de madame Herbert, qui feignait aussi la plus grande tristesse. Un incident pensa néanmoins déranger les projets de cette dernière. Sir Clarins, qu'on disait absent, ne l'était point. Il ne put se résoudre à se séparer de sa femme sans la voir, et il parut en effet au moment où la voiture allait partir. Madame Clarins, qui l'aperçut, lui cria de dedans la voiture : Cruel époux! homme injuste et barbare! de quoi me punis-tu? Tu n'as pas seulement voulu m'entendre!

» Sir Clarins s'approcha, troublé. — Madame, lui répondit-il, connaissez-vous Tom Benk? Connaissez-vous cet homme à qui vous devez le jour? — Oui, monsieur, je le connais. — Et lady Waring? — Elle fut ma protectrice. — Et ces lettres de vous, les reconnaissez-vous? — Sans doute; elles sont écrites au digne recteur de Forshire. — C'est assez, madame; jamais vous ne me reverrez!...

» Sir Clarins rentre, et la perfide madame Herbert, qui tremblait de tout son corps, donna ordre au cocher de fouetter les chevaux. L'infortunée Belly, désespérée de ce contre-temps, fit quelques reproches à sa belle-sœur de la précipitation qu'elle venait de mettre à partir. Il m'aurait entendue, ajouta-t-elle; il m'aurait expliqué... — Quoi? ce qu'il ignore lui-même? Ne voyez-vous pas qu'il est comme insensé? — Qu'a-t-il voulu me dire en me citant ce Tom Benk, ce vieux laboureur que je n'ai jamais revu depuis plus de dix ans ? — Je ne sais. — Je lui dois le jour, dit-il ! la vie, à la bonne heure. Il est vrai, et je crois que je vous ai déjà raconté ce trait ; il est vrai qu'élevée chez le recteur de Forshire, à qui mon tuteur, l'exécuteur testamentaire de mon père, payait pour moi une forte pension, le feu prit une nuit au pavillon de la maison où je logeais avec une gouvernante ; l'incendie fit en un moment des progrès si rapides sur ce bâtiment construit de bois, que je serais devenue incessamment la proie des flammes sans le courage d'un paysan qui, traversant la foule des gens appelés pour éteindre le feu, me prit dans ses bras, et me porta mourante dans sa chaumière, où je revis le jour pour remercier et bénir mon libérateur. Ce paysan se nommait Tom Benk ; je lui devais, et je conserverai pour lui jusqu'au tombeau la plus grande reconnaissance ; mais cet homme, peu fortuné, était devenu exigeant. Non content des présents que le recteur, mon tuteur, et moi, nous lui avions faits déjà, il m'écrivait sans cesse à Londres des lettres dans lesquelles il me demandait de l'argent ; je lui répondais que je n'en avais point ; je le priais de ne point m'importuner davantage, et ce sont mes réponses que mon époux vient de me montrer. Que signifient-elles contre moi ? Par qui lui ont-elles été remises ? Par le recteur, ou plutôt par Tom Benk lui-même. Cet homme serait-il devenu mon ennemi, parce que je n'ai pu lui rendre de très-grands services ? ou bien est-il l'agent de mes ennemis ? Voilà ce que je ne puis concevoir !... Mon époux me cite Tom Benk, le recteur, lady Waring ; et puis il ajoute : C'est assez !... Qu'est-ce que cela veut dire ? Ma chère sœur, parlez, ne vous a-t-il point expliqué ?... — A moi ? point du tout. Voilà la première fois que je l'entends citer des noms qui me sont absolument inconnus. Tout son grand grief contre vous, c'est qu'on lui a assuré que sir Henri ne vous fut jamais parent. — C'est une chose sur laquelle on peut consulter le recteur de Forshire, et Tom Benk lui-même, qui nous a vus, Henri et moi, élevés tout jeunes dans la maison du recteur. D'ailleurs, dans tous les cas possibles, la pureté de nos mœurs, l'honnêteté de notre intelligence peuvent être attestées par tout Londres. C'est une cruauté ! Il y là-dessous un mystère impénétrable !... Il faut que je sois bien malheureuse pour avoir des ennemis aussi méchants, moi qui n'ai jamais fait que du bien à tous ceux qui m'ont entourée !...

» En causant ainsi, les deux dames arrivèrent à la ferme de Voor, où tout fut bientôt mis en état de les recevoir. Madame Clarins s'empressa d'écrire à son époux une lettre dans laquelle elle lui protestait que les liens du sang l'unissaient à sir Henri : elle écrivit de même à sir Henri ; mais, dans la crainte de compromettre son époux avec ce jeune homme, dont elle connaissait la tête vive et bouillante, elle lui marqua seulement qu'une indisposition l'engageait à prendre l'air de la campagne. Elle lui donnait son adresse, et l'engageait à venir la voir. Madame Herbert fut chargée de faire mettre les deux lettres à la poste, et l'on peut deviner l'usage qu'elle en fit. Cependant sir Henri, qui ignorait le malheur de sa cousine, se préparait à faire un voyage qu'il préméditait depuis longtemps. Le jeune artiste voulait voir les différentes villes de la Grande-Bretagne, afin de s'instruire et de se distraire un peu des ennuis de la solitude. Sir Henri avait un domestique, nommé Drik, que madame Herbert avait mis, à force d'argent, dans ses intérêts. Drik rendait compte à cette méchante femme de toutes les démarches, de tous les projets de son maître. Il y avait déjà trois semaines que la pauvre Belly était confinée dans la ferme de Voor, attendant à tout moment son époux, qu'on la flattait devoir venir, lorsque madame Herbert apprit que sir Henri se préparait à voyager. L'artificieuse mégère, qui avait ses projets, lui fit remettre adroitement un billet conçu en ces termes :

« *A l'aimable Henri,*

» *Vous êtes sensible et généreux! différez en grâce votre voyage,*
» *ne partez pas encore; attendez que vous ayez reçu un second avis*
» *de la femme infortunée qui souffre pour vous, et qui vous adore*
» *plus que jamais. Elle est forcée d'employer le mystère et une*
» *main étrangère pour ne point vous perdre avec elle.* »

» Sir Henri ne comprend rien à ce billet. Quelle est cette femme infortunée qui souffre pour lui? il ne connaît personne, il n'a point d'inclination dans le cœur; peut-il en avoir inspiré à une inconnue qui ne se nomme point et dont il n'a jamais entendu parler?... Allons, allons, c'est un tour qu'on lui joue; c'est quelqu'un qui s'amuse de sa froideur, de son insensibilité, peut-être de son amour pour les romans, pour les aventures extraordinaires. Sir Henri, sans mettre à ce billet plus d'importance qu'il n'en mérite, le laisse sur une table, et rentre dans son cabinet pour se livrer à ses travaux littéraires. Drik, suivant les instructions de la mégère, s'empare du billet, et se transporte à Surrey chez sir Clarins, qu'il demande à voir en particulier. Le drôle dit à sir Clarins qu'il est chargé pour lui d'une lettre de son maître : il fouille dans ses poches, en tire plusieurs papiers, laisse adroitement glisser par terre le billet fatal; et feignant d'avoir perdu la lettre de sir Henri, il se contente de dire à sir Clarins : Je me rappelle seulement, monsieur, que le but de cette lettre était pour demander à monsieur à quelle heure mon maître pourrait se présenter chez lui pour lui demander un entretien particulier. — A toute heure, répond avec humeur sir Clarins ; dis à ton maître, néanmoins, que je crois n'avoir rien à démêler avec lui, à moins qu'il ne veuille me donner satisfaction de l'outrage qu'il m'a fait.

» Le domestique ouvre de grands yeux, feint de ne rien comprendre à cette interpellation, et il se retire. A peine est-il parti, que sir Clarins remarque à terre un billet décacheté ; il le ramasse, l'ouvre, et pénétré de douleur, il ne doute pas que ce billet n'ait été écrit à sir Henri par son épouse. Sans chercher à deviner comment ce papier est resté entre les mains de Drik, il monte à cheval, et se rend soudain à la ferme de Voor, qu'il n'a pas vue depuis que Belly y demeure. Il descend dans une auberge à quelques pas de la ferme, y fait appeler sa sœur, et lui communique la funeste découverte qu'il vient de faire. Madame Herbert croise les mains sur sa poitrine en signe d'étonnement, et déclare qu'elle ne comprend pas comment sa prisonnière a pu écrire à sir Henri sans qu'elle s'en aperçût.... Elle m'a pourtant bien juré, s'écrie-t-elle, que ce jeune homme est son cousin ! Ah ! *elle l'adore toujours !* La perfide ! je vais la surveiller plus que jamais : il le faut. Envoyez-moi votre nouveau valet de chambre, Frank ; c'est un homme ferme, qui ne connaît point votre épouse, qui par conséquent ne peut avoir pour elle ni respect ni égards. Je vous réponds qu'avec son aide je forcerai bien Belly à ne faire que ce que je voudrai, que ce que je saurai au moins. — Je veux la confondre, s'écrie à son tour sir Clarins! Je veux lui reprocher ses torts, et l'accabler du poids de mon indignation, de mon mépris! — Y pensez-vous, mon frère? ignorez-vous qu'elle n'attend que le moment d'accoucher, et qu'une pareille révolution peut la faire mourir, elle, et son enfant peut-être? Non, non: attendez, attendez que vous soyez père, alors vous n'aurez plus de ménagements à garder avec cette indigne épouse; vous éclaterez, et vous prendrez le parti qu'il vous plaira de suivre; mais à présent elle est si malade! Hier elle s'est évanouie; je l'ai tenue pour morte pendant plus d'une heure. Vous voulez bien la punir, mais vous ne voulez pas la faire mourir, l'infortunée! il faut être plus humain qu'elle!

» Sir Clarins se rendit à ces raisons pressantes : il revint chez lui, et attendit en vain sir Henri, qui, ignorant la démarche de son domestique, ignorant même le désordre qui régnait dans ce ménage, n'avait rien à dire à sir Clarins. Cependant le voyage de sir Henri se trouvait retardé à tout moment par des obstacles que faisait naître son infidèle serviteur; on ne trouvait point de chaise de poste, les chevaux étaient rares, les emplettes qu'il fallait faire se remettaient de jour en jour. Sir Henri, croyant que sa cousine était toujours à Surrey, lui avait écrit une lettre dans laquelle il lui annonçait son voyage, et lui faisait ses adieux (Sir Henri n'aimait pas assez madame Herbert pour aller souvent dans la maison de son frère); mais le perfide Drik avait soustrait cette lettre, qu'on l'avait chargé de porter. Enfin, quand le moment fut favorable au comité d'intrigants, les obstacles mis au voyage de sir Henri par son valet se trouvèrent levés, et il partit.

» Sir Henri avait déjà voyagé une journée, et sur le soir se trouvant engagé dans une forêt, il ordonnait à son domestique Drik lui-même, qui menait sa chaise, de presser ses chevaux, lorsque tous deux furent frappés des cris d'un petit enfant nouveau-né, couché dans une barcelonnette, et qui paraissait abandonné là à la commisération du premier voyageur. Drik s'arrête, et fait remarquer à son maître cette faible créature exposée sur la route. Henri, dont le cœur est sensible et bon, descend de sa chaise; il examine l'enfant, et reste frappé d'étonnement en lisant le billet suivant, attaché sur son cou, et écrit de la main dont il a déjà reçu une lettre anonyme :

« *C'est à vous, sir Henri, que je remets ma fille; soyez son père* » *ou son tyran, en lui ouvrant vos bras ou en la laissant dans une* » *forêt habitée par des bêtes fauves. Sa malheureuse mère n'avait* » *que ce parti à prendre pour sauver sa frêle existence, vouée au* » *malheur par le monstre qui la persécute. Vous la verrez un jour,* » *cette femme infortunée; elle vous rejoindra, et saura reconnaître* » *les soins que vous aurez pris d'une fille chérie!* »

» Que devient sir Henri après cette lecture! Il voit clairement que cet enfant est le fruit de l'amour de la même femme qui lui a déjà écrit ; mais pourquoi cette femme, qu'il ne connaît point, s'adresse-t-elle à lui, à lui qui n'a point d'amis, point de simples connaissances même dans le monde? Cependant cet enfant est abandonné dans une forêt dangereuse! La nuit approche : que fera Henri? Laissera-t-il périr cette innocente créature? Il ne le peut, Henri; il porte un cœur trop humain, trop généreux! Voyons, se dit-il, courons cette aventure étonnante, impénétrable; et, si ce n'est pas pour la mère, à laquelle je ne puis m'intéresser, que ce soit au moins pour cet enfant, dont l'existence est un devoir sacré pour tout ce qui respire.

» Henri prend donc l'enfant, l'enveloppe dans son manteau, remonte dans sa chaise, et poursuit sa route. Il arrive bientôt dans un village, entre dans une auberge, y passe la nuit avec son trésor, et, le lendemain, il fait chercher une nourrice, qui vient bientôt donner à la petite l'aliment qui forme tous les mortels. Comme Henri ne voyage que pour son agrément, et que l'adoption de l'enfant exige des soins, il passe deux jours dans cette auberge. Tandis qu'il réfléchit sur ce qu'il fera de la petite fille qu'on lui a confiée, donnons à nos lecteurs l'explication de cette énigme qu'ils ont peut-être déjà devinée ; mais il faut pour cela reprendre les faits de plus loin.

» Madame Herbert avait reçu le renfort qu'elle avait demandé. Frank, le valet de chambre de sir Clarins, était venu s'établir dans la ferme de Voor ; et, sans communiquer à la pauvre Belly les instructions qu'il avait reçues de son maître, il la rendait absolument captive dans son appartement. Belly se plaignait de cette tyrannie à madame Herbert, qui, de son côté, grondait avec le ton le plus sérieux le valet de chambre, dont elle connaissait depuis longtemps le caractère intrigant, et qu'elle avait placé elle-même, depuis quelques mois, auprès de son frère, pour le faire servir à ses projets. L'infortunée Belly, ainsi entourée de surveillants sévères, ne pouvait plus exécuter le projet qu'elle avait formé d'aller secrètement à Surrey demander à son époux une explication franche sur les persécutions qu'on lui faisait éprouver. Le terme de sa grossesse approchait d'ailleurs : elle ne pouvait plus sortir ; elle accusait son mari, madame Herbert elle-même, et surtout Henri, dont la froideur l'étonnait, d'après sa lettre qu'elle croyait lui être parvenue.

» Elle était dans ces cruelles agitations, lorsqu'au milieu d'une nuit de douleur elle donna le jour à une fille belle comme l'amour.... Madame Herbert, qui s'empressait autour d'elle, reçut dans ses bras cet enfant, qu'elle caressa en nourrissant le désir de l'envelopper dans la perte de sa malheureuse famille. La mégère emporte l'enfant, descend dans une salle basse comme pour lui donner des soins, lorsque, sur le matin, Drik, à la tête de plusieurs gens apostés par elle, entrent armés de pistolets, et la menacent de la tuer si l'enfant ne leur est remis; c'est, disent-ils, de la part de son père. Quelques domestiques qui entendent cet ordre, ne sachant s'il vient de sir Clarins ou d'un autre homme, ne pensent pas à faire la moindre résistance, et l'enfant est enlevé !.... Ces barbares, pour consommer leur forfait, gardent l'enfant deux jours, en lui donnant les soins que son âge exige; le troisième jour, pendant que Drik fait voler la chaise de poste de son maître, les agents vont exposer cette innocente créature sur la route que sir Henri doit traverser. Ainsi c'est à sa propre parente que ce jeune homme prodigue les soins qu'il ne croit donner qu'à la simple pitié.

» Cependant madame Herbert, après s'être laissé arracher l'enfant, remplit la maison de ses cris. La mère les entend de son lit de douleur; elle s'informe, tout le monde se tait. Madame Herbert seule entre chez elle en s'arrachant les cheveux. Ils me l'ont pris, s'écrie-t-elle ! les barbares ! ils m'ont pris cet enfant dans mes bras. — Qui ? — Des brigands, des misérables! que sais-je ?....

» La malheureuse Belly tombe dans un profond évanouissement, et madame Herbert, la livrant à des soins subalternes, se hâte de monter chez elle pour écrire la lettre suivante, qu'elle envoie sur-le-champ à sir Clarins par un exprès.

« *Mon malheureux frère!..... le crime est consommé!..... Je n'y* » *pouvais plus croire; il n'est que trop réel. Belly!..... je n'ose plus* » *dire votre femme..... Belly est devenue mère au moment où je m'y* » *attendais le moins..... Elle a mis au monde une petite fille, fruit* » *du plus horrible adultère! Au moment où je caressais cette* » *enfant, que je croyais être ma nièce, Drik, le domestique de* » *sir Henri, est entré avec des scélérats armés jusqu'aux dents. Il* » *nous faut cet enfant, s'écrient-ils, son père le réclame. — Qui,* » *son père? — Sir Henri, notre maître!.....*

» *Je ne puis achever!..... Les monstres! ils m'ont arraché l'en-* » *fant!..... Puis des chevaux excellents les ont dérobés à nos re-* » *gards, à nos poursuites..... O mon frère! venez, voyez ce que* » *vous voulez faire. Pour moi, je suis dans un état affreux! Le* » *crime est si horrible à mes yeux!..... Je suis bien malade.....* » *Quelle révolution! J'en mourrai, oh! oui, j'en mourrai.....* » *Adieu!*

» CALISTE-URSULE, *femme* HERBERT. »

» A peine cette lettre est-elle partie, que madame Herbert redescend chez la pauvre Belly..... Elle approche..... Elle regarde; l'infortunée n'existe plus! Non, elle n'existe plus.

» La révolution qu'elle vient d'éprouver l'a tuée. Son évanouissement, c'est la mort.

» Pour la première fois, l'exécrable Herbert sent la douleur et le remords pénétrer son cœur atroce. Elle n'en peut croire ses yeux..... Elle est convaincue enfin de la cruelle réalité.

Comme elle voudrait à présent pouvoir rappeler l'agent qu'elle vient de charger de sa lettre! Comme elle déteste son crime et sa conduite! Ses projets de vengeance l'ont menée trop loin; elle ne voulait que séparer les deux époux, bannir Belly. Belly n'est plus, et sa mort est une suite des forfaits de madame Herbert! Cette femme cruelle se retire chez elle, y appelle son complice Frank, le seul de la ferme qui soit dans ses secrets; elle lui fait jurer de ne jamais les révéler; et, pour l'enchaîner, elle lui donne des bijoux superbes, de l'or, tout ce qu'elle possède; elle voudrait à pareil prix pouvoir étouffer le cri de sa conscience; mais ce témoin irrécusable ne se gagne point.

» Pendant que cette femme, cette furie, flotte dans son incertitude; pendant qu'elle tremble au moindre bruit qu'elle entend, dans la crainte de voir arriver son frère, dont elle connaît l'amour pour Belly, dont elle redoute le désespoir, ce frère malheureux est frappé du coup le plus violent à la lecture de sa lettre. Il n'y répond point, et ne songe qu'à se venger. Sir Clarins monte à cheval et vole sur-le-champ à Briste, dans l'espoir d'y trouver sir Henri. Quelle est sa surprise! sir Henri est parti la veille pour un long voyage. A-t-on vu ici un petit enfant nouveau-né? — Non.

» Qu'est-ce que cela veut dire? Madame Herbert a-t-elle trompé sir Clarins, ou l'a-t-on trompée elle-même? Sir Clarins a néanmoins la certitude qu'on lui a dit la vérité. Il s'informe de la route qu'a tenue sir Henri, on la lui indique; il court toujours, et le lendemain il entre dans un village, où il demande, comme il l'a déjà fait partout sur la route, si l'on n'y a point vu passer un jeune homme dans une chaise de poste, avec un domestique et un enfant au berceau. Vraiment oui, lui répond-on; l'étranger dont vous parlez s'est arrêté ici à l'Enfant-Jésus, qui est la première auberge à droite, où il est encore avec la petite fille et sa nourrice, qu'il a prise dans ce pays-ci.

» Sir Clarins est furieux.... Il entre dans l'auberge, et le premier homme qu'il aperçoit est sir Henri lui-même. Monsieur, lui dit-il, troublé, où est cet enfant? — Quel enfant, monsieur? — Allons, allons, point de détours; vous savez bien ce que je veux dire. — Je ne connais ici d'autre enfant qu'une petite fille que j'ai adoptée. — Ah! vous l'avez adoptée!

» Sir Henri tient dans sa main le billet attaché sur la barcelonnette, et qu'il relisait par hasard; sir Clarins, qui ne se connaît plus, le lui arrache, et lit : *C'est à vous, sir Henri, que je remets ma fille.* Quel est le secrétaire qui lui écrit ses billets doux? *Soyez son père.* Soyez son père! femme scélérate! *ou son tyran, en lui ouvrant vos bras*, vos bras paternels! *ou en la laissant dans une forêt habitée par des bêtes fauves.* Elles sont moins cruelles que les hommes. *Sa malheureuse mère n'avait que ce parti à prendre pour sauver sa frêle existence, vouée au malheur par le... par le monstre qui la persécute!* Moi, un monstre! grand Dieu! *Vous la verrez un jour, cette femme infortunée; elle vous rejoindra*; quelle horreur! *et saura reconnaître les soins que vous aurez pris d'une fille chérie.* Malheureux, qui m'avez déshonoré, défendez vos jours.

» Sir Clarins met l'épée à la main : Henri, étonné de ce qu'il vient d'entendre, veut lui demander une explication; sir Clarins n'en écoute aucune. Henri ne veut point se battre contre l'époux de sa cousine. Cet époux furieux, n'écoutant que sa fureur et son désespoir, a la barbarie de plonger son épée dans le sein de l'infortuné jeune homme, qui tombe expirant à ses pieds !....

» Cette scène affreuse se passe avec tant de rapidité, que les gens de l'auberge ne peuvent l'arrêter que lorsqu'il n'est plus temps. On relève le malheureux Henri, qu'on porte dans un lit, tandis que sir Clarins s'écrie : C'est un suborneur, un monstre qui a déshonoré mon épouse ; c'est à moi cet enfant, ou plutôt il est le fruit de l'adultère.

» Pendant qu'il se livre à ces exclamations, on l'arrête, et bientôt il est plongé dans une étroite prison, où des juges informent de ce que les gens de l'auberge affirment être un véritable assassinat. Cependant on prodigue au jeune Henri tous les soins de l'art qui guérit ; mais, hélas ! ils sont inutiles. L'infortuné expire dans les vingt-quatre heures, après avoir été confronté avec son assassin, à qui il n'a pu dire que ces mots : — Je vous pardonne ma mort !

» Madame Herbert est bientôt mandée par son frère, et se hâte de se rendre auprès de lui. Surcroît de remords pour cette méchante femme, qui a entraîné deux victimes dans son affreuse vengeance, et qui en voit une troisième, celle qui doit lui être la plus chère, prête à succomber. Cependant, comme elle voit que personne n'a parlé (Drik, le domestique de sir Henri, s'est hâté de fuir la province après la mort de son maître), elle se rassure un peu en voyant que ses crimes sont ensevelis dans la nuit du tombeau. Elle prodigue néanmoins tous les soins à l'enfant nouveau-né, dont elle est bien sûre d'être la tante, et fait pour sauver son frère les courses que peuvent lui prescrire les formes de la justice et ses protections.

» Sir Clarins apprend dans sa prison la mort de sa femme, et cette nouvelle ajoute à sa douleur. On lui dit que cette mort fatale est une suite d'une couche difficile, et il n'en regrette pas moins cette infortunée qu'il a toujours chérie, tout en la croyant coupable. Enfin, des gens puissants, mis en avant, parvinrent à obtenir la grâce de Clarins. Il est prouvé que sa fureur a été légitimée par l'outrage qu'on lui a fait, et la mémoire des deux victimes est encore flétrie par l'opinion publique. Il n'appartenait qu'à la Providence de faire connaître leur innocence, et c'est ce qui arriva un jour. Le recteur de Forshire, homme qui vivait très-retiré, et qui n'avait pas entendu parler depuis plusieurs années de miss Belly ni de sir Henri, apprit par la voix publique le procès de Clarins, qui faisait beaucoup de bruit. Lorsque sir Clarins fut acquitté, dès que son jugement fut prononcé, le recteur en connut tous les détails comme tout le monde; il y vit qu'un sir Henri s'était dit cousin d'une miss Belly, que ces jeunes gens avaient déshonoré l'hymen de sir Clarins.... Tout cela lui parut si surprenant, à lui qui avait élevé les deux parents, et qui aurait répondu de leurs mœurs et de leur probité, qu'il prit le parti de venir trouver sir Clarins lui-même, pour tirer de lui des éclaircissements sur la conduite de ses deux élèves.

» Le recteur part donc, un jour, de Forshire, muni des papiers qui constatent la naissance de sir Henri et de miss Belly. Il arrive à Surrey, et demande à parler en particulier à sir Clarins. Sa sœur, madame Herbert, était auprès de lui : tous deux, tristes, abattus, étaient extrêmement changés depuis les malheurs que l'une avait causés, et que l'autre avait aggravés en égorgeant une victime innocente. Le recteur, qui avait connu autrefois sir Clarins, se nomma, et fit trembler madame Herbert. Le recteur, après avoir prié sir Clarins de lui raconter ses malheurs, ce que fit ce coupable époux, lui donna tous les éclaircissements les moins équivoques sur la naissance de ses deux élèves. Miss Belly était fille du comte d'Ercester, mort dans l'indigence ; et sir Henri était fils du chevalier d'Ercester, frère du père de Belly. Les actes de leur naissance, bien constatés, furent mis sous les yeux de sir Clarins, qui ne put revenir de son étonnement. — Mais quel est donc ce paysan ! s'écria-t-il, ce Tom Benk, qui s'est dit le père de Belly, et que je n'ai jamais revu depuis ? — Tom Benk, répondit le recteur, est un simple cultivateur qui a sauvé la vie à miss Belly en la tirant des flammes où elle allait périr ; voilà tout. — Cet homme s'est dit son père ! le monstre ! il aura été gagné par quelque ennemi de l'infortunée ! Ce Tom Benk n'est plus dans mon village ; depuis deux mois on ne sait ce qu'il est devenu.

» Madame Herbert, qui avait redouté les suites de cette explication, se rassura quand elle vit que son complice ne pouvait être interrogé. Elle prit le parti de s'apitoyer sur le sort de la pauvre Belly. — Je l'aurais juré, moi, s'écria-t-elle ! je la connaissais assez pour la croire innocente et vertueuse. Quels sont donc les monstres qui l'ont poursuivie, et qui nous ont tous plongés dans un abîme de maux ? Ces lettres écrites par Belly à ce Tom Benk ne disent rien en effet; il n'y a qu'à les relire, on y verra les expressions de la reconnaissance, jamais celles de la nature. Ah ! mon Dieu, est-il possible que nous ayons tous été trompés aussi cruellement !

» Si la douleur de madame Herbert était feinte, le désespoir de sir Clarins n'était que trop réel ! Il jurait qu'il découvrirait les monstres qui avaient perdu sa femme et poussé son bras dans le sein du jeune Henri, qu'il croyait toujours avoir été l'amant de sa femme. Et madame Herbert profitait de l'aveu de ses projets pour se mettre sur ses gardes. Le recteur, satisfait d'avoir rendu l'honneur à ses deux élèves, les pleura avec sir Clarins, et le quitta pour retourner à Forshire. Madame Herbert songea sur-le-champ à s'informer en secret de ce qu'étaient devenus Drik, Frank et le garçon jardinier, qui tous trois avaient servi sa vengeance. Drik et Frank, chargés de ses bienfaits, s'étaient expatriés ; mais le garçon jardinier était encore dans les environs. Madame Herbert, ne sachant comment faire pour éviter que ce traître ne fût découvert par sir Clarins, ne vit d'autre parti à prendre que de quitter l'Angleterre. En conséquence, elle engagea sir Clarins, qui, faible, souffrant, détestait Surrey, Londres et tous les lieux qu'il avait remplis du bruit de sa malheureuse affaire, à se retirer en France. Sir Clarins y consentit, et tous deux partirent pour une autre contrée, emmenant avec eux la petite Belly, la fille de leur malheureuse victime. Sir Clarins avait des amis établis au Puy, capitale du Vélay, dans les Cévènes : ce fut là qu'il vint cacher sa honte et ses remords. Toujours dominé par sa sœur, toujours esclave de ses caprices, de ses moindres volontés, toujours dupe enfin de sa feinte amitié, le malheureux Clarins mourut dans ses bras, et après avoir obtenu l'absolution d'un bénédictin qui était le confesseur de sa sœur ; mais avant de fermer les yeux, sir Clarins fit appeler la jeune Belly, qui avait alors douze à treize ans. Il lui raconta les malheurs qui avaient accompagné sa naissance. Le recteur de Forshire, ajouta-t-il, a bien prouvé que sir Henri était votre cousin; mais il n'a pu détruire la funeste preuve de ses liaisons avec votre coupable mère. Vous n'êtes point ma fille, Belly; mais je vous ai adoptée, élevée comme telle. Vivez avec madame Herbert; regardez-la comme une tante respectable, comme une véritable mère. Je vous ordonne de ne jamais la quitter, et de suivre toujours ses moindres ordres. C'est le seul moyen d'acquitter ce que j'ai fait pour vous, et de me faire descendre au tombeau avec moins de regrets.

» La petite Belly pleurait : madame Herbert remerciait son frère de l'autorité qu'il lui donnait, autorité dont elle se promettait bien d'abuser, et sir Clarins expira sans être éclairé sur les crimes de sa détestable sœur. Madame Herbert resta au Puy; mais elle se sépara des amis de son frère, et se jeta dans la dévotion par les conseils du moine son confesseur. La jeune Belly grandit, et fut victime des caprices de cette femme impérieuse, comme son père l'avait été. Un jour que madame Herbert était à l'église, où elle devait passer plusieurs heures, la jeune Belly, qui était indisposée, n'ayant pu l'accompagner, cette jeune personne fut tout étonnée de voir entrer chez elle une vieille femme qui lui dit : Suivez-moi, mon enfant; venez rendre la paix à une âme prête à s'échapper du corps d'un pécheur qui va mourir.

» Ce singulier début surprit mistriss Belly, qui craignit quelque piége : cependant le ton de douleur et de vérité, en même temps l'air respectable de la vieille femme, lui donnant plus de confiance, elle la suivit, monta avec elle au quatrième étage d'une maison située dans un faubourg de la ville, et fut très-étonnée de voir en effet un moribond étendu sur un lit de douleur. Le malade demande d'une voix basse, à la vieille, si cette jeune personne était en effet mistriss Belly Clarins.—C'est moi-même, mon ami, lui répondit Belly : qu'avez-vous à me dire? — Pardon, belle personne, mille fois pardon, si je vous ai dérangée : je voulais vous faire, à l'insu de madame Herbert, l'aveu de mes crimes et de ceux de votre tante. — De ma tante! — Oui, écoutez-moi : je m'appelle Drik; j'étais autrefois valet de chambre de votre cousin sir Henri d'Ercester. J'ai contribué à sa mort funeste, et je me suis réfugié en France, où jamais je n'ai pu me pardonner ce crime; écoutez-moi.

» Drik, c'était lui-même, raconte alors à mistriss Belly toutes les particularités de la conduite de madame Herbert envers son frère, sir Henri et miss Belly; il lui fit en un mot le récit des faits qu'on a vus plus haut, et dont il avait été instruit, tant par madame Herbert elle-même que par le garçon jardinier et Frank, avec qui il était lié. Il donna même des preuves par écrit de tout ce qu'il avançait : puis il termina ses aveux par ces mots : Je vais mourir, mistriss; et je vais mourir plus tranquille, puisque j'ai pu voir la parente de mon maître, que j'ai tenue dans son berceau, et lui confesser les crimes atroces dont je me suis souillé à l'instigation de la plus méchante des femmes. Pardonnez-les-moi, mistriss, et laissez-moi mourir.

» Mistriss Belly, après avoir consolé ce coupable repentant, retourna chez elle; et l'on peut juger de sa douleur et de sa haine pour madame Herbert. Celle-ci revint de l'office, et trouva sa nièce noyée dans les larmes. Qu'avez-vous, mistriss? — Madame!.... osez-vous me regarder? — Qu'ai-je donc fait, mistriss, pour... — Ce que vous avez fait! ces lettres écrites à Drik, à Frank, à d'autres scélérats, les reconnaissez-vous? — Ciel! par qui.... comment sont-elles tombées entre vos mains?

» Mistriss Belly lui rapporta tous les aveux que venait de lui faire Drik mourant, et finit par adresser à sa tante les reproches les plus sanglants et les plus mérités. Madame Herbert pleura et s'arracha les cheveux, conjura sa nièce de lui pardonner, et lui promit d'expier à jamais, dans un cloître, les crimes qu'elle avait commis. Elle engagea mistriss Belly à suivre ce parti. Là, ma nièce, lui dit-elle, dans le sein de la pénitence et du recueillement, nous expierons, moi les forfaits que j'ai commis, et vous le malheur d'une naissance marquée par tant de crimes.

» Mistriss Belly déclara qu'elle ne voulait point confiner sa jeunesse dans la retraite; mais elle était si douce, si craintive, si timide, sa tante avait sur elle un si grand empire, qu'elle n'osa pas résister trop, pour le moment, à cette femme, qu'elle voyait d'ailleurs bourrelée de remords et livrée au plus grand désespoir. Mistriss Belly n'avait ni parents ni amis au monde : qu'eût-elle fait en quittant sa tante? Elle eut la bonté de lui offrir même des consolations, et de lui promettre de suivre la dernière volonté de son père, en ne l'abandonnant jamais.

» C'était ce que demandait l'artificieuse Herbert, qui ne s'était avouée coupable que pour intéresser sa sensible nièce et conserver sur elle son pouvoir et ses droits. Elle y réussit parfaitement. Cette méchante femme, ayant donc réalisé sa fortune, partit un jour, avec sa nièce, sous prétexte de voyager, mais avec le projet secret de chercher un couvent favorable à ses projets, et entra par hasard avec elle dans la chapelle Saint-Léonard. Là madame Herbert, troublée par ses remords et par une fausse dévotion, écouta les suggestions mystiques de l'ermite, et força sa nièce à se confiner avec elle dans son cloître souterrain; et l'on sait ce qui en résulta. C'est ainsi qu'après avoir perdu madame Clarins, sir Henri et son propre frère, cette mégère voulait encore plonger dans un cachot éternel sa malheureuse nièce. Il lui fallait toujours quelqu'un qu'elle pût tourmenter. Heureusement pour mistriss Belly, la juste vengeance du ciel venait de punir sa tante de tous ses forfaits en la reléguant pour sa vie dans une étroite prison, avec les complices de son fanatisme; châtiment plus dur, plus long pour elle que la mort. On ne s'avisa point de la réclamer; et, quand on l'eût fait, on n'eût pu désarmer la colère de l'évêque, qui avait juré de faire éprouver à toutes ces folles la plus sévère et la plus rude pénitence. Madame Herbert y expia ses crimes pendant sa vie entière, qui se prolongea encore pendant plus de trois lustres; et, pour ajouter à ses regrets, elle connut le sort de sa nièce, dont le bonheur ajouta encore à ses tourments. »

QUARANTIÈME SOIRÉE.

LA FRAGILITÉ HUMAINE.

Fin de l'Histoire de M. Delacour.

La lecture du cahier du vieillard fit une profonde impression sur les enfants de Palamène. Jusqu'à ce moment, ils n'avaient eu sous les yeux que des exemples de vertu, des modèles de probité. Ici on leur retraçait un monstre exécrable dans madame Herbert ; ils ne pouvaient concevoir comment il existe des êtres assez méchants, assez perfides, pour tourmenter ainsi leurs semblables, pour sacrifier la jeunesse, la candeur, l'innocence, jusqu'à leurs propres parents. O mon Dieu ! la méchante femme ! s'écria Adèle ; je me suis bien doutée, par sa première scène dans la chapelle Saint-Léonard, qu'elle était laide et acariâtre; mais je ne m'attendais pas à tant d'horreurs de sa part. — Il y a là de quoi faire un drame, disait le poëte Léon. — Un drame! répondait Jules; eh! bon Dieu, quel pitoyable ouvrage ferais-tu là! Amonceler les uns sur les autres des crimes inconnus à la saine partie de la société, rendre tout cela bien noir, bien lugubre, est-ce une entreprise digne d'un homme de lettres sage et sensé? Tu mettrais en scène un monstre qui ne corrigerait personne; l'atrocité du tableau ferait qu'aucun spectateur ne s'y reconnaîtrait, et tu ne ferais que fournir des moyens de nuire à ceux qui auraient les dispositions de madame Herbert à la trahison, à la vengeance. Non, mon frère, il faut ne donner aucune suite à cette histoire. Gravons-la dans notre mémoire, afin de nous garantir des traits des méchants, pour nous défendre d'une aveugle confiance, d'une sotte crédulité : ne l'oublions jamais, cette histoire intéressante; qu'elle soit notre guide dans les sentiers tortueux de l'expérience, et qu'elle nous apprenne à nous défier des hommes, même de ceux qui flattent le plus nos goûts et nos passions.

Armand convint que Jules avait raison, et Léon abandonna son projet de drame. Palamène, qui avait entendu une partie de cette conversation, fut très-content de la sagesse et de la raison de Jules. Depuis longtemps il savait que ce jeune homme avait un jugement droit et un cœur excellent. Aussi il le chérissait comme s'il eût été son propre père, et se proposait bien de le devenir un jour en l'unissant à sa fille, qui, de son côté, grandissait aussi en talents, en attraits et en vertus.

Palamène craignait que les tableaux du fanatisme et des vices des gens d'église, semés dans les divers récits de son ami, ne détournassent ses enfants de l'estime et du respect qu'il voulait leur inspirer pour les ministres respectables de leur religion. Il savait que dans ce que M. Delacour avait encore à raconter pour terminer son histoire il y avait quelques traits de ce genre : il se proposait de laisser finir son ami, et de remédier ensuite, par des exemples contraires, au tort qu'il aurait pu faire à ces jeunes cerveaux. Il n'était pas fâché, d'ailleurs, de leur offrir souvent des contrastes : c'était par des contrastes qu'il voulait les amener insensiblement à juger, à comparer, à saisir, en un mot, le véritable milieu de chaque chose. En leur montrant souvent un avare et un prodigue, un ambitieux et un insouciant, un fanatique et un athée, il espérait qu'ils sauraient mieux apprécier un homme généreux sans faste, celui qui n'est mû que par une noble émulation, l'honnête homme, enfin, qui suit la religion de ses pères sans pousser trop loin le zèle religieux. Mais des exemples, toujours des exemples, tel était son plan d'éducation qu'on l'a vu suivre jusqu'à présent, et qui lui a réussi. Hâtons-nous d'écouter avec lui et ses enfants la fin du récit de M. Delacour, et passons ensuite à d'autres objets. Nous sommes donc sur la terrasse avec nos amis, et M. Delacour termine son histoire en ces termes.

« Vous jugez qu'après avoir entendu, de la bouche même de ma belle Anglaise, le récit de ses aventures, que je vous ai lu hier, je redoublai pour elle d'intérêt et d'amour. Mon oncle fut tellement attendri, qu'il serra dans ses bras l'aimable Belly, en la nommant sa chère nièce. Elle rougit à ce nom, qui fit palpiter délicieusement mon cœur. Il est vrai que mistriss Belly n'avait plus de fortune : sa tante avait joint à tous ses torts celui de dilapider l'héritage de son père par divers dons qu'elle avait faits à des prêtres cafards. Elle avait ensuite réalisé ses biens et ceux de sa nièce pour les donner en dot au premier couvent où elle se retirerait avec cette nièce infortunée. C'était l'ermite Luce qui avait profité de cette donation ; et lorsqu'on l'avait arrêté, avec ses bigotes, tout cela était passé entre les mains de son couvent et de M. l'évêque, qui n'étaient pas disposés à restituer; il fallait donc y renoncer; c'est ce que mistriss Belly sentit, et ce qui la fit appréhender de ne point épouser un libérateur qu'elle adorait. Oui, mes amis, elle m'aimait cette charmante femme, et elle n'osait me le dire, dans la crainte d'avoir l'air de me provoquer à un hymen dont elle prévoyait l'impossibilité. C'est ainsi que sa délicatesse réprimait son amour, et la rendait plus chère à ceux qui savaient apprécier cette délicatesse inestimable. Je résolus de mettre un terme à mes tourments et à son inquiétude; mais avant de rien faire, je pris l'avis de mon oncle, qui, aussi sensible que moi, et habitué de contribuer de tout son pouvoir à mon bonheur, consentit à tout; mais il voulut se charger lui-même d'annoncer cette heureuse nouvelle à mistriss Belly. En conséquence, la trouvant un jour seule dans le jardin, et livrée à la plus profonde mélancolie, il l'aborda et lui dit avec le ton de la bonté, de l'intérêt : Qu'avez-vous, belle mistriss? pourquoi votre cœur laisse-t-il échapper des soupirs? pourquoi vos yeux versent-ils des larmes? Quelqu'un aurait-il ici le malheur de vous déplaire?... y manquerait-on d'égards pour vous? y désirez-vous quelque chose de plus qui pût contribuer à votre bonheur? — Ah! monsieur! — Parlez, daignez m'ouvrir votre âme tout entière. — Monsieur, rien ne peut accroître ma reconnaissance : vos bienfaits l'ont rendue éternelle! — Ainsi, vous ne désirez rien de plus? — Rien, monsieur, rien! Et à quoi pourrait prétendre une malheureuse orpheline, sans biens, sans parents? — Elle peut encore prétendre à tout quand elle unit, comme vous, la beauté à la délicatesse, à la vertu : il n'est point de sort qu'elle ne mérite. — Il n'en est donc qu'un seul qu'il ne lui soit pas permis d'espérer. — Un seul... Ah! mistriss! si j'osais vous comprendre!... mais non, il n'est pas possible!... Je suis condamné aussi à voir mon neveu malheureux sans oser se plaindre, sans oser parler? — Monsieur votre neveu serait infortuné! Quoi! cet intéressant jeune homme ferait des heureux et ne le serait pas lui-même! — Votre bonheur, mistriss, ne dépend peut-être pas de lui; mais le sien peut devenir votre ouvrage. — Mon ouvrage! quoi je pourrais..... Ah! parlez, parlez, homme respectable; que faut-il que je fasse? — Une chose qui ne dépend pas toujours de soi, sur laquelle on ne peut se contraindre, et qui doit être l'ouvrage de la nature. — Tout, tout dépend de moi, s'il s'agit de son bonheur. Dites, monsieur, il me faudrait?... — L'aimer d'abord. — L'aimer! Eh! puis-je haïr mon libérateur? — Ensuite consentir à devenir son épouse? — Consentir! eh! c'est une grâce qu'on me demande, quand c'est un bienfait de plus dont on veut m'accabler? — Quoi! belle mistriss, vous l'aimeriez au point... — Ah! monsieur! je l'adore, et c'est là le sujet de ma tristesse, de ma mélancolie. — Ma nièce, ma chère nièce, venez, oh! venez lui confirmer vous-même cet aveu touchant, qui va me rendre un neveu, ma seule consolation.

»Mistriss se lève, donne la main à mon oncle, et se dispose à le suivre; mais je n'étais pas loin. J'avais entendu la fin de leur conversation: je m'élance vers celle que j'aime, et me précipitant à ses pieds, je m'écrie: O mon amie! tu seras donc mon épouse!

» Mistriss Belly me force à quitter une attitude qui l'humilie : je me lève, je la serre dans mes bras, et mon oncle, témoin de cette scène de sentiment, verse des larmes d'attendrissement. Tout fut bientôt prêt pour mon hymen. Il se célébra dans l'église du village prochain ; et depuis cette époque je passai avec ma tendre épouse huit années d'un bonheur qui ne fut troublé que par la mort de mon oncle, qui nous plongea dans la plus grande douleur. Cet homme respectable termina sa carrière au milieu des soins et des gémissements de deux personnes qui le chérissaient plus qu'un père. Je l'avais connu peu de temps, mais comme sa conduite avec moi fut généreuse et franche ! Avec quel charme je me rappelle encore aujourd'hui les services qu'il m'a rendus, la confiance, la tendresse qu'il m'a témoignées ! Vieillard bon, estimable et sensible, reçois, dans ta tombe, ces larmes de regret que mes longues années n'ont pu sécher dans mes yeux ! Je suis parvenu à une vieillesse plus avancée, plus caduque que la tienne, et je te bénis, et je te regrette encore !... Ainsi les enfants, devenus hommes à leur tour, se rappellent ceux qui les ont chéris, qui les ont élevés avec bonté, sagesse et douceur ! ainsi, enfants qui m'écoutez, vous pleurerez un jour votre vieux père ! Il ne sera plus là, vous n'aurez plus que des souvenirs, et vous vous reprocherez de n'avoir pas joui plus fréquemment du charme de sa conversation, de ses tendres embrassements. »

Ici Jules, Adèle, Armand et Léon se levèrent par un mouvement spontané : tous quatre furent se précipiter dans les bras de leur père, qui les serra contre son cœur, et les renvoya à son ami, qu'ils embrassèrent de même avec la plus touchante effusion. Scène attendrissante, qui prouva la sensibilité et l'excellent cœur de tous les acteurs! M. Delacour reprit bientôt ainsi sa narration :

« Huit ans s'étaient écoulés sans que l'hymen vînt embellir notre ménage de ses fruits précieux. Mon épouse enfin m'avertit qu'elle devenait mère, et cette heureuse nouvelle me charma. J'attendais avec une joie mêlée d'impatience le moment qui allait me rendre père. Moment fatal! il arriva ; mais j'eus le malheur de perdre à la fois les deux objets les plus chers à ma tendresse. L'enfant était mort dans le sein où il devait puiser la vie, et sa malheureuse mère ne put survivre aux travaux douloureux d'un enfantement pénible. Soudain, je me trouvai dans le plus affreux désert : ma maison, mes possessions, tout me devint insipide... Je me décidai à tout quitter, à voyager pour distraire ma douleur. Je vendis tout, et, muni d'une somme de plus de quatre-vingt mille livres, je me décidai à me rendre d'abord à Paris, superbe capitale de la France, que je n'avais jamais vue. Mais la douleur qui me pénétrait avait trop affaibli mes organes; je portais en moi le poison de la maladie, peut-être de la mort; et dans la ville prochaine, que je ne voulais que traverser, je tombai si dangereusement malade que je fus bientôt abandonné des médecins. Dans cet état désespéré, les gens qui m'entouraient me conseillèrent de songer aux secours spirituels, puisque je n'avais plus rien à attendre des temporels. On me présenta un religieux bernardin ; et moi, qui aurais dû me tenir en garde contre toute espèce de moines, je sentis renaître en moi l'antique dévotion, tous les prestiges religieux dont ma jeunesse avait été pénétrée dans la chapelle Saint-Léonard ; je mis donc toute ma confiance en ce bernardin, qui bientôt en abusa en me pressant de faire à son couvent une donation entière de mon bien, dont il savait que je n'avais nul héritier. Faible et mourant, je fus sur le point de céder; mais une nuit, une nuit cruelle de transport et d'agitation, il me sembla revoir les ombres sanglantes d'Asfeld, de mon père et de mon épouse. Ces spectres affreux agitaient à mes yeux leurs ossements décharnés, dont je croyais entendre le cliquetis. Ils me parlaient même, et me lançaient des regards effroyables. Vois mes os brisés, me disait d'Asfeld; vois ma tête fracassée sous le poids des décombres de l'église Sainte-Bathilde! Eh bien! c'est un prêtre, c'est l'infâme Doctorin qui a causé ma mort!... Mon fils, me criait mon père, oublies-tu que j'ai pensé te déshériter pour un religieux? Tiens, regarde à mes côtés, le voilà! le voilà! c'est cet hypocrite de père Luce qui voulait te dépouiller de ta succession!... Oui, c'est lui s'écriait à son tour mon épouse, c'est lui qui m'a tenue captive dans les plus sombres cachots! Mon ami, nous devons tous nos maux au fanatisme, et tu vas encore sacrifier tes intérêts au fanatisme! Espère, espère plutôt en la miséricorde divine; c'est elle que tu dois implorer, et soulager des indigents plutôt qu'accroître les richesses d'une troupe de fainéants.

» Ces trois ombres me tourmentèrent ainsi de la manière la plus cruelle jusqu'au lever du soleil, où un léger sommeil, fruit bienfaisant et nouveau pour moi du transport qui m'avait agité, vint engourdir mes sens, chasser les spectres et me rendre plus calme. Mon confesseur vint au moment où je me réveillais: je résistai à ses sollicitations, et fis mentalement à Dieu la promesse, si je recouvrais la santé, de donner le quart de ma fortune au premier indigent probe et intéressant que je rencontrerais dans le cours de mes voyages. Il semble que depuis ce moment, la mort se soit éloignée pas à pas de mon lit de douleur. Soit que la force de l'âge l'emportât, ou que les soins qu'on me prodigua depuis fissent une espèce de prodige, je revins peu à peu convalescent; et un mois après je fus en état de sortir, de reprendre même le voyage que j'avais projeté. Ce fut en passant dans ces campagnes que, fidèle à mon serment, j'eus le bonheur de rendre aux vertueux Palamène, jeune et malheureux alors, un service dont il me paye aujourd'hui d'une manière bien sensible pour ma reconnaissance... Mais je vois que sa modestie souffre de mes remercîments; je passerai donc rapidement sur cette circonstance de mon histoire, pour en venir à mon arrivée à Paris.

» Toujours triste, toujours un peu souffrant, je visitai d'abord cette vaste capitale; puis, songeant à faire valoir les soixante mille francs qui me restaient, je les mis dans le commerce. Mes affaires allaient très-bien, et je n'avais que lieu de me louer du parti que j'avais pris, lorsqu'un jour l'amour vint de nouveau troubler ma raison et me préparer de nouvelles infortunes. Je vis au spectacle, où j'étais allé par hasard, une jeune personne qui ressemblait exactement à la belle Anglaise que j'avais épousée. Frappé de cette ressemblance extraordinaire, mon œil se troubla, mon cœur se serra; et si je n'avais pas vu mourir mon épouse entre mes bras, j'aurais cru que c'était elle-même... La curiosité de connaître cette homonyme de Belly me porta à la suivre à la sortie du spectacle : elle demeurait chez son père, négociant, faubourg Saint-Denis. Content de cette simple découverte, je rentrai chez moi; mais je ne pus goûter le repos, et le lendemain il me fut impossible de résister au désir de revoir cette belle personne. Je fus donc dans son magasin, où, sous prétexte de quelques emplettes, j'eus tout le loisir de l'examiner. Même taille, mêmes traits que Belly, seulement un peu plus prononcés et moins piquants. Amélie, c'était son nom, pouvait avoir vingt-cinq ans, et, privée d'une mère, son père et son frère aîné composaient toute sa famille. Ces informations, que je pris dans le quartier, furent à son avantage ; mais réfléchissant bientôt sur la nature des sentiments qui me faisaient agir, je frémis en pensant que je serais capable d'oublier Belly, pour donner à une autre la main et le cœur qu'elle avait possédés. Cette réflexion m'engagea à ne plus faire de démarches inconsidérées. J'eus le courage de me tenir chez moi, tranquille et sédentaire pendant six mois, et d'éviter les lieux publics où je pourrais rencontrer la séduisante personne qui ne me touchait que parce qu'elle m'offrait des rapprochements avec mon épouse. Je sortais donc fort peu, ou, si mes affaires m'appelaient du côté des boulevards, j'affectais de prendre des rues détournées pour éviter la porte Saint-Denis, dans la crainte d'être tenté de la passer.

» Cette retenue, au lieu d'éteindre ma passion naissante, ne fit que l'accroître. Je résistai cependant six mois encore. Un an s'est écoulé, me disais-je; elle est sans doute mariée, établie à présent; ce serait une folie à moi de chercher à la voir, et d'ailleurs cela ne me servirait plus à rien. La curiosité me poussa néanmoins un jour à vérifier si en effet la belle Amélie était mariée. J'entrai dans son magasin, et ne l'y trouvant pas, j'éprouvai un serrement de cœur involontaire. Il me semblait que je voyais toutes mes espérances évanouies, et je me reprochais intérieurement d'avoir laissé passer entre les mains d'un autre ce trésor qui devenait essentiel à mon bonheur. C'était le frère qui me servait les légères emplettes que je faisais. — Mademoiselle votre sœur est sans doute établie? lui dis-je en tremblant. —Pas encore, me répondit-il; mais cela ne peut pas tarder, car il y a quatre ou cinq partis qui la recherchent, et l'on a promis de rendre réponse demain. —Demain! m'écriai-je; on la marie demain!..... Ah! ciel.....

» Le jeune homme, étonné de mon exclamation, me regarde, et me dit en souriant : Non, monsieur; ce n'est pas demain qu'on la marie, mais qu'on doit fixer son choix.

» Aussitôt, sans demander si Amélie aime l'un de ses soupirants, si ce choix dépend d'elle, je dis au jeune homme, avec une volubilité que l'amour seul peut inspirer : Monsieur, monsieur! c'est moi, moi, qu'elle doit épouser. J'ai trois mille livres de rentes, un commerce qui me rapporte vingt autres mille livres; je suis libre, je l'adore; c'est à moi seul qu'il faut la donner. Où est monsieur votre père? est-il là? Il faut que je lui parle, il faut que cette affaire soit décidée sur-le-champ.

» Qu'on juge de la surprise du jeune homme, qui m'a vu deux ou trois fois en un an, et qui rencontre en moi un prétendant à la main de sa sœur, sans me connaître, sans m'avoir vu lui faire la cour! Il ne sait s'il doit rire de ma sortie, qui lui paraît extravagante : il prend le parti de s'en amuser. — Mon père, dit-il au maître de la maison, qui paraît, venez donc vite! Voilà monsieur qui veut épouser Amélie aujourd'hui!

» Je ne m'attache point à cette ironie, et je répète au vieillard mon nom, mon état, ma fortune et mes prétentions. Cet homme avait un flegme désespérant; il traitait toutes les affaires avec poids et mesure. Il me prie de répéter; je répète; il fait taire son fils, qui paraît disposé à me persifler; puis, me demandant où j'ai vu, comment j'ai connu Amélie, il écoute avec le plus grand sang-froid tous les détails que je lui donne de ma passion et de la violence que je lui ai faite pendant un an. Il me prie, pour la troisième fois, de lui donner des preuves de tout ce que j'avance. J'avais heureusement sur moi des lettres, des papiers de commerce; je les lui montre. Il secoue la tête; je ne sais si c'est d'estime ou de mépris. — Monsieur saura avant tout, me dit-il, que je ne donne rien à ma fille que son trousseau : mon commerce va si mal; je le garde d'ailleurs pour moi et mon fils. — Rien, répliquai-je; je ne lui demande rien; je ne veux rien qu'elle, son cœur et sa main.

» Le vieillard sonne; une fille domestique paraît : Qu'on appelle ma fille.

» Amélie descend. Ma fille, lui dit son père, regardez monsieur; vous déplairait-il pour époux? — Mon père, je n'ai pas l'honneur de connaître..... Il me faudrait quelque temps pour juger le caractère..... — Il n'est pas question de tout cela. Dites-moi seulement si vous avez quelque inclination dans le cœur, si vous aimez ou Vertpré, ou Berville, ou Nicole, ou Gautherot, qui vous font la cour. — Mon père, l'un d'eux aura ma main, si vous l'exigez; mais mon cœur n'est encore à personne. — A personne, bien vrai? — Oh! je vous le jure. — Eh bien! dans deux jours vous épouserez monsieur. — Mais, mon père..... — Point de mais; j'ai mes raisons : c'est le meilleur de tous les partis qui se présentent. Je ne demande qu'un jour pour les informations nécessaires; si elles sont à l'avantage de monsieur, comme je n'en doute pas, il sera votre époux. En attendant, dites à Marguerite qu'elle mette un couvert pour lui, il dînera ici; il mangera tout uniment le pot au feu et la côtelette.

» Amélie fait une révérence timide, sort pour aller remplir l'ordre de son père; et moi, transporté de joie, je fais des extravagances; j'embrasse le vieillard en le nommant mon père, je serre dans mes bras le jeune homme tout ébahi, et je l'appelle mon cher frère. J'embrasse tout, jusqu'au gros chat gris qui est endormi sur un tabouret devant le comptoir. Mon futur beau-frère laisse échapper malgré lui quelques éclats de rire, et son père, toujours froid et sérieux, lui fait signe d'être plus circonspect.

» A table on me fait asseoir à côté de la jeune personne, qui, me regardant déjà comme son futur époux, cherche avec esprit toutes les occasions de connaître mes goûts et mon caractère. Je puis dire, sans vanité, que son examen tourna à mon avantage; elle parut vers le soir plus tranquille et plus contente du sort qu'on lui préparait; elle eut même la bonté de me faire sentir que son inclination pourrait bien s'accorder avec l'ordre de son père; et nous nous quittâmes tous enchantés les uns des autres.

» Cependant son frère, qui me regardait comme un fou, n'eut rien de plus pressé que de courir le même soir avertir tous les soupirants de sa sœur, qui étaient ses amis et des étourdis de son âge, qu'un rival venait, en quelques heures seulement, d'obtenir sur eux la préférence. Il leur donna mon adresse; et pendant qu'il se préparait pour moi le plus terrible orage, je pensais à la bizarrerie de ma destinée, qui m'avait fait sortir garçon le matin, et me faisait rentrer l'après-midi presque fiancé. L'idée dont j'avais été le plus éloigné la veille venait de se réaliser pour moi. Je vais pour m'informer seulement du sort d'une jeune personne; j'apprends qu'on va la marier, et sur-le-champ je me propose. Pour comble d'étonnement, je suis agréé, et me voilà infidèle à l'ombre de Belly, pour Belly elle-même; car ce n'est que la singulière ressemblance d'Amélie avec mon épouse qui me fait engager une seconde fois mon cœur et ma main. Effet bizarre des affections humaines! Après cela, qu'on croie donc à la possibilité de la constance, de la fidélité, à la foi des serments!

» Après avoir passé une nuit agitée par les mille et une réflexions que me suggéra cet événement extraordinaire, je fus fort étonné le matin de voir entrer chez moi un jeune homme, le chapeau sur la tête, l'épée au côté, qui, me regardant fièrement, me dit avec hauteur : Monsieur, vous avez sans doute trop de cœur pour faire ici plus d'éclat que n'en exige l'honneur? je vous appelle au combat. — Moi, monsieur? et pour quel sujet? je ne vous connais pas: puis-je vous avoir insulté? — Vous apprendrez, monsieur, que vous m'avez fait l'injure la plus cruelle, et qui ne peut se laver que dans le sang de l'un ou de l'autre.

» Surpris de cet appel inattendu, je prends mon épée, et je me dispose à suivre l'inconnu, lorsque mon domestique me remet un billet conçu en ces termes : *Trouvez-vous, dans une heure, armé, au bois de Boulogne; vous y trouverez un ennemi qui vous y attend de pied ferme.*

» Un troisième billet m'arrive soudain. Dans celui-là un autre ennemi m'appelle en duel au bois de Vincennes. Enfin, un autre jeune homme, armé comme celui qui m'attendait, entre, et me serrant la main, me dit : Sur le boulevard du midi, derrière les Chartreux, vous me ferez raison, mon petit monsieur, de l'outrage que vous me faites.

Je vis soudain que j'étais le jouet d'une plaisanterie; mais je ne pus concevoir par qui ni pour quel sujet elle m'était faite. Quatre cartels à la même heure, dis-je tout haut en riant à mes deux champions, cela est un peu trop fort aussi! Daignez, messieurs, prendre l'heure de ma commodité maintenant, c'est à moi à vous la prescrire. — Le badinage est superflu, s'écrie le premier champion; il faut me satisfaire sur l'heure! — C'est sur l'heure même qu'il faut me rendre raison, repart le second champion.

» J'étais bien tenté de sonner mes gens et de faire chasser mes deux spadassins, et peut-être l'aurais-je fait s'il ne fût entré un troisième personnage qui rendit les deux premiers très-confus. C'était le père d'Amélie. — Que vois-je? dit-il : Berville et Vertpré ici, armés! dans quel dessein?

» Les étourdis se sauvèrent soudain sans entrer en explication, et le vieillard m'apprit qu'ils étaient, ainsi que les auteurs des deux billets qu'on venait de me remettre, les quatre soupirants de sa fille, qui, désespérés apparemment d'être supplantés par moi, avaient formé la partie de m'effrayer et de me jouer. Le dépit me saisit à cette nouvelle, et je me promis d'étriller si bien, à la première occasion, l'un de ces quatre mauvais plaisants, que les trois autres n'aient pas envie de s'exposer au même sort. Le hasard m'en offrit la possibilité dès le même soir. En revenant de chez ma prétendue, je rencontrai le premier jeune homme qui s'était présenté chez moi : je le traînai malgré lui dans une petite rue isolée; je dis malgré lui, car je m'aperçus que le drôle tremblait. Il n'avait pas là ses trois camarades, qui sans doute devaient se réunir à lui le matin, si j'avais eu l'imprudence de le suivre, et fondre sur moi tous ensemble. Je mis donc l'épée à la main ; j'eus le malheur d'étendre à mes pieds mon adversaire baigné dans son sang. M'étant baissé pour secourir cet infortuné, victime de son imprudence, je m'aperçus qu'il était mort, et ne songeai qu'à me sauver. Quelle étourderie ! à mon âge me compromettre avec un enfant, et le tuer ! triste suite des passions....... Je me sauvai donc, et, rentrant soudain chez moi, je pris ce que j'avais de plus précieux ; j'écrivis ensuite tous les détails de ce malheur au père d'Amélie, que je priai de gérer mes affaires, et je fus me retirer, sous un autre nom, dans une campagne éloignée. J'étais désolé de ce que cet incident reculait mon mariage. Enfin, le temps, qui fait tout, ayant terminé cette affaire à mon avantage, je reparus, et vis avec satisfaction que mon futur beau-père avait eu le plus grand soin de mon commerce pendant mon absence. J'épousai Amélie, et je fus assez heureux, excepté du côté de son frère, qui ne put jamais me pardonner de l'avoir privé d'un ami, d'un compagnon de ses plaisirs et de ses désordres. Mon beau-père mourut, son fils aîné prit son magasin, et se fixa enfin par un mariage assez bien assorti. Je fus longtemps sans avoir d'enfants. Amélie m'en donna par la suite cinq, dont Henriette est l'aînée. Tout allait assez bien, jusqu'au moment où une maladie grave me conduisit pour la seconde fois aux portes du tombeau. Mon épouse, malade, de son côté, ne pouvant me remplacer dans les soins de ma maison, nous donnâmes, tout moribonds que nous étions, notre procuration à son frère, qui se chargea de faire aller notre magasin avec le sien. Mon épouse mourut, ce qui prolongea mes regrets et ma maladie. A la fin, je me rétablis, mais pour apprendre l'événement le plus funeste. Mon coupable beau-frère venait de faire une banqueroute frauduleuse : il m'avait tout emporté, et ne me laissait rien que les hardes que j'avais sur le corps. Que faire? J'étais très âgé, infirme, père de cinq enfants en bas âge, et ruiné.... Berthier, mon ami depuis mon séjour à Paris, eut l'humanité de me retirer chez lui, où je tombai encore malade. Ce fut pendant cette dernière indisposition qu'en examinant par hasard mes papiers, il y trouva une note écrite de ma main, qui rappelait le service que j'avais eu le bonheur de vous rendre autrefois, vertueux Palamène, et qu'il eut l'indiscrétion de vous en écrire à mon insu. Vous vîntes soudain à mon secours, et maintenant, heureux et tranquille dans l'asile hospitalier que vous avez bien voulu me donner, je ne me rappelle mes malheurs passés que comme un songe, comme le nautonnier se souvient d'un orage auquel il a eu le bonheur d'échapper.... Je n'ai plus qu'un vœu à former, bon et respectable ami : c'est celui de voir mes enfants heureux, surtout de voir mon Henriette établie; car, pour les autres, je ne serai plus lorsqu'ils deviendront hommes. Mon Henriette! toi, dont les soins consolateurs, dont les vertus filiales ont si bien su adoucir mes maux depuis la mort de ta mère et la fuite de ton oncle! oh! viens que je te bénisse, et que le bonheur marque désormais tous les instants de ta vie! Tu n'as plus, après ton père, que cet ami généreux, que ces enfants compatissants qui partagent les vertus de l'auteur de leurs jours! Henriette, fixe toujours sur toi leur vigilante, leur constante amitié, par tes vertus douces et par une reconnaissance éternelle. C'est le juste retour que l'on doit aux bienfaits, qui les rend légitimes ; et, sans la reconnaissance, la tendre amitié, la douce générosité n'habiteraient bientôt plus la terre ! »

Ainsi parla M. Delacour ; et les enfants de Palamène furent presque fâchés de voir son récit sitôt terminé. Il avait été long cependant, il les avait occupés pendant plusieurs soirées ; mais tel est le propre des histoires intéressantes, que, quelque étendues qu'elles soient, elles paraissent toujours trop courtes, et laissent à désirer à celui qui les écoute ou les lit avec attention et plaisir. Heureux le livre qu'on trouve trop court ! Heureux l'auteur qui, loin de fatiguer ses lecteurs par des redondances ou des détails oiseux, leur fait dire à la fin de son livre : C'est bien dommage qu'il n'y ait pas un volume de plus !

C'est le sort que j'envie, à tort peut-être ; mais quelle que soit l'opinion qu'on portera de cet ouvrage, je serai assez récompensé de l'avoir entrepris si les pères de famille me savent gré de mes intentions, de ma marche et de la moralité que j'ai cherché à répandre dans chacune des historiettes qui le composent. L'estime des gens probes et délicats est vraiment la récompense des gens de lettres. C'est la seule que j'ambitionne et que je chercherai toujours à mériter dans mes productions.

Mais j'entends déjà le censeur, à l'œil louche et cynique, me reprocher que je parle de moi, que j'occupe mes lecteurs de moi, comme si je ne devais jamais leur faire connaître mes principes et la seule ambition qui m'anime ! Qu'il se rassure, ce censeur austère ; je vais m'éclipser encore une fois sous le manteau de l'historien, et je passe, sans autre réflexion, aux détails des autres soirées de mon intéressante famille.

QUARANTE-UNIÈME SOIRÉE.

LA RIGUEUR.

La Masure du Meunier.

Ce jour était consacré au repos; Palamène réunit donc ses enfants dès le matin, et leur dit : Mes amis, j'ai donné ordre à Marcelle de nous préparer des viandes froides, que nous emporterons aujourd'hui pour aller dîner sur l'herbe. Nous traverserons la forêt des Six-Routes, et nous irons dîner dans la plaine des Trois-Moulins, sous les saules qui bordent le ruisseau du Moulinot. Nous partirons de bonne heure; ainsi soyez tous prêts.

Comme cette nouvelle est agréable pour nos jeunes gens!

Adèle et Henriette montent soudain chez elles pour songer à la toilette. Elles veulent plaire maintenant, et sans doute il leur est permis d'avoir un peu de coquetterie. Armand et Jules vont bientôt les retrouver; et comme ils sont galants, ils font à ces jeunes personnes des compliments très-flatteurs sur leur coiffure, sur leur mise, sur leur goût en un mot. Adèle et Henriette rougissent; Jules et Armand s'esseyent, assistent à leur toilette, les aident même à fixer quelques fleurs dans leurs cheveux: c'est une véritable scène de boudoir. Pour Léon, il est occupé à faire une chanson sur les plaisirs de la campagne et les amusements champêtres. Il l'a mise sur un air connu cette chanson qu'il trouve excellente, et il se propose bien de prier la belle Henriette de la chanter lorsqu'on en sera au dessert du dîner qu'on va faire sur l'herbe. Léon est dans le feu de la composition; il frappe des mains, il se promène, il parle à haute voix. Il gesticule; c'est, en un mot, un auteur dans toutes les règles. Palamène, qui voit tout et sait tout, se plaît à voir s'exercer le génie de l'un, tandis que les autres payent à la beauté, aux grâces, le juste tribut d'admiration qu'elles méritent. Il en est enchanté Palamène, et il est heureux d'être père!

Quand la chanson est faite, quand les toilettes sont terminées, quand tout le monde est prêt, Marcelle met dans un panier, sur l'âne, les petites provisions nécessaires; puis elle monte sur le baudet, et l'on se met en route.

Comme elle est intéressante cette petite caravane! Palamène et son ami Delacour ouvrent la marche; les deux vieillards, appuyés sur leur canne, causent d'objets sérieux, tandis qu'Henriette, donnant le bras au timide Armand, répond ingénument aux questions qu'il lui fait sur l'amour et sur l'état de son cœur. A côté d'eux, Adèle fait la guerre à Jules, son cavalier, de ce qu'il a fait ses boucles et son toupet trop haut, ce qui lui donne un air d'écolier. Léon est détaché de la compagnie; il rêve à sa chanson; il n'est pas content d'un vers, et cherche à le refaire, pour donner plus de perfection à ce petit poëme, qui doit être chanté par une jolie bouche. Enfin, pour ajouter au pittoresque du tableau, la bonne Marcelle, assise ou plutôt accroupie sur son indocile monture, cherche à s'éloigner des petits sentiers qui bordent les fossés, où elle craint de tomber; et pour garder son équilibre, elle suit, de la tête et des épaules, tous les mouvements de la rétive bête.

C'est ainsi que nos amis traversent la forêt des Six-Routes, et se trouvent, après trois quarts d'heure de marche, dans la belle plaine qui va leur offrir une table frugale, un abri verdoyant et une eau limpide. Il est cependant de trop bonne heure pour dîner. On propose, tandis que les papas sont assis à l'ombre, un petit jeu où tout le monde puisse s'amuser. Jouons au *secrétaire*, dit Léon : on donnera des gages, et nos demoiselles seront obligées de nous chanter de petites chansons. — Va pour le *secrétaire*, dit Armand ; mais comment cela se joue-t-il? — Tu vas le savoir dit Léon ; j'ai justement sur moi du papier et mon crayon.

Voilà Léon qui coupe une foule de petits papiers, et qui commence à écrire. Chacun attend avec impatience le résultat de son opération : il est prêt enfin. Léon lit à haute voix un de ces petits papiers.

« *Cléon est bon, généreux, sensible, ami de l'ordre, de la justice*
» *et de l'humanité. Il ne fait rien sans motif, et n'entreprend rien*

» *sans être sûr de réussir. Il est chéri de tout le monde, et ses bien-*
» *faits seront à jamais gravés dans tous les cœurs.* »

A présent, mes amis, il faut me dire quelle est la personne que j'ai voulu dépeindre sous le nom de Cléon.

ARMAND.

C'est M. de Verseuil, le seigneur du château.

LÉON.

Non : un gage. (*Armand donne un gage.*)

ADÈLE.

Ce Cléon-là, c'est papa.

LÉON.

Tu l'as deviné, toi. Oui, c'est papa : le portrait est-il ressemblant ?

TOUS LES ENFANTS.

Oui, oui !

LÉON.

C'est papa, maintenant, qui doit faire le secrétaire.

Palamène, qui a la bonté de se prêter aux plaisirs de sa jeune famille, prend le crayon, écrit sur un petit papier, et lit ensuite :

« *Damon est né sensible et bon; son cœur est excellent, son esprit*
» *assez droit; mais on le croit un peu sévère sur les défauts d'autrui;*
» *il passe difficilement aux autres leurs faiblesses, et voudrait qu'on*
» *ne lui en imputât jamais. Il a quelquefois un peu de vanité, et*
» *son ambition peu réfléchie ne calcule ni les convenances, ni les*
» *lieux, ni les temps. Du reste, c'est un garçon que j'aime de tout*
» *mon cœur.* »

Quel est celui-là ?

ADÈLE.

N'est-ce pas Julien, le fils de notre voisin ?

PALAMÈME.

Non : un gage. (*Adèle donne un gage.*)

JULES.

C'est Léon.

PALAMÈME.

Un gage, mon ami. (*Jules donne aussi un gage.*)

ARMAND

C'est donc Jules ?

PALAMÈNE.

Ce n'est point Jules. (*Nouveau gage d'Armand.*)

LÉON.

C'est plutôt Armand lui-même.

PALAMÈNE.

T'y voilà.

Armand rougit des légers reproches qu'on lui fait. Il prend à son tour un petit papier, écrit et lit :

« Céphise est belle sans vouloir le paraître. Ses yeux sont tendres et spirituels ; sa bouche ne s'ouvre que pour dire des choses agréables. Son cœur, formé par la vertu même, a la candeur, l'innocence de la nature, et son âme est pure comme le cristal de cette eau limpide. Peut-être Céphise est-elle insensible aux vœux de tous les mortels : il est temps néanmoins que son cœur lui parle, et qu'il s'attendrisse en faveur de celui qui réprime journellement avec peine le désir de lui dire : Je vous aime ! Céphise entend peut-être ses soupirs ; mais Céphise n'y répond point. »

Quelle est Céphise, mes amis ?

HENRIETTE.

Faut-il le demander ? c'est mon aimable Adèle.

Ah ! un gage, un gage s'écrient à la fois tous les enfants.

(*Henriette baisse les yeux, rougit, et donne un gage, que sans doute elle s'attendait avec plaisir à perdre.*)

PALAMÈNE.

Je dis, moi, que c'est la charmante Henriette.

Henriette devient *secrétaire*, et fait le portrait de son père, qui est deviné par Jules. Jules fait le portrait, un peu piquant, de Léon, qui est deviné par Armand ; et Léon désigne à son tour, avec les détails les plus flatteurs, sa sœur Adèle, qui est reconnue par Jules. Ce jeu se prolonge assez longtemps pour que chacun donne des gages, dont on fait Marcelle dépositaire. Il est question de les tirer, ces gages qui vont être la source de mille folies. En conséquence, Marcelle ferme bien son tablier. Palamène, comme le moins suspect de ce qu'on appelle tricher, y fouille le premier, et ordonne au gage touché, si c'est un garçon, qu'il dansera une allemande, qu'on lui chantera, avec la jeune personne de la société qu'il voudra choisir. Le gage est tiré, il appartient à Armand. Adèle chante l'air d'une allemande, pendant qu'Armand la danse avec Henriette, qu'il a choisie, et qui s'en tire avec une grâce infinie.

Le second gage était à Adèle ; il fallait qu'elle embrassât celui qui lui plairait le plus : c'est son père qu'elle va serrer contre son cœur, et qui répond à ses effusions avec la plus vive tendresse. Un autre gage est à Jules, qu'on met en pénitence jusqu'à ce que la personne qui s'intéresse le plus à lui aille le délivrer. C'est Adèle qui se charge de ce soin. Un troisième gage est à Léon. Léon est obligé de grimper sur un arbre, et d'y cueillir des baguettes pour tout le monde. Enfin un quatrième gage appartient à la jeune Henriette; c'est le seul qu'elle ait donné, et il faut qu'elle chante une chanson; c'est où Léon l'attend. Henriette déclare qu'elle ne sait aucuns couplets nouveaux; Léon lui donne ceux qu'il a faits avant de partir, et elle chante avec un goût qui pénètre d'admiration tout le monde, et surtout Armand, la chanson suivante :

ROMANCE PASTORALE.

Que j'aime la prairie
Où j'enfle mes pipeaux,
Et la rive fleurie
Où paissent mes troupeaux!
Je chante la nature
Et ses tableaux divers,
Assis sur la verdure,
Et seul dans l'univers.

Que j'aime une onde pure
Qui mouille le roseau!
Que j'aime le murmure
D'un limpide ruisseau!
Dans ma mélancolie
J'y soupire toujours.
Il offre de la vie
Le trop rapide cours.

Que j'aime le bocage
Où Zéphyr fuit le jour!
Que j'aime le ramage
Des oiseaux d'alentour!

15

La douce mélodie
Règle leurs sons touchants;
Et bien souvent j'envie
L'ivresse de leurs chants.

Que j'aime une soirée
D'un beau jour de l'été!
De Phœbé mesurée
Que j'aime la clarté!
La musique lointaine
D'un simple chalumeau
Rappelle de la plaine
L'habitant du hameau.

Cette chanson est trouvée charmante par toute la société, qui en demande l'auteur. Léon rougit; on le nomme, et Palamène lui fait signe qu'il est très-satisfait de ce petit ouvrage.

Quand les autres gages sont tirés, M. Delacour propose de se mettre à table. En conséquence, Marcelle étend une serviette sur le gazon, y étale ses mets, et chacun de ses convives s'assied par terre autour de cette table champêtre dont l'appétit va faire les frais. Tous nos enfants dévorent, l'air et l'exercice les ayant disposés à faire honneur aux mets. Marcelle s'aperçoit que son dîner est un peu court, et tout le monde en rit. Au dessert on prie Henriette de recommencer la chanson de Léon; elle s'en acquitte avec une complaisance et une grâce qui charment tous ses auditeurs. Léon est enchanté, son petit amour-propre jouit, et Palamène n'est point fâché d'exciter son émulation par des éloges mérités. Une seule réflexion a cependant troublé un peu le plaisir qu'ont goûté les enfants de Palamène dans cette charmante partie. De la place où ils sont, ils voient le moulin de M. Rolland; ils en entendent même le bruit, et ils soupirent en pensant que leur frère Benoît y est renfermé, qu'il ne jouit pas, comme eux, du plaisir d'être avec leur véritable père. Palamène s'est aperçu que leurs regards se sont tournés souvent vers le moulin, et comme il pénètre les divers sentiments qui les agitent, il jouit de leur bon cœur et de leur tendre sollicitude.

Puisque je parle de Benoît, et que d'ailleurs mes convives sont occupés à chanter et à rire, je vais ramener mes lecteurs vers cet enfant, que nous avons laissé chez M. Rolland, et prendre mon récit de plus haut pour arriver à l'événement le plus heureux pour lui.

Benoît n'avait rien fait le premier jour de son arrivée chez M. Rolland. Celui-ci lui avait épargné le travail en voyant sa tristesse et ses regrets; mais le lendemain matin, M. Rolland, qui, la veille, lui avait paru indulgent et bon, lui fit voir un visage sévère, et lui prescrivit un ordre de travail pour toutes les heures de la journée. Benoît frémit; il pria cet homme peu traitable de lui laisser au moins quelques heures de récréation, et pleura. M. Rolland lui tourna le dos en lui disant : Vous n'êtes pas ici chez votre père, et si vous me résistez, je saurai vous punir!...

Benoît sentit qu'il était chez un étranger, et soupira; mais son petit caractère âpre et dur, reprenant souvent le dessus, lui fit faire tant de fautes au bout de quelques jours, que M. Rolland lui promit de le punir sévèrement. Vous ne me connaissez pas, lui dit-il; vous ne savez pas comment je corrige les mauvaises têtes. Tenez-vous prêt à me suivre demain matin : je vous mènerai dans un lieu où d'autres petits mauvais sujets comme vous sont devenus meilleurs.

Quel était cet endroit dont parlait M. Rolland? Jusqu'à ce jour, Benoît, qui, à la vérité, n'avait jamais eu la permission de sortir de la salle où il travaillait, ne connaissait, du logement de M. Rolland que cette salle et son moulin, Benoît voyait bien, à travers les croisées, un petit corps de bâtiment éloigné, très-bas et fort long, fait en forme de chaumière; Benoît savait que ce bâtiment appartenait à M. Rolland; mais en même temps il savait que M. Rolland y pénétrait seul avec son garçon meunier : ce garçon meunier était un homme d'une figure dure et rébarbative, qui jamais ne disait un mot à Benoît; et, pour ajouter à sa terreur, Benoît entendait souvent sortir de ce bâtiment des cris confus, plaintifs et tumultueux, dont il ignorait le motif. C'était sans doute de ce mystérieux bâtiment que M. Rolland avait voulu lui parler... Benoît passa une nuit cruelle; et le lendemain matin son sévère instituteur vint le prendre par la main, et lui dit seulement de l'accompagner. Benoît le suit en tremblant, et sort, pour la première fois, dans la campagne avec lui. Il frémit quand il voit son guide diriger ses pas vers le fatal édifice, qu'un secret pressentiment lui dit être plus triste que l'enfer. M. Rolland ouvre une porte, et la referme soigneusement. Soudain les cris confus d'une foule d'enfants viennent frapper l'oreille attentive du timide Benoît. M. Rolland lui fait lire sur une porte intérieure : *Salle de jeûne des enfants rétifs*.

C'est ici, lui dit M. Rolland, que je renferme ceux de mes élèves qui me répondent et me résistent. Ils y sont condamnés, pour un certain nombre de jours, au pain et à l'eau.

M. Rolland ouvre la porte; et Benoît voit, dans une salle absolument nue, trois ou quatre jeunes enfants vêtus tous d'une robe bleue, pâles et maigres, se disputant un pain noir et une cruche d'eau qui sont déposés sur une pierre au milieu d'eux. L'aspect de M. Rolland les porte tous à se cacher dans un coin.

Une autre porte frappe les regards de Benoît. On lit au dessus cette inscription : *Salle de pénitence des fainéants et des gourmands.*

Cette porte s'ouvre, et Benoît reste saisi en voyant de jeunes garçons vêtus d'une blouse grise, obligés de transporter et de jeter dans une espèce de puits des pierres énormes sous lesquelles ils paraissent succomber. Ceux-ci, dit M. Rolland, ont chacun cent, cent cinquante ou deux cents pierres, par jour, suivant la gravité du vice pour lequel je les punis, à jeter dans cette fosse, dont on rapporte continuellement les décombres dans cette salle : s'ils ne font pas la tâche qui leur est imposée, vous allez voir comment je sais leur en donner une autre plus pénible. Lisez ce qui est écrit sur cette porte qui mène à un séjour plus redoutable : *Salle de correction des jaloux, des envieux, des orgueilleux et des méchants.*

L'aspect de cette salle achève d'abattre le pauvre Benoît : on y voit de jeunes enfants assis et garrottés dans des espèces de chaises ferrées qui leur tiennent le cou, les bras et les jambes. Leurs épaules seulement sont découvertes ; et d'heure en heure le garçon meunier vient appliquer à chacun d'eux un, trois ou quatre coups de nerf de bœuf, suivant leur délit. Ceux-ci, dit M. Rolland, ne restent quelquefois qu'un jour ou deux dans cette salle; en voilà pourtant un qui est si méchant, que je l'y ai laissé depuis quatre jours, et je crains bien qu'il n'y reste encore longtemps. C'est un petit caractère indomptable, jamais il n'a tort; il faisait le tourment de son vieux père et de son jeune frère; j'espère qu'il sera meilleur quand il rentrera dans la maison paternelle. — Est-ce là tout? dit en tremblant le pauvre Benoît. — Non, certes; j'ai là un souterrain où je plonge, où je livre à des tourments continuels, les enfants qui ont des dispositions pour le jeu, pour le vol, pour ces vices honteux qui, par la suite, peuvent déshonorer leur famille. Il est inutile que je vous les montre : le genre de leur punition vous ferait peur sans vous être utile; car, Dieu merci, vous n'avez point les défauts monstrueux qu'ils expient. Je me contenterai de vous laisser dans la première salle où sont les enfants rétifs et indociles : vous y resterez trois jours, mon cher ami; et vous y endosserez le sarreau bleu, comme les autres. Benoît pleure, crie, se jette aux pieds de M. Rolland; rien ne peut attendrir cet homme si doux d'abord, et qui était devenu farouche et inexorable. Voilà comme ils sont tous! s'écrie cet homme sévère; ils ne peuvent se tenir chez leurs parents, où ils sont choyés, caressés et même gâtés; puis, quand ils sont ici, ils intercèdent, ils exigent qu'on leur pardonne. Point de ménagements avec les enfants que leur père a été forcé de rejeter loin de lui; il faut qu'ils m'obéissent ou qu'ils soient punis.

Benoît promet qu'il sera docile et laborieux, on ne l'écoute point. Toutes les portes se ferment, et Benoît est abandonné dans la salle des enfants rétifs aux mains du garçon meunier, qui le déshabille malgré sa résistance, et lui met la fatale robe bleue. Son bourreau disparaît à son tour; il ne voit plus que les tristes compagnons de son infortune.

Benoît pleure, crie, appelle à son secours son père, ses frères, qui ne peuvent l'entendre; les autres enfants cherchent à le consoler ; ils lui présentent leur cruche et leur pain noir; Benoît refuse tout; il jure qu'il se laissera plutôt mourir de faim. Mais, comme il remplit la salle de ses gémissements, les autres l'avertissent de se taire, s'il ne veut voir revenir le terrible garçon meunier.—Aussitôt, lui disent-ils, qu'il nous entend crier ou jouer, il entre, et le misérable nous maltraite avec un fouet qu'il tient toujours à sa main.—Mais ce sont donc des bourreaux?—De véritables bourreaux! Aussi, pourquoi avons-nous encouru la disgrâce de notre père? nous y étions si bien! Ah! s'il nous était possible d'y rentrer, comme nous serions doux, modestes et dociles!—Est-ce que vous ne pouvez pas vous sauver d'ici?—Ah! bien oui! regardez donc ces grilles à ces croisées élevées; ces portes sont-elles fortes et ferrées, hen?....

Benoît voit en effet qu'il est impossible de fuir cette étroite prison, et ses cris redoublent. La prison s'ouvre; grand Dieu! c'est le terrible flagelleur; il est armé d'un énorme fouet, qui, dans sa main, semble être la massue d'Hercule.—Qu'ai-je entendu? s'écrie-t-il d'une voix terrible. — Rien.

Et tout le monde se tait.

Le garçon meunier se retire; Benoît sent, comme les autres, que tout éclat est imprudent; il se borne à examiner la salle, et à voir s'il ne pourrait pas s'évader. Il est ingénieux, adroit et entreprenant, Benoît. Il remarque qu'autrefois il y avait dans cette salle une cheminée qui a été démolie; mais au plancher, en haut, l'ouverture du tuyau n'a été bouchée seulement qu'avec du plâtre. Il s'agit de démolir cette espèce de cloison et d'y faire une ouverture; mais comment faire? il n'y a là ni bancs, ni échelle, ni marteau. Benoît trouve un expédient unique, qui est approuvé par ses camarades d'infortune. Ils sont six en tout : trois se pelotonnent, deux autres montent sur leurs dos ; et Benoît, perché sur les épaules de ces derniers, parvient, au moyen d'une pierre avec laquelle il frappe, à faire un trou dans cette cloison de plâtre. Ensuite, pour éviter le bruit, qui pourrait faire venir le barbare surveillant, il fait tant avec ses mains et ses ongles, que l'ouverture devient assez large pour qu'un enfant puisse y passer.

Mais il s'élève un différend qu'on n'avait pas prévu. Qui se sauvera le premier, le second, le troisième? Et les deux derniers, comment feront-ils? ils n'auront plus là les épaules de leurs camarades ! Cet embarras est sur le point de les conduire à des disputes, à des coups même. Ils vont renoncer à leur entreprise; mais, s'ils restent, ils sont perdus ! on s'apercevra des trous qu'ils ont faits; on soupçonnera leur projet de fuite, et il n'y a pas de doute qu'on les fera tous passer dans la dernière salle de correction. Benoît, pour ne pas perdre tout à fait le fruit de cette tentative, propose un moyen d'arrangement: — Quatre de nous seulement peuvent se sauver, dit-il à ses camarades; tirons-les au doigt mouillé ; quand le sort aura décidé, les deux derniers n'auront pas à se plaindre.

Ce qui est dit est fait; mais, ô malheur ! les quatre sortants sont tirés et Benoît se trouve avec un autre au nombre des deux derniers qui restent. Benoît est né bien malheureux ! Il est prêt à se fâcher; il se plaint de ce qu'il est obligé, lui et son camarade de malheur, de payer pour les autres. Mais c'est lui qui a proposé l'expédient; il a mauvaise grâce de s'en plaindre, et il est forcé de prendre son parti en gémissant : car il ne doute pas qu'aussitôt après cette équipée il n'aille s'asseoir dans ces vilaines chaises ferrées où il vient de voir de pauvres victimes de son âge !.... Le voilà donc qui s'accroupit et prête son dos en sanglottant. Un des fugitifs leur crie qu'il est déjà dans un petit grenier dont une lucarne ouverte lui donne la facilité de se glisser dans la campagne. Le premier disparaît.

Un second s'échappe de même en disant adieu à ses camarades. Un troisième s'envole de la même manière, et ce sont autant de coups de poignard pour le pauvre Benoît. Enfin, il se redresse avec son compagnon d'infortune ; et le quatrième, qui est destiné à recouvrer sa liberté, monte sur leurs épaules, s'accroche à l'ouverture du tuyau de la cheminée, disparaît à son tour, et leur souhaite le bonsoir.

Quand ces quatre enfants sont partis, les deux qui restent se regardent et se mettent à pleurer. Benoît, toujours inventif, propose un projet à son malheureux collègue. Nos amis, lui dit-il, se sont tous sauvés sans regarder dans le grenier s'ils n'y trouveraient pas une échelle, une corde, quelque facilité pour nous faire échapper ; ce sont des égoïstes !..... Tiens, laisse-moi y monter sur tes épaules, je te jure, foi d'honnête *homme*, que je redescendrai si je ne trouve pas les moyens de te sauver.

L'autre ne veut pas y consentir ; Benoît propose encore le doigt mouillé, qui est accepté, et pour cette fois le sort favorise Benoît. Le voilà donc qui, plein de joie, mais en même temps bien décidé à tenir sa promesse, se guinde sur l'épaule de son camarade, et parvient à son tour à l'ouverture du trou. Il est déjà dans le grenier ; mais, ô regrets ! point d'échelle, rien ! Benoît sent ses genoux fléchir sous lui ; il regarde à travers la lucarne qui a vu partir ses camarades, et remarque en effet que rien n'est plus aisé que de descendre dans la campagne ; mais il a promis de partager le sort de l'infortuné qui est resté en bas ; cet infortuné tremble de rester seul ; il lui crie : — Descends, descends ; veux-tu bien descendre ?.... Benoît est mûri déjà par le malheur; son caractère s'est plus formé en huit jours qu'il ne l'avait été en huit ans chez son père. Il se décide à sacrifier sa sûreté, sa liberté, sa vie même à la délicatesse, à l'honneur. Il soupire en voyant l'oiseau voltiger librement dans les airs ; puis, s'arrachant enfin à l'espoir séduisant de devenir libre, il revient au trou, y passe une jambe lentement, puis l'autre jambe ; puis, s'asseyant un moment sur le plancher, il va sauter jusqu'en bas; mais un monceau de paille qu'il n'avait pas remarqué derrière une porte attire son attention : il y court, et reste frappé d'une surprise bien agréable, en voyant dessous un cordage ployé en rond. Tiens, tiens, crie-t-il à son camarade, tu es sauvé et moi aussi.

Benoît arrête un bout du cordage, lui jette l'autre bout ; mais soudain il entend ouvrir la porte d'en bas ; c'est sûrement le terrible Rolland ou son garçon ; Benoît abandonne son ami, ne pouvant faire autrement. Il court à la lucarne, monte sur le toit, et trouve aisément le moyen de descendre dans la plaine, où il se sauve à toutes jambes. Ce n'est pas ma faute, se dit-il en courant toujours sans oser regarder derrière lui ; j'ai fait ce que j'ai pu pour lui rendre la liberté, je n'ai rien à me reprocher.

Cependant il est tellement haletant, tellement fatigué, que la crainte d'être poursuivi cède bientôt à la nécessité qu'il éprouve de se reposer un moment. Il s'arrête, regarde derrière lui, ne voit personne, et prend courage.... Mais où ira-t-il, Benoît? où portera-t-il ses pas? chez son père, il ne peut balancer; oui, il ira se jeter aux genoux de ce vieillard sévère, mais bon et généreux; il lui fera le portrait du barbare chez qui il l'avait placé, sans connaître sans doute toute sa cruauté ; il lui donnera une idée de ses prisons que son père ne connaît sûrement pas; il lui dira enfin: Mon père, vous avez été séduit par la feinte douceur de M. Rolland; c'est un monstre, c'est le bourreau des enfants! Il les martyrise, et croit les corriger en voulant réprimer la paresse par la paresse elle-même, en leur faisant subir des traitements qui nuisent à leur santé, et ne font souvent qu'aigrir un caractère âpre, au lieu de l'adoucir. Son père lui dira : Je ne savais pas cela! Rolland ne m'a pas dit qu'il avait des prisons, qu'il tourmentait ainsi les pauvres enfants qu'on lui confiait; et son père lui pardonnera, l'embrassera, le recevra chez lui, où il se promet bien de se conserver par sa douceur et sa docilité.

C'est ainsi que raisonne Benoît, et il faut convenir qu'il ne manque point de jugement. Il aime bien son père au fond, puisqu'il l'estime assez pour croire qu'il ne l'aurait point livré aux soins de M. Rolland s'il eût connu la cruauté et les cachots de cet homme inhumain. Benoît sait que son père a voulu le punir, et non sacrifier sa jeunesse ni sa santé. Il est plein de confiance en son père; et, d'ailleurs, si son père le bannit une troisième fois de sa maison, Benoît ira plutôt demander son pain de porte en porte que de retourner dans l'étroite prison dont il a eu le bonheur de se sauver si à propos.

Tandis que Benoît réfléchit en courant, il aperçoit dans une vaste plaine, au bord d'un ruisseau qu'ombragent des saules antiques, une société assise sur l'herbe, et qui paraît y faire un repas champêtre. Il entend même chanter une voix inconnue, mais qui lui paraît belle. Benoît meurt de faim et de fatigue ; il faut qu'il se repose, et il préfère s'asseoir à côté de plusieurs personnes à qui il racontera ses malheurs, et qui le protégeront si le barbare Rolland ou son complice viennent à l'atteindre. Voilà donc Benoît qui, sans réfléchir qu'il est nu, vêtu seulement d'une blouse de prisonnier, va tout droit devant les personnes assises qu'il aperçoit de loin sans pouvoir les distinguer. De leur côté, ces personnes restent fort étonnés de voir un jeune enfant courir à elles, et cette visite imprévue suspend un moment la gaieté et les chants qui les animent..... Benoît s'approche, distingue les objets, et s'écrie en tremblant d'effroi : Ciel ! mon père et mes frères !...

— Benoît ! s'écrie à son tour Palamène, car c'était lui et sa société. — Benoît ! répètent ensemble Adèle, Armand, Jules et Léon.

Benoît se précipite aux genoux du vieillard, qu'il inonde de ses larmes ! Quoi ! vous voilà, monsieur, lui dit Palamène ! que signifie ce vêtement ?... Benoît lui raconte en sanglotant ce qui lui est arrivé, et la manière dont il s'est sauvé de la salle de correction où le méchant Rolland l'avait enfermé. Chacun s'attendrit, chacun s'apitoye sur son sort, et les larmes coulent de tous les yeux ! — Vous ignoriez sûrement, mon père, continue Benoît, que cet homme eût des prisons, des nerfs de bœuf, des tortures !... (*Palamène ne répond point.*) Oh ! pardonnez-moi ; recevez-moi au nombre de vos enfants ; je vous jure que je suis corrigé, mais corrigé pour la vie.

Palamène se tait ; Armand, Adèle, Jules, Léon et la sensible Henriette courent à lui, le pressent dans leurs bras, en l'implorant pour Benoît. Le vieux Delacour joint ses instances aux leurs, et le père de famille, ne pouvant plus résister à tant de sollicitations, ouvre ses bras paternels au pauvre Benoît, à qui la joie et la reconnaissance font faire des folies, des cris, des sauts extravagants. Benoît ramasse ensuite les miettes, pour ainsi dire, du dîner qu'on vient de manger ; puis notre aimable société, s'apercevant que la nuit va presser leur retour, revient tranquillement à la chaumière, où Benoît change bien vite sa robe de prisonnier contre ses propres habits. Le souper fut gai, surtout pour Benoît, qui y fit honneur, et qui fut accablé de caresses par son père, ses frères et par les deux amis.

Avant de se retirer pour se livrer aux douceurs du sommeil, Palamène dit à ses enfants : Mes amis, vous m'avez dit, je crois, que pendant mon voyage de Paris vous aviez été pour rendre une visite au jeune Émilion dont Brigitte nous a raconté l'histoire? Vous ne trouvâtes ni Brigitte ni Émilion ; ils étaient à Paris, où Émilion a retrouvé son père, sa mère, toute sa famille. Eh bien! cet intéressant jeune homme a appris cette démarche de votre part, qui l'a pénétré de reconnaissance. Tantôt on a remis ici une lettre, dans laquelle Émilion et Brigitte me promettent de venir nous voir sous deux ou trois jours, et de nous raconter la suite de leurs aventures. Cela pique votre curiosité, je le vois ; je vous assure que je suis aussi curieux que vous de connaître le dénoûment de cette singulière histoire. Réprimons notre impatience, et attendons Émilion, qui sans doute tiendra sa parole.

Nos enfants, ravis de cette nouvelle, se retirèrent, et goûtèrent bientôt un repos dont ils avaient tous besoins. Benoît surtout, n'avait jamais éprouvé tant de fatigues ni tant de révolutions en un jour.

XLIIe SOIRÉE.

Bureau de Publication rue de Thorigny. 3.

Imp. par Auguste Bry, 134, rue du Bac

La Débauche.

QUARANTE-DEUXIÈME SOIRÉE.

LA DÉBAUCHE.

Le mauvais Père.

Voilà donc Benoît rentré en grâce, pour la seconde fois, auprès de son père. Il se promet bien de ne plus se mettre dans le cas d'être banni de la maison paternelle; il a eu une trop forte leçon! Ce méchant Rolland! quel homme! Benoît passe toute la matinée à raconter à ses frères les mauvais procédés de ce bourreau des petits enfants : il leur fait une description exacte de ses prisons, de ses salles de correction. Tous frémissent, tous plaignent Benoît d'être tombé entre les mains d'un homme si cruel, tous le félicitent du courage qu'il a eu de briser ses fers. Ils ignorent que tout cela n'était qu'une comédie arrangée entre le père de famille et son ami Rolland. Celui-ci, entendant les plaintes amères que Palamène lui faisait sur son fils Benoît, imagina un moyen plaisant de l'effrayer, de le corriger peut-être. J'ai, dit-il à Palamène, une masure presque ruinée, divisée en trois chambrettes. J'y réunirai plusieurs enfants, tant des miens que de ceux de mes amis. Je leur donnerai des instructions en conséquence, et j'espère qu'ils me seconderont... Dans ce dessein, M. Rolland pendant les premiers moments du séjour de Benoît dans sa maison, avait arrangé sa pièce et ses décorations avec son garçon meunier et sept à huit jeunes garçons des environs. Ces trois salles de pénitence n'étaient qu'un jeu du moment, propre à faire néanmoins la plus grande impression sur le jeune cerveau de Benoît, qui se trouvait enfermé dans la première. Un enfant avait le mot pour lui inspirer l'idée de se sauver, pour lui indiquer même l'ouverture bouchée du tuyau de cheminée. On était sûr que Benoît se sauverait aisément, et même personne ne le guettait et ne songeait à s'opposer à sa fuite. M. Rolland avait prévenu Palamène du jour où il commencerait sa pièce comique, et ce n'était que dans l'espoir de voir arriver vers lui le fugitif Benoît que Palamène avait engagé la partie du dîner champêtre sur l'herbe de la prairie qui conduisait au moulin. Tout avait réussi au gré de ses souhaits. Palamène avait vu revenir son fils soumis, craintif et repentant; il était tranquille. Palamène ne craignait pas que Benoît, par un coup de tête, s'enfuît du moulin de M. Rolland pour aller ailleurs que chez son père : il connaissait trop le cœur de ses enfants; et, quand celui-ci aurait voulu diriger ses pas d'un autre côté que vers la ferme, il n'aurait pas pu aller plus loin; car le garçon meunier, qui épiait ses démarches, était à cheval derrière le mur de la masure, et tout prêt à courir après l'enfant et à le rattraper s'il l'eût vu prendre une autre route que celle de la prairie. Tout était donc bien combiné pour effrayer, pour corriger le petit bonhomme, et tout avait secondé les vœux du père de famille. Il espère à présent que Benoît est formé par l'expérience et par seize années; il ne craint plus des vices, mais seulement des vivacités qu'il sait bien qu'on doit pardonner à l'âge.

Benoît raconte donc ses malheurs à ses frères, qui, à leur tour, lui rapportent toutes les aventures de M. Delacour, dont Benoît n'a pu entendre que le commencement. Ainsi se passe cette journée, en effusions, en caresses et en confidences réciproques. Le soir on se réunit sur la terrasse, sans avoir de but bien décidé, mais dans l'espoir que Palamène ou son ami feront les frais de la conversation et des plaisirs. A peine y est-on rassemblé, qu'on entend frapper rudement à la porte de la rue. Étonné d'une visite faite si tard, et qui s'annonce d'une manière si brusque, Palamène ordonne à Armand d'accompagner Marcelle, qui va ouvrir. Armand est bien surpris, et Benoît est atterré quand on annonce M. Rolland.

M. Rolland! c'est le diable pour Benoît et pour tous nos enfants. Ils s'imaginent que leur vieux père va chasser cet importun, et lui reprocher les mauvais traitements dont il a usé envers son fils: point du tout; M. Rolland est très-bien accueilli; on le fait asseoir: C'est vous, mon ami? lui dit Palamène; eh! bon Dieu, qui vous amène si tard? — Je viens, dit M. Rolland en lançant un regard sévère à Benoît qui frémit, je viens vous demander mon élève, qui s'est sauvé hier de chez moi en y causant le plus grand désordre. — Bon! — Sans doute. Il se ne contente pas de crever mon plancher, de fuir comme un petit voleur; il entraîne encore dans son insubordination d'autres élèves que je punissais de quelques torts, et qui m'avaient été confiés par des parents auxquels je ne puis plus les représenter. Voilà ce qu'il a fait! mérite-t-il à présent l'indulgence d'un père et son amitié?

Il se fait un grand silence : chacun attend en tremblant la réponse du père de famille, qui semble hésiter et la chercher. A la fin, Palamène s'exprime ainsi : — Je suis fâché, mon ami, que Benoît ne se soit pas borné à fuir seul; je suis désolé de voir qu'il a troublé l'ordre de votre maison et dérangé vos autres élèves : il aurait dû, sans doute, attendre mes ordres et chercher à vous adoucir plutôt qu'à redoubler votre sévérité; mais je lui ai pardonné, et je ne suis pas habitué, lorsque j'ai donné ma parole, à la retirer à tout moment. — Est-ce que vous ne me le rendez pas? — D'abord, je ne crois pas qu'il soit bien décidé à vous suivre; l'aspect de vos prisons l'a trop effrayé; en second lieu, je lui ai promis de le garder chez moi, à condition qu'il tiendra, lui, de son côté, la promesse qu'il m'a faite aussi d'adoucir l'âpreté de son caractère et de me donner plus de satisfaction. — Voilà comme sont les pères! ils gâtent la jeunesse, et les étrangers à qui ils les confient n'en peuvent plus rien faire. — Mon ami, vous vous trompez; je ne gâte point mes enfants, je les corrige, mais toujours en père : je ne puis oublier ce titre sacré qui m'ordonne plus d'indulgence, plus de patience qu'on ne peut en exiger d'un étranger. Si mon fils se repent de bonne foi, s'il se propose bien de répondre à ma tendresse par la douceur, les soins, la complaisance, pourquoi voulez-vous que je me plaise à appesantir sur lui la verge de fer dont vous aviez commencé déjà à faire usage? Mon ami, attendons tout de la jeunesse : elle est volage, mais elle peut se corriger. Ah! il faudrait que mon enfant eût un bien mauvais cœur pour ne pas sentir le degré d'affection que j'ai pour lui! Monsieur Rolland, jamais je ne serai le tyran de ma jeune famille, je ne veux être que son ami. — Vraiment, si j'avais eu un père comme vous, je serais plus heureux et moins aigri par le malheur. — Votre père ne vous a pas témoigné la tendresse que je porte à mes enfants? — Il s'en faut de beaucoup, et, sans un respectable ecclésiastique à qui je dois tout, je serais mort, mort à présent! — Est-il possible! De grâce, racontez-nous donc l'histoire de votre vie ; elle ne peut qu'intéresser tout le monde ici. — Je le veux bien, mon ami ; mais avant tout, j'exige que vous me rendiez Benoît. — N'y comptez point, mon ami ; je le garderai ainsi que je le lui ai promis. Seulement, ce que je puis vous accorder, c'est de vous le renvoyer s'il se met encore dans le cas d'être banni de ma présence ; mais j'espère que cela n'arrivera pas de longtemps. Ainsi, laissez-le-moi, et daignez nous faire le récit de vos aventures, qui doit être intéressant, si j'en juge d'après quelques légers détails que vous m'en avez souvent confiés.

M. Rolland murmura encore sur ce qu'il appelait la faiblesse de Palamène pour son fils Benoît, puis enfin il se décida à satisfaire la curiosité de son ami, en faisant le récit suivant, qui fut écouté avec la plus grande attention, surtout par Benoît, qui était plus calme et plus rassuré.

« Mon père était négociant en blés dans une petite ville sise à quatre lieues de Paris, et qu'on appelle Saint-Germain en Laye.

Mon père avait épousé ma mère par inclination, sans dot; mais le goût passager qui l'avait engagé dans cet hymen n'avait pas duré longtemps : il s'était bientôt détaché de cette épouse vertueuse, modeste, et l'accablait même des plus mauvais traitements. Mon père, néanmoins, se dédommageait de l'ennui qu'il éprouvait dans son ménage, par des amours cachées, si toutefois on peut appeler amours ces liens honteux qui unissent des époux, des pères de famille, à des prostituées dont le but, comme le métier, est toujours de brouiller les ménages, de ridiculiser les femmes aux yeux des maris, et de ruiner des familles. Telle était la conduite de mon père : ma mère ne l'ignorait pas; mais patiente, douce et timide, elle fermait souvent les yeux, pour ne point avoir de nouvelles, d'éternelles querelles dans sa maison. J'étais le seul fruit de leur hymen; et si mon père n'avait point de tendresse pour moi, j'étais le seul objet de celle de ma mère, qui me chérissait au delà de toute expression. Dès mon extrême enfance j'étais accablé, de la part de mon père, de remontrances inintelligibles pour moi, et souvent il me frappait avec la dernière brutalité. Ma mère lui reprochait souvent ses brusqueries; et lui, de son côté, soutenait qu'elle me gâtait, et qu'elle ne ferait de moi qu'un très-mauvais sujet.

» C'est ainsi que je fus élevé jusqu'à l'âge de raison, témoin sans cesse des excès, de la mauvaise conduite de mon père, et des larmes et des tourments de ma malheureuse mère. Un jour, j'avais alors dix-sept à dix-huit ans, je me retirais un peu tard; il faisait nuit fermée, et je craignais que ma mère ne s'impatientât d'une absence que j'avais employée uniquement à une promenade solitaire. Je rencontre dans une petite rue écartée, et qui conduisait à celle où nous demeurions, une jeune femme pâle, échevelée, qui, courant précipitamment, se jette presque dans mes bras, en s'écriant : Sauvez-moi, secourez-moi, je suis poursuivie !

» L'intérêt qu'inspire une femme dans les larmes, et le désir bien naturel d'être utile à une infortunée, m'engagent à saisir le bras de cette femme, en l'assurant que je vais la défendre au péril de ma vie, et que je ne l'abandonnerai que lorsque je l'aurai mise en lieu de sûreté. Elle s'appuie sur moi, et bientôt je vois passer à côté de nous une espèce de militaire qui, l'épée à la main, nous regarde, met son arme dans son fourreau, et s'éloigne en balbutiant ces mots : Malheureuse ! je te retrouverai seule, et je saurai me venger !

» L'inconnu s'éloigne; et celle que j'accompagne, qui avait tremblé à sa vue, me dit : Il est bien affreux d'être ainsi tourmentée pour quelques charmes qui sont au pouvoir d'un autre ! Ah ! monsieur, que ne vous dois-je pas !... C'est ici ma demeure; daignez y monter un moment, non-seulement pour vous reposer, mais encore pour achever votre ouvrage, en restant avec moi un quart d'heure seulement, dans la crainte que ce brutal ne s'y présente et ne m'y persécute encore.

» Jeune, sans expérience, fier d'être, à mon âge, le chevalier de la beauté, je monte chez cette femme, qui me paraît assez bien logée : elle se jette sur un canapé, pleure, soupire, et me jure qu'elle est vertueuse, et qu'elle ne s'est point attiré ces persécutions. Elle va m'en raconter les motifs, lorsqu'on frappe à sa porte... Elle se lève : Serait-ce lui ? s'écrie-t-elle toute tremblante ; ou plutôt serait-ce mon ami? Dans tous les cas, ayez, je vous prie, mon cher monsieur, la bonté de passer dans ce petit cabinet : si c'est mon ennemi, vous voudrez bien paraître; mais si c'est mon ami... il est jaloux, je craindrais... N'importe! je trouverai bientôt le moyen de vous délivrer.

» Cette femme commence à me paraître suspecte : quoi qu'il en soit, je me suis trop avancé pour reculer. J'entre donc dans un cabinet noir, fermé par une porte pleine, où il m'est impossible de rien distinguer ; j'entends bientôt marcher un homme qui se promenait à grands pas d'un air furieux. A peine cet homme a-t-il prononcé ces mots : *Tu n'étais pas chez toi, Sophie, il y a une heure*, que tout mon corps frissonne : j'ai reconnu la voix de mon père, et soudain je sens mon imprudence.

» Sophie lui répond : J'étais allée faire quelques emplettes. — Seule? — Avec qui veux-tu que je sorte, quand tu n'es pas ici? — Mais on t'a vue rentrer avec un jeune homme. — On m'a vue?... Vous avez donc des espions de mes démarches? — N'importe ; ce jeune homme est ici, il faut que je le trouve, et qu'il paye de sa vie l'outrage qu'il me fait!...

» A cette terrible menace, l'effroi me saisit, et, dans l'intention de me blottir quelque part dans ma cachette, je marche çà et là ; j'accroche un vase, je ne sais lequel, qui tombe, se brise et me dévoile. Mon père ouvre soudain le cabinet en criant : Il est là! — C'est vrai, lui dis-je tout honteux ; mais écoutez-moi.

» Je ne puis vous peindre sa surprise et sa honte quand il me reconnut. — Mon fils ici! dit-il à demi-voix et en cachant sa tête dans ses mains. — Votre fils! répondit Sophie; quoi! ce jeune homme est votre fils! J'en suis ravie, j'en suis enchantée; il est charmant! — Charmant, madame! — Oui, il a un cœur excellent : je lui dois le service le plus signalé. Votre rival, celui que j'ai connu avant vous, et que j'avais quitté pour vous donner mon cœur, ce méchant Ferval, me poursuivait l'épée nue, lorsque j'ai eu le bonheur de rencontrer votre fils, qui m'a sauvée de sa fureur et m'a reconduite ici. — Cette fable est très-bien trouvée. Si cela était, pourquoi auriez-vous fait cacher cet enfant dans ce cabinet? — Je vous connais, Rolland; vous êtes jaloux, vif, emporté : j'ignorais d'ailleurs que ce fût votre fils. — Ah ! vous l'ignoriez! je vous l'ai montré cent fois, lui et sa mère, sans qu'ils nous vissent. — Je vous jure que je ne l'ai point reconnu. — Cela suffit; vous allez me connaître tout à l'heure... Pour vous, monsieur, retirez-vous; rentrez auprès de votre mère et songez que si vous lui dites un mot de cette affaire, vous éprouverez l'effet de mon ressentiment.

» Je ne me fais pas répéter l'ordre de ma retraite; je me sauve à la hâte, et reviens chez ma mère, que je trouve inquiète de mon retard, et à qui je fais un conte, afin de ne point aggraver ses chagrins en lui révélant que je sors de chez la maîtresse de son époux. J'ignore comment mon père s'arrangea depuis avec cette Sophie; mais dès ce moment il me maltraita davantage, et je vis sa haine redoubler pour moi. Il était bien sûr que j'avais gardé son secret, il ne m'en savait aucun gré. Cet homme dur et vicieux fit même épier mes démarches, dans la crainte que je n'allasse chez Sophie, avec qui il me supposait apparemment de coupables liaisons. Je m'aperçus donc que j'étais suivi partout où j'allais; et ma mère, qui le remarqua comme moi, m'accabla de questions qui accrurent ma douleur, en me forçant toujours aux mêmes détours.

» Quel tableau affreux que celui de notre intérieur! un

homme toujours dur, querelleur et même brutal, qui ne rentrait jamais que pour faire des scènes, et se conduire avec sa femme comme les gens du peuple qui ne savent que battre les leurs! une épouse timide toujours dans les larmes, toujours meurtrie des coups d'un furieux; un fils désolé, maltraité lui-même; et, au milieu de tout cela, une maison dans l'indigence, une fortune détruite; voilà quelle était notre triste situation !... Hélas! combien de malheureuses familles peuvent encore se reconnaître à ce triste tableau!

» Je ne sais si, malgré la tendresse que j'avais pour ma mère, dont j'étais l'unique consolation, je n'aurais point fait quelque acte de désespoir, lorsqu'un matin, mon père, qui était sorti de bonne heure, entra accompagné d'un gros homme court, coiffé d'une perruque noire, et dont le teint paraissait brûlé par le soleil. Mon père fit déjeuner cet inconnu, et me dit ensuite d'un ton brusque : Remerciez monsieur, il veut bien vous emmener avec lui, et me débarrasser d'un grand fainéant. — Que dites-vous, mon ami? lui demanda ma mère. — Je dis que j'ai l'obligation à monsieur de me délivrer d'un paresseux qui devrait rougir d'être encore à charge à son père! Monsieur est capitaine de vaisseau : il part pour les îles, et prend Rolland en qualité de secrétaire : je crois que vous et moi nous devons avoir obligation à ce bon ami. — Qu'entends-je? continua ma mère. Et monsieur part....? — Demain, pour Lorient, où il s'embarque. — Mon cher ami, as-tu bien réfléchi? ce jeune homme, qui ne m'a jamais quittée, qui est d'une faible santé, s'expatrier ainsi!... — Tout est prévu, madame; j'ai donné ma parole, notre traité est fait, signé; il n'y a plus moyen de se dédire. — Eh quoi! homme cruel, vous prétendez m'ôter ma seule consolation! vous voulez m'enlever mon fils! jamais, non, jamais il ne me quittera. — Je le veux, madame; ce mot doit vous suffire. — Vous le voulez, dites-vous? Quelle est cette expression? à qui s'adresse-t-elle? à votre esclave ou à votre femme? Mes droits valent les vôtres, et je veux à mon tour qu'il reste. — Cela ne sera pas, madame. — Cela sera, monsieur.

» Ici commence une querelle qui se termine, comme les autres, par des brutalités de la part de mon père. Le capitaine et moi nous nous jetons à la traverse; je suis maltraité comme ma pauvre mère, et le capitaine lui-même reçoit quelques horions. Ce dernier, stupéfait, prend enfin la parole. Il déclare qu'il ne prétend point allumer la discorde dans une famille; il ne veut point enlever un fils à sa mère, et déchire son traité, se chargeant même de payer un dédit, si M. Rolland l'exige. Ma mère et moi nous embrassons cet homme généreux, et mon père, furieux, se retire avec lui, en me menaçant de prendre un autre moyen pour me contraindre à suivre ses volontés. Vous jugez des larmes que nous répandîmes, ma mère et moi, et de l'effroi que nous causa la menace de mon père! Nous ne le vîmes point rentrer le soir, et nous passâmes la nuit entière, ma mère à gémir, moi à la consoler. La matinée du lendemain devait mettre le comble à nos malheurs. Un huissier arrive, suivi de ses recors, et nous déclare que nos meubles, tous nos petits effets, ne sont plus à nous. Mon père a joué une somme énorme, qu'il a perdue sur sa parole. N'ayant pu la payer, sa partie adverse a obtenu une saisie de tout ce qu'il possède, et on ne nous laisse pas même un lit pour nous coucher. Pendant que les gens de justice, sans avoir égard aux prières d'une femme et d'un fils, nous dépouillent inhumainement, un exempt se présente. Ciel ! quel affreux incident ! cet exempt est chargé d'une lettre de cachet pour me conduire dans une maison de correction à Saint-Lazare ! Qu'ai-je fait? Qu'a-t-il fait? tels sont les premiers cris que nous poussons. L'exempt nous montre son ordre ; il y est dit que j'ai porté la main sur mon père, et que je l'ai blessé. Quelle noirceur ! il est clair que c'est mon père lui-même qui a obtenu cet ordre barbare, et qui en a imposé au point de m'accuser d'un crime dont je suis incapable.

» Je ne vous peindrai point le désespoir de ma mère. Chassée de sa maison, dépouillée de tous ses effets, se voir encore arracher un fils chéri qu'un père dénaturé fait plonger dans une infâme prison, c'est le comble du malheur !... Pendant qu'elle se livre à tout l'excès de sa douleur, je forme un projet hardi, mais dont le succès est certain. D'abord je feins de me résigner; et, sous prétexte d'écrire à mon père, je prends une plume, du papier, et j'écris à ma mère elle-même ce billet, que j'ai soin de lui glisser en secret dans la main.

« *Il faut fuir, ma bonne mère ! j'en trouve le moyen; venez me* » *retrouver chez le bon curé de Serville, à quatre lieues d'ici; j'y* » *serai ce soir.* »

» Ensuite, prétextant de chercher du linge qui m'est nécessaire, j'entre dans une autre pièce; puis, trouvant une croisée ouverte, je me jette par cette fenêtre, qui est très-basse. Pendant que tout le monde s'écrie dans l'appartement, je me précipite dans un puits, après en avoir fixé un bout de la corde contre le mur. J'entends bientôt aller, venir, l'exempt, ses recors et ma malheureuse mère elle-même, qui, ne me trouvant point dans la cour, voit bien que je ne suis pas blessé, mais n'en cherche pas moins à arrêter les poursuites des suppôts de la justice. Ceux-ci furettent partout, cernent la maison, et s'imaginant bientôt que j'ai eu le temps d'aller plus loin, ils quittent la maison, la cour, et se répandent dans la campagne, puis plus loin, puis enfin on n'en entend plus parler.

» Vers le soir, quand je jugeai que le soleil quittait notre hémisphère, je songeai à sortir de ma sombre retraite où je me mourais de froid, ayant depuis le matin la moitié du corps dans l'eau. J'allais exécuter mon projet, lorsqu'une maudite cuisinière s'approcha du puits pour y tirer de l'eau. Je n'avais pas prévu ce cas ; ne sachant comment faire, je pris le parti d'effrayer l'indiscrète, et par un cri sourd et lugubre que je jetai, je l'entendis se sauver en faisant des cris bien plus forts que le mien. Je n'avais pas un moment à perdre; je grimpai après la corde, que j'avais eu le soin d'arrêter le matin, et en un instant je me trouvai dans la cour, où je ne vis personne. Je n'attendis pas qu'il se présentât des importuns; et, sans m'informer même de ce que pouvait être devenue ma mère, je me mis à courir jusqu'à Serville, où j'arrivai à dix heures du soir, mouillé, en nage, éreinté! En approchant du presbytère, je vis de la lumière, et tout sembla me prouver qu'on m'y attendait. En effet, quelqu'un se promenait dans la cour avec une lanterne : ma démarche précipitée fixa l'attention de cette personne, qui me dit tout bas : Est-ce vous, Rolland?—Moi-même. — Dieu soit loué! vous allez rendre la vie à une personne qui vous est bien chère!

» C'était une femme âgée qui m'adressait ces mots, et qui me parut être la gouvernante du pasteur. Je la suis dans une salle basse, où je trouve une autre femme à demi penchée sur le dos d'un fauteuil, où elle paraît plongée dans le plus profond sommeil. Egaré par l'idée que je dois trouver là ma mère, la voyant partout d'ailleurs, et ne pensant qu'à elle, je me précipite sur cette femme endormie, et la serrant dans mes bras, je m'écrie : Enfin, je te suis rendu, à toi que je chéris plus que ma vie!

» La femme endormie s'éveille, jette un cri, et tombe sur mon sein, en disant : Le voilà donc!

Mais quelle est ma surprise! cette femme, ce n'est point ma mère, c'est, le croira-t-on? cette même Sophie, la maîtresse de mon père, et que je reconnais bien, quoique je ne l'aie vue qu'une fois!... Je ne sais où je suis, je crains d'être tombé dans un piége..... Sophie, là! mon père y est-il avec elle? ma mère aurait-elle perdu le billet où je lui disais que je serais le même soir chez le curé de Serville? le lui aurait-on pris? Point de doute. On a su que je devais me rendre chez le bon curé, et probablement mon père, Sophie, l'exempt, les recors, tous ceux qui me persécutent s'y sont rendus!... Je veux fuir Sophie; elle me rappelle. Pourquoi me fuyez-vous? me dit-elle avec une voix douce. Je ne suis point votre ennemie; je suis plutôt la victime de votre barbare père, que je ne vois plus, que je ne veux jamais revoir, le monstre!... Mais vous saurez tout; montons plutôt ensemble chez mon oncle; vous y trouverez votre mère infortunée, couchée sur le lit de douleur et qui expire si elle ne vous revoit.

» Tout ceci est une nouvelle énigme pour moi. Sophie parle de son oncle : serait-elle la nièce du curé, cette nièce dont il nous parlait souvent sans la nommer, dont les égarements faisaient sa honte et sa douleur? Sophie a quitté mon père : elle est sa victime, elle l'appelle un monstre!... Je devrais m'informer de toutes ces particularités; mais on m'a parlé de ma mère expirante, elle est ici, elle m'attend, rien ne peut m'empêcher de voler dans ses bras.... Je monte avec Sophie et la gouvernante qui nous éclaire; j'entre dans une chambre à coucher, où je trouve le bon curé et une autre femme qui s'empressent autour du lit où gémit ma pauvre mère. Le voilà! s'écrie le pasteur. Je suis déjà dans les bras de celle qui m'a donné le jour. Nous confondons nos transports, nos larmes; et ma mère m'apprend bientôt que si nous avons eu le bonheur de nous soustraire à la rage de son époux, nous n'en sommes pas moins ruinés. Les exempts s'étaient retirés pour se mettre à ma recherche, mais les huissiers avaient tout pris. Ma mère, inquiète de ma chute et de la manière dont je pourrais me sauver, s'était rappelé le billet que je lui avais glissé dans la main : elle l'avait lu, et l'espoir renaissant dans son âme, elle avait attendu le départ de ses surveillants pour se mettre seule en route, pour venir chez le bon curé par des chemins détournés. Le respectable curé de Serville avait été autrefois son tuteur et son instituteur : c'était lui qui avait eu le malheur de la marier au plus méchant des hommes. Elle ne pouvait trouver un asile plus honnête et plus sûr; car il n'était pas croyable que son époux, qui avait beaucoup de respect pour le curé, voulût persécuter, dans sa propre maison, et ma mère et moi-même. Ma mère s'était donc présentée au pasteur, qui l'avait très-bien reçue en apprenant ses malheurs, mais la fatigue, la faiblesse et l'inquiétude avaient altéré sa santé. On avait été obligé de la mettre au lit; et, pendant que la gouvernante était à m'attendre dans la cour, le curé et sa sœur prodiguaient tous leurs soins à l'infortunée. Il n'y avait plus que la rencontre imprévue de Sophie dans cette maison que je ne pouvais pas expliquer : Sophie elle-même s'empressa de m'en instruire.

» Elle me prit à part pendant qu'on servait le souper près du lit de ma mère, et m'apprit qu'elle était la fille de la dame que je voyais là, qui était la sœur du curé. Des folies de jeunesse, toujours impardonnables dans une personne de son sexe, l'avaient conduite à vivre avec un jeune officier qui l'avait enlevée de chez ses parents. Cet officier en ayant mal agi depuis avec elle, Sophie avait écouté les vœux de mon père, qu'elle avait cru d'abord garçon, et qui s'était annoncé pour tel. Son premier amant l'ayant rencontrée, voulut un jour la tuer, et c'était de ce malheur que je l'avais sauvée. Depuis, mon père conçut de la jalousie en m'ayant trouvé enfermé dans son cabinet. Mes procédés, mon âge, ma figure, avaient en effet touché le cœur de Sophie, qui ne parlait de moi à mon père que dans les termes les plus flatteurs : elle avait ainsi alimenté la jalousie de mon père; et, non content de chercher tous les moyens de m'éloigner de lui, il avait fini par quitter Sophie un beau jour, en lui enlevant tous ses effets pendant son absence. Sophie, pénétrée de remords, livrée au plus sincère repentir, touchée d'ailleurs par un amour honnête et délicat auquel elle sentait bien qu'elle ne pouvait se livrer sans crime, était venue se jeter aux genoux de sa mère et de son oncle, qui lui avaient pardonné, à condition qu'elle consacrerait ses jours au culte des autels. Sophie était dans cette intention lorsque ma mère arriva chez le curé, et leur apprit que j'allais aussi m'y réfugier. Sophie m'avoua qu'à cette nouvelle la rougeur et le feu de l'amour avaient couvert son front : elle était descendue, pour cacher son état à tout le monde, dans une salle basse, où peu à peu elle s'était endormie, et ne s'était réveillée que pour me retrouver près d'elle. Sophie convint donc qu'elle m'aimait; mais elle me jura qu'elle saurait surmonter cet amour criminel, et qu'elle aurait assez d'empire sur elle pour se livrer au cloître, et suivre ainsi la volonté de ses parents. Elle me pria ensuite de ne point la faire connaître à ma mère, et de cacher ses liaisons avec mon père, dont personne n'avait connaissance. Je lui promis de garder son secret, et de feindre de la voir dans cette maison pour la première fois.

» Au fond, Sophie était bonne et n'était point née pour le vice. Séduite et enlevée par un libertin, elle était un exemple malheureux des dangers auxquels s'expose toute jeune personne qui livre son cœur au premier venu, et se trouve par la suite plongée dans le dernier égarement pour avoir fait une première faute et méconnu les sages avis ou l'autorité de ses parents. Combien de semblables victimes de la séduction sont amenées insensiblement, dans nos villes, au dernier degré de la débauche! et combien de ces misérables femmes eussent été des épouses vertueuses et de bonnes mères de famille si, la première fois que leur cœur s'est attendri, elles eussent rencontré un honnête homme au lieu d'un scélérat! Ne croyez point, mes amis, que je pousse trop loin l'indulgence ou la pitié : j'ai vécu dans le monde, j'ai vu tous les degrés du vice; et si jamais je publiais mon histoire, je suis sûr que plus d'une victime de la corruption, si elles la lisaient, soupireraient et feraient un retour sur elles-mêmes à la lecture de ces réflexions, dictées par la philosophie et la connaissance des faiblesses humaines. Mais poursuivons.

« Quand j'eus tiré de Sophie tous ces éclaircissements, je revins à ma mère, que je trouvai plus calme : nous soupâmes auprès de son lit, le curé, sa sœur, sa nièce et moi, et j'eus soin de ne parler à Sophie qu'avec les égards qu'on doit à une jeune personne qu'on voit pour la première fois. J'allai goûter ensuite un repos dont j'avais le plus grand besoin ; et le lendemain matin j'appris avec la plus vive satisfaction que ma mère se portait beaucoup mieux. Nous passâmes encore la journée auprès d'elle, et, le jour suivant, elle se leva. Je lui donnai même le bras pour faire deux tours de jardin, et dès ce moment sa santé se rétablit tout à fait. Elle avait néanmoins un fond de chagrin que rien ne pouvait dissiper. Elle était ruinée, séparée d'un époux qui l'avait réduite à la dernière indigence. Elle tremblait aussi qu'à chaque moment on ne découvrît ma retraite, et qu'on n'y vînt mettre à exécution l'ordre fatal de ma détention : c'était le plus grand motif d'inquiétude qu'il fallait d'abord songer à détruire. Elle en parla donc au pasteur, qui consentit à venir avec elle à Paris, chez le ministre que cette affaire regardait. Ma sœur nous y accompagnera, ajouta-t-il ; tous trois nous exposerons à ce magistrat la conduite de M. Rolland envers vous, sa haine pour son fils, les vertus filiales de ce bon fils, et nous tâcherons de lui faire révoquer l'ordre qu'on lui a surpris.

» Ce projet ainsi formé, le bon pasteur, sa sœur et ma mère partirent un matin, tous trois pour Paris, et me laissèrent seul avec Sophie, sans former aucun soupçon sur notre intelligence ; mais Sophie avait trop de repentir et moi trop de mœurs pour abuser des droits de l'hospitalité au point de blesser la vertu et de commettre un crime. Nous passâmes, Sophie et moi, les deux jours de l'absence de nos parents dans l'occupation des devoirs domestiques, au milieu des simples confidences de l'amitié. Enfin nos parents revinrent ; la joie brillait sur leurs fronts. Nous avons réussi, nous crièrent-ils de loin : ma mère m'embrassa et m'apprit que le ministre, touché de nos malheurs, convaincu d'ailleurs par le témoignage du pasteur, dont il respectait les vertus et l'état, avait déchiré la lettre de cachet. J'étais libre, et je n'avais plus rien à craindre des persécutions du plus injuste des pères. Ce père, nos amis l'avaient appris dans leur voyage, avait trouvé le moyen, avec de l'argent gagné au jeu, d'acheter un autre mobilier, et de faire une nouvelle figure dans Saint-Germain. Il était maintenant à son aise, et s'occupait des moyens de retrouver sa femme et son fils, dont il ignorait la retraite ; cette retraite il l'allait bientôt connaître par le ministre lui-même, à qui on avait été forcé de la révéler. Mais ma mère et moi nous ne voulions en sortir que sous la promesse d'une vie plus douce et moins agitée. Le bon curé lui-même promettait d'interposer son état, son autorité et son crédit, pour ne nous rendre à M. Rolland que lorsqu'il croirait notre bonheur assuré. Ainsi tout allait à merveille. Nous étions très-bien chez le vertueux curé, et déjà nous nous préparions à conduire Sophie dans le couvent prochain, à assister à la prise d'habit de cette jeune personne, lorsqu'un nouvel événement vint traverser notre bonheur à tous. Mais il est tard, mes bons amis ; j'ai une heure de chemin à faire d'ici à mon moulin. Je vous quitte : je reviendrai, sous peu de jours, vous raconter la suite de mes aventures, qui, jusqu'à présent, m'ont paru vous intéresser. Adieu. »

M. Rolland se lève pour sortir ; Palamène le retient,

lui expose que la route n'est pas sûre à cette heure, qu'il se reprocherait le malheur de son ami s'il se trouvait attaqué ; et il l'engage à coucher chez lui. — Demain, dit-il, vous serez libre de partir ; mais ce soir ce serait une imprudence.

M. Rolland accepte l'offre de Palamène, et une collation frugale vient terminer les plaisirs de cette soirée, consacrée à des tableaux bien différents, comme le lecteur a dû le remarquer, de tous ceux que le vieux père a mis, jusqu'à ce jour, sous les yeux de ses enfants.

QUARANTE-TROISIÈME SOIRÉE.

LES PASSIONS.

Le Presbytère du bon Curé.

Le lendemain, Palamène trouva le moyen, à la sollicitation de ses enfants, d'amuser si bien M. Rolland dans la maison, en lui faisant parcourir ses bois, ses plaines et sa ferme, que l'heure du dîner arriva. Il fallut bien que M. Rolland acceptât ce repas avant de partir ; et l'après-midi on lui fit sentir qu'il était de bonne heure ; qu'il y avait encore plus de trois heures de jour ; en un mot, on le sollicita avec tant d'instance de continuer le récit de la veille, qu'il consentit à s'asseoir sur la terrasse au milieu de nos amis, et à poursuivre son histoire en ces termes :

« Nous étions, ainsi que je vous l'ai dit hier, très-bien chez le bon curé de Serville ; et quoique nous prévoyions bien que cet état heureux ne pût pas durer longtemps, puisque notre délicatesse nous reprochait sans cesse d'être à la charge de cet excellent homme, nous profitions toujours des moments de bonheur qu'il nous procurait. Le jour, nous le passions à des parties de promenades, et le soir nous nous amusions à mille petits jeux. Le fils d'un fermier voisin, nommé Jean, venait augmenter notre petite société, et nous regrettions souvent que l'heure trop avancée nous forçât à nous séparer. Ce Jean était assez bon garçon ; filleul de M. le curé, il avait toute sa tendresse ; mais il était par moments sombre, mélancolique, et nous lui soupçonnions des chagrins secrets qu'il ne voulait confier à personne.

» Un soir, pendant que le pasteur, sa sœur, Sophie et ma mère, faisaient une partie de cartes, je m'amusai à donner une leçon d'écriture à Jean, qui écrivait fort mal. Il m'engagea à signer plusieurs fois mon nom sur un papier blanc, afin d'admirer mes paraphes, que je savais varier. Je lui fis donc des *Rolland* de toutes les façons ; puis, appelé par ma mère pour lui donner mon avis sur un coup de cartes, je revins un instant après à la table de Jean, où je ne trouvai plus mon papier blanc embelli de mes paraphes. Sans faire plus d'attention à cette perte, à laquelle je ne supposai point la moindre conséquence, je continuai ma leçon d'écriture ; et, la soirée passée, Jean nous quitta, en nous promettant de revenir le lendemain comme à son ordinaire. Jean ne tint point sa parole : trois jours s'écoulèrent sans que nous le vissions ; mais le quatrième jour j'eus de ses nouvelles de la manière la plus cruelle. Je savais que des troupes devaient passer par le village pour aller en garnison plus loin. Je sors pour voir défiler ces troupes, en promettant à mes amis de revenir bientôt. A peine ai-je mis le pied dans le village, que je suis arrêté par un officier et deux fusiliers.—C'est vous, me disent-ils, qui vous nommez Rolland?—Oui, c'est bien moi.—En ce cas, vous allez marcher avec nous. Vous êtes coupable de n'avoir pas paru plus tôt, et pour cela on devrait vous mettre aux arrêts; mais nous vous passons cette faute. — Mais laquelle?—Laquelle! N'êtes-vous pas soldat?—Soldat!—Il est plaisant que vous fassiez l'ignorant! Pouvez-vous démentir votre signature?—Ma signature?

» L'officierme montre un engagement bien en règle, souscrit de ma véritable signature, et soudain je me rappelle le piége que l'infâme Jean m'a tendu. Le papier sur lequel il me faisait signer était double. On l'avait déployé, rempli d'un engagement, et on avait coupé toutes mes autres signatures avec tant d'adresse qu'il n'en restait plus qu'une seule. Quoi! m'écriai-je, Jean, ce misérable, a pu me trahir à ce point!—Jean ne vous a point trahi; il n'a fait que seconder les vœux de votre père; et d'ailleurs Jean est soldat comme vous.—Il est soldat!—Oui.... mais nous nous amusons là à des discours superflus : il faut nous suivre, camarade, et partir sur l'heure avec nous. — Grand Dieu! que j'aille au moins prévenir ma mère. — Impossible! voilà la compagnie qui défile; nous n'avons pas un quart d'heure à rester dans ce village.

» J'insiste, je supplie, je presse avec tant d'instances ce farouche officier de m'accorder la grâce de voir ma mère, qu'il consent à m'y accompagner. Nous marchons... Juste ciel! quel coup nous allons porter à la plus sensible des femmes!

» J'arrive avec mon guide, et je trouve ma mère qui déjeune tranquillement avec le pasteur et la mère de Sophie. Étonnés de voir un officier avec moi, mes amis se lèvent ; je cours embrasser ma mère ; et, n'ayant pas la force de lui expliquer mes nouveaux malheurs, je pleure dans son sein agité. Qu'est-ce, mon fils? s'écrie-t-elle, qu'y a-t-il?—Madame, lui répond l'officier, embrassez votre fils, et rendez-le-moi sur l'heure; il est mon soldat,

» — Son soldat !.... Tel est le cri général.

» Je détaille à ma mère la trahison dont le perfide Jean a usé à mon égard, et par les conseils de mon père. Elle frémit, le pasteur se recueille.—Monsieur, dit-il à l'officier, c'est un guet-apens, c'est une injustice révoltante, et vous n'avez pas le droit d'abuser de la trahison pour ravir la liberté à ce jeune homme : non, vous n'en avez pas le droit, et j'oserai en appeler à vos supérieurs. — Vous en appellerez à qui vous voudrez, monsieur, répond froidement l'officier ; mais, en attendant, j'emmènerai toujours mon soldat, et sur-le-champ. Allons, marche.

» Ma mère se jette à ses genoux ; il est inflexible. Le pasteur, ému jusqu'aux larmes, prétend qu'il ne me laissera point sacrifier de la sorte. Combien faut-il, monsieur, pour son congé? — Son congé, monsieur le curé? je ne puis le lui donner ; la guerre va, dit-on, se déclarer, on a besoin d'hommes. — Encore, monsieur, a-t-on le droit de racheter un soldat, vous ne l'ignorez pas, et vous ne pouvez pas nous refuser celui-ci, si nous avons de l'argent. — Mais, monsieur, il en faudrait beaucoup. — Style ordinaire des gens comme vous. J'ai amassé douze louis, monsieur : voyez si vous voulez les accepter. Dans le cas contraire, je vous préviens que je suivrai cette affaire, et qu'il est très-possible que vous ayez lieu de vous repentir d'avoir donné les mains à la vengeance la plus affreuse.

» L'officier, qui sentit bien que sa conduite pourrait être blâmée par ses supérieurs, fit d'abord quelques difficultés; mais bientôt il accepta la somme et déchira l'engagement. Quand nous fûmes tranquilles sur ce point, nous lui demandâmes des explications, qu'il nous donna. En passant par Saint-Germain, mon père était venu le trouver; il m'avait peint comme un libertin, un mauvais sujet dont il voulait se défaire, et l'avait engagé à surprendre ma signature par quelque moyen. L'officier, qui, depuit huit jours, avait engagé Jean à l'insu de sa famille, lui avait remis une somme d'argent donnée par mon père, afin que le traître, qui était reçu dans notre société, me fît tomber dans ce piége. Jean n'avait que trop bien réussi; ce misérable, poussé à vendre sa liberté par une suite de sa mauvaise conduite, avait entraîné dans son malheur l'homme qu'il appelait son ami.

» Le pasteur fut indigné de ce trait atroce de la part de son filleul : il jura qu'il ne le recevrait jamais, et nous pria de ne point parler de la reconnaissance que nous lui témoignions. En effet, quel homme respectacle! se priver pour nous du fruit de ses épargnes! faire tant de bonnes actions à la fois, et en redoubler l'éclat par tant de modestie! Et mon père, quel contraste étonnant entre sa conduite et celle du bon curé! O ciel! croira-t-on jamais qu'un père ait pu être capable d'une pareille suite de mauvais procédés envers un fils qui n'avait d'autre tort que d'aimer sa malheureuse mère? Se peut-il que la nature ne parle point à un cœur si pervers? O vous, enfants heureux, qui possédez des parents bons, indulgents, généreux et cléments, combien votre sort est doux! Hélas! vous ne sentez pas votre bonheur : il faudrait le quart de ce que j'ai éprouvé pour vous faire apprécier votre heureuse situation!

» Ainsi donc mon père avait voulu me faire partir pour les îles; il avait obtenu un ordre pour m'enfermer; il venait de me faire engager de force; que lui restait-il à faire pour ajouter à tant de persécutions? quels nouveaux moyens allait-il imaginer? tout était à redouter de sa part, et la suite prouva que je n'étais pas encore arrivé au terme de ses vexations.

» Vous jugez, mes amis, de la tendresse que nous avions pour le vertueux curé, à qui nous devions sûreté, liberté, existence, tout!... Nous reprîmes le cours de nos innocents plaisirs, et nous n'entendîmes plus parler de Jean. Il était toujours question de conduire Sophie au couvent. Cette jeune personne s'y résignait d'elle-même, et je puis assurer que son oncle n'était pas assez fanatique pour la forcer à cette démarche. Il pensait bien que, lorsqu'une jeune personne avait mené une vie scandaleuse, il lui était impossible de rentrer dans le monde sans faire le déshonneur d'un époux, le sien, et celui de deux familles. Il jugeait alors qu'un cloître était un asile convenable à la pénitence qu'il lui restait à exercer; mais il savait en même temps qu'il faut être appelé à cet état austère par choix et par vocation; qu'y porter les goûts et les passions qu'on aurait dans la société, serait faire de cet abri paisible un enfer perpétuel; et qu'on ne peut forcer un cœur à prendre un parti qui lui répugne. Aussi avait-il bien sondé les dispositions de sa nièce; aussi avait-il eu soin, avant de consentir à son projet, de lui en démontrer tous les inconvénients, afin de l'en détourner s'il était possible. Sophie avait résisté à ses sages conseils. Elle et sa mère ne voyaient que ce parti qui fût convenable. Le curé avait cédé à la fin. Tel était cet homme vertueux : ami de la religion dont il était ministre, il en pratiquait les devoirs sans pédantisme et sans austérité. Sorti de l'église, il n'était plus chez lui qu'un homme du monde aimable et gai : il se prêtait à tous les jeux des jeunes gens, il permettait le petit mot pour rire ; son presbytère, en un mot, offrait la réunion des plaisirs, de la joie, de la franchise et de la bonne liberté. Homme aimable, fait pour servir de modèle à tous les ecclésiastiques, combien ton souvenir m'arrache encore de larmes en ce moment où j'ai l'occasion de parler de tes vertus !

» Non content de me tirer de tous les embarras, il s'était encore occupé des moyens de mon existence à venir. Il avait écrit à Paris à l'un de ses amis, qui lui avait promis de me procurer une place assez avantageuse où il m'était possible de vivre avec ma mère. Il attendait la réponse définitive de cet ami, et se faisait un plaisir de m'offrir cette place, dont il ne m'avait pas parlé, aussitôt après la retraite de Sophie. Sophie était prête, le jour était fixé pour son départ; nous devions tous la conduire à son couvent, et nous faisions déjà les préparatifs nécessaires, lorsque la malignité de mon père vint encore une fois troubler notre repos et répandre le plus grand trouble dans tout le presbytère. M. Rolland, sachant que j'avais obtenu mon congé, furieux de voir encore une fois échouer ses projets de vengeance contre moi, dirigea ses batteries d'un autre côté, et s'y prit de la manière la plus odieuse pour retirer à ma mère et à moi l'estime du bon curé, le seul de nos protecteurs qui lui en imposât : écoutez-moi avec attention.

» La veille même du jour où nous devions perdre Sophie, on

remit une lettre à M. le curé, et en même temps une autre lettre à ma mère : toutes deux étaient de mon père. Voici celle adressée au pasteur :

« *Homme respectable! comment pouvez-vous être si longtemps le* » *jouet de deux enfants qui vous trompent, et abusent des droits de* » *l'hospitalité, en se livrant sous vos yeux aux plus criminelles* » *amours? Est-il possible que vous ne vous soyez pas aperçu encore* » *de leur coupable flamme? j'en rougis pour votre probité, pour* » *votre nom et pour votre état!.... Rien n'est plus vrai cependant,* » *et un simple aveu de mes fautes vous éclairera sur mon fils et sur* » *Sophie. Je l'ai aimée, Sophie; elle a même, oserai-je le dire? elle* » *a joui auprès de moi de tous les droits de mon épouse; elle ne de-* » *vint pas mère, heureusement pour elle et pour moi. Eh bien! le* » *croira-t-on? mon fils m'a enlevé la conquête de cette belle per-* » *sonne. Un fils succéder à son père en pareil cas! c'est un forfait* » *digne de la vengeance des hommes et de Dieu. Dès que Sophie* » *m'eut quitté, son amant la suivit jusqu'en votre propre maison,* » *et c'est là, sous vos yeux, pendant surtout les deux jours de votre* » *voyage de Paris, que ces jeunes gens dépravés se sont livrés sans* » *contrainte à tout l'excès de leur passion. Ma probité m'a engagé à* » *vous écrire cette lettre, que je suivrai de près. Oui, j'irai vous* » *demander un fils dénaturé, que vous vous hâterez sans doute de* » *bannir de l'asile le plus saint et le plus respectable. O digne pas-* » *teur! que les hommes sont pervers! Au milieu de mes égarements,* » *je n'aurais jamais poussé aussi loin qu'eux l'immoralité, la dupli-* » *cité et l'hypocrisie.*

» *J'ai l'honneur, etc.*

» MARCEL ROLLAND. »

» La lettre à ma mère était plus courte et plus énergique.

« Que faites-vous, femme sans honneur et sans délicatesse? vous » souffrez sous vos yeux le commerce le plus scandaleux; vous vivez » ouvertement près de la maîtresse de votre mari, et vous autorisez » par là votre fils à vivre aussi avec elle dans la plus coupable inti- » mité. Pouvez-vous ignorer que ce fils m'a enlevé le cœur de So- » phie; que je l'ai surpris avec elle, et que ces jeunes gens s'adorent » et se le prouvent? Allez, épouse sans frein, mère complaisante et » licencieuse! un coup va bientôt me séparer pour jamais de vous! » Tremblez! vous allez me voir, et vous sentez que votre conduite me » donne maintenant des droits sur votre liberté. Votre respectable » instituteur sait tout. Tremblez, encore une fois!

» ROLLAND. »

» Que deviennent et ma mère et le pasteur à la lecture de ces lettres! ils se cherchent et n'osent se parler. Le pasteur rompt le premier le silence.—Madame, je tiens là une lettre bien étrange. — La mienne n'est pas moins étonnante. — La vôtre, peut-on la voir? — La voici. Et.... la vôtre? — Lisez.

» Ils se communiquent leurs lettres respectives, lisent, se regardent muets d'étonnement, et sont tous les deux prêts à perdre connaissance. Sophie, la maîtresse de mon mari! s'écrie ma mère, — Et de votre fils! répond le pasteur en frémissant. — Monsieur, pardon, j'ai peine à croire!... M. Rolland est un homme si corrompu, si méchant! — Ma nièce, ô ciel! que dira sa mère. — Il est capable d'inventer les noirceurs, les impostures les plus grossières. Non, je ne puis croire que mon fils, ici même... — Mais, madame, votre fils ne pouvait pas ignorer que Sophie avait été..... bien avec son père. Pourquoi nous l'a-t-il caché? — Par égard peut-être pour vous et pour moi. — Vous voilà, madame, toujours faible, crédule et confiante. Je commence à croire que l'excès de votre tendresse vous aveugle sur le compte de votre fils. Les jeunes gens sont si pervers aujourd'hui! ils sont si hypocrites pour tromper les gens âgés et respectables! — Sophie, la maîtresse de mon époux! — Ah! ma chère dame, combien je rougis!... J'entends monter nos jeunes gens, laissez-moi les interroger: il nous sera facile de juger si c'est un mensonge de la part de votre mari. Je ne crois pas cependant qu'il se permette envers moi...

» Sophie et moi nous montions en effet, bien éloignés de nous attendre au nouveau coup qu'on allait nous porter. Nous entrons, et nous sommes effrayés de l'air glacé avec lequel le pasteur et ma mère nous accueillent. — Sophie, dit le curé à sa nièce, nous avons besoin ici d'une explication franche que nous attendons de vous. — Sur quoi, mon cher oncle? — N'avez-vous pas connu particulièrement l'époux de madame? — Mon oncle?... — Vous changez de couleur?

» Sophie pâlit en effet : elle n'a point le courage de déguiser la vérité, et elle cache sa tête dans ses deux mains. Mon trouble est égal au sien; mais il doit redoubler à cette question que me fait ma mère à son tour : Est-il vrai, mon fils, que vous ayez depuis longtemps connaissance de cette étrange particularité? Est-il vrai que votre père vous ait surpris chez Sophie? — Surpris? — Répondez. — Ma mère... Mais qui donc a eu la cruauté de troubler votre tranquillité en vous apprenant cette fatale liaison? — Vous l'avouez; quoi! vous osez l'avouer? — Ma mère, le trouble de Sophie annonce assez... — Que vous êtes son amant après votre père! Malheureux! — Que dites-vous? quelle illusion! moi! l'amant de Sophie! — Vous venez d'en convenir. Moi, convenir d'une chose qui est aussi éloignée de la délicatesse comme elle l'est de mes mœurs et de mes principes! — De quelle liaison parliez-vous donc? — Hélas! de celle de Sophie avec... mon père. — Vous le voyez bien, monsieur le curé, il n'est pas coupable!

» Sophie, au désespoir, veut sortir pour cacher sa honte : son oncle la retient. — Restez, mademoiselle, et veuillez nous expliquer entièrement un mystère aussi cruel pour votre famille et pour vos amis!

» Sophie ne peut parler, les sanglots la suffoquent; je m'écrie : C'est moi qui expliquerai ce mystère, qui n'aurait jamais dû être révélé. Il y a ici une œuvre obscure d'iniquité dont je crains trop de connaître l'auteur. Je vais dévoiler sa conduite, celle de Sophie, la mienne, et l'on verra de quel côté sont les torts.

» Je raconte soudain avec une véhémence que me donne l'indignation l'histoire de ma première entrevue avec Sophie; la jalousie de mon père, qui depuis m'a toujours poursuivi; ma surprise en retrouvant Sophie dans la maison du pasteur; ses éclaircissements, l'atroce conduite de M. Rolland, qui l'a dépouillée de tous ses effets; le repentir de cette jeune personne, et les raisons de prudence et de délicatesse qui tous deux nous ont engagés au silence.

» Le pasteur et ma mère, qui m'ont écouté avec attention, se regardent et se taisent après mon récit. Sophie se jette aux genoux de son oncle; elle s'écrie : O le plus respectable des hommes! daignez m'entendre à votre tour; je suis jeune, égarée, coupable; deux hommes séducteurs et vicieux abusèrent tour à tour de mon innocence : le dernier se donna pour garçon; je n'appris qu'il était époux et père qu'au moment où je reçus de son fils le service le plus signalé. Vous avez connu mes fautes sans avoir exigé de moi les noms des pervers qui me les ont fait commettre : pouvais-je vous en entretenir sans cesse sans rougir et sans vous faire rougir vous-même? Vous m'avez pardonné ces fautes, dont je me suis repentie sincèrement; et c'est aujourd'hui, à la veille de confiner pour jamais mon existence dans un cloître, que j'éprouve votre sévérité, que je suis la victime de la calomnie, moi! On ose assurer que j'aime ce jeune homme, que je lui prouve ma tendresse! Ah Dieu! et si cela était, si j'étais assez corrompue pour trouver dans votre propre maison des plaisirs faciles et cachés, qui me forcerait à la quitter?.... Qui m'engagerait à renoncer à un amant avec lequel j'aurais la possibilité de vivre, pour aller, au pied des autels, abjurer l'amour, le monde et ses trompeuses jouissances? Pourquoi préférerais-je la retraite à l'amour? M'y avez-vous forcée, à cette retraite austère? Ne m'en avez-vous pas même détournée? Encore hier, ne me parliez-vous pas de l'hymen, de ses chastes plaisirs, des douceurs de la maternité? Ne faisiez-vous pas, en un mot, tous vos efforts pour m'engager à préférer un époux à un cloître? Ce cloître, je vous le demandais hier, je vous le demande encore aujourd'hui; et j'ose espérer que, si le repentir peut effacer quelques erreurs, les vierges du Seigneur ne verront pas dans leur sein une femme plus religieuse, plus résignée et plus vertueuse. Mon oncle, daignez peser ces raisons, ces fortes raisons, qui doivent vous prouver que j'ai trop de principes, trop de délicatesse pour céder au fils après avoir connu le père, pour renoncer au monde enfin, si le monde m'offrait des jouissances secrètes! O mon cher oncle! examinez ce jeune homme, et voyez s'il peut être coupable des crimes dont on nous accuse tous deux?

» J'ajoute, moi, à ce fort plaidoyer de l'intéressante Sophie: Ma mère, et vous, digne pasteur, qui que ce soit qui nous ait noircis de cette manière à vos yeux, soyez sûrs que le coup part de M. Rolland. C'est lui qui, voyant que ma mère et moi nous avions trouvé un protecteur, a profité du séjour de Sophie dans cette maison pour y semer le trouble par les rapports les plus faux, les plus invraisemblables; c'est lui qui a voulu détruire la douce erreur de son épouse en lui découvrant qu'elle serrait journellement sa rivale dans ses bras; c'est lui qui a mis le comble à sa vengeance en perdant Sophie à vos yeux, aux yeux de ma mère; c'est enfin lui qui nous désole tous en ce moment. Nommez-nous notre calomniateur; je parie d'avance que c'est un ami de M. Rolland, si ce n'est lui-même.

» Le pasteur me donne sa lettre, ma mère y ajoute la sienne, et je lis tout haut ce tissu de mensonges et de calomnies. Sophie s'écrie: Le monstre!... les deux jours de votre voyage à Paris! Il est bien heureux de trouver cette absence de votre part pour donner un air de vraisemblance à sa fable. Je ne m'abaisserai point à invoquer ici le témoignage des domestiques de mon oncle. La preuve de ma conduite pendant ces deux jours, je la puise dans ma conduite des autres jours, et je me flatte que mon cher oncle, convaincu de la malignité de notre ennemi commun, ne conserve plus aucun soupçon injurieux à ma délicatesse, et voudra bien toujours accompagner sa nièce demain à l'autel, où elle va abjurer ses erreurs.

» Le respectable pasteur se contente de faire un signe d'adhésion à la prière de sa nièce, et se retire honteux de jouer, pour ainsi dire, un rôle dans cette intrigue injurieuse aux mœurs comme à la probité. Pour ma mère, elle est convaincue de notre innocence; elle me serre dans ses bras, et ne peut se refuser à embrasser Sophie, qu'elle ne regarde plus comme une rivale, mais comme une triste victime de la séduction de son époux. Tout commençait à reprendre un peu le calme et la sérénité accoutumée dans le presbytère, lorsqu'on entend une chaise s'arrêter à la porte. On ouvre; c'est M. Rolland lui-même. La première personne qu'il rencontre dans la cour est la mère de Sophie, qui, occupée à des soins domestiques, n'avait pas été prévenue par nous des nouveaux coups portés à sa fille. M. Rolland, qui ne la connaît point, lui dit qu'il vient redemander sa femme et son fils; son fils surtout, qui déshonore la nièce de son bienfaiteur en vivant avec elle dans l'union la plus scandaleuse. La mère de Sophie, effrayée, remplit soudain la maison de ses cris, en demandant sa fille, à qui elle veut adresser les plus sévères réprimandes. Le pasteur paraît, apaise en deux mots cette femme irritée; puis, recevant M. Rolland avec la plus grande froideur, il lui reproche ses erreurs, et cherche à lui prouver qu'il se trompe sur mon compte et sur celui de Sophie. — Il ne s'agit pas de tout cela, monsieur le curé, lui répond brusquement M. Rolland; ma femme et mon fils sont chez vous, je vous somme de me les rendre; personne, je crois, n'a le droit de les retenir malgré moi. — Écoutez-moi, monsieur; mais puisque vous le prenez sur ce ton-là, je vous prouverai, moi, que j'en ai le droit; je vous prouverai qu'une épouse vertueuse et un jeune homme délicat ne doivent pas vivre avec un époux, un père dont la conduite et les mauvais exemples sont la honte des mœurs. —Monsieur!...—Monsieur, voilà mon dernier mot. — Prenez garde, si j'ai recours aux lois, qui seront pour moi, prenez garde, dis-je, que je ne publie le déshonneur de votre nièce, et la complaisance facile, étonnante même dans un homme de votre caractère, que vous avez de souffrir ses amours avec un fils corrompu. — Faites, monsieur, ce que vous voudrez. Ma réputation et le pieux dévouement de ma nièce, qui dès demain se retire dans un cloître, répondront à vos calomnies. Je m'étonne même que vous osiez vous présenter devant moi après avoir séduit Sophie, après avoir fait le déshonneur de ma famille et de la vôtre; je vous prie d'abréger votre visite et de ne jamais la renouveler, sinon je sais comment on se débarrasse des importuns.

» Le bon curé tourne le dos à M. Rolland, qui, furieux, profère quelques menaces et se retire sans nous avoir vus. Ma mère et moi nous nous étions retirés, à son arrivée, dans une pièce éloignée; le pasteur vint nous y rejoindre, et nous le remerciâmes de la protection qu'il voulait bien nous accorder. J'ai encore le temps de l'exercer, nous dit cet honnête homme; car j'exige que dès demain madame Rolland attaque son mari en séparation. Ma mère parut ne point goûter d'abord ce projet; mais enfin elle y consentit, et nous prîmes toutes les précautions possibles pour nous garantir des piéges et des nouvelles noirceurs que M. Rolland pourrait inventer désormais pour nous nuire. Le lendemain, Sophie fut prendre l'habit de novice au couvent prochain, où nous l'accompagnâmes tous; et, deux jours après, madame Rolland implora la justice pour la soustraire aux persécutions du plus corrompu des hommes.

» Il était certain que ce procès devait se terminer en notre faveur. Nous entrevoyions déjà le moment fortuné où, dégagés d'un joug pesant, nous pourrions vivre tranquillement du travail de nos mains. J'avais promis à ma mère de ne point me marier tant qu'elle existerait : ma mère m'avait promis, de son côté, de ne jamais me quitter. Tout allait bien, les avocats n'avaient plus qu'un plaidoyer à faire : l'affaire allait être jugée ; mais un dernier malheur devait arrêter toute procédure et nous plonger dans des regrets éternels.

» Ma mère allait de temps en temps à Paris pour solliciter ses juges, et je l'accompagnais dans ses fréquents voyages. Un soir que nous revenions tranquillement à pied au presbytère (nous avions pris une voiture jusqu'au Pecq, et du Pecq à Serville nous n'avions plus qu'une lieue, que nous voulions faire en nous promenant), nous fûmes assaillis à l'entrée d'un petit bois par trois hommes masqués, qui, se jetant sur nous, le pistolet sur la gorge, nous crièrent de nous laisser garrotter, et de les suivre jusqu'à une chaise de poste qu'ils nous montrèrent. Ma mère se mit à crier, et moi, qui n'avais pour toute arme qu'un bâton à la main, je voulus en frapper ceux qui nous attaquaient ; au même instant deux entre eux, sans dire un mot, me saisirent fortement et m'entraînèrent malgré moi. Ma mère, courant après moi, eut le courage d'arracher un pistolet que tenait le troisième brigand et de faire sauter la cervelle à l'un de ceux qui me tenaient. Au même instant il tomba baigné dans son sang, et les deux autres se sauvèrent à toutes jambes. Nous ne pouvions pas douter que ces trois scélérats ne fussent des émissaires de mon père, et nous allions nous retirer à la hâte, lorsque les gémissements du blessé nous rappelèrent en faisant dresser d'horreur nos cheveux sur notre front. Serait-il possible, grand Dieu! que cette voix fût celle de M. Rolland lui-même? Il n'est plus permis de s'y tromper; ces cris sourds: Ma femme! mon fils! venez, venez recevoir au moins mon dernier soupir!....

» Nous volons vers cet infortuné, que nous noyons dans nos larmes. Vous! c'est vous! voilà tout ce que nous pouvons dire. Il se recueille: Conduisez-moi, dit-il, chez le respectable curé de Serville; cette chaise, qui est à moi, vous en facilitera les moyens.

» Nous nous hâtons de le transporter dans la chaise: nous nous y plaçons à côté de lui, et je la conduis au pas jusqu'au presbytère, où nos amis ne s'attendent guère à nous voir revenir de cette manière. Je ne vous peindrai point nos larmes, nos regrets, notre désespoir, en un mot. Mon père était mourant, et c'était la main de son épouse qui lui avait porté le coup mortel! Grand Dieu! qui pourra, d'après ce fait, expliquer la bizarrerie des destinées humaines! Je frémis encore aujourd'hui quand je pense que je pouvais alors devenir parricide!... Nous racontons cette étonnante aventure au pasteur, qui se hâte de faire mettre le blessé dans un lit. Le pasteur s'était, de tout temps, occupé de la chirurgie, qu'il exerçait avec adresse, mais seulement envers ses pauvres paroissiens: il sentit la conséquence de ne mettre ici aucun officier de santé dans notre confidence, et il pansa lui-même M. Rolland, qui se trouva un peu soulagé. Le lendemain, ce dernier nous fit tous approcher de son lit, où, d'une voix faible, il nous tint le discours suivant:

« Je vais mourir, et le bandeau qui couvrait mes yeux, aveuglés par le vice, est totalement tombé; je ne vois plus que mes erreurs ; je ne vois plus que les persécutions que j'ai exercées sur une épouse modeste, timide, et sur un fils docile et respectueux. Ce sont ces cruelles persécutions qui m'ont poussé au dernier acte d'atrocité, et qui me plongent enfin dans la tombe. Je ne puis te reprocher ma mort, ma chère femme ; à Dieu ne plaise que j'aie cette injustice! tu ne pouvais savoir que moi-même, à la tête de deux de mes gens, je présidais à ton enlèvement ; et quand j'aurais encore la fatale pensée que tu aies pu me reconnaître, tes larmes, tes regrets, tes gémissements, tout me prouverait ta douleur et tes remords. Non, ta main n'a point cru frapper ton coupable époux. Un simple mouvement de désespoir et de tendresse maternelle t'a portée à cette action, à cette vengeance, qui n'est, hélas ! que trop légitime. J'allais te perdre ; j'allais te faire tomber dans le plus noir complot... Qu'il reste à jamais enseveli avec moi, dans l'obscurité du tombeau, ce projet abominable! Mais non, qu'il vous soit révélé, afin d'expier mes crimes par un aveu sincère, d'adoucir l'amertume des regrets que ma perte pourrait vous causer. C'est dans votre sein, c'est dans celui de ce respectable ministre des autels, que je vais faire ce terrible aveu : qu'il n'en sorte jamais ; c'est la seule faveur que j'ose vous demander : écoutez-moi. Toujours persuadé que mon fils m'avait enlevé le cœur de Sophie, toujours m'imaginant que sa mère le soutenait dans cette coupable conduite, je résolus de le perdre à tout prix ; mais le ciel ne permit pas qu'un seul de mes projets se réalisât. Quand je vis que mon épouse m'attaquait en séparation ; quand j'entendis à l'audience arguer contre moi de ma passion pour le jeu, pour les femmes, et surtout de mes mauvais traitements envers cette épouse innocente, je devins furieux : m'arrangeant alors avec un capitaine de vaisseau, non celui que vous avez déjà vu, mais un autre capable de seconder ma haine, et moyennant une somme d'argent considérable que j'avais gagnée la veille au jeu, et que je lui donnai, je l'engageai à m'aider à vous enlever tous deux, à vous conduire dans une chaise de poste jusqu'à Brest, et à vous jeter dans son vaisseau, qui devait sur-le-champ mettre à la voile. En conséquence, le capitaine, moi et mon valet, nous nous masquâmes, et vous attendîmes à l'entrée du petit bois par lequel nous savions que vous deviez passer en revenant de Paris. Nous ne voulions d'abord que vous intimider, vous forcer à monter dans la voiture, où je me serais placé avec vous : le capitaine eût conduit la chaise, et mon domestique serait monté derrière. Ce n'est que dans cette chaise que, pour éviter toute résistance de votre part, je me serais fait connaître à vous. Il eût été imprudent à moi de le faire d'avance ; j'avais à craindre vos cris, vos larmes, vos prières ; au lieu que, dans la voiture, tout cela me devenait égal. Je croyais n'avoir aucun danger à craindre ; je savais que vous n'aviez point d'armes, et que mon fils ne portait qu'une petite canne qu'on pouvait lui arracher aisément, ainsi qu'on l'a fait. Tout a tourné autrement. Ma femme, voyant entraîner son fils, que nous tenions déjà, arrache le pistolet du capitaine, qui ne se doute point de tant de courage ; et la première victime qu'elle immole, c'est son barbare époux ; je tombe, et mon valet et le capitaine, qui est payé d'avance, ont la lâcheté de fuir et de m'abandonner ; conduite ordinaire des scélérats, et qui ne doit pas m'étonner. Voilà, mes amis, voilà le beau projet de vengeance que je voulais exercer sur vous. Ne me demandez point quels sont les moyens d'exécution que j'aurais mis en usage si je vous avais tenus dans ma voiture ; j'avais tout prévu, tout, excepté le courage de ma femme, et ma mort qui en est l'effet. Je vous le répète, je vous la pardonne à tous ; ah ! je l'ai bien méritée ! Quel est donc l'effet des passions, qu'elles ne paraissent plus, à l'article de la mort, que ce qu'elles sont en effet, hideuses, monstrueuses et injustes ! Il semble que le coup qui m'a frappé ait soudain éclairé mon cœur et ma raison. Tous mes torts se sont retracés à mes faibles esprits, et loin de vous en vouloir encore, je n'ai détesté que moi. Cela prouve bien que l'homme qui fait le mal a toujours dans sa conscience une voix qui lui dit la vérité, et qu'il étouffe en vain. Cette voix devient terrible et puissante sur le bord du tombeau, et il n'est plus possible de la méconnaître. Tout en vous persécutant, je sentais bien que j'étais injuste et barbare ; mais je ne voulais point le savoir. Aujourd'hui je ne le sais que trop. J'abhorre ma conduite, elle fut indigne d'un époux et d'un père ; et je suis tellement repentant, que, si le ciel prolongeait ma vie, je ne l'emploierais qu'à m'occuper de votre bonheur, qu'à vous prouver mon repentir par ma tendresse et mes soins. Mais il n'est plus temps ; le jour fatal de ma destruction est arrivé.... l'heure de la mort est sonnée pour moi, et je ne puis plus que la mettre à profit pour l'éternité, cette mort juste, en expiant mes crimes entre vos bras, en vous conjurant de me les pardonner, en vous priant, s'il vous est possible, de ne point haïr ma mémoire.

» Ainsi parla M. Rolland, et nous lui protestâmes tous que, loin de le haïr, nous le regrettions sincèrement. Il nous conjura de faire agréer son regret à Sophie, à qui il avait toujours reconnu, au milieu de ses erreurs, des principes et un véritable penchant pour l'honneur. Nous le lui promîmes, et il fut plus tranquille. Le soir, le docteur leva l'appareil, mais en secouant la tête, en nous faisant entendre que la plaie était mortelle. M. Rolland s'aperçut de ce mouvement, et loin d'en être affecté, il demanda que j'écrivisse sous sa dictée ses dernières volontés; ce que je fis. Mon père nous laissait le peu d'effets qu'il n'avait pas encore engagés, et protestait devant Dieu et devant les hommes que sa mort était l'effet d'un accident imprévu, pour lequel on ne pouvait inquiéter personne, puisqu'il mourait au milieu des consolations de sa femme et de son fils, les deux êtres qu'il chérissait le plus au monde.

« Nous admirâmes la délicatesse de ce procédé; il nous prouva que le mourant se repentait sincèrement. Le lendemain, le bon pasteur lui apprit tout le danger de son état, et lui donna les secours spirituels, qu'il reçut avec recueillement et résignation. Le curé lui adressa devant nous un discours religieux, mais dénué de fanatisme et de tous ces lieux communs qu'on débite pour l'ordinaire aux mourants. Nous fondions tous en larmes : mon père était le seul qui, l'œil sec et même serein, conservait du sang-froid et de la fermeté. Dans l'après-midi, nous le perdîmes, et nous remplîmes tout le presbytère de nos cris douloureux. Ma mère surtout était inconsolable; elle s'accusait de la mort de son époux; nous fûmes souvent obligés de l'engager à modérer les éclats imprudents de ses regrets.

» Le respectable pasteur, qui ne voyait dans cette affaire qu'une juste punition du ciel, fit, aux restes de l'infortuné, des obsèques simples, mais touchantes. Nous fûmes ensuite raconter cet événement à Sophie, qui versa des larmes en voyant que M. Rolland n'avait pas oublié de lui rendre justice. Ensuite nous revînmes à Paris, non-seulement pour clore la procédure qui était entamée, mais encore pour mettre ordre à nos affaires. Celles de mon père étaient très-dérangées; néanmoins nous pûmes nous faire de sa succession une petite somme qui m'aida à acheter le moulin où je demeure à présent. Nous voulions quitter Paris, Saint-Germain, le Pecq et le village de Serville, où notre affaire avait fait du bruit, et nous désirions aller nous établir plus loin. C'est ce que nous fîmes; mais n'ayant point de fonds pour prendre, comme M. Rolland, le commerce de grains, nous n'eûmes pas la sottise de rougir de faire un autre état. En conséquence, je me fis tout bonnement meunier; et mes petites affaires, aidées par la surveillance et l'activité de ma mère, allèrent très-bien. Le bon curé nous regretta, mais ne survécut pas longtemps à mon père. Il était âgé et très-infirme: la mort vint le frapper à son tour, dans les bras de sa sœur, qui vécut seule depuis, au moyen de quelques rentes; et Sophie prononça des vœux qui la lièrent tout à fait au culte des autels. Pour ma mère, elle avait un fonds de chagrin qui la minait insensiblement : je m'en aperçus, et je redoublai pour elle de tendresse et de consolations. Tout fut inutile; j'eus le malheur, au bout de trois ans de mon établissement, de perdre cette mère si chère et si infortunée. Elle n'avait connu de la vie que ses traverses; et, sans la tendresse maternelle qui soutenait son cœur, elle eût succombé vingt fois aux malheurs d'une union mal assortie. Je donnai de justes regrets à sa mort; et, par la suite, je me mariai. J'eus une épouse estimable aussi, mais que je perdis après m'avoir rendu père de quatre enfants que j'élève encore aujourd'hui.

» Tel est, mes amis, le récit des malheurs de ma jeunesse. Vous y avez vu le tableau d'un mauvais père, d'un mauvais époux. Enfants qui m'écoutez, faites maintenant une comparaison entre l'auteur de vos jours et celui à qui je dois la vie. Dites, dites si le ciel ne vous a pas favorisés plus que moi, plus que mille autres, en vous donnant un père sensible, indulgent et vertueux! Vous lui causez pourtant quelquefois des chagrins, à ce bon père! Et qu'auriez-vous donc fait au mien? Sachez apprécier votre bonheur, et faites tout, tout, mes enfants, pour le mériter! »

C'est ainsi que M. Rolland termina le récit le plus intéressant, le plus extraordinaire que nos enfants aient entendu jusqu'à ce jour. Ce portrait frappant d'un mauvais père était bien propre à faire ressortir les vertus et les bontés de celui qu'ils possédaient. Il semblait qu'il leur devenait plus cher, et tous, Benoît le premier, volèrent dans ses bras, en lui promettant de reconnaître ce bienfait du ciel par leur amour, leur docilité et leur attention à ne faire que ce qui pourrait lui plaire.

Palamène fut enchanté de l'effet que venait de produire cette leçon terrible; il en remercia secrètement son ami, qui prit congé de lui pour retourner à son moulin.

QUARANTE-QUATRIÈME SOIRÉE.

L'AVARICE.

Suite de l'Histoire du jeune Émilien.

Voilà donc le calme rétabli dans la maison du père de famille. Benoît est sûr maintenant de rester. Si la présence de M. Rolland l'a d'abord effrayé, il n'est pas fâché maintenant que M. Rolland soit venu; cette visite a détruit toutes ses inquiétudes. Il est à présent chéri autant que ses frères, et il fera tous ses efforts pour conserver cette tendresse dont il sent intérieurement qu'il a un peu abusé. Aussi il est plus doux avec Léon et Jules, plus complaisant avec Adèle, et très-galant avec Henriette. Il devient, s'il est possible, plus aimable que ses frères, et Palamène voit avec la plus vive satisfaction ce changement, qui est son ouvrage. Il ne connaît point les coups, les jeûnes, les pénitences : il sait que la privation de la vue d'un père chéri est une punition assez forte pour des enfants sensibles : en un mot, son système d'éducation pratique lui réussit ; c'est ce qu'il demande, c'est ce qui comble ses vœux.

Il faisait un temps superbe ; la nature, tranquille et calme comme le cœur du père du famille, semblait, par les tableaux les plus variés, récompenser ses enfants de leurs longs travaux. et leur promettre la plus riche moisson qu'on voyait se balancer mollement, au loin, dans les plaines voisines. La verdure des arbres, la beauté des plantes légumières, l'odeur suave des fleurs, les chants variés des oiseaux des bois, tout invitait à goûter la fraîcheur du matin et les douceurs de la promenade. Armand proposa d'emporter chacun un morceau de pain, et d'aller cueillir la noisette dans le petit bois. La partie est bientôt arrangée. Un pain frais est bientôt rompu : Armand se charge de la portion d'Henriette : Jules porte celle d'Adèle, et Benoît et Léon, se donnant le bras, suivent la petite caravane, en s'entretenant doucement ensemble. On sait que les papas sont occupés à des soins domestiques, on ne les dérange pas. Voilà nos six amis dans le petit bois de noisetiers, occupés à y faire les plus grands ravages. Henriette, Adèle tendent en bas leurs tabliers, tandis qu'Armand et Jules, grimpés sur les arbres, se disputent le plaisir de jeter des noisettes à leurs belles. Léon et Benoît sont auprès des jeunes personnes, et s'occupent à éplucher ces dons de la nature et de l'amour. C'est un coup d'œil charmant ; les branches se rompent par-ci, se brisent par-là, Jules roule jusqu'en bas, et puis des éclats de rire ! oh ! il faut voir cela.

Quand la provision est complète, nos deux jeunes gens descendent à leur tour ; mais l'un d'eux a un cadeau charmant à faire à celle qu'il aime : c'est Jules qui vient de dénicher un nid, et qui l'apporte à son Adèle. Armand ne veut pas être en reste de galanterie. Il entend Henriette s'écrier : Ah ! que c'est joli ! je voudrais bien en avoir un semblable. Armand monte sur un arbre élevé ; il a le bonheur de découvrir un nid tout pareil, et descend l'offrir d'un air fier à sa chère Henriette. Voilà des réflexions à perte de vue sur la tendresse maternelle, qui engage jusqu'aux oiseaux à prendre soin de leurs petits. Ces pauvres petits, s'écrie Henriette ! voyez comme ils sont faibles et souffrants ! ils ouvrent leurs becs ! ils demandent leur mère sans doute ; c'est une cruauté que de les en priver ! et cette pauvre mère, quand elle reviendra et qu'elle ne trouvera plus !... Oh ! tenez, je parie que c'est elle que je vois voltiger là-haut. Oh ! c'est elle ! la voyez-vous tourner autour de la tige où elle avait déposé son trésor ?... O mon Dieu ! il me semble qu'elle pousse des gémissements dans son langage. Comme les hommes sont méchants ! ils s'approprient le droit de vie et de mort sur tout ce qui respire. Là, que nous a fait cette pauvre mère, pour la priver de sa famille ? Sont-ils à nous, ces pauvres petits ? ils sont à leur mère, ils appartiennent à l'air, qui est leur empire, et personne n'a le droit de les priver de leur liberté, le premier bien que leur ait donné la nature. La voilà encore ! Ah ! cela me fait trop de peine ! Armand, soyez bon et complaisant : tenez, ayez la charité de remettre ce nid à sa place. — Oh bien, Jules, fais-en autant ; moi, je pense comme mon amie, et je souffre autant qu'elle de voir le tourment de cette bonne mère et les besoins de ces pauvres petits.

Armand et Jules sourient de l'excès de sensibilité de leurs belles ; mais elles insistent, il n'y a pas moyen de désobéir. Les voilà donc qui reprennent les nids, montent aux arbres, et les remettent à la même place où il les ont dérobés. Ils descendent bien vite, et tous nos enfants virent avec un plaisir extrême plusieurs oiseaux, les pères et mères sans doute, fondre avec rapidité sur ces nids dans lesquels ils déposèrent quelques graines qu'ils portaient à leur bec. — Que je suis contente ! dit Adèle; les voilà réunies ces petites bêtes ! Dame, elles avaient bien du chagrin : c'est, sans comparaison, comme nous, si, dans notre enfance, on nous avait enlevées à notre père. — Comme Émilion, par exemple, interrompt Jules, qui s'est trouvé séparé de sa mère. — A propos d'Émilion, reprend Adèle, il devait venir nous voir : notre père nous l'avait assuré. — Il viendra, réplique Benoît; nous lui avons témoigné trop d'amitié pour qu'il ne s'empresse pas de nous apprendre les heureux événements qui lui ont fait retrouver sa famille. — Quel est cet Émilion? demande Henriette. — Vous ne savez pas? reprend Benoît..... En effet, vous n'étiez pas ici lorsque Brigitte nous l'a amené l'année dernière. Eh bien, asseyons-nous là tous ; Léon va vous raconter son histoire. — Oh ! voyons, voyons !

Nos jeunes amis se mettent en cercle, Léon dans le milieu; il raconte à la belle Henriette l'histoire de l'enfance d'Émilion, histoire que Jules, Benoît et Adèle assaisonnent à tout moment d'un : Ah ! mon Dieu, oui !... c'est bien vrai ce qu'il vous dit là !... il fit l'aumône à la pauvre femme !... il avait quarante mille francs !... etc.

Henriette est émue, elle s'écrie à la fin : On voit clairement qu'Émilion est le fruit d'un mariage d'inclination. Armand lui demande finement : N'y aurait-il que ces mariages-là qui ne seraient pas heureux ? — Sans doute ; quand ils sont contractés malgré des supérieurs ! — Mais quand un père, ou un tuteur, ou un oncle enfin, consent à l'union de deux cœurs qui s'aiment, est-il un état plus heureux ? — Il n'en est pas, repart Jules en poussant un soupir auquel repart Adèle par un autre soupir. — Qu'est-ce que cela veut dire? ajoute Benoît ; tout le monde soupire ici ! — Ne vois-tu pas, lui répond Léon, que tout le monde s'aime? Je suis plus clairvoyant que toi : mon frère Armand aime Henriette, qui, je crois, est, de son côté, sensible à son amour.

Henriette rougit, Léon continue : Et notre bon frère adoptif Jules est amoureux de notre sœur Adèle, à qui il n'est pas indifférent. — Y penses-tu? repart Adèle en rougissant aussi : que parles-tu d'amour, d'amoureux? — Allons, allons, poursuit Léon, je sais ce que je dis. Eh ! tenez, mes amis, ne nous faisons plus mystère de nos sentiments. Je suis encore bien jeune; mon cœur n'a pu se fixer jusqu'à présent ; mais je devine vos affections mutuelles : là, convenez tous les quatre que vous vous aimez, et que vous seriez bien heureux si notre père vous unissait un jour.

Henriette regarde timidement Armand, qui répond : J'en conviens !..... Jules ose à peine lever les yeux sur Adèle, qui s'écrie : Je le désirerais bien ! Tous quatre se serrent dans les bras les uns des autres, et Léon et Benoît jouissent de cette petite scène du sentiment. — Vous voilà, vous voilà maintenant certains d'être aimés réciproquement ; je vous ai épargné l'embarras d'une déclaration, j'espère que vous m'en saurez quelque gré ! A présent, vous n'êtes pas fâchés, n'est-ce pas, d'être venus cueillir la noisette? Je ne sais pourquoi toutes les chansons disent qu'il y a du danger à cueillir la noisette; moi, je ne vois ici que du plaisir.

Armand secoua la tête en souriant, et comme en disant qu'il savait bien ce que toutes les chansons voulaient dire par-là. Tous nos amis déjeunèrent gaiement, et tous revinrent ensuite, en sautant, à la chaumière, où, ne trouvant pas leur père, ils se livrèrent à leurs exercices journaliers. A deux heures, quelques moments avant de se mettre à table, on vit s'arrêter une voiture à la porte cochère. Il en descendit un cavalier et une dame jeune encore, une jeune personne, pleine d'attraits et de grâce, une vieille femme de campagne, et un jeune homme que nos enfants reconnurent sur-le-champ. C'est Émilion! voilà le cri universel... Nos enfants se précipitent dans les bras d'Émilion et de Brigitte, qui les pressent contre leur sein, et Palamène bientôt est occupé à faire entrer chez lui le cavalier et sa compagne. — Voilà mon père et ma mère, s'écrie Émilion en montrant ces deux derniers. — Oui, ajoute Brigitte, voilà son père et sa mère; le ciel a permis qu'il les retrouvât!

Tout le monde entre dans la maison. La nouvelle société est engagée à y dîner : elle n'est venue que dans cette intention. Quel repas agréable, et que de questions on se fait réciproquement! Comment donc cela s'est-il fait? dis-nous donc tout cela, Emilion ; où les as-tu rencontrés? quels malheurs ont-ils éprouvés?... Émilion se contente d'embrasser ses jeunes amis, en leur promettant pour le même soir le récit de ses dernières aventures.

Comme cette journée s'écoule lentement! Elle se passe néanmoins à se promener, à visiter les propriétés du vieux père. Le soleil enfin annonce qu'il va parcourir un autre hémisphère; tout le monde se réunit sur la terrasse; de là, il est question de continuer l'histoire du jeune Émilion. C'est la mère de cet enfant intéressant qui se charge de cette explication, en racontant ainsi sa propre histoire :

« Avant de vous détailler les événements singuliers qui ont traversé le cours de ma vie, je dois vous dire deux mots des aventures de mon père, afin de vous faire connaître les motifs qui ont engagé l'oncle le plus avare et le plus méchant à me persécuter, moi, mon époux et mon Émilion. Mon père, qui s'appelait Dubourg, était dans le commerce : il n'avait qu'un frère, plus âgé que lui de cinq ou six ans, qui, dans le commerce aussi, s'était ruiné plusieurs fois par les plus fausses spéculations. Plusieurs fois, mon père l'avait aidé de son crédit et de sa fortune; mais ce frère, sans mœurs comme sans conduite, venait enfin de terminer son roman par la banqueroute la plus frauduleuse. Mon père, lassé d'altérer pour lui une fortune qu'il me réservait, à moi sa fille unique (ma mère avait perdu la vie en me donnant le jour); mon père, dis-je, voyant que de nouveaux sacrifices de sa part deviendraient inutiles pour relever le commerce et le crédit de ce dissipateur, prit un moyen extrême pour lui refuser tout secours nouveau, et en même temps pour se mettre à l'abri, dans le monde, des reproches qu'on aurait pu lui faire de ne pas aider encore une fois son frère. Mon père donc répandit le bruit, quelque temps après, qu'une banqueroute plus forte que celle de son frère venait de le ruiner aussi. Il se désespérait, jetait les hauts cris, et jouait si bien son rôle, que tout le monde le crut, mon oncle, tout le premier, mon oncle, qui croyait pouvoir compter encore une fois sur son frère, et qui se voyait enlever ainsi tout espoir de le pressurer de nouveau. Cependant mon père, qui n'avait point de dettes, et ne faisait, par conséquent, tort à personne, vendit en secret ses biens-fonds, tout ce qu'il possédait, réalisa le tout, en fit une somme d'argent considérable, qu'il renferma dans un coffre de fer. Mon père avait l'intention de s'expatrier, ne voulant plus vivre dans un pays que son frère avait rempli du bruit de ses friponneries. Son nom y était trop déshonoré pour que mon père voulût encore l'y porter. Il se proposait donc de m'emmener avec lui, de passer dans un pays étranger, d'y faire valoir ses fonds, et de songer, loin d'un parent qu'il abhorrait, aux soins de ma fortune et de mon éducation.

» Il avait donné congé du logement qu'il occupait, renvoyé ses domestiques, et vendu, comme je vous l'ai dit, tous ses meubles. Les malles étaient faites, éparses çà et là dans le milieu de l'appartement, et dans l'une de ces malles il avait renfermé son lourd coffret plein de pièces d'or. Cependant, avant de partir, il avait mandé son caissier, nommé Leclerc, vieillard de soixante ans, son ami dès l'enfance, qu'il avait congédié en l'accablant de présents, et qu'il avait mis dans sa confidence. Oui, mon ami, lui avait-il dit, je possède ici plus de deux cent mille francs en or; je ne puis te le cacher à toi, mon vieux camarade, je ne puis te laisser comme tout le monde dans l'erreur de ma ruine totale; erreur qui, je le crois, a déjà trop affecté ta sensibilité. Sois donc tranquille sur mon sort; garde mon secret enfermé dans ton sein, et fais-moi tes adieux sans regrets. Quelque part où je sois, je t'écrirai, et j'espère entretenir ainsi longtemps avec toi la correspondance de l'estime et de l'amitié.

» Le vieux Leclerc, enchanté d'apprendre que son ami n'était pas si infortuné qu'on le croyait, visita le coffret, et compta les sommes en sautant de joie ; puis embrassant mon père, il lui promit le secret, et lui souhaita le plus heureux voyage.

» Mon père allait partir, sa voiture était retenue, tout était prêt pour son voyage, lorsque... ô premier malheur qui en a amené tant d'autres !... il était replet et sanguin ; il se trouve mal, le sang lui porte à la tête, en une minute il est mort !... J'avais quatre ans, et je me rappelle comme d'aujourd'hui de ce moment douloureux. Je remplissais l'air de mes cris, tandis que les voisins officieux (nous n'avions pas conservé un seul domestique) se hâtaient d'aller chercher mon oncle. M. Dubourg arrive tout empressé ; il se jette sur le corps inanimé de son frère, remplit l'air de ses gémissements, et s'écrie : Quel malheur ! quel malheur pour cette pauvre petite Caroline ! A quatre ans perdre son père ! Que va devenir cette orpheline ? je suis ruiné, son père l'était aussi... Ah ! mon Dieu ! je ne puis m'en charger, moi, je ne le puis... Avec quoi l'éleverais-je ? Encore, s'il était resté au père quelque argent comptant, quelques nippes ! mais rien : il a tout vendu pour payer le peu de créanciers qu'il avait... Ces malles, qu'est-ce que cela contient ? quelques mauvais habits, quelques vieilles hardes pour sa fille. Aussi pourquoi a-t-il voulu s'expatrier ? c'est la douleur d'être obligé de voyager qui l'a fait mourir ! Ah ! mon Dieu, mon Dieu ! Bons voisins, je vous en prie, emmenez cette enfant chez vous, pendant que je vais voir, visiter s'il n'y a pas des papiers, quelque chose... Je connaissais ses affaires comme les miennes ; elles étaient dans un bel état, ses affaires !... Au surplus, je suis le seul parent qui reste à Caroline. Emmenez-la, emmenez-la ! voyons, voyons !

» Les voisins m'entraînent chez eux ; et, pendant qu'ils cherchent à me consoler, mon oncle s'enferme seul dans l'appartement où le défunt était encore étendu. Je ne sais si mon oncle n'avait pas été tout à fait la dupe de la prétendue banqueroute faite à mon père, ou si ce n'était que par un simple motif de curiosité qu'il voulait visiter ses malles. Quoi qu'il en soit, il reste bien étonné en découvrant un coffret en fer, si pesant, qu'il a beaucoup de peine à le soulever. Il cherche partout la clef qui l'ouvre, et la trouve dans un petit anneau plein d'autres clefs, qui sont dans l'une des poches du défunt. Quelle est sa surprise ! quelle est sa joie ! des pièces d'or en si grande quantité ! des lettres de change ! des bordereaux ! une somme énorme !... L'hypocrite ferme le coffre, le cache soigneusement dans un lieu retiré ; puis, ouvrant la porte, il appelle les voisins : Venez voir, venez, leur dit-il ; le bel héritage ! tenez, ne l'avais-je pas dit, des hardes, et voilà tout ! il n'y a pas là de quoi payer son enterrement ! Non, mais je vous en prends tous à témoins ! là, n'est-ce pas là une belle succession ? Tenez, cette malle ! tenez, cette autre ! Je ne puis me charger de sa fille, moi qui n'ai rien ; il faut la déposer dans quelque maison de charité. — Ah ! mon Dieu ! s'écrient les voisins ; cette pauvre petite qui est si intéressante ! nous aimerions mieux nous cotiser tous entre nous pour l'élever. — J'aime ce trait, il vous fait honneur et m'électrise. Il ne sera pas dit que je ne serai pas aussi généreux que vous, moi, son oncle ! moi, le frère de son pauvre père ! Allons, voilà qui est dit ; je la prends, je l'élève avec moi. Je n'ai point d'enfants, je suis garçon, je croirai que le ciel m'a donné une fille. Bonne petite, baise-moi ; au moins tu ne seras plus abandonnée. O mon frère ! vous qui m'avez traité souvent avec tant de dureté, que ne pouvez-vous être témoin de ce que je fais pour votre enfant! Mais il est mort; ne songeons plus qu'à lui rendre les derniers devoirs et à faire transporter chez moi toutes ces vieilles nippes.

» Les voisins, persuadés que mon père est mort sans même posséder un effet de prix, ainsi que le bruit en courait avant son projet de voyage, se retirent. Ils voient d'ailleurs un frère, mon oncle, qui se met à la tête de tout; ils pensent que nos affaires ne les regardent pas, et ils ne s'en inquiètent pas davantage. M. Dubourg emporte la clef de l'appartement, et m'emmène chez lui. Il était garçon, n'avait point de domestique, et logeait dans un méchant cabinet garni, à un cinquième étage. Toute jeune que j'étais, il semblait que je prévoyais tous les malheurs qui allaient fondre sur ma tête.

» Le lendemain, mon pauvre père fut enterré. Pour jouer son rôle jusqu'au bout, monsieur Dubourg eut soin de ne réclamer de sa paroisse qu'une sépulture de charité. Il fit ensuite apporter chez lui le peu d'effets qu'il trouva dans les malles, et se chargea lui-même du précieux coffret. Deux jours après, il me mit en pension chez deux femmes indigentes, où je fus élevée, jusqu'à l'âge de dix ans, à travailler à des ouvrages d'aiguille, mise avec la plus grande simplicité, et ne mangeant pas à mon appétit tous les jours.

» M. Dubourg, enrichi comme on peut le penser, par les deux cent et tant de mille livres que lui avait valu mon héritage, eut soin de ne point afficher sur-le-champ une trop grande aisance. Il obtint du temps de ses créanciers, fit un petit commerce, paya ses dettes peu à peu; et, corrigé par le malheur et par la fortune, il devint aussi avare qu'il avait été prodigue.

J'avais dix ans lorsqu'il se retira pour la première fois des affaires, âgé à peu près de soixante-deux ans. Il avait acheté alors une maison fort propre à Paris, où il vivait retiré, avec une fille gouvernante et moi. J'avais à peine connu mon père, et je le croyais mort dans la plus extrême indigence : mon oncle m'entretenait dans cette idée; il me disait sans cesse qu'il m'avait tendu une main secourable, et que je lui avais toutes les obligations possibles ; je le croyais; et, malgré sa dureté, sa hauteur et son extrême avarice, l'habitude de la reconnaissance me le faisait respecter comme un père. Je restai ainsi chez lui pendant six années à m'occuper des détails de sa maison. Il était devenu très-humoriste, depuis qu'une foule d'infirmités avaient assiégé sa vieillesse; en sorte que je ne jouissais d'aucune espèce d'agrément. Il ne sortait presque pas, je ne sortais jamais sans lui; et, le soir, ou je lui lisais des livres sérieux, ou je faisais sa partie. Joignez à l'ennui de cet intérieur la présence continuelle d'une vieille gouvernante, jalouse, acariâtre, revêche, et vous aurez une idée de la monotonie de la vie que je menai jusqu'à l'âge de seize ans.

» C'était l'âge de la raison et de l'amour : je ne m'en aperçus que trop tôt. Ici commence le récit des événements qui me sont personnels; prêtez-moi toute votre attention.

» Mon oncle avait conservé l'amitié d'un certain comte d'Armance, à qui il avait autrefois prêté de l'argent, que l'autre ne lui avait même jamais rendu. Le comte d'Armance était un homme de quarante ans environ, veuf, mais père de famille, menant un train, ayant du faste, et surtout se piquant d'un très-grand crédit à la cour. Monsieur Dubourg ménageait l'amitié de ce seigneur, je ne savais pourquoi; mais il était humble, soumis devant lui; et le comte, qui venait de temps en temps lui rendre des visites, avait un but que mon oncle était bien éloigné de soupçonner. Le comte m'avait vue, je lui plaisais, et il avait sur moi des projets coupables. Le comte avait un jeune secrétaire aussi aimable que son maître était repoussant. Leclerc, c'était son nom, avait vingt-six ans; il était grand, bien fait, plein d'esprit et d'usage; il avait des talents; en un mot c'était un secrétaire précieux pour le comte, qui était singulièrement ignorant. Leclerc venait souvent chez nous apporter des lettres ou quelques légers cadeaux de la part du comte; et toutes les fois qu'il se présentait, il me prouvait par ses regards et ses soupirs, que j'avais su toucher son cœur : moi, de mon côté, je me plaisais, par le même langage muet, à l'assurer qu'il ne m'était pas indifférent. Nous nous entendions ainsi, sans nous être jamais communiqué l'état de nos cœurs. Le comte, qui l'aimait beaucoup, se faisait toujours accompagner par lui quand il venait chez nous; et, dans l'espoir de voir plus souvent Leclerc, je priais le comte de multiplier ses visites. Le comte interprétait en sa faveur le plaisir que me procurait sa présence; mais Leclerc n'était pas dupe de son amour-propre; il savait qu'il était le but de mes moindres désirs; et de son côté, il engageait son protecteur à venir souvent chez monsieur Dubourg. Tout en était à ce point, lorsque le comte me trouvant seule un jour, osa me faire une déclaration d'amour qui me surprit et m'effraya singulièrement. Je savais que cet homme était libre de donner sa main; je connaissais le caractère ambitieux de l'avare Dubourg, et je craignais d'être sacrifiée à la grandeur et à l'opulence. Monsieur, répondis-je au comte, en présence même de Leclerc, qui tremblait à ses côtés; monsieur, vous me faites honneur sans doute en recherchant ma main; mais je vous connais assez délicat pour me persuader que vous ne voudriez pas l'obtenir sans mon cœur. Si ce cœur n'avait consulté que la grandeur et la fortune, il vous eût préféré sans doute; mais il n'a écouté que la voix de l'amour.... Il n'est plus libre. — Il n'est plus libre! s'écrient en même temps et le comte, et Leclerc. — Non, monsieur le comte; j'aime, j'aime un jeune homme plein de mérite, qui, j'ose m'en flatter, soupire aussi en secret pour moi. Je le vois, il est... dans cette maison, et jamais nous ne nous sommes avoué notre amour mutuel; mais, je vous le jure à tous deux, lui seul sera mon époux, ou un cloître verra finir mes tristes jours.

» Il était hardi, pour une personne de mon âge, de faire une pareille déclaration à mon amant devant son rival; mais ce rival avait tant d'orgueil, tant de confiance, d'ailleurs, en son secrétaire, qu'il ne se douta point que ce dernier fût l'objet de mon amour. Pour Leclerc, quelque contrainte que j'imposasse à mes regards, il me devina, et peu s'en fallut qu'il ne laissât éclater sa joie. Le comte, après avoir réfléchi un moment, m'adressa ces mots :

— Voilà un amour bien prompt, mademoiselle; vous n'en avez jamais parlé à monsieur votre oncle ni à vos amis? — Jamais. — Et ce jeune homme est dans cette maison? — Il y est. — Je ne vois pas cependant. .. A-t-il un père? — Non, mais un surveillant incommode qui le gêne beaucoup. — Eh bien! mademoiselle, s'il est riche, s'il a un état dans le monde, il faut l'épouser. — C'est ce que je brûle de faire. — Je crains bien, mademoiselle, que ce ne soit là une défaite pour me rebuter. Au surplus, je le saurai; votre oncle connaîtra par ma bouche vos sentiments, et nous verrons. — Nous verrons, monsieur.

» Le comte était piqué, je l'étais aussi. Leclerc n'était pas à son aise; aucun acteur de cette scène n'était satisfait. Je m'aperçus bientôt que j'avais commis une imprudence, poussée par le dépit et par l'excès de la haine que je vouais à ce grand seigneur. Il fut trouver mon oncle, lui peignit ma passion inconnue sous des traits si ridicules, que M. Dubourg, l'assurant qu'il ne connaissait point de jeune homme ni de surveillant dans sa maison, qu'il habitait seul, lui promit de me réprimander comme il faut, et de me forcer à répondre à ses vœux. Le comte et Leclerc dînèrent chez nous ce jour-là. M. Dubourg ne me parla de rien, et sur le soir on fit de la musique. Leclerc, pressé de chanter, nous fit entendre au piano la romance suivante, dont je sentis la délicatesse et les fines applications.

ROMANCE.

Taisez-vous, soupirs amoureux,
Taisez-vous, ma tendre musette,
Je crains que quelqu'un en ces lieux
A mon jaloux ne vous répète :
Il ne sait pas que j'adore en secret
Celle pour qui son cœur soupire;
Il faut que mon cœur soit discret;
Il faut qu'il cache son martyre!

En proie à mes tristes regrets,
Lorsque je nomme Éléonore,
Taisez-vous, prés, vergers, bosquets ;
Vous seuls savez que je l'adore.

De mon secret je sais qu'en ce moment
Zéphyre est le dépositaire;
Je tremble, hélas! que l'imprudent
Ne révèle à tous ce mystère.

Oui, Palémon, je suis l'amant
De celle qui fait ton délire :
Je le répète à tout moment;
Ici tout peut donc t'en instruire.
Echo, je crains ton indiscrète voix;
D'un ruisseau je crains le murmure;
Je crains le silence des bois;
Ah! je crains toute la nature!

» Le lendemain, mon oncle entra chez moi : il me fit une scène affreuse, en me menaçant de me retirer sa tendresse et ses bienfaits si je ne lui nommais sur-le-champ le séducteur qui avait, disait-il, égaré ma jeunesse. Qu'entendez-vous, ajouta-t-il, par ce jeune homme qui demeure dans ma maison? — Je n'ai point dit, mon oncle, qu'il y demeurât; j'ai fait seulement entendre qu'il y venait souvent. — Qui est-ce donc? je ne vois pas... à moins que ce ne soit... mais non. — Mon oncle, ne me pressez pas davantage pour un aveu que je ne puis vous faire. Celui que j'aime est sans bien; je n'en ai pas non plus. — Je le crois bien, que vous n'en possédez pas! Savez-vous que votre père était ruiné lorsque je vous ai tendu une main secourable? Savez-vous que je n'ai point de dot à vous donner, et que monsieur le comte, en vous épousant, non-seulement n'en exige point de moi, mais encore veut bien me rendre tout ce que vous m'avez coûté depuis votre enfance? — Monsieur le comte vous promet cela, comme il vous promet tous les jours de vous rendre l'argent que vous lui avez prêté. — Taisez-vous, mademoiselle : que je lui en aie prêté, qu'il me l'ait rendu ou non, cela ne vous regarde point; ce ne sont point vos affaires, je crois, ce sont les miennes. — Et cet homme veut m'épouser? — Sans doute, et dès demain si vous suivez mes volontés. Il est vrai qu'il vous épousera secrètement : son grand nom, l'éclat de sa famille, l'estime dont il jouit à la cour, tout cela ne lui permet pas de se mésallier ouvertement. — De se mésallier, monsieur! l'expression est honnête! — Bon! et qu'y trouvez-vous donc qui ne soit pas honnête? Apprenez, mademoiselle, qu'un mariage secret avec un si grand seigneur est encore trop bon pour une orpheline comme vous. — J'admire, monsieur, l'élévation de votre âme et l'étendue de votre amour-propre! Quoi! pour vous-même vous consentiriez que votre nièce, qui porte votre nom, la fille de votre frère, fût sacrifiée, établie sans éclat, sans honneur dans le monde? — Qu'est-ce que cela veut dire? c'est l'argent qui fait l'éclat et l'honneur dans le monde : je n'en ai point à vous donner. Il vous faut donc prendre celui qui en a. Mais, avec tout cela, vous voulez me détourner du jeune homme dont je veux absolument savoir le nom. — Je ne le dirai jamais. — Non? eh bien! je le saurai, car dès aujourd'hui je vais chasser tous les jeunes courtisans qui, malgré moi, viennent depuis quelque temps dans cette maison, pour y dessiner ou faire de la musique avec vous; votre maître à chanter le premier. Celui-là m'est suspect depuis longtemps; il est toujours mis avec élégance; et puis sa petite voix de fausset, *ah, ah, ah, oh, oh, oh!* il n'en faut pas davantage pour tourner la tête d'une jeune fille. — Chassez, mon oncle. — Tout cela va être banni de chez moi. Excepté M. le comte et son secrétaire, vous ne verrez plus personne. Alors, si vous écrivez des billets doux, si l'on vous répond, je saurai m'éclaircir du mystère. En attendant, je vous ordonne, mademoiselle, de regarder dès ce moment M. le comte d'Armance comme votre futur époux. Entendez-vous, Caroline? sinon vous irez chercher ailleurs un oncle, un asile, et un bienfaiteur tel que moi.

» M. Dubourg me tourna le dos après cette brusque sortie, et je ne pus m'empêcher de rire, en songeant qu'il exceptait de sa proscription justement l'homme qui seul pouvait la mériter. Le soir même, M. Dubourg fit défendre sa porte à mon maître de chant, et successivement à tous ses amis; en sorte que nous vécûmes beaucoup plus solitaires que nous ne l'avions jamais été. M. Dubourg avait mis dans sa confidence sa jalouse gouvernante, qui avait ordre d'arrêter toutes les lettres qu'on pourrait m'adresser, et de remettre à mon oncle celles que j'écrirais ou lui remettrais pour la poste. Quelques jours après, Leclerc vint me voir : il pouvait entrer, celui-là, et c'était le seul que je pusse regretter. Il m'offrit devant mon oncle, et de la part du comte, une superbe corbeille de dentelles et un gros bouquet. Je voulais d'abord refuser le tout; mais je me décidai à n'accepter que le bouquet, voyant surtout l'affectation que Leclerc mettait à me vanter la beauté d'une tubéreuse qui était au milieu. Leclerc loua beaucoup le comte; il exalta son amour et le désir que ce seigneur avait toujours de toucher mon cœur; un homme qui adore mademoiselle, ajouta-t-il, soupire en secret, se nourrit de ses feux, et tout son bonheur est d'obtenir un jour sa main.

» Je sentis ce qu'il voulait dire, et je lui répondis : Cet homme doit avoir de la persévérance et du courage; peut-être un jour parviendra-t-il à surmonter les obstacles qui s'opposent à ses vœux.

» Mon oncle fut enchanté de cette réponse; il la regarda comme un premier pas vers un hymen qu'il désirait, et il m'en traita avec plus d'égard. Quand je fus seule, je me hâtai d'examiner mon bouquet, où sans doute Leclerc avait caché une lettre. Je ne me trompais pas; je trouvai dans une fleur un billet que je lus avec la plus vive émotion. Leclerc me marquait qu'il m'adorait, qu'il était heureux, sachant que je le payais de retour; mais que son état, sa fortune à venir, dépendant de son protecteur, il était obligé de flatter sa manie pour gagner sa confiance et trouver peut-être un jour les moyens de nous réunir. Leclerc terminait en m'apprenant qu'il me connaissait dès l'enfance, et qu'il m'avait vue naître. Il avait un grand secret à me commmuniquer, et désirait que je lui procurasse l'occasion de me parler sans témoin.

» Curieuse de lui en faciliter les moyens, je feignis avec mon oncle plus de complaisance et de docilité. Je parus même sensible aux attentions du comte, qui venait souvent m'obséder; et je dis à mon oncle, que s'il souscrivait à certaines conditions que je voulais lui imposer, je pourrais peut-être consentir à lui donner la main; mais ces conditions étaient un secret pour tout autre que pour le comte. Je me déciderais même avec peine à en parler à son secrétaire, qui me paraissait plus léger encore et plus inconséquent que son protecteur. Cependant, si mon oncle l'exigeait, j'en ferais l'aveu à ce secrétaire avant que j'en parlasse au comte, et afin que son confident le prévînt sur mes intentions. M. Dubourg ne voulut pas insister sur l'ordre qu'il m'avait donné d'abord de lui dévoiler mes intentions; et, le même soir, Leclerc étant venu seul m'apporter une lettre du comte, je priai mon oncle de permettre que je lui parlasse en particulier. M. Dubourg se retira; et pour la première fois je me trouvai tête à tête avec l'ami de mon cœur. Vous vous doutez bien que nous sûmes en profiter pour nous entretenir d'abord de notre amour. Ensuite je lui demandai l'explication du secret qu'il m'avait promis dans son billet. Il me la donna en ces termes:

» Je vous ai dit, belle Caroline, que je vous ai vue naître, et je vais vous le prouver. Orpheline à quatre ans, il est difficile, en effet, que vous vous rappeliez mon nom; mais n'avez-vous jamais entendu parler d'un caissier de votre père, nommé Leclerc, et qui resta plus de quinze ans avec lui dans le meilleur temps de son commerce? — Non. — Je le crois; on aura eu soin de ne jamais vous citer ce nom. Quoi qu'il en soit, ce Leclerc, caissier de votre père, est l'auteur de mes jours. Il fut en même temps l'ami, le confident le plus intime de votre malheureux père! — De mon pauvre père! qui est mort, hélas! dans la plus extrême indigence! — Voilà ce qu'on vous a dit, et voilà ce qui est de toute fausseté. — Comment? — Écoutez-moi, et promettez-moi surtout de garder le plus profond secret sur les choses étranges que je vais vous révéler.

» Je le lui promis et il continua:

» Votre père vint un jour, tout en larmes, apprendre au mien la prétendue banqueroute qui le ruinait et le séparait de son vieil ami. Mon père, désolé de ce coup imprévu, n'ayant lui-même que de modiques rentes pour vivre et pour m'élever, fut forcé de prendre son parti et de faire ses adieux à l'infortuné négociant. Celui-ci fit soudain les préparatifs d'un long voyage, et prépara des malles en conséquence. Vous étiez bien jeune alors; vous ne pouvez vous rappeler la scène que je vais vous tracer, si toutefois vous y étiez. La veille de son départ, mon père fut faire ses adieux au vôtre, et ne put s'empêcher de verser des larmes en voyant le triste équipage de son ami. Ne pleure pas, lui dit votre père en secret; ma ruine n'est qu'un bruit que j'ai fait courir pour me soustraire aux spoliations d'un frère qui me ruinerait, et mon départ n'a d'autre motif que le désir que j'ai de fuir la honte que son nom fait rejaillir sur le mien. Non, mon ami, je n'ai point éprouvé de pertes; j'ai seulement réalisé mon bien, et je l'emporte. Vois-tu ce coffret dans cette malle? il est plein de pièces d'or; il y a là plus de deux cent mille francs: c'est l'héritage de ma fille; je dois le faire valoir. Sois donc tranquille sur mon sort, et ne révèle ce secret à personne.

» Mon père, rassuré sur le bonheur de son ami, le quitta, m'emmena dans une campagne isolée, où il eut soin de mon éducation, et ne s'informa plus de votre père, qu'il crut parti.

» Cependant ce dernier lui ayant promis de lui donner de ses nouvelles, mon père s'inquiéta de n'en point recevoir: il voulait venir à Paris prendre des informations; mais une maladie de langueur, qui le minait depuis longtemps, l'ayant forcé de se mettre au lit, il ne s'en releva pas. J'eus le malheur de le perdre, et j'avais alors quatorze à quinze ans. Avant de mourir, néanmoins, mon père fit retirer tout le monde, et me raconta la conversation qu'il avait eue avec votre père au moment de son départ. Je ne sais, ajouta mon père, mais j'ai dans l'idée que cet honnête M. Dubourg aura été volé par quelqu'un. Si cela était, si tu le rencontrais jamais dans le monde, lui, sa fille ou ses héritiers, informe-toi du coffret, tâche de t'éclaircir du sort d'un homme à qui j'ai dû le bonheur et la légère fortune que je te laisse. Mon fils, ce secret qu'il avait déposé dans mon sein, doit passer dans le tien, puisque je cesse d'exister. Surtout promets-moi, si tu vas à Paris, de t'informer de lui, de sa fille et de ce coffret, qui, je ne sais pourquoi, me tourmente singulièrement.

» Il était étonnant, en effet, que ce coffret, qui, selon toute apparence, était toujours entre les mains de son propriétaire et avait sans doute servi à décupler sa fortune, troublât à ce degré la tête d'un vieillard mourant; mais on a souvent des pressentiments des malheurs qui doivent arriver à nous ou à ceux qui nous sont chers : mon père éprouvait cette vérité, et je lui promis de suivre en tout ses dernières volontés. Dès que j'eus fermé ses yeux à la lumière et donné de justes regrets à sa mort, je vendis, à l'aide d'un oncle qui voulut bien me servir de tuteur, les petites propriétés qu'il me laissait; puis, ayant fait de tout cela une petite rente de dix-huit cents livres, que je possède encore, je me rendis à Paris, où mon premier soin fut d'aller m'informer de votre père dans la maison qu'il occupait. Quelle fut ma surprise, lorsque des voisins me dirent qu'il était mort une heure avant son départ, et le lendemain même du jour où mon père, connu de ses voisins anciens dans la maison, était venu lui faire ses adieux! Je m'informai soudain du sort de Caroline : on m'assura que son oncle l'avait prise chez lui et qu'il l'élevait. Je demandai si cet oncle avait eu recours aux formes protectrices de la loi pour recueillir le faible héritage de sa nièce. On me répondit que non : que cet oncle s'était enfermé seul pendant quelques heures dans la chambre du défunt ; qu'il avait visité ses malles, appelé ensuite des témoins, et qu'enfin il s'était récrié sur l'indigence de son frère, qui en effet au rapport de ces mêmes témoins, était digne de pitié.

» Je fus bien tenté de m'écrier : Le fripon ! mais je retins cette exclamation, qui aurait trahi le secret de mon père ; et, sans chercher à approfondir davantage cette affaire, qui au fond ne me regardait pas, je me retirai, et songeai à chercher quelque place qui pût ajouter à mes moyens d'existence. M. le comte d'Armance demandait un secrétaire ; je lui fus présenté, il m'agréa, et depuis ce moment je ne l'ai pas quitté. Je dois vous dire maintenant, aimable Caroline, ce qui m'engage à vous révéler le secret de votre père et le mien. M. le comte est un sot, un libertin, un très-mauvais sujet ; je l'aurais cent fois quitté, si ce n'est que ma place est excellente, et peut me mener loin par les protections de mon patron. Il est très-dissipateur, il emprunte partout ; mais ce qu'il reçoit d'une main il le donne de l'autre ; en sorte que j'ai souvent plus de gratifications que d'appointements : je le ménage donc, et je suis son confident le plus intime ; bonheur inouï, puisqu'il me met à portée de connaître ses odieux projets sur vous. — Sur moi ! — Oui, sur vous. Cet homme, sans mœurs comme sans probité, a promis à votre oncle de vous épouser secrètement, pour éviter les reproches de sa famille ; eh bien ! je vous préviens que c'est un faux mariage qu'il veut contracter ; son valet de chambre doit faire le curé dans cette occasion : c'est assez vous en dire — O ciel ! — Quand il me l'a dévoilé, cet affreux projet, j'ai caché toute mon indignation ; et, paraissant étonné, je lui ai demandé ce qui pouvait le détourner de contracter des nœuds légitimes. Que veux-tu, Leclerc, m'a-t-il répondu : cette petite n'a rien ; son oncle, le plus avare des hommes, prétend qu'il l'a élevée par charité ; que son père, en mourant, ne lui a laissé que des dettes : si le vieux Dubourg voulait se saigner, former une dot quelconque, on verrait; mais encore je ne voudrais rien faire de sérieux ; c'est un amusement que je cherche uniquement dans cette affaire, pas autre chose !

» Je me rappelai soudain l'histoire du coffret, que j'avais presque oubliée, et je vis clairement que votre honnête parent se l'était approprié sans en parler à qui que ce soit. Tout cela m'a fait naître un projet que je vais vous communiquer. Ce coffret, mon père me l'avait désigné d'une manière à ne pas me tromper sur sa forme ; il est oblong, tout en fer, guilloché sur le couvercle, il porte deux serrures à cadenas ; dans l'intérieur, de petites cases, où les rouleaux de louis étaient casés par mille. Au fond, est une double boîte qui contenait des lettres de change et des papiers précieux. Caroline, il faut d'abord s'emparer de ce coffret. Votre oncle n'a-t-il pas un garde-meuble, une armoire où il l'a déposé, si toutefois il le possède encore ?—Mon oncle a, dans son cabinet, une partie de boiserie dont seul il a les clefs, et que je n'ai jamais visitée. — Il faut tâcher de chercher ce coffret, belle Caroline, et me le procurer par tous les moyens possibles. La ruse est permise à ceux qu'on a ruinés, et ce n'est point blesser la délicatesse qu'employer tout pour confondre un fripon.

» Je convins que Leclerc avait raison, et je lui promis de le seconder. Quand nous eûmes bien pris nos arrangements sur ce point important, je lui racontai le stratagème que j'avais employé pour avoir un entretien particulier avec lui. Ces conditions, ajoutai-je, que j'ai promis de ne révéler qu'à vous, sont toutes simples. Vous direz seulement au comte que j'exige qu'il me donne ouvertement sa main, son nom et le titre de comtesse; que je veux loger dans le même hôtel que lui ; qu'il me faut des chevaux, des équipages, tout le train attaché au rang que je prendrai dans le monde; que ce n'est enfin qu'à ces seules conditions, et qu'après qu'il m'aura présentée à tous ses parents avant le mariage, que je consentirai à devenir sa femme. D'après les jolis petits projets qu'il vous a confiés, il rejettera bien loin de lui toutes mes propositions ; et si nous n'en sommes pas tout à fait débarrassés, au moins j'aurai eu l'air de vous proposer, dans cette entrevue, des conventions réelles. J'allais donner d'autres raisons à Leclerc, qui goûtait déjà celles-ci, lorsque M. Dubourg, qui entra, rompit notre entretien. Leclerc me quitta, en me promettant de rendre notre conversation à son protecteur, et mon oncle exigea encore une fois que je lui confiasse mes projets. Pour avoir l'air de le satisfaire, je lui détaillai toutes les propositions que je venais de faire au secrétaire du comte. Mon oncle secoua la tête, en me disant que j'étais folle; que ces prétentions-là n'avaient pas le sens commun; qu'une petite fille comme moi, sans biens comme sans naissance, n'avait pas le droit d'exiger ni le titre ni les droits d'une femme de condition. En un mot, M. Dubourg s'emporta, et je lui objectai que c'était precisément parce que je prévoyais son emportement, que j'avais préféré confier mes sentiments au secrétaire avant de le consulter. Il me quitta de mauvaise humeur, et moi je le saluai de même.

» Il m'était devenu odieux depuis un moment. Bien loin de

le regarder comme un bienfaiteur, je ne voyais plus en lui qu'un homme sans foi, sans honneur, sans probité, mon spoliateur, en un mot. Comment! il jouissait de ma fortune, et me traitait avec tant de dureté, tant de parcimonie! Il m'avait élevée, disait-il, par charité!.... Quelle horreur! combien il me paraissait méprisable! mais aussi combien j'en chérissais plus le jeune Leclerc, à qui je devais cet éclaircissement salutaire, et qui allait s'occuper du soin de mon bonheur! L'amour était le seul sentiment qui pût me maîtriser. J'adorais Leclerc, et je détestais M. Dubourg, ainsi que le vil d'Armance, dont les odieux complots m'inspiraient l'horreur ensemble et l'indignation.... Cependant, je rêvais toujours au moyen de découvrir si le coffret était toujours en la possession de mon oncle. Il nous était nécessaire, avait dit Leclerc, sans expliquer ce qu'il en voulait faire. Il fallait donc que je le cherchasse sans que M. Dubourg s'en doutât. Le ciel m'en offrit bientôt l'occasion favorable. »

Ici Palamène fit remarquer à ses hôtes que la nuit s'approchait, et qu'ils avaient du chemin à faire jusqu'à la métairie de Brigitte. En conséquence, madame Leclerc, son époux, leur fils Émilion, Brigitte et la jeune personne qu'ils avaient amenée avec eux, remontèrent dans leur voiture, et partirent en promettant de venir le lendemain raconter la suite d'une histoire qui plaisait beaucoup à nos enfants.

QUARANTE-CINQUIÈME SOIRÉE.

LA PERSÉVÉRANCE.

Suite de l'Histoire du Jeune Émilion.

Nos jeunes amis mouraient d'impatience de voir revenir les parents de leur Émilion. Ils arrivèrent, en effet, après le dîner, et Palamène, qui leur avait fait préparer un goûter champêtre, les pria de se placer sur la terrasse, au milieu de ses enfants. Cette collation fut gaie. On y chanta la romance de Léon, dont les jeunes talents furent très-applaudis. Ensuite tout le monde se tut pour écouter madame Leclerc, qui continua ainsi le récit qu'elle avait commencé la veille.

« Je vous ai dit hier que je trouvai bientôt une occasion favorable pour découvrir le précieux coffret. En effet, mon oncle avait l'habitude de dormir pendant une heure ou deux, tous les jours après son dîner. Pendant ce sommeil, j'eus l'adresse de m'emparer de son trousseau de clefs; puis, m'introduisant dans son cabinet, j'ouvris toutes ses armoires, et furetai partout. J'aperçus bientôt dans un coin, derrière plusieurs effets, une espèce de cassette, et mon cœur tressaillit. C'est bien cela, tout en fer, oblong, guilloché sur le couvercle, deux serrures à cadenas; dans l'intérieur, des cases et un double fond : c'est bien le coffret qui renfermait ma fortune. Je m'empare de cette preuve de la cupidité de M. Dubourg; remettant à la place les effets qui le couvraient, je porte le coffret chez moi, où je le cache soigneusement. Heureusement pour moi, mon oncle ne s'était pas réveillé pendant ce coup hardi. Je remis ses clefs dans sa poche, et je n'attendis que le moment favorable de revoir Leclerc. Le soir, quand je fus retirée dans mon appartement, je visitai le coffre, et je trouvai dans le fond beaucoup de lettres de la main de mon père. Je baisai ces caractères sacrés, et je lus, entre autres choses, un bordereau des ventes qu'il avait faites, et des sommes qu'il avait réalisées. Il y avait au bas de ce papier : « *J'ai fait faire ce coffret par Dumont, serrurier, rue de la* » *Harpe, afin d'y renfermer deux cent dix mille quatre cent huit* » *livres, ce qui fait huit mille sept cent soixante-sept louis tous* » *ployés en rouleaux de mille et de cent.*

» Charles Dubourg. »

» Sur un autre papier était écrit de la main de mon oncle : « *J'ai trouvé en effet cette somme, telle qu'elle est désignée dans le* » *bordereau de mon frère.*

» Laurent Dubourg. »

» Ces preuves étaient convaincantes, et pouvaient, je crois, valoir en justice; mais ce moyen était violent : il aurait ruiné un homme à qui je devais néanmoins quelque reconnaissance de m'avoir élevée; et d'ailleurs, pour l'employer, il aurait fallu que je quittasse sa maison, et je n'avais ni parents, ni amis, aucun asile décent où je pusse me retirer. Je me proposai donc de me taire, et de consulter Leclerc. M. le comte vint me voir, il eut ensuite une longue conférence en secret avec mon oncle, après laquelle ce dernier vint m'avertir de me tenir prête pour partir le lendemain avec lui. — Où faut-il aller? lui demandai-je. — Au château d'Armance, mademoiselle, où l'on a préparé la chapelle pour votre hymen. — Eh quoi! monsieur, vous me sacrifiez! — Je fais votre bonheur, mademoiselle. M. le comte a trouvé comme moi vos prétentions folles, exagérées; il ne peut consentir à vous déclarer ouvertement pour sa femme. Son état, son nom, son crédit, il perdrait tout; mais il est très-possible que, par la suite, en vous conduisant bien avec lui, vous méritiez cette faveur. Profitez toujours de celle-ci, à laquelle une fille sans bien, comme vous, devait être bien éloignée de s'attendre. Demain on vous épouse, et vous me devrez cette élévation, pour laquelle vous me témoignerez un jour de la reconnaissance.

» J'allais lui dire que ce mariage projeté n'était que supposé; que lui et moi nous étions la dupe du comte; mais je me retins, dans la crainte qu'il ne me demandât de qui je tenais ces renseignements, et pour ne pas compromettre mon ami. Je me contentai de pleurer, de jurer que je n'irais point à d'Armance, que je ne consentirais jamais à cet hymen. M. Dubourg me protesta que, si je lui refusais cette consolation, il m'abandonnerait, et il me quitta en m'ordonnant de choisir : ou de sortir pour jamais de sa maison, ou d'épouser M. le comte.

» Restée seule, je ne savais plus quel parti prendre, lorsque je vis rentrer mon oncle avec Leclerc. Celui-ci me remit un superbe présent du comte consistant en dentelles, en étoffes d'habillement de femme. J'étais toute en larmes. J'allais refuser, mais un signe de mon ami me détermina à accepter. Je lui dis que j'allais choisir ce qui me conviendrait, et que je le priais d'attendre un moment, afin de remporter le reste. Il me comprit, resta avec mon oncle, et pendant ce temps je rentrai chez moi, où cherchant dans les étoffes qu'on venait de me remettre, j'y trouvai bientôt une lettre que j'étais bien sûre que Leclerc y avait placée. J'y lus :

« *Consentez à tout; laissez-vous conduire demain; j'arrangerai*
» *les choses pour que vous soyez seule dans une voiture, et vous fe-*
» *rez tout ce qu'on vous dira. Je ne puis vous écrire que ce mot :*
» *rendez-moi compte du coffret.* »

» Je répondis soudain : « *Il est entre mes mains; mais com-*
» *ment vous le faire parvenir?... Je suivrai vos avis; comptez sur*
» *moi.* »

» Ce billet écrit, je le cachai dans les plis d'une robe de soie que je reportai à Leclerc devant mon oncle, en lui disant que j'avais assez des autres présents du comte, qui m'étaient d'ailleurs très-indifférents. M. Dubourg, voyant que je rendais un effet aussi précieux, le prit de mes mains avant que Leclerc s'en emparât, ce qui nous effraya beaucoup tous les deux. — Pourquoi donc, mademoiselle, s'écria cet homme avare, pourquoi donc ne pas prendre? Croyez-vous que j'aie le moyen de vous donner un trousseau? Il faut tout refuser ou tout prendre.

» Heureusement Leclerc aperçut le billet, et eut l'adresse de s'en emparer pendant que M. Dubourg tenait la robe déployée. Leclerc alors appuya mon oncle, et m'engagea à joindre cet effet à ceux que je gardais. Comme j'avais vu le mouvement de Leclerc, je ne résistai plus et je cédai. Leclerc nous quitta, et je feignis le plus grand désespoir; et mon oncle, qui s'en moquait, me réitéra l'ordre de me tenir prête pour le lendemain matin à neuf heures.

» Je passai une nuit cruelle, ignorant les moyens que Leclerc prendrait pour me tirer de cet embarras. J'étais sûre de lui, et néanmoins il y avait des moments où je craignais qu'il ne s'y prît mal, qu'il s'entendît peut-être avec mon oncle et le comte pour me jouer. Pardon, mon ami, m'écriais-je ensuite, je rougis de ces odieux soupçons; mais le malheureux est méfiant, il craint jusqu'à l'amour, quand il est trompé par la nature!

» Enfin cette matinée dont je ne pouvais prévoir les événements arriva. J'étais dans un état difficile à décrire; mes yeux étaient noyés de larmes, et mon cœur battait violemment. Ce fut ainsi que je m'occupai à faire une malle de mes effets; ce fut ainsi que je songeai à me parer un peu; pour qui? pour le comte? non, sans doute, mais apparemment pour Leclerc, car je ne me rendis pas raison de ce mouvement de coquetterie; tant il est vrai qu'au milieu des plus grands chagrins, notre sexe ne perd jamais le sentiment de l'amour ni le désir de plaire.

» Mon oncle se présenta bientôt; il avait mis son plus bel habit; il me fit compliment sur ma soumission, sur ma docilité, et parut même, pour la première fois, content de ma toilette. — Allons, allons, dit-il, tu ne hais pas le comte, puisque tu veux charmer son cœur et ses yeux. On annonça ensuite M. le comte. Il me fit un compliment assez gauche; puis s'adressant à mon oncle : — Je vous emmène, lui dit-il; ma voiture est là-bas; nous partirons nous deux d'avance. Une autre voiture va venir chercher mademoiselle, avec une femme de chambre que je lui donne de ma main.

» Mon oncle parut étonné. — J'ai pris cet arrangement, poursuivit le comte, dans la crainte que mademoiselle ne fût pas prête. La toilette des dames est toujours si longue ! et d'ailleurs nous avons des affaires à traiter là-bas, vous et moi, avant la cérémonie. M. Dubourg ne parut pas content de me laisser seule. Il craignit peut-être que je refusasse de suivre la femme de chambre qu'on attendait, ou que je m'évadasse. Quoi qu'il en soit, il n'osa communiquer ses craintes au comte, à qui il avait fait accroire que j'étais enfin devenue plus sensible à sa tendresse. Leclerc, de son côté, avait fortifié son protecteur dans cette idée, en sorte que le comte se croyait vraiment aimé de moi; mais il n'en poursuivait pas moins son projet de s'unir à moi par un faux mariage; le prêtre, les témoins, tout était supposé.

» Après le départ de mon oncle et de d'Armance, je fus plus tranquille en songeant à cette phrase de mon ami : *Je trouverai le moyen que vous soyez seule dans une voiture.* C'était là le commencement de son ouvrage, et j'espérais qu'il se terminerait favorablement pour moi. En effet, au bout d'une heure, une voiture peu brillante s'arrêta à la porte de notre maison. J'en vis sortir une grosse et grande femme, qui me parut être celle qu'on m'avait annoncée. Mademoiselle est-elle prête? me dit cette femme en entrant. — Où me conduisez-vous? — Mademoiselle le sait bien; à d'Armance. — A d'Armance? Ciel!

» Et je soupirai. Je dis adieu à la vieille gouvernante de M. Dubourg, qui eut l'air de marmotter entre ses dents un *Hom! me voilà bien débarrassée!* puis je me plaçai, avec ma nouvelle compagne, dans une voiture conduite par un cocher à la livrée du comte. A peine y fus-je montée que la femme de chambre me dit, en me fixant d'une manière singulière: Il me semble que Mademoiselle a oublié quelque chose? — Eh quoi! Cela est possible; dans mon trouble... — C'est un objet dont M. Leclerc m'a parlé, qui... — Ah, mon Dieu! oui!

» En pensant soudain au coffret, je remontai chez moi: la gouvernante y était. Comment faire pour enlever cet objet précieux? Pendant que je faisais semblant de chercher, la femme de chambre vint me joindre, puis, couvrant le coffret de son tablier, elle l'emporta, en disant: Mon maître m'aurait bien grondée si j'avais oublié la corbeille de mariage. — Une corbeille de mariage! s'écria la gouvernante de mon oncle. Ah! voyons donc! — Nous n'avons pas le temps.

» La femme de chambre, après cette brusque réponse, descend promptement, se jette dans la voiture: j'y monte, transportée de joie, et le cocher fouette ses chevaux. C'est bien à présent que je reconnais les soins de mon cher Leclerc. Puis-je douter que cette femme ne soit à lui et dans sa confidence? Ma chère amie, lui dis-je, vous savez donc mes secrets et ceux de...

» Elle ne répond rien, son air a même l'air glacé. Sa froideur et son silence m'effrayent; je ne sais si je dois lui confier le mystère de mon amour. Je tremble qu'elle ne soit la confidente du comte et de mon oncle : mais quelle apparence? qui lui aurait parlé du coffret auquel elle m'a fait penser au moment que je l'oubliais? c'est Leclerc qui la fait agir... Mais pourquoi ne m'ouvre-t-elle pas son cœur? que craint-elle?..... Toujours le même silence et une froideur excessive! Je me perds dans mes conjectures, et je prends le parti de l'imiter, en ne proférant pas une seule parole.

» J'ignorais où était située la terre d'Armance, si elle était près ou éloignée de Paris; je ne m'étais informée d'aucun de ces détails, en sorte que je me laissais conduire comme ces victimes humaines qu'on offrait en sacrifice aux autels des faux dieux. Je m'apercevais bien que nous traversions Paris, et que nous étions déjà sur les nouveaux boulevards, derrière l'hôpital général. Tout à coup notre cocher s'arrête devant une maison d'une apparence très-simple. Ce ne peut être là le château du comte; où donc me conduit-on? La porte s'ouvre, le cocher donne la main à la femme de chambre; et, pour accroître mon étonnement, j'entends ce cocher qui dit à cette femme : C'est ici qu'il faut faire ce dont nous sommes convenus. — Vous avez raison, lui répond ma compagne.

» Et soudain elle tire de sa poche un pistolet qui me fait frémir. Ciel! veut-on m'assassiner? Non, cette scène ne me regarde point. La femme de chambre tire aux oreilles du cocher un coup de pistolet qui lui enlève une partie de ses cheveux; puis elle lui remet tranquillement cette arme meurtrière. Je descends, saisie d'effroi; le cocher remonte sur son siége, et disparaît avec sa voiture.

» Je vous vois tous fort étonnés, mes amis, de cet événement singulier. Il s'est passé à la lettre, et tel que je vous le rapporte.

A votre surprise vous devez juger de la mienne. Je ne sais où je suis, ni ce qu'on veut faire de moi. Tout a réussi, me dit ma femme de chambre en me tendant la main. Entrez, belle Caroline : c'est ici ma maison, vous y serez en sûreté, et mieux, à coup sûr, que chez votre méchant oncle. Vous ne me connaissez pas encore ; vous saurez bientôt qui je suis, et vous ne tarderez pas à voir celui qui vous est cher.

» Rassurée par ces paroles prononcées du ton le plus affectueux, j'entrai dans la maison, qui me parut meublée modestement, mais avec goût. Ma compagne sonna, et un domestique nous apporta des rafraîchissements. La prétendue femme de chambre demanda ensuite sa fille : on lui amena une enfant de quatre ans environ, qui lui sauta au cou, en l'appelant maman. Ma compagne l'embrassa et la renvoya ensuite avec sa bonne. Quand nous fûmes seules, je demandai à la maîtresse du logis ce que tout cela signifiait. Il est temps, lui dis-je, que vous me donniez une explication que je brûle d'entendre, quoique je ne doute pas que tout ceci soit de l'ouvrage de M. Leclerc. — Vous avez très-bien deviné, me répondit-elle ; et vous voyez en moi, non votre femme de chambre, quoique je me fasse toujours un plaisir de vous être de quelque utilité, mais la tante de Leclerc qui vous adore. Oui, je suis sa tante. Mon mari, qui était bien plus âgé que moi, et que j'ai perdu depuis un an, était le frère de son père. A présent vous allez savoir comment mon neveu et moi nous avons conduit tout ceci. Ce neveu, que j'aime autant qu'un fils, vint me trouver il y a huit jours. Il me raconta vos malheurs, les siens, et me confia l'amour qui tous deux vous enflamme. Je ne puis, ajouta-t-il, quitter le comte d'Armance dans ce moment-ci ; j'ai encore quelques affaires d'intérêt à régler pour lui ; mais quand j'aurai mis ses papiers en ordre, dans quelque temps d'ici, j'irai vivre alors chez vous, près de l'objet de mon affection. Ma chère tante, il faut que vous m'aidiez à l'enlever, à la soustraire à la tyrannie de son oncle et aux projets infâmes du comte... Je lui promis de faire tout pour son bonheur, pour le vôtre, et voici comment nous nous y prîmes. Le comte venait de renvoyer son cocher; Leclerc fit donner cette place à un jeune homme qui m'est dévoué, et qui est fils d'un fermier de mes amis. On cherchait partout une femme de chambre pour vous; on la voulait capable de se prêter aux projets du comte; Leclerc m'indiqua, je me présentai chez d'Armance, sans avoir l'air d'être parente de son secrétaire. Il me donna les plus affreuses instructions; je promis tout, et je fus agréée. Leclerc, qui flatte les passions de son protecteur, pour ne donner aucun soupçon de son intelligence avec vous, lui conseilla hier de partir d'avance avec votre oncle pour la terre d'Armance. Joséphine, lui dit-il (c'est le nom que je me donnais), Joséphine accompagnera Caroline, et la préparera en route au genre de vie retirée que vous voulez lui imposer. On peut se fier à l'expérience et à l'adresse de cette femme de chambre... Le comte y consentit, et alla ce matin, ainsi que vous le savez, chercher votre oncle. Pendant ce temps, je pris Michel à part; Michel, c'est le cocher que j'avais placé, et que vous venez de voir : Michel, lui dis-je, voilà le moment de me servir. Nous allons chercher la jeune personne; mais au lieu de la mener à d'Armance, c'est chez moi qu'il faut la conduire : quand tu seras rentré à l'hôtel, tu jetteras les hauts cris, tu diras que Caroline est descendue sous un prétexte quelconque, avec sa femme de chambre, dans le bois de Verrières, qui est sur la route de d'Armance; que là cette jeune personne a appelé à son secours; que plusieurs hommes à cheval se sont présentés; que l'un d'eux t'a tiré un coup de pistolet dont tu montreras la marque, et que, tombé de ton siége, tu n'as plus vu, en te relevant, Caroline, ni sa femme de chambre, ni les cavaliers. Voilà d'abord dix louis, Michel, pour commencer la récompense que je te destine; et si l'on te chasse pour t'être laissé enlever Caroline, je te procurerai une autre place. Michel me promit tout, et voilà le mystère du coup de pistolet que vous m'avez vue lui tirer tout à l'heure près de l'oreille, que j'ai eu soin d'effleurer seulement. Je lui ai laissé l'arme, marquée à un nom inconnu, afin qu'il puisse la montrer, et que cette arme, qu'il dira avoir ramassée après la retraite des ravisseurs, rende son conte plus vraisemblable. Ainsi, belle Caroline, bannissez toute crainte, il est impossible qu'il vous arrive chez moi le plus léger accident; il est impossible aussi qu'on vous y découvre, vu certaines précautions que je prendrai pour cela, et que je vous communiquerai. Il vous reste à présent à me dire si vous êtes fâchée d'avoir quitté la maison de votre spoliateur, ou de n'avoir pas été vous livrer au comte, le plus perfide et le plus immoral de tous les hommes.

» Je remerciai madame Leclerc (c'était le nom de la tante de mon ami) de tous les soins qu'elle avait pris pour me rendre ma liberté, et je l'assurai que, bien loin de former des regrets, j'étais maintenant heureuse et tranquille. Mais, lui demandai-je, pourquoi ne m'avez-vous pas fait tous ces aveux dans la voiture? vous m'auriez épargné bien des inquiétudes. — Que me dites-vous là! me répondit-elle. Eh! n'avais-je pas à craindre vos éclats, votre joie ou votre incertitude? N'avais-je pas à craindre moi-même d'être espionnée, rencontrée par quelques émissaires du comte? Je vous assure que j'étais trop occupée à examiner les figures, à étudier les regards curieux de tous ceux qui passaient auprès de notre voiture. Je risquais tout; et vous, vous ne risquiez que d'être reconduite à d'Armance ou chez votre oncle.

» Ses raisons étaient justes, aussi n'insistai-je pas davantage sur ce point. Quand je fus un peu revenue de mon trouble et de mon étonnement, j'examinai le nouvel asile que j'allais habiter. Il était agréable et commode; un joli jardin m'y offrait une promenade que je ne pouvais plus espérer de chercher au dehors. Madame Leclerc avait l'air plus franc, plus ouvert. Elle me parut respectable et remplie d'usages. Sa domestique était un excellent sujet, fidèle, attachée à sa maîtresse, et capable, pour elle, des plus grands sacrifices. En un mot, je respirais un autre air que chez mon oncle; j'allais retrouver, dans cette maison hospitalière, la liberté et l'amour; l'amour! dont je n'avais goûté les charmes jusqu'alors qu'avec contrainte et en tremblant.

» Deux jours se passèrent sans que nous vissions Leclerc, ce qui nous donna un peu d'inquiétude. Enfin le troisième jour il arriva, et vous jugez combien nous fûmes curieuses d'apprendre tout ce qui s'était passé au château d'Armance le jour de mon enlèvement. Leclerc, sûr de sa tante et de l'exécution de son projet, s'y était rendu de très-bonne heure le matin, pour y faire les préparatifs nécessaires, et de la fausse cérémonie, et du repas et du bal qui devait suivre tout cela. M. Dubourg et le comte y arrivent vers onze heures, et s'enferment ensemble pour s'entretenir de quelques affaires particulières. A midi tout est prêt, et je n'arrive pas. Une heure, deux heures, trois heures sonnent, et l'on ne me voit pas venir. Toutes les figures pâlissent. Leclerc s'agite, s'inquiète; il va prendre un cheval, il va voler à Paris, il ne peut laisser son protecteur dans une si grande inquiétude... On le retient, on attend toujours. M. Dubourg est rêveur : il soupçonne de la part de sa nièce quelque tour dont il n'ose point parler. Enfin, à sept heures du soir, le concierge de l'hôtel d'Armance à Paris arrive à cheval et tout essoufflé. Il raconte que le pauvre Michel est blessé, que mademoiselle Caroline a été enlevée par des inconnus dans le bois de Verrières. Voilà ce que j'avais prévu ! s'écrie M. Dubourg. Ce matin aussi je voulais l'amener avec moi, et monsieur le comte s'y opposa. Il a toujours de beaux arrangements comme cela, monsieur le comte ! Je savais qu'elle avait un amant qui s'est toujours voilé à mes yeux : c'est cet amant qui nous l'a enlevée.

» Tout le monde est pétrifié ; on passe la soirée, la nuit entière à raisonner, à déraisonner plutôt, sur cet événement ; et le lendemain le comte, M. Dubourg et Leclerc reviennent à Paris, où chacun, de son côté, fait des perquisitions qui n'aboutissent à rien. M. Dubourg rentre chez lui, gronde sa vieille gouvernante ; il prétend qu'elle s'entendait avec sa nièce pour favoriser ses amours, lui remettre des lettres et se charger des siennes. La vieille duègne se fâche ; on la met à la porte, et voilà le désordre partout. Cependant le comte jure qu'il me retrouvera, et saura se venger de mes ravisseurs. Leclerc le plaint, Leclerc dit comme lui, et proteste qu'il va faire toutes les recherches possibles. Enfin, Leclerc trouve un moment favorable pour venir retrouver sa tante et son amie. Il prend plusieurs carrosses de place, se fait conduire successivement dans divers endroits, pour dérouter ceux qui pourraient épier ses démarches, quoiqu'il n'en ait aucun soupçon, et arrive à pied chez sa tante, où il nous donne tous ces détails.

» Comme cette entrevue fut touchante! Nous pouvions nous aimer, nous le dire sans crainte, sans contrainte, en présence du témoin le plus respectable. Leclerc parla d'une union secrète, plus sûre, plus légitime que celle projetée par le comte. Je m'y refusai d'abord ; mais sa tante me décida, et nous prîmes jour pour cette auguste cérémonie. Je me croyais indépendante d'un oncle à qui je ne devais que ma haine, et j'étais en effet absolument maîtresse de ma main et de mon cœur. Nous ne nous quittâmes point ce jour-là sans parler du coffret. Je le montrai à mon ami, qui me pria de le garder jusqu'à ce qu'il vînt me dire l'usage qu'il en fallait faire. Nous nous séparâmes enfin avec regret, et Leclerc prit, pour revenir chez le comte, les mêmes précautions qu'il avait employées pour venir nous voir.

» Nous vîmes Leclerc plusieurs fois encore avant notre union, et il nous apprit que mon oncle et le comte s'étaient plaints au gouvernement de ma fuite précipitée. On avait donné mon signalement, et plusieurs personnes étaient à ma recherche. Il était impossible qu'on me soupçonnât dans une maison isolée dont je ne sortais jamais. Quoi qu'il en soit, nous nous décidâmes à hâter la célébration de notre hymen pour prendre ensuite d'autres précautions. En conséquence, un prêtre sûr et respectacle nous maria un matin de très-bonne heure, dans une petite chapelle voisine, et quelques jours après je changeai de logement. Je fus habiter une autre petite maison à côté de celle de madame Leclerc, qui eut la bonté de me donner, pour me servir,

Jeannette, sa propre domestique, qui savait mes secrets et qui était sûre et fidèle. Notre tante en prit une autre ; et moi, sous le nom de madame Leclerc, je fus vivre tranquillement dans mon petit ménage, qu'embellissait mon époux le plus souvent que la prudence le lui permettait. Mais c'était toujours le soir qu'il venait, dans la crainte d'être suivi pendant le jour. J'étais devenue mère d'un fils ; mon mari n'avait pas encore jugé à propos de frapper les grands coups qu'il préméditait pour accroître ma fortune. Il tenait tout du comte, et se maintenait près de lui. Le comte lui parlait très-souvent de moi ; il m'aimait toujours, disait-il, et jurait que, s'il me retrouvait jamais, je ne lui échapperais plus. Il fréquentait toujours mon oncle ; et tous deux, prenant sans cesse Leclerc pour leur confident, étaient bien éloignés de se douter qu'il fût leur rival, mon ravisseur, encore moins mon époux.

» Leclerc souffrait continuellement des hauteurs et du tableau des vices de son protecteur ; mais Leclerc était époux, il était père : il fallait qu'il songeât à l'aisance de sa famille, et c'était pour lui amasser une fortune honnête qu'il célait son mariage et se rendait esclave auprès du comte. Cependant le moment approchait où tout allait se découvrir. Un jour que le comte et M. Dubourg, qui se quittaient peu, étaient allés voir à quelques lieues de Paris une maison de campagne, que le premier voulait acheter, un orage affreux le surprit en revenant à la ville. La grêle avait déjà brisé toutes les glaces de leur voiture, et la foudre menaçait de la réduire en poudre. Les deux voyageurs se décident à demander pour le moment un asile dans quelque endroit. Une maison isolée frappe leurs regards ; elle paraît habitée ; ils descendent et frappent à la porte. C'était justement ma maison qui se trouvait là sur leur route. L'orage m'avait engagée à fermer toutes mes croisées. J'entends frapper, et je vais regarder, sans aucune méfiance, à travers le joint d'un volet qui était fixé à une fenêtre, près de la porte. Ciel! qu'aperçois-je! mon oncle et le comte ensemble! Ont-ils découvert mon asile? viennent-ils m'enlever, me persécuter? Je n'ai pas le temps d'ordonner à Jeannette de ne pas ouvrir; cela est déjà fait; et je m'enferme dans un cabinet écarté, sans pouvoir donner des ordres à ma domestique, qui a déjà introduit les deux étrangers. Ils exposent la frayeur dont ils sont saisis, et demandent l'hospitalité jusqu'à ce qu'un temps plus favorable leur permette de se remettre en route. J'entends tout cela, et je tremble que ce ne soit qu'un prétexte qu'ils emploient pour entrer. Ma domestique m'appelle : — Madame! madame! Je n'ose lui répondre, dans la crainte que ma voix soit reconnue. — Eh bien! où est donc madame? dit cette fille. Elle cherche partout, et ouvre enfin mon cabinet, que je lui fais signe de fermer sur-le-champ derrière elle. — Malheureuse! lui dis-je; est-on plus imprudente que vous! c'est mon oncle, c'est le comte que vous recevez là! — Eh! bon Dieu, madame, pouvais-je le deviner? — Allez, et dites que je suis sortie. Si l'on vous demande mon nom, si l'on vous fait des questions, vous n'y répondrez pas.

» Jeannette rentre dans le salon où sont les deux voyageurs; elle les trouve très-inquiets. Pendant l'absence de cette fille, mon fils, qui jouait dans le salon, avait frappé leurs regards : ils l'avaient embrassé, questionné, et mon Émilion, qui avait alors quatre ans environ, avait répondu naïvement à tout. — Comment se nomme votre maman? — Madame Leclerc. —

Madame Leclerc! et votre papa, l'avez-vous? — Oh! il ne demeure pas ici; il n'y vient point, car je ne l'ai jamais vu: mais, tenez, maman dit que le voilà.

» L'enfant montre le portrait de mon époux, que je portais en bracelet, et que j'avais oublié de retirer de la cheminée. Le comte s'approche pour examiner cette miniature; il reconnaît son secrétaire; il appelle M. Dubourg. — Tenez, voyez donc, lui dit-il, c'est Leclerc. Un ménage en ville! Leclerc marié secrètement, et il nous l'a caché! Quel est ce mystère? Grand Dieu! il me vient un soupçon bien étrange... en effet, il serait bien singulier... Mais, non, non, ce ne peut pas être votre nièce qu'il ait épousée! — Ma nièce! quel trait de lumière!... — Dites donc, mon petit homme (*en s'adressant à l'enfant*), votre maman a-t-elle un papa, une maman? — Non, elle n'a qu'un méchant oncle, dont elle parle souvent, et que je n'ai jamais vu. — Un oncle! c'est elle.

» Ces méchants en étaient là de leur interrogatoire, lorsque Jeannette entra, et s'apercevant qu'on questionnait l'enfant, elle se hâta de l'emmener; mais M. Dubourg s'empressa de la questionner à son tour. — Ma fille, lui dit-il, vous mettez bien de la précipitation à éloigner de nous cet enfant; votre maîtresse est ici d'ailleurs, et n'est point sortie. — Qui vous l'a dit, monsieur? — Vous-même, tout à l'heure. — Je me trompais; elle est allée... — Par le temps qu'il fait? impossible. Faites-nous lui parler, ma chère enfant, nous vous récompenserons bien. — Qu'est-ce que cela veut dire, messieurs? Etes-vous entrés ici pour autre chose que pour vous abriter? Si cela est, ayez la complaisance... — Je veux voir, avant tout, la perfide Caroline. — Caroline!

» Jeannette pâlit ; M. Dubourg s'écrie : — Elle se trouble ; Caroline est ici, et je la trouverai.

» A l'instant, il se met à courir de tous les côtés ; il force Jeannette, qui s'oppose à son passage ; il visite toute la maison comme un furieux, et ordonne qu'on lui en ouvre tous les appartements. Jeannette est au désespoir, elle ne sait plus comment s'opposer à tant d'indiscrétion, à tant de violence. Elle appelle au secours. Le cocher du comte, qui était sous la porte, est attiré par les cris. Le comte a l'audace de lui ordonner de maintenir Jeannette ; ce que le cocher fait avec ses bras vigoureux. J'entends tout ce tapage, qui me remplit d'effroi ; et ne pouvant plus faire autrement que de me montrer pour arrêter tout ce bruit, je prends un parti violent. — Me voilà ! dis-je en paraissant ; me voilà, homme sans usage comme sans délicatesse ! — Eh bien ! l'avais-je dit ? c'est Caroline elle-même !

» Tandis que le comte, atterré de ce coup, tombe sur la cheminée, la tête dans ses deux mains, j'apostrophe M. Dubourg en ces termes : — De quel droit violez-vous l'asile qu'on vous offre avec trop de bonté ? êtes-vous ici chez vous ? Avez-vous le moindre droit sur ma personne ? N'ai-je pas un époux à qui seul je dois rendre compte de ma conduite ? Vous n'êtes pas mon oncle, vous n'êtes qu'un homme sans foi, qui m'a dépouillée de mon héritage. — Dépouillée ! — Oui, et je le prouverai. J'ai entre mes mains un certain coffret de fer... Vous pâlissez à ce mot ! Allez, contentez-vous d'avoir soustrait le bien de votre frère, sans persécuter davantage sa malheureuse fille ! — Vous avez, dites-vous, le coffret... eh ! qui l'a remis dans vos mains ? — Moi-même, j'ai su m'en emparer avant de fuir votre maison. — Mais cela ne se peut ; je m'en serais aperçu. — Vous avez le temps de vous en convaincre. En attendant, monsieur, sortez de cette maison, et tremblez que je ne fasse valoir en justice les preuves écrites de votre main et de celle de mon père, que j'ai trouvées au fond de ce précieux coffret. — C'est à vous à trembler, vous qui avez l'âme assez dénaturée pour manquer de respect à votre oncle pour le chasser ! Labrie *(en s'adressant au cocher)*, portez-moi cette femme dans la voiture. — N'approchez pas, qui que vous soyez !

» Je me jette à ces mots dans mon cabinet, dont je pousse la porte sur moi, et je crie en-dedans : — Le premier qui osera forcer cette porte, je lui brûle la cervelle !

» Cette menace fait effet. M. Dubourg, qui a peur, prend la main du comte : — Sortons, lui dit-il, sortons, mon ami ; les lois, que nous allons implorer, sauront nous venger de cette femme, de ce démon !

» Ils sortent, ainsi que le cocher, et bientôt j'entends le bruit de la voiture qui s'éloigne. Je recouvre mes sens, mais je n'en suis pas plus tranquille. Persuadée qu'ils vont sur-le-champ se plaindre à quelque magistrat, je n'ai pas un moment à perdre pour me soustraire à leurs coups. Je prends donc ce que j'ai de plus précieux ; puis, accompagnée de Jeannette, qui porte mon enfant, je ferme les volets, les portes de ma maison, et je cours me réfugier chez la tante de mon mari, qui n'est point connue de mes persécuteurs, et dont l'asile ne peut être violé. J'arrive, je me jette dans ses bras en versant un torrent de larmes qui l'effrayent; je lui raconte tout, et la prie de m'aider de ses conseils. Cet événement l'embarrasse autant que moi ; le comte a des amis puissants ; il peut exercer les plus odieuses vexations; la justice de ma cause ne peut résister au crédit de ses protecteurs. Le plus sûr est de se cacher de nouveau dans quelque retraite impénétrable... Mais Leclerc, qui ignore tout cela, qui va sans doute être la première victime du courroux de son protecteur, où retrouvera-t-il sa femme? Pourra-t-il la chercher? Lui en laissera-t-on la faculté? Et n'est-il pas à craindre qu'on le plonge au fond d'une obscure prison?... Ce sont bien là les terreurs de deux femmes qui ne connaissent point les lois, et voient toujours les événements du côté le plus noir. Ma tante prend cependant un parti très-prudent qu'elle suit sur-le-champ. Elle n'écrit que ces deux mots :

« *Tout est découvert! Vous êtes perdu si vous ne vous rendez à* » *l'instant chez moi!* »

» Ce billet cacheté, elle charge sa domestique de prendre une voiture et de le porter sur l'heure à Michel, ce cocher du comte qui est resté chez lui malgré qu'il se soit laissé enlever Caroline. Elle fait dire à Michel qu'il faut qu'il trouve Leclerc et lui remette ce billet. Le domestique exécute les ordres de sa maîtresse. Elle revient au bout d'une heure, qui nous a paru un siècle. Elle a trouvé Michel. Le comte n'était pas encore rentré ; Leclerc était sorti ; mais Michel savait que ce dernier était allé chez un homme d'affaires, Michel s'y est rendu bien vite pour lui remettre ce billet.

Nous voilà un peu plus tranquilles. Le comte n'était pas rentré. Il n'y avait pas à douter, ainsi que je le présumais, que cet homme et M. Dubourg ne s'étaient arrêtés en route chez quelque magistrat pour me faire enlever peut-être, moi ou mon époux!... Nous comptions les minutes, nous regardions à tout moment aux croisées. La nuit commençait à tout obscurcir, et nous ne voyions point arriver le bien-aimé.... Enfin le bruit d'un cheval, qui galopait au loin sur le boulevard, fixa notre attention. Le cavalier qui le montait avait tout l'extérieur de Leclerc. Est-ce lui?... Il s'approche... Ce n'est pas lui!... Il s'approche encore... C'est pourtant bien là son air... Il est plus près de nous, et nous avons le bonheur de le reconnaître. C'est Leclerc lui-même qui saute en bas de son cheval, le fait entrer dans la cour et se jette dans nos bras. — Avez-vous vu le comte? c'est la première question que nous lui faisons. — Non, nous répondit-il, non, je ne l'ai pas vu; mais votre billet m'a jeté dans la plus mortelle inquiétude. Tout est découvert, grand Dieu! Que s'est-il donc passé?

» Je lui raconte à la hâte la scène horrible que j'ai due au hasard, et dont j'ai pensé devenir la victime. Il frémit!... Nous y voilà, dit-il; ils savent tout; il n'y a plus moyen de dissimuler. Mais rassure-toi, ma Caroline; rassurez-vous, ma bonne tante, le mal n'est pas si grand que vous croyez; il peut se réparer, et j'en connais les moyens. — Comment? — En nous cachant d'abord pendant quelque temps; secondement, en poursuivant M. Dubourg pour la restitution de deux cent dix mille livres qu'il doit à ma femme, et dont nous avons des preuves. Nous l'effrayerons d'abord, et cela l'empêchera de nous nuire. Pour M. le comte, je ne le crains pas; il sait que je connais certains secrets... Je le tiens, en un mot. — Quels secrets? — Il est temps de vous les révéler, et vous allez frémir surtout de la noirceur du caractère de Dubourg. — De mon oncle! achève. — Le comte... Mais n'avez-vous pas été souvent étonnées de voir la liaison intime de cet homme avec M. Dubourg? N'avez-vous pas été surprises de l'ascendant que le comte a pris sur l'esprit de ce vieil avare, au point qu'il lui emprunte tout l'argent qu'il veut sans le lui rendre; au point qu'ils ne se quittent jamais?—Il est vrai.—Eh bien, cela vient d'un crime affreux qu'ils ont commis ensemble!—Un crime!—Épouvantable. Un particulier, riche garçon, sans parents très-proches, avait une terre qu'il voulait vendre. Il part de cette terre un jour, avec tous ses titres dans sa poche, et se rend à Paris dans l'intention de donner sa confiance à quelque homme d'affaires. Le hasard le fait descendre dans la maison où demeurait Dubourg; il y a de cela dix ans à peu près. Dubourg s'insinue dans sa confiance. Il apprend qu'il a une terre à vendre, et sachant que le comte d'Armance veut en acheter une, il va lui faire part des projets de son voisin. D'Armance connaissait Dubourg, parce que celui-ci lui avait prêté de l'argent à très-gros intérêt; ton or, sans doute, ma Caroline, ton héritage. Ces deux misérables convoitent la terre; mais ils veulent l'avoir sans la payer. Ils engagent le propriétaire à souper, le grisent, lui font faire un acte de vente, le pistolet sur la gorge; et l'oserai-je dire, ils l'empoisonnent après!—Ciel!—J'ai entre mes mains toutes les preuves de ce crime odieux: le comte ne l'ignore pas, et me flatte souvent, sans doute pour m'engager au silence. Vous sentez bien que Dubourg et son complice sont devenus inséparables, autant parce qu'ils ont le même caractère que parce qu'ils se craignent réciproquement. Dubourg avait eu d'abord en partage, pour son crime, la moitié de cette terre: mais le comte s'est si bien arrangé qu'il en est devenu le possesseur unique, et qu'il ruine journellement par des emprunts l'infâme Dubourg, qui n'ose pas le refuser. Voilà ce que sont ces deux scélérats: vous jugez bien qu'il m'a fallu toute la patience possible pour vivre avec le comte, que je méprise et j'abhorre au fond de mon cœur autant qu'il le mérite. Maintenant voici la marche que je vais suivre : loger ma femme dans un autre quartier, sortir sur-le-champ de chez le comte, lui écrire une lettre en conséquence, et attaquer, comme époux de Caroline, son oncle, en restitution d'héritage.

» Nous trouvâmes ce plan bien combiné, et mon horreur pour Dubourg devint telle, que je donnai à Leclerc toute l'autorisation possible pour le poursuivre. En conséquence, le lendemain matin, je fus m'établir avec mon enfant et Jeannette, sous un nom supposé, dans un autre faubourg de Paris, et Leclerc resta logé chez sa tante, d'où il écrivit le même jour une lettre tellement fort au comte, que celui-ci n'osa point le persécuter. Pour Dubourg, il s'entama contre lui un procès dans lequel on produisit, pour preuves, le coffret, le serrurier qui l'avait fait à mon père, son bordereau, celui écrit de la main de Dubourg, les voisins qui avaient vu mourir mon père, et qui attestèrent que Dubourg s'enferma seul dans la chambre du défunt, où l'on ne sut ce qu'il fit. En un mot, le secret confié par mon père à celui de Leclerc ; l'aveu que celui-ci en avait reçu du sien à son lit de mort ; les bordereaux, les témoins, tout cela fut d'un si grand poids, que le procès fut jugé en ma faveur, et M. Dubourg condamné à restituer la somme de cent quatre-vingt-dix mille livres. On lui laissa vingt mille quatre cents livres pour le payer des soins qu'il avait eus de moi pendant treize ans. Dubourg n'avait plus rien ; le comte avait tout pris. On fit vendre le peu de propriétés que Dubourg possédait encore, et tout cela fit une somme de quarante mille livres dont il fallut que je me contentasse. Je fus appelée moi-même chez les gens d'affaires pour toucher cette somme, qu'on avait réalisée en billets de caisse ou lettres de change. Je m'y rendis en prenant les plus grandes précautions pour n'être ni aperçue ni suivie par aucun des gens du comte, qui jurait toujours qu'il m'enleverait à son tour. La somme mise dans mon portefeuille, je rentrai chez moi, où je trouvai une lettre de mon époux. Il m'apprenait que mon oncle, désespéré d'avoir perdu le peu qu'il possédait, venait de se laisser mourir de chagrin. Mais ce qui ajouta à ma douleur, c'est que Leclerc me marqua que le scélérat d'Armance avait obtenu une lettre de cachet pour faire enfermer mon époux à la Bastille.

« *Je saurai*, ajoutait Leclerc, *me soustraire à cet ordre inique,* » *et me venger de ce misérable ; mais en attendant il est prudent de* » *fuir. Prends sur-le-champ une voiture, à tout prix, et rends-* » *toi à Chartres ; tu trouveras ci-incluse une lettre pour mon ami* » *Béville, rue de la Visitation, qui te recevra très-bien, et chez qui je* » *compte me rendre en même temps que toi. Il ne serait pas prudent* » *que nous allassions ensemble. J'ai bien d'autres précautions que toi à* » *prendre. Pars, ma Caroline, avec ton enfant, ta fidèle Jeannette,* » *et sois sans inquiétude sur mon compte. Demain au soir nous* » *serons réunis à Chartres. Tu peux compter sur ma prudence et sur* » *les moyens que j'ai de me sauver.* »

» Combien ce nouveau danger que courait mon époux me fit verser de larmes ! Le ciel, m'écriai-je, ne se lassera donc jamais de me persécuter ! Depuis six ans que je suis mariée, toujours séparée, toujours éloignée du plus tendre ami ; je ne l'ai jamais vu que de loin en loin, et toujours à la dérobée : cet enfant, cet intéressant Émilion, ne connaît presque point son père : à peine a-t-il joui de ses embrassements ! Est-il une famille plus malheureuse? Je crois enfin toucher au bonheur, et voilà un nouveau sujet d'inquiétude! Affreux d'Armance! persécuteur de l'innocence! que ne puis-je me venger des maux que tu nous fais... Mais il faut partir; mon époux l'ordonne. Allons, voyons si nous trouverons enfin le calme et la tranquillité. Je sors, je me procure une chaise et un postillon sûr; et, le lendemain matin, après avoir passé la nuit agitée, je fais mes préparatifs pour ce voyage, dont un fatal pressentiment me fait appréhender l'issue. J'embrasse mon fils. Mon petit Émilion, lui dis-je, nous allons retrouver, peut-être pour jamais, ton malheureux père; tu l'embrasseras bien; tu le caresseras, n'est-ce pas? car il a bien souffert, et moi aussi!

» Il me vint ensuite dans l'idée de charger l'enfant du portefeuille, et le mettant dans la poche de son petit gilet avec mon portrait, je lui appris par cœur cette phrase qu'il devait répéter à son père: Papa, c'est à la nature à vous offrir les traits de l'amour et le don de la fortune, qui vous ont tant persécuté! L'enfait savait très-bien cette espèce de petit compliment. Il sautait, il était enchanté d'aller en voiture, de retrouver son père, et sa joie allégeait un peu mes inquiétudes. Nous montons enfin, Jeannette, Émilion et moi, dans la chaise de poste, et nous partons. Notre voyage est très-heureux jusqu'à Maintenon: la nuit approche, nous voyons déjà les hauts clochers de Chartres et mon cœur tressaille de joie: mais, ô malheur, malheur affreux!..... Entre Maintenon et Chartres, campagne aride, vaste et déserte, trois scélérats nous abordent, menacent le postillon, qui s'arrête, de lui brûler la cervelle. Deux de ces monstres arrachent mon fils de mes bras, s'éloignent; et le troisième, monté dans la chaise à côté de moi, donne de l'or au postillon en lui parlant à l'oreille. J'étais presque évanouie; Jeannette, mourant de peur, n'osait faire un geste ni dire un mot, et le traître de postillon fouetta ses chevaux qui m'entraînèrent et me séparèrent, hélas! pour longtemps, de mon cher Émilion!...

» Je ne sais comment j'ai eu la force de vous raconter cette scène, dont le souvenir brise encore mon cœur!... Demain, mes amis, je vous ferai connaître l'auteur de cette atrocité; et je vous détaillerai la longue chaîne de malheurs qui l'on suivie. »

Madame Leclerc s'interrompit à cet endroit de son récit: elle prit ensuite congé de Palamène, et remonta avec sa société dans sa voiture, qui la reconduisit à la ferme de Brigitte.

XLVIe SOIRÉE.

Bureau de Publication r. de Thorigny. 3.

Impr par Auguste Bry, 134, rue du Bac

Le Courage.

QUARANTE-SIXIÈME SOIRÉE.

LE COURAGE.

Fin de l'Histoire du Jeune Émilion.

Le lendemain, monsieur et madame Leclerc, Émilion, Brigitte, et la jeune personne qui est jusqu'à présent inconnue, revinrent visiter la chaumière du père de famille, à la grande satisfaction de ses enfants, et l'on se réunit sur la terrasse pour entendre la fin des aventures extraordinaires qui depuis deux jours fixaient l'attention de nos amis.

« Je vous ai laissés hier, poursuivit madame Leclerc, au moment du funeste enlèvement de mon fils sur la route de Chartres. J'étais, comme je vous l'ai dit, plongée dans un profond évanouissement, et je n'en sortis qu'au bruit d'une brigade de maréchaussée qui, pressée sans doute par quelque affaire importante, passa près de notre voiture en galopant à bride abattue. Ce sont ces hommes à cheval dont l'approche effraya tellement les gens qui tenaient Émilion, qu'ils le jetèrent dans un fossé. Je revis donc la lumière, mais pour la maudire, et pour demander mon fils à grands cris, à l'inconnu qui était assis près de moi dans la chaise. — Vous le reverrez, me dit-il en riant. — Mais, lui dis-je, où me conduit-on? de quel droit dispose-t-on de ma personne? — Vous le saurez bientôt. — Je vais implorer l'assistance du premier passant, de toute la ville de Chartres. — Nous n'y passerons pas. — Grand Dieu! que veut-on de moi?

» Je me lève pour m'élancer hors de la voiture quoiqu'elle aille comme le vent; mon gardien me retient, et me menace, un pistolet à la main, de me brûler la cervelle si je fais un seul geste, si je jette un seul cri. La mort ne pouvait m'épouvanter dans une position si cruelle; mais j'étais mère, et l'on m'assurait que je reverrais mon fils : pouvais-je renoncer à cet espoir? Je me résignai et me tus. Nous ne passâmes pas, en effet, par Chartres : le perfide postillon, que l'or venait de séduire, prit des routes détournées que nous tînmes toute la nuit; et au point du jour je me trouvai à la porte d'un château d'assez belle apparence, où l'on me força d'entrer. Vous voilà, me dit mon guide, dans une maison où vous vous êtes bien fait attendre un certain jour! c'était bien la peine de faire tant de façons pour arriver au point d'où vous seriez partie ce jour-là!

Je compris, par ce peu de mots, que j'étais au château d'Armance, et que mon ravisseur, ainsi que je l'avais pensé, n'était autre que le comte. On me fit entrer, avec beaucoup d'égards, dans un salon où le comte se présenta bientôt lui-même. Enfin, me dit-il en souriant, je vous tiens, belle fugitive ! Vous ne m'échapperez plus, je l'espère !—Monstre, lui dis-je, que veux-tu ? que demandes-tu ? Qu'as-tu fais de mon fils? Pourquoi l'enlever à sa mère ? Cette innocente créature doit-elle être la victime de tes passions, de tes fureurs ?—Vous le reverrez, madame, mais à une condition... — Quelle condition, homme barbare et sans honneur?—Ah ! vous avez cru me jouer longtemps ! Osez-vous m'appeler un homme sans honneur, après votre conduite, après celle de votre époux, qui a abusé de ma confiance de la manière la plus indigne ? moi qui lui disais mes moindres pensées, tous mes secrets ! il flattait ma passion, et il était mon rival ! et il vous enlève avec mes propres gens, ma propre voiture ! Est-ce là de l'honneur ? Couple ingrat ! vous avez lassé ma patience; vous avez ruiné, traîné au tombeau un oncle malheureux qui voulait votre bonheur. Allez, vous méritez mon courroux ! Le perfide Leclerc est déjà plongé dans une prison perpétuelle, et vous...—Mon époux ! ciel !—Oui, cela doit être fait à présent. Quant à vous, il ne vous reste qu'un moyen pour désarmer ma colère; employez-le, je vous le conseille, ou j'aurai soin que vous ne revoyiez jamais la lumière du jour ! —Que tu t'y prends bien pour te faire aimer ! Oui, voilà les manières franches et loyales avec lesquelles le comte d'Armance sait attaquer un cœur ! il est impossible de résister à tant de galanterie, et tu sais en effet m'inspirer un sentiment..... mais c'est celui de la haine, c'est celui de l'horreur.

» Le comte, un peu déconcerté, se retourne vers ses gens : Cette femme est folle, dit-il à l'homme qui m'a amenée; il faut avoir pitié de son état. Qu'on la conduise dans l'appartement que je lui ai destiné... On m'entraîne à ces mots. Je m'écrie : O Jeannette ! ma fidèle domestique, aura-t-on la cruauté de m'en séparer aussi ? — Qu'on lui donne sa Jeannette pour la servir, dit froidement le comte en s'en allant et sans me regarder.

» J'étais au désespoir; Jeannette paraît, et cherche en vain à me consoler. On nous mène toutes deux dans une chambre haute, dont la fenêtre, qui est grillée, donne sur la campagne. Un ameublement simple orne cette pièce unique qui va me servir de prison. A côté d'une alcôve est un petit cabinet noir pour ma femme de chambre, et l'on a soin de nous enfermer toutes deux dans cet asile de douleur. Je ne puis vous peindre mon état, vous vous en faites sans doute une triste idée. A deux heures, on nous apporte quelques mets auxquels Jeannette touche seule. Le soir, même attention. La nuit cruelle me retrace mon époux aussi à plaindre que moi, mon Émilion redemandant sa mère aux barbares qui le retiennent; et tant de malheurs allument chez moi une fièvre cruelle, qui dévore mon sang. En deux jours je touche aux portes de la mort. Le comte veut se présenter; je m'écrie que je meurs s'il faut qu'il approche de mon lit de douleurs. Je ne demande que mon fils, et je promets de vivre, de me prêter aux secours que les gens de l'art veulent me prodiguer. Tout le monde est muet, on ne peut me donner des nouvelles de mon Émilion. Jeannette entend même le comte dire à demi-voix à son intendant : Ces coquins de valet ! aller me perdre cet enfant ! Je ne voulais que l'éloigner un moment de sa mère pour obtenir d'elle plus de complaisance...

» Me perdre cet enfant ! qu'est-ce que cela veut dire ? qu'il est mort, sans doute ! Jeannette se persuade qu'Emilion est mort, que ces barbares l'ont tué, et elle n'ose me communiquer ses funestes soupçons. Enfin, je ne sais comment l'âge et la force de mon tempérament me firent survivre à tant de maux; tant il est vrai que la mort vous saisit souvent au faîte du bonheur, et qu'elle est presque toujours sourde aux cris du malheureux qui l'invoque. Je me rétablis peu à peu; et quand Jeannette me vit convalescente, elle me prépara par degrés à la triste nouvelle de la mort de mon fils, dont elle se croyait sûre. Je savais que le poison n'était pas une arme étrangère au comte quand il voulait se défaire de quelqu'un; mais je ne voyais pas quel intérêt il avait eu à se défaire d'un innocent enfant, à moins que ce ne fût pour se venger de son père, à qui il avait voué la plus mortelle haine. Oui, cette idée était la seule admissible, et je me persuadai, comme Jeannette, que mon Émilion n'existait plus. Quelle douleur pour une mère!

» Le comte voulut souvent se présenter; je menaçai de me tuer à ses yeux, s'il avait l'audace de mettre le pied dans mon appartement. Il fut un mois sans oser y entrer, et je m'apercevais de temps en temps qu'il allait et revenait de d'Armance à Paris, par le silence du château et l'absence des domestiques. Le concierge de cette prison était le seul que je visse, et qui m'apportait ce dont j'avais besoin.

» C'était le même homme qui m'avait enlevée sur la route de Chartres, et il me faisait horreur, en songeant qu'il était peut-être l'assassin de mon fils. C'était en vain que je désirais m'échapper de ce cachot : l'impossibilité m'en était prouvée journellement; il me fallait y gémir jusqu'à ce que le ciel daignât me regarder d'un œil de pitié. Je pensais aussi continuellement à mon cher Leclerc. Sans doute il était à la Bastille, car il aurait employé mille moyens, judiciaires ou autres, pour me délivrer. Mais comment avait-on pu l'arrêter? était-il venu, le même soir de mon enlèvement, chez M. Béville de Chartres? avait-on aposté de la garde pour le saisir dans la rue de la Visitation? Qui avait donc pu dévoiler au comte le secret de notre fuite? qui lui avait tracé si bien la route que j'avais à suivre? qui pouvait m'avoir ainsi trahie? J'avais mis Jeannette seule dans ma confidence; et cette fille, qui d'ailleurs ne m'avait pas quittée une minute, était incapable de cette bassesse: elle me le prouvait tous les jours par son zèle, ses larmes et ses consolations; elle ne voyait qu'avec horreur, ainsi que moi, tous ceux qui nous entouraient; elle ne parlait en secret à aucun d'eux, et elle était ma fidèle et assidue compagne. Ce n'était point Jeannette; mais qui donc? cela venait-il de quelque indiscrétion de Leclerc? Hélas! il en était aussi la victime! Nous étions enfin séparés, prisonniers tous les deux, sans espoir de recouvrer de longtemps notre liberté, et privés pour jamais du gage précieux de notre hymen! La vie ne pouvait plus m'offrir rien d'attrayant; aussi étais-je décidée à me l'arracher aux premières instances de l'amour brutal de mon tyran, et j'avais, dans ce dessein, caché dans un matelas de mon lit un couteau qui devait seconder cet acte légitime de mon juste désespoir.

» Un soir que, fixée à ma croisée, j'admirais, à travers mes barreaux, la beauté des différents sites que la lune éclairait à mes yeux, j'entendis au loin, dans la campagne, une petite flûte qui, je ne sais pourquoi, fixa mon attention et fit battre délicieusement mon cœur. Cette flûte jouait l'air de la Fée Urgelle: *L'avez-vous vu, mon bien-aimé?* et elle répétait si souvent cette phrase de chant, que je crus y remarquer de l'affectation. La flûte ne se fit plus entendre; mais, un instant après, elle reprit un autre air qu'elle répéta aussi plusieurs fois : c'était un air d'une petite pièce du théâtre italien, intitulée : *On ne s'avise jamais de tout.* Les paroles de cet air sont :

> Sous mes fenêtres, le soir,
> Lorsque le temps est bien noir,
> J'entends une voix qui chante,
> Venez, venez, beauté charmante!
> Venez, venez, beauté charmante!

» Et la flûte répéta vingt fois : *Venez, venez, beauté charmante!* — Jeannette, m'écriai-je, écoute donc! entends-tu cette flûte? — Oui, madame; c'est bien joli ce qu'elle joue! — O Jeannette! je ne sais pourquoi mon cœur bat comme cela! Elle se tait, hélas!... mais non, écoute! elle reprend.

» Et la flûte joua un air d'un opéra donné avec succès, depuis quelques mois, au même théâtre italien : c'était l'air de *Blaise et Babet :*

> Babet! Babet! Babet! c'est moi,
> C'est ton amant fidèle!

» Elle répéta longtemps : *Babet, c'est moi, c'est ton amant fidèle!* — Pour le coup, dis-je à Jeannette, il y a quelque chose d'étonnant dans cette affectation! Je cherchai à distinguer dans la campagne le pâtre qui jouait ainsi; mais l'éloignement où il était de moi ne me le permit pas, et je m'aperçus avec regret que cet homme se retirait, car je l'entendis jouer de la flûte d'un autre côté du château et sous d'autres croisées. Il me sembla même qu'il en faisait le tour, et cela m'inquiéta davantage. Je passai la nuit entière à réfléchir sur cet événement, et le lendemain je m'en entretins avec ma compagne, qui, ne connaissant pas les paroles des airs qu'on avait joués, ne pouvait en saisir l'application; mais je la mis au fait, et elle convint avec moi qu'il pouvait y avoir de l'extraordinaire dans cette espèce de sérénade. Le soir, j'ouvris ma croisée, et je restai fort étonnée d'entendre la même flûte recommencer les airs de la veille, et dans le même ordre. C'étaient : *L'avez-vous vu, mon bien-aimé? Sous mes fenêtres, le soir*, etc., et *Babet, c'est moi....* Je crus être sûre que ces applications toujours répétées s'adressaient à moi; mais comment y répondre? Je n'avais là aucun instrument dont je susse jouer, et je ne pouvais parler ni crier sans m'exposer, sans exposer peut-être le musicien, qui pouvait être envoyé par mon époux, ou mon époux lui-même, car Leclerc m'avait dit souvent qu'il jouait de la flûte; mais je n'avais jamais eu l'occasion de juger de son talent sur cet instrument. Dans mon embarras de répondre à cette espèce d'appel, je trouvai soudain un moyen excellent. Ce soir-là, le flûteur était plus près de mes croisées, sous lesquelles le fixait sans doute la lumière qu'on y remarquait. Je distinguais bien un pâtre, mais sa stature même m'échappait. Je m'avisai d'engager Jeannette à siffler fortement un air que je lui chantai tout bas. Jeannette, grosse fille de campagne, avait le talent de siffler, que je ne possédais pas. Je lui donnai une leçon, et cette bonne fille siffla aussi fort que l'aurait pu faire un homme, l'air de *Zémire et Azor* :

Azor! Azor! c'est ma voix qui t'appelle.

» Le flûteur, qui avait commencé un air, l'interrompit soudain, comme un homme qui écoute avec attention. Quand Jeannette eut fini, il reprit : *Babet, c'est moi*, et Jeannette lui répondit : *C'est ma voix qui t'appelle.* Ce petit duo se prolongea un peu, et l'affectation que chacun y mit prouva qu'on s'entendait à merveille. L'inconnu s'approcha encore de la croisée, puis il joua ce refrain d'un air connu : *Il reviendra ce soir, je crois; maman, grondez-moi pour deux fois!* Il appuya sur *il reviendra, il reviendra*; et Jeannette lui siffla, par mon ordre, l'air du Sorcier : *Reviens, reviens, mon cher Julien !*

» Un léger bruit que nous entendîmes nous fit trembler. Le pâtre disparut, et notre concert en resta là : concert charmant qui me prouvait qu'on pensait à moi, et que quelqu'un, mon époux peut-être, songeait à me délivrer, si toutefois il n'était point en prison, ou s'il avait brisé ses chaînes.

» J'embrassai Jeannette, je fis des extravagances, et j'entrevis enfin l'aurore du bonheur. La pensée seule que j'avais perdu mon fils troublait ma joie : — Mais au moins, m'écriais-je, que je retrouve son père, et je suis moins infortunée... Le lendemain, je vis entrer chez moi l'infâme d'Armance, pour la première fois depuis ma maladie. Sa vue me fit frémir, dans la crainte qu'il n'eût entendu le duo de la veille, et qu'il ne soupçonnât mon intelligence avec le flûteur. L'infortuné est méfiant, et son secret lui paraît toujours trop facile à deviner. Le comte me prouva, dès les premiers mots qu'il m'adressa, que mes soupçons étaient vains. Il me parla avec douceur, et m'engagea à ne plus être ma plus mortelle ennemie, en cherchant moi-même à améliorer mon sort par des soins et de la complaisance. Sans l'aventure du musicien, je crois que j'aurais exécuté sur-le-champ le projet que j'avais formé de m'arracher la vie ; mais je sentais que je devais chercher à gagner du temps pour en donner à l'inconnu qui s'intéressait à moi. Je feignis d'être un peu moins irritée contre lui. Je le priai d'adoucir l'ennui de ma captivité, en me procurant des livres, de l'encre, du papier, et je lui fis entendre que plus d'égards de sa part, plus de petits soins, pourraient parvenir un jour à diminuer ma haine. Il sortit assez satisfait, et me promit de m'envoyer tout ce que je venais de lui demander. Il rentra un moment après, pour me supplier de lui permettre de me voir plus souvent. Je détournai la tête à cette prière, et je profitai de ce qu'il était rentré, pour lui demander s'il était bien sûr qu'on eût exécuté la lettre de cachet qu'il avait obtenue contre mon époux. — Sûr, très-sûr, me répondit-il. Il est trop certain pour vous que vous ne le reverrez jamais. Cependant, si, par la suite, certains arrangements pouvaient vous plaire... on verrait : j'ai assez de crédit pour lui rendre sa liberté ; mais il faudrait pour cela tant de preuves de votre reconnaissance... Ne l'espérez que lorsque je serai sûr de n'être plus haï de vous.

» Il sortit sans attendre ma réponse, et moi je me livrai de nouveau à mes regrets. Leclerc était en prison ; ce n'était donc pas lui que j'entendais le soir sous ma croisée ! Eh ! si c'était un piége que me tendît le comte lui-même... il est si perfide ! capable de tout ! Grand Dieu ! ne détruis pas, par cette funeste pensée, l'espoir qui commençait à ranimer mon âme. Serait-il possible !... mais non, non. Quelle apparence ? et dans quelle intention ? pour voir si j'aime toujours mon époux ? il n'en peut pas douter ; pour s'assurer du désir que j'aurais de le fuir si l'on m'en procurait les moyens ? en peut-il douter encore ? Non, je ne puis croire que ce soit le comte qui me fasse abuser ainsi. C'est un ami de mon époux sans doute, et je ne risque rien de lui écrire. Il reviendra ce soir ; qu'il m'éclaire, et confirme ou détruise mes espérances. J'écrivis donc soudain ce peu de mots :

« *Qui que vous soyez, homme sensible et généreux, retirez-moi* » *d'ici, et rendez-moi à un époux, qui sans doute vous fait agir.* » *Indiquez-moi les moyens de vous aider dans cette entreprise, et* » *comptez sur mon éternelle reconnaissance.*

» CAROLINE LECLERC. »

» Je me nommais parce que je ne craignais rien de plus que ce que j'éprouvais. D'ailleurs, si, par hasard, l'inconnu était un de ces héros de romans qui cherchent partout leur belle, et si cette belle n'était pas moi, il était nécessaire de me faire connaître à lui pour qu'il ne fît pas de fausses démarches. J'attendis donc le soir avec la plus vive impatience. A l'heure accoutumée, j'ouvris ma croisée, et j'entendis de loin le flageolet qui s'approchait en jouant cette phrase du chant du *Déserteur* :

Je vais la voir,
La voir, lui parler et l'entendre !
De quel plaisir
Je vais jouir !

» Il répétait toujours *lui parler et l'entendre*. Je craignis qu'à la fin ces airs de flûte ne devinssent suspects aux gardiens du château, et je me hâtai d'interrompre l'inconnu en frappant dans ma main. Quand je le vis tout près du mur du château, absolument sous ma fenêtre, je lui descendis le billet au moyen d'une longue suite de bouts de fil auxquels je l'avais attaché. Il s'empara du papier, et s'éloigna sur-le-champ comme un trait. Dès ce moment, il ne fut plus question de musique entre nous. Je sentis bien que, ne sachant comment me faire parvenir une lettre, il ne pouvait en avoir là une toute prête dans sa poche. Il me fallut donc, pour avoir sa réponse, attendre la soirée du lendemain, qui fut bien lente à venir. Mais il arriva enfin : je l'aperçus se glisser sous le mur ; je compris ce qu'il attendait de moi, et, lui jetant le fil que j'avais surchargé d'une petite pierre, je remontai bientôt une lettre, et mon inconnu disparut. — Jeannette, m'écriai-je, la voici, je la tiens ! — Ah ! lisez donc, madame. — Ciel ! de la main de mon époux ! c'est lui, voilà sa signature ! — Voyons, voyons donc !

« *Enfin je découvre ton asile, chère et malheureuse Caroline, et* » *tu es dans les fers ! Les moments sont précieux ! Apprends ce qui* » *m'est arrivé. Je me rendis le jour indiqué chez mon ami Béville,* » *à Chartres ; juge de ma surprise ! Je te demande : il ne t'a point* » *vue ; j'attends, tu n'arrives pas ; la journée du lendemain s'écoule* » *sans toi ! Je ne pouvais me montrer à Paris ; ma lettre de cachet* » *m'y aurait fait arrêter. Je prie Béville de s'y transporter à che-* » *val ; et les deux jours de son absence sont deux siècles pour ton* » *époux ! Béville revient. Il a passé à ton logement ; on ne t'y a point* » *vue depuis ton départ : il est allé voir ma tante ; ma tante, aussi* » *affligée que moi, ne sait ce que tu es devenue. Quelle mortelle in-* » *quiétude ! Je n'y tiens pas ; je cours de nuit à Paris ; je vais voir* » *madame Leclerc ; je la prie de faire toutes les démarches possibles* » *pour s'informer de toi. Madame Leclerc, qui se doute bien que le* » *comte t'a enlevée, met tous ses amis en campagne. On apprend* » *qu'un des gens du comte avait découvert ta demeure à Paris ; que* » *sans cesse rôdant auprès de la porte, il avait vu s'y arrêter un*

» *matin une chaise de poste; qu'au moment où tu y montais avec ta » domestique et ton fils, l'agent du comte a demandé sans affectation » au postillon: Où va donc cette belle dame? — A Chartres, lui a » répondu le postillon, sans penser à ce qu'il dit. Apparemment, ma » bonne amie, qu'occupée de tes paquets et de ton voyage, tu n'as pas » fait attention à cette petite scène. Quoi qu'il en soit, ma tante et » moi nous n'ignorons plus que le comte t'a enlevée. Mais où t'a-t-il » conduite? Voilà ce que nous ne pouvons savoir. Ma tante a d'abord » recours aux magistrats; elle va chez le lieutenant de police se » plaindre que M. le comte d'Armance lui a ravi une nièce qu'elle » chérit. Le lieutenant de police lui promet réponse sous trois jours: » elle y retourne. Il a de puissants amis, lui répond ce magistrat; » monsieur le comte est protégé; il est difficile, pour ne pas dire » impossible, de vous rendre la jeune personne que vous réclamez. » — J'irai jusqu'au roi, lui répond ma tante, indignée. — Allez-y, » réplique le magistrat, mais vous y trouverez monsieur le comte, » et tremblez de vous en faire un ennemi! Ma tante me rapporte » cette conversation. Je suis outré; mais je ne puis agir, je suis » moi-même sous les liens d'une lettre de cachet: que faire. Je prends » le parti d'avoir par la ruse ce que je ne puis obtenir de force. Je » fais informer à l'hôtel d'Armance à Paris. J'apprends que le comte » est presque toujours à son château d'Armance. C'est là, me dis-je, » qu'il a conduit sa victime, il faut l'y trouver. Je rêve longtemps » aux moyens, et malgré les vives instances de ma tante, qui veut » me retenir et se mêler de cette recherche, je pars moi-même pour » d'Armance; je me déguise en pâtre d'une manière méconnaissable, » et j'essaye de me faire entendre de toi au moyen de ma flûte, ins- » trument cher et précieux, dont jamais je n'ai tant aimé les sons; tu » me comprends, tu m'écris, je te réponds, et je suis plus tranquille.*

» *Maintenant, comment faire pour te sauver? Tu ne peux des-*
» *cendre par la croisée qui est trop élevée. Je vois bien une fenêtre*
» *au-dessus de ma tête; si tu pouvais obtenir le logement qu'elle*
» *éclaire, tu serais bientôt dans mes bras; mais un quatrième étage!*
» *Donne-moi des détails sur le château, sur sa disposition, sur ceux*
» *qui le gardent, et je verrai à agir en conséquence. Je te préviens*
» *que ce château et la terre qui en dépend sont justement les biens*
» *que le comte et M. Dubourg ont volés au malheureux qu'ils ont*
» *empoisonné! Ceci doit t'en rendre le séjour encore plus hor-*
» *rible. Demain, Caroline, à la même heure, j'attends ta ré-*
» *ponse.* »

» Je relus plusieurs fois cette lettre, et je rêvai toute la nuit aux moyens de donner à mon époux les éclaircissements qu'il me demandait. Le lendemain matin, n'en ayant trouvé aucun, je fis demander au comte la permission de me promener pour la première fois et de visiter son château. Le comte s'empressa de venir lui-même m'accompagner dans cette visite. Il m'en montra tous les logements, tous les détails. Quand nous en fûmes au donjon, au sommet duquel était la chambre que j'habitais, je témoignai quelque curiosité d'en voir le rez-de-chaussée. Nous y entrâmes. N'approchez pas, me dit le comte. Je regardai à mes pieds et j'aperçus une espèce de puits; alors, levant la tête, je remarquai une trappe au plancher. Je demandai au comte ce que cela signifiait; il me répondit qu'il me l'expliquerait en me montrant les chambres supérieures. De ce rez-de-chaussée nous montâmes à l'entresol. C'était de la croisée de cet entresol très-bas que mon époux me parlait dans sa lettre. Je soupirai en regardant ce logement; et tout noir, tout triste qu'il était, je l'aurais préféré au mien, puisqu'il m'aurait donné la faculté de me sauver; mais je n'osai pas demander cette chambre à la place de la mienne, dans la crainte de donner des soupçons. Au second étage, j'aperçus sous mes pieds et sur ma tête des trappes pareilles à celles que j'avais vues en bas. Je rappelai au comte qu'il m'avait promis de m'en expliquer l'usage; il le fit ainsi : Vous saurez, madame, que cette aile de mon château est très-antique. Ici dessus, au troisième étage, est une chambre qu'on nommait la chambre ardente, du temps que cette partie du bâtiment était occupée par des seigneurs châtelains. On y enfermait les gens dont on voulait se défaire; et, à un signal convenu, toutes les trappes de chaque étage s'ouvrant à la fois, la victime tombait dans le précipice profond que vous avez vu là-bas, et qu'on nommait *les oubliettes*.

» Je frémis en songeant que j'habitais moi-même au-dessus de cette chambre ardente; et, connaissant la scélératesse du comte, je tremblai qu'il ne me fît un jour éprouver ce supplice affreux; mais, songeant bientôt que s'il en avait l'intention il ne m'instruirait pas de ce piége, je me rassurai. Nous visitâmes ainsi jusqu'à ses jardins, qui étaient superbes. Je feignis ensuite d'être lasse et indisposée, pour rentrer chez moi et me débarrasser de lui. Il me reconduisit lui-même jusqu'à ma chambre, qu'il ferma sur moi à double tour, en m'assurant que sous peu de jours il me confierait des projets d'où dépendait ma liberté. Quand je fus seule avec Jeannette, je songeai à tirer parti des connaissances locales que je venais d'acquérir, et j'écrivis soudain à mon époux, sans avoir encore pris un parti :

« *Je m'occupe d'un vaste dessein qui doit me réussir. Je ne puis* » *que t'écrire peu de mots, afin de ne perdre aucun instant précieux.* » *Trouve-toi demain à minuit sous la croisée de l'entre-sol de mon*

» *donjon ; elle sera ouverte, et j'y descendrai dans tes bras. Arrange-*
» *toi pour que nous puissions nous sauver tous, car j'emmènerai*
» *Jeannette.* »

» Mon époux ne me faisait, dans sa lettre, aucune question sur mon fils, qu'il supposait sans doute être avec moi. Je ne jugeai pas à propos de lui en parler, ni de lui percer le cœur en lui apprenant la fatale nouvelle de sa perte. Le soir, M. Leclerc vint chercher ce billet, et m'en donna un autre, où il me jurait qu'il perdrait la vie plutôt que de ne pas me rendre la liberté. Il avait eu, disait-il, souvent le projet de dénoncer le comte à la justice, comme ayant assassiné un riche propriétaire; il avait toutes les preuves nécessaires pour le perdre ; mais, outre que l'action de dénoncer lui paraissait atroce, indigne d'un honnête homme, il avait pensé que cette affaire déshonorait le nom, la mémoire de mon oncle ; et mon époux avait renoncé à cette vengeance, dont l'idée seule répugnait à sa délicatesse. On verra bientôt que le ciel ne devait pas laisser longtemps impunis les crimes du comte d'Armance.

» Quand mon époux fut parti avec mon billet, je songeai sérieusement à tenir la promesse que je lui faisais ; mais comment? Je m'avançais beaucoup, avec imprudence même ; car je n'avais encore qu'une idée confuse de mon projet, dont les moyens d'exécution ne s'offraient pas à mon esprit. Je les trouvai enfin. La chambre que j'habitais n'avait point de trappe comme celle du dessous. Je savais que tous les planchers du bas étaient percés, et que ces chambres n'étaient point habitées. Je dérangeai, avec Jeannette, mon lit, que nous transportâmes dans le milieu de la chambre. A la place du lit, dans l'alcôve, je sondai mon plancher, qui se trouva fait en lambourdes remplies avec des lattes et en plâtre. J'ôte les carreaux; Jeannette m'aide dans ce travail, et à l'aide d'une pelle et d'une pincette dont nous nous armons, nous parvenons à faire au plancher un trou assez large pour que des femmes minces, comme nous l'étions, pussent y passer. Une petite poutre, plus courte que les autres, et que nous déplaçâmes, nous donna une ouverture assez grande; en un mot, cet ouvrage se trouva fini au point du jour. Je tremblais que le concierge, qui couchait à deux cents pas de nous, ne nous entendît. Heureusement tout fut calme, et nous eûmes la précaution de travailler avec nos mains, avec nos ongles, pour éviter le bruit. Quand le trou fut fait, nous remîmes le lit en place, de manière qu'il était impossible de s'en apercevoir. Le concierge, le comte lui-même vinrent me voir: j'affectai une migraine affreuse, et je priai qu'on m'apportât le souper de bonne heure, attendu que j'avais besoin de repos.

Le soir, quand tout le monde se fut retiré, et que nous nous vîmes enfermées, nous songeâmes à frapper les derniers coups. En conséquence, le lit étant reculé, nous mîmes tous nos draps au bout les uns des autres; je me munis de ciseaux, du couteau que j'avais caché; puis, ayant descendu, au moyen d'une ficelle, la bougie et le chandelier dans la chambre au-dessous, je mis le drap en double sur une lambourde de mon ouverture: Jeannette se glissa d'abord en bas, et je m'y coulai après elle. Je tirai ensuite un coin du drap, et l'autre bout vint à nous, en sorte qu'il ne nous aurait plus été possible de remonter dans notre chambre quand nous l'aurions voulu. Voilà déjà un pas de fait; mais ce n'est pas le plus difficile. La maudite trappe du plancher sur lequel nous marchions semblait, depuis le temps qu'on ne l'avait levée, fixée après le cadre qui la recevait. Il y avait à craindre aussi, en la levant, qu'elle vînt trop brusquement à nous, et que nous nous jetassions dans l'autre chambre. Cette trappe avait bien un anneau au milieu; mais comment la soulever? nous en vînmes pourtant à bout à force de travail et de patience. Je mis la trappe, qui était carrée, en porte à faux, et passant toujours en double, dans son anneau, notre drap favorable, nous nous glissâmes ainsi au second étage, après y avoir descendu notre lumière. Nous fîmes, dans cette chambre, la même opération que dans celle supérieure, et nous nous trouvâmes enfin à l'entresol, où je courus vite à la fenêtre. Elle était défendue seulement par un grillage en fil de fer, tandis que les fenêtres du bas, celles de la chambre ardente, ainsi que celles de ma chambre, étaient garnies de forts barreaux de fer. Le grillage fut bientôt enlevé, au moyen d'un fort bâton dont je m'étais munie en cas de besoin. Enfin, nous attachons pour la dernière fois, à cette croisée, le drap qui nous avait déjà si bien servies, et Jeannette et moi, nous voilà dans la campagne, où notre cœur bat de joie et d'ivresse de nous voir libres. Cependant, ô surprise! minuit sonne, et Leclerc n'arrive pas. Je tremble à tout moment d'être aperçue par les gens qui habitent l'aile gauche du château, qui se prolonge de côté sur celle que je viens de fuir. Je commence à me désespérer; un homme paraît dans l'obscurité. Est-ce toi? me dit-il. — Moi-même!... et nous sommes dans les bras l'un de l'autre. Sauvons-nous! c'est le cri que nous faisons tous les trois. Nous marchons à peu près une demi-lieue à pied, et nous trouvons enfin deux chevaux que Leclerc avait eu la précaution d'attacher, à tout hasard, aux arbres d'une avenue. Leclerc, enivré du plaisir de me voir, occupé d'ailleurs à entendre les détails de mon évasion, ne m'avait pas encore parlé de son fils pendant le court trajet où nous avions toujours couru. Tout à coup il s'écrie : Et mon Émilion; grand Dieu! je ne le vois pas. — Mon ami, lui dis-je en versant des larmes, tu ne le verras plus! — Ciel! — Les misérables me l'ont enlevé, et nous craignons qu'ils n'aient eu la barbarie de l'immoler, pour se venger de son père.—Le monstre! Quoi! ce d'Armance! oh! l'homme affreux! et je le ménageais! Non, non, il faut que l'échafaud reçoive enfin sa proie. Je change d'avis; je voulais fuir, m'expatrier, je retourne, je retourne à Paris; le scélérat va me reconnaître enfin, et payer ses forfaits.

» J'employai tous les moyens qui furent en mon pouvoir pour dissuader Leclerc de ce projet imprudent. Il y persista : il voulait, disait-il, savoir ce qu'on avait fait de son fils. J'approuvais ses transports; mais je me proposais, moi seule, quand j'aurais mis mon époux en lieu de sûreté, d'attaquer le comte et de lui redemander mon Émilion. Je parvins à calmer un peu son malheureux père, et nous montâmes à cheval. Jeannette, plus habituée à ce genre d'exercice, monta seule sur un des coursiers, et mon époux, sur l'autre, me prit en croupe derrière lui. Nous arrivâmes ainsi, au point du jour, chez notre tante à Paris. Cette bonne madame Leclerc était très-inquiète de son neveu, qu'elle n'avait pas vu depuis plus de huit jours. Elle nous serra dans ses bras en pleurant de joie; mais bientôt, partageant notre douleur sur la perte d'Émilion, elle nous promit de nous aider de tout son pouvoir dans la recherche que nous voulions faire de cet enfant. Nous le croyions, s'il existait encore, entre les mains du comte; c'est ce qui nous empêchait de faire, sur la route de Chartres ou ailleurs, des perquisitions qui nous l'auraient sans doute fait retrouver. Nous avions aussi trop d'embarras pour lire les papiers publics, et personne de nos amis ne pouvait nous éclairer sur la recherche qu'on faisait de cet enfant, puisque d'abord nous n'avions point d'amis, et qu'en second lieu, tout le monde ignorait que Leclerc eût un fils nommé Émilion. Ainsi les plus profondes ténèbres nous dérobaient cet enfant chéri, tandis que Brigitte et son ami M. Dulaurent faisaient l'impossible pour découvrir ses parents.

» J'étais tellement fatiguée, que je fus pendant six jours très-indisposée chez madame Leclerc, et cette bonne tante, ainsi que mon époux, ne quittèrent point le chevet de mon lit. Quand je fus un peu rétablie, je me proposai d'aller moi-même implorer le secours des lois contre les persécutions d'un homme puissant qui m'avait ravi mon fils et ma liberté. Je me disposais à sortir dans cette intention, lorsque Michel, l'ancien cocher que notre tante avait placé près de M. d'Armance, entra chez nous tout essoufflé. — Vous ne savez pas, nous cria-t-il ; bonne nouvelle ! le comte est perdu. — Perdu ! — Oh ! perdu, bien perdu ! — Michel, mets de l'ordre dans tes idées, et conte-nous cela. — Vous savez bien que je ne suis plus chez lui : il m'a renvoyé du moment où il a appris que M. Leclerc était l'époux de mademoiselle Caroline. Il m'accusa alors d'avoir aidé les amants ; enfin il me chassa : mais je n'en restai pas moins lié avec les autres domestiques, à qui je payais bouteille de temps en temps, comme ils me la payaient ; car, de ce côté-là, je n'ai pas à me plaindre d'eux. — Après ? — Eh bien ! voici comme ils m'ont raconté la chose. Il y a huit à dix jours environ de cela ; c'était le soir vers minuit, je crois. La maréchaussée faisant sa ronde dans la campagne qui entoure les murs du château d'Armance, aperçut de loin une lumière qui brillait vivement. Cette clarté n'étant pas naturelle, ils virent que c'était le feu qui était dans l'aile gauche du château en bas. Je ne sais comment une fenêtre était ouverte; un drap, dont un grand bout était resté dans la chambre d'un premier étage, d'un entre-sol, je crois, avait pris feu après une bougie qu'on y avait laissée. Le feu avait brûlé quelques matières combustibles, et, par une trappe de bois qu'il avait enflammée, il s'était communiqué dans plusieurs chambres. La maréchaussée frappe; on s'éveille dans le château; la justice s'y transporte : le feu est bien vite éteint, mais il laisse à découvert comme une espèce de précipice placé sous d'autres trappes, et qui laisse exhaler des odeurs très-fétides, On y descend, on y trouve, quoi? un cadavre. Il est décoloré; ses vêtements tombent en lambeaux; mais l'un des assistants s'écrie : —Ciel! c'est mon oncle! Son oncle! chacun reste bien étonné : le comte, qui avait plus d'un sujet, dit-on, d'être furieux, pâlit. On l'interroge, il balbutie; bref, on le mène en prison, avant qu'il ait eu le temps d'invoquer le secours de toutes ces belles protections dont il se targue tant. Il se trouve que le brigadier de la maréchaussée est justement le neveu de l'ancien propriétaire de la terre d'Armance. Ce jeune homme, assez mauvais sujet, à ce qu'il paraît, a voyagé dans sa jeunesse : il n'est revenu à Paris que pour apprendre que son oncle est mort après avoir vendu sa terre au comte. L'argent du prix de cette terre, on ne sait ce que cet oncle en a fait; en un mot, vif, étourdi, déshérité d'ailleurs depuis longtemps par son oncle, ce jeune homme ne s'en est plus informé depuis; mais aujourd'hui il retrouve là son oncle, dans une espèce de puits, tout habillé, et les chirurgiens assurent qu'il y a des preuves de poison sur ce cadavre, qui, depuis bien des années, s'est conservé assez bien dans ce précipice, peu favorable sans doute à la putréfaction. Le neveu produit des témoins. Il est prouvé que cet homme a été volé et assassiné. Le comte rejette tout cela sur M. Dubourg, parce qu'il est mort; mais comment se sauver de cette preuve attestée par d'anciens domestiques? c'est le comte lui-même qui a mis le cadavre dans sa voiture, après un certain souper fait à Paris; c'est lui qui l'a conduit à d'Armance; c'est lui qui l'a jeté dans le puits, aidé de Dubourg et d'un valet affidé qu'on a arrêté et qui a été entendu. Que vous dirai-je enfin? C'est une affaire du diable, un procès inouï. La famille du comte, pour éviter les suites déshonorantes de ce crime, a obtenu par protection; par exemple, il en a fallu là, et de l'argent! elle a obtenu, dis-je, qu'il serait envoyé dans les îles, et M. le comte est parti ce matin. — Il est parti, sûr? — Oh! très-sûr. Allez, il n'y a plus un seul domestique chez lui; tout le monde est sur le pavé, et ses biens, je crois, sont confisqués au profit du véritable héritier de la terre d'Armance. Oh! ç'a été bien loin et bien vite.

» Grand Dieu! il est parti! m'écriai-je. Et qui nous rendra donc notre Émilion? — Il vous l'a pris? poursuivit Michel. O le misérable! il l'a peut-être jeté aussi dans ce vilain puits.

» Sa réflexion me fit frémir. Je partis sur-le-champ pour aller voir les juges du comte. Le récit de Michel était vrai: le comte était banni de France; il était impossible de trouver quelqu'un des siens de qui on pût prendre des informations. Le concierge seul fut entendu, et dit que depuis longtemps les deux domestiques à qui il avait confié le jeune Émilion sur la route de Chartres n'étaient plus au service du comte, qu'on ignorait ce qu'ils étaient devenus, ainsi que l'enfant. Ces deux domestiques n'avaient pas reparu à l'hôtel depuis le jour de mon enlèvement. On les fit chercher partout, mais en vain; il fallut nous résoudre à pleurer pour jamais la perte d'un enfant chéri ! Nous obtînmes bientôt la révocation de la lettre de cachet que le scélérat d'Armance avait obtenue contre mon époux, et nous nous fixâmes à Paris avec madame Leclerc, notre tante. Nous étions cependant pour ainsi dire ruinés. Mon petit Émilion, au moment où on me l'avait pris, avait sur lui toute notre fortune, les quarante mille francs de la restitution de M. Dubourg! Leclerc n'avait plus que ses faibles rentes. Il les vendit, en fit une forte somme, se remit à travailler, et parvint à faire valoir si heureusement son argent, qu'en moins de dix ans il s'acquit des biens assez considérables. Le bonheur de notre ménage n'était jamais troublé que par le souvenir de la perte d'Émilion. Nous n'avions point d'autre enfant, et cela redoublait nos regrets. Nous perdîmes aussi notre respectable tante; mais elle laissait une fille que nous adoptâmes. Vous la voyez, c'est la charmante Roselle, jeune personne aussi intéressante par ses talents que par ses bonnes qualités : mais elle rougit; je me hâte de ménager sa modestie en pensant à ce qu'il me reste à vous raconter, au moment fortuné où nous retrouvâmes Émilion.

» Brigitte vint à Paris, il y a quelques mois, avec son fils adoptif. Je ne sais quelles affaires, des emplettes peut-être, l'appelaient dans cette capitale. Elle prend un portefaix pour faire porter quelques paquets à la voiture où elle va remonter avec Émilion pour retourner à son village; elle prononce par hasard le nom d'Émilion. — Émilion! dit le portefaix en fixant le jeune homme. Voilà un nom qui me rappelle bien des souvenirs. — Auriez-vous, lui dit Brigitte, connu quelqu'un qui s'appelait Emilion? — Oui, un pauvre petit enfant. Mais ne pensons pas à ça; c'est fait, et j'en aurai toute ma vie un chagrin là, qui... — Un petit enfant! vous m'étonnez; si c'était celui-ci! — Dame, il serait de son âge; mais celui-ci est votre fils, ainsi ça ne peut être lui, qui avait pour mère une belle dame! oh! — Je ne suis pas sa mère, je l'ai trouvé. — Bah! vous avez trouvé un Émilion, et moi j'en ai perdu un. — Perdu! — Sur la route de Chartres. — Sur la route de Chartres! c'est là aussi où j'ai trouvé le mien. — Le vôtre, mais c'est lui sans doute : le voilà, il avait cinq ans. — Cinq ans. — Petit gilet blanc, pantalon puce et petite veste puce. — C'est cela. — Je l'ai jeté, je crois, dans un fossé, tant j'ai eu une belle peur. — C'est moi justement, interrompit Émilion; vous étiez deux avec des habits de livrée? — Juste, la livrée de M. le comte d'Armance à qui j'appartenais alors. — Grand Dieu! d'Armance! Oui, je me rappelle avoir souvent entendu prononcer ce nom à ma pauvre mère. Elle était dans une chaise de poste avec une bonne; deux laquais m'arrachèrent de ses bras, et un autre monta dans sa voiture qui s'éloigna. — Vous y voilà... c'est vous... Comment! c'est là ce pauvre enfant que j'ai... Oh! que j'ai eu peur quand j'ai vu venir la maréchaussée, et mon camarade aussi, dà! Nous vous avons jeté là, dans le fossé, et puis nous courons encore. Nous ne sommes pas rentrés à l'hôtel, oh! que non! Faire d'aussi méchantes actions, et n'en pas pouvoir rendre compte, on nous aurait grondés, chassés; ma foi, nous nous sommes chassés de nous-mêmes. Nous sommes bien revenus, quand la troupe a été passée, à la place où nous vous avions laissé; vous n'y étiez déjà plus, Eh bien! dis-je à mon camarade, tu vois bien que nous ne lui avons pas cassé les jambes. Que dire à notre maître, à présent? Rien, prenons notre parti. Lui, il a servi un Anglais qui l'a emmené dans son pays, et moi je suis passé en Amérique avec un maître qui m'a ramené ici depuis quelques mois : il vient de mourir, et moi, pour vivre, j'ai été obligé de prendre des crochets. — Sauriez-vous à présent retrouver mon père et ma mère? — Ah! v'là le difficile! Je sais bien qu'ils s'appelaient monsieur et madame Leclerc. Vraiment Michel me dira où ils demeurent; Michel est notre cocher; je l'ai rencontré ce matin; il m'a dit son adresse : pardi, c'est heureux! allons-y.

» Brigitte et son Émilion suivent, transportés de joie, le portefaix, qui les conduit chez un particulier où Michel est domestique. Quiens, lui dit-il, sais-tu où demeurent monsieur et madame Leclerc?—Oui, je le sais.—Eh bien! voilà leur fils Émilion que j'ai retrouvé; charge-toi de le leur rendre, car, pour moi, je ne veux pas être recherché pour cette affaire. Ça ne me regardait pas, je faisais ce qu'on m'ordonnait.

» Le portefaix se retire, et Michel, transporté de joie, prend sur-le-champ une voiture, y fait monter Émilion, Brigitte; et tout cela arrive chez nous, rue de l'Université, où nous demeurons à présent. Vous jugez de notre surprise et de notre allégresse. Nous accablons Michel des preuves de notre reconnaissance, et nous l'engageons à assurer son ami le portefaix qu'il n'y a rien à craindre pour lui dans cette affaire. Nous retrouvons enfin notre fils. Brigitte nous raconte l'histoire de son adoption, et nous admirons la probité de cette honnête femme, qui a agi envers un enfant étranger comme le tuteur le plus délicat envers son pupille. Elle nous a promis de ne jamais nous quitter, cette bonne Brigitte; et nous allons maintenant à sa ferme, dans l'intention de la vendre et de lui assurer un sort pour le reste de ses jours. Nous avons retrouvé Émilion, que la bonté d'une femme sensible et délicate nous a conservé; nous espérons passer maintenant, au milieu de la vertu, de la tendresse filiale, le reste d'une vie qui a été agitée par la scélératesse, l'avarice, la barbarie même, par toutes les passions des hommes!

» Voilà, mes jeunes amis, l'histoire d'Émilion, que vous brûliez de voir terminée. La voilà; chérissez-le toujours comme un frère, et regardez-nous comme des amis de votre père et de vous, qui nous avez témoigné tant d'intérêt. »

Madame Leclerc termina ainsi l'histoire de ses malheurs, et elle se retira ensuite avec sa famille, en faisant promettre à Palamène qu'il viendrait le lendemain, accompagné de ses enfants, de M. Delacour et d'Henriette, dîner à la ferme de Brigitte, qui allait devenir le propre patrimoine de cette dernière; juste récompense des vertus hospitalières et de l'exacte probité.

QUARANTE-SEPTIÈME SOIRÉE.

L'UNION.

Grande partie de plaisir.

Le lendemain, la jeune famille de Palamène se réunit pour déjeuner. Adèle avait rêvé toute la nuit des oubliettes, des trappes, du puits profond et du cadavre qu'on en avait retiré; les roses de son teint étaient un peu pâles, et chacun lui en fit la guerre. Elle s'excusa sur la faiblesse de son sexe, et la conversation tomba sur le caractère atroce du comte d'Armance et de M. Dubourg, oncle de la jeune madame Leclerc. On en revint ensuite à Émilion; la manière dont il fut égaré, l'enlèvement de sa mère, sa captivité, tout cela fut amplement discuté;

et l'on convint généralement que, s'il y a de bonnes gens sur la terre, il s'y rencontre aussi malheureusement trop souvent des êtres bien vils, bien corrompus, bien scélérats! C'est un roman que la vie de certaines personnes, s'écria Léon! En vérité, je crois, moi, que tout ce que nous lisons dans les livres, même dans ceux de pure imagination, est arrivé ou doit arriver; si ce n'est à la même personne, c'est à plusieurs à la fois, et cela revient au même. Il se passe tant de choses sur la terre, tant d'événements amenés par la faiblesse des uns et par la méchanceté des autres! Dans tout cela, il faut puiser un plan de conduite et des règles certaines pour ne point être victime de la scélératesse des méchants; c'est de suivre toujours avec franchise et fermeté le sentier de l'honneur et de la probité; la vertu triomphe tôt ou tard, et le crime est découvert. Soyons vertueux, pour ne jamais nous perdre avec les méchants. — Vraiment, dit Armand, voilà une morale digne de notre père : Léon parle comme un livre. — C'est que j'en veux faire, des livres, reprit Léon; et que pour écrire il faut avoir le cœur bon, l'esprit juste, le jugement droit, et bien pénétré des hautes vérités qu'on veut retracer aux autres. Celui qui écrit ce qu'il ne pense pas, bâtit sur le sable. Il n'est pas possible que sa morale se soutienne, que son style soit toujours le même; il laisse percer par mille endroits son immoralité, sa véritable manière de voir, et il ne commande ni l'estime ni la confiance. Oh! maintenant, grâces aux sages leçons de mon père et aux exemples qu'il nous met souvent devant les yeux, je connais les hommes, à ne jamais me tromper sur leurs vices ni sur leurs vertus. Je les étudie plus que mes frères, parce que je me propose un jour de les éclairer. Je fais comme le jeune artiste qui se destine à la peinture; rien ne lui échappe des sites que nous remarquons à peine. Le prisme des couleurs, les effets d'optique, tous les moindres détails, il les saisit, tandis qu'un autre ne voit dans ce qu'il examine qu'un ensemble agréable. Peut-on me blâmer de cette étude approfondie que je veux faire du cœur humain? Elle me servira en outre à régler toutes mes démarches dans un monde où, comme au jeu, que je n'aime point, je ne veux être ni dupe ni fripon. Voilà comme je pense, mes frères, et je crois que si mon père m'entendait, j'aurais le bonheur d'obtenir son approbation.

Chacun convint que Léon avait raison. Jules objecta néanmoins qu'il voyait trop en noir; qu'il y a sans doute trop de méchants dans la société; mais qu'il est mille moyens de se garantir de leurs coups, et que ce qui arrive à l'un n'arrive pas à cent mille autres. Jules craint qu'à force de se méfier des hommes on n'en vienne à les haïr, et, dans ce cas, il faut préférer l'asile des bois à celui des villes; il faut renoncer aux hommes pour vivre avec les animaux. Tant de calcul, ajouta-t-il, conduit à la misanthropie, et c'est le comble de l'égarement de l'esprit. Et d'ailleurs, quelle raison aurait-on de se croire meilleur que les autres, parce qu'on ne vole pas, qu'on n'empoisonne pas, comme le comte d'Armance? Mais nous avons des défauts, si les autres ont des vices; des faiblesses, s'ils ont des passions; et, dans tout cela, je ne vois que des nuances qui différencient les espèces, qui séparent les bons d'avec les méchants: ces derniers sont heureusement en petit nombre; oui, les grands scélérats sont des phénomènes de la nature, comme ces ouragans destructeurs qui arrivent une fois au plus dans l'année pour renverser l'espoir de l'agriculteur;

ces ouragans ne sont que l'excès des vents; et ces vents, quand ils sont doux, sont salubres et bienfaisants. Vous voyez donc bien, mes frères, qu'il ne faut pas trop se gendarmer contre l'espèce humaine, parce qu'on y rencontre quelques individus qui la dégradent: ils ne sont pas faits comme les autres hommes, ceux-là; je suis tenté de les croire de l'essence de la bête féroce; et ils ne doivent point faire de loi pour la masse générale, qui est bonne, sensible, généreuse et compatissante, quand elle n'est pas égarée.

Cette conversation devenait un peu sérieuse pour Adèle et Henriette; elles l'interrompirent pour engager leurs jeunes soupirants à leur faire des bouquets. Nous dînons en ville aujourd'hui, dirent-elles; il faut que nous soyons parées. Armand et Jules volèrent soudain au parterre, où ils mirent à contribution tous les dons de Flore, pour en orner Hébé et les Grâces. Les bouquets furent apportés, vantés comme ils méritaient de l'être, et chacun se retira pour songer à sa toilette. Palamène, qui avait entendu la discussion de Léon et de Jules, se promena avec son ami Delacour, et tous deux convinrent qu'on n'avait pas plus de raison, plus de sagesse que ces deux jeunes gens. O mon ami! dit M. Delacour à Palamène, que vous êtes heureux d'être père! — Eh! mon ami, que ce titre sacré me coûte de peines et de soins! Ne voyez-vous pas que tous les moments de ma vie sont consacrés à l'éducation de mes enfants; que c'est là mon unique occupation, et qu'elle est assez pénible? J'entends mes voisins, mes amis, me répéter que pour élever des enfants de cette manière, il faut n'avoir que cela à faire; j'en conviens. L'art d'élever la jeunesse exige tant d'attention, tant de surveillance, qu'il faut s'y consacrer uniquement, mais en père, et non comme ces instituteurs qui prennent trente, quarante, soixante enfants, leur font répéter des leçons l'un après l'autre, s'attachent souvent uniquement à trois ou quatre sujets, négligent le reste, règlent les heures de leurs occupations comme la journée d'un maçon, et vous rendent vos fils au bout de quelques années, bien boursouflés de grec et de latin ; mais vains, menteurs, jaloux, méchants; mais imbus de tous les vices qu'ils prennent dans leur petite coterie, et qui se développent ensuite dans la société pour la corrompre ou la scandaliser. Je conviens qu'un pareil plan d'instruction n'aurait jamais été le mien. Moi, je m'occupe exclusivement des devoirs paternels que la nature m'a imposés. Je ne perds pas de vue mes enfants une minute dans la journée ; je les suis partout, dans leurs récréations comme dans leurs travaux ; j'entends tout ce qu'ils disent, je vois tout ce qu'ils font, le plus souvent sans qu'ils s'en doutent; et, rectifiant sans cesse leur cœur ou leur jugement par des leçons animées, par des exemples, je n'ai jamais avec eux le ton d'un pédagogue qui tient toujours sa férule à la main. Ma morale n'est point sèche, aride ni ennuyeuse : mon visage est toujours serein, et ce n'est qu'en les amusant que je les instruis. Aussi, oh ! je dois l'avouer, nul père n'est plus heureux que moi. Aucun n'est récompensé de ses soins comme je le suis ! Mes enfants sont charmants, il faut que j'en convienne; et, sans parler de leur cœur qui est excellent, de leur raison qui est cultivée, de leur esprit qui est vif et juste, ils ont des talents qui doivent leur être très-utiles dans le monde. L'aîné est excellent mathématicien. Je compte obtenir pour lui une chaire dans quelque établissement public; il est en état de la remplir, et voilà son état fait. Benoît parle cinq à six langues ; il est vif, entreprenant ;

un de mes amis m'a promis de le placer avantageusement dans la marine, où je désire qu'il parvienne. Léon est gentil! oh!... Il a de l'esprit comme un petit démon : cet enfant-là ira à tout. J'ai toute prête pour lui la place de secrétaire d'un homme en place, qui peut le porter aux premiers emplois de l'État. Voilà qui est arrangé pour mes trois garçons. A présent il me reste une fille et un fils adoptif; savez-vous ce que j'en veux faire? Le voici : Quand j'aurai établi leurs frères, ainsi que je viens de vous le dire, et cela me coûtera de l'argent, je marierai Jules à mon Adèle, et ces bons enfants resteront près de moi; ils fermeront ma paupière, partageront mon héritage avec leurs frères quand je ne serai plus, et garderont ma ferme, ma chaumière, dans laquelle ils me succéderont. Tel est mon plan, mon ami: je me flatte qu'il n'y a rien à y ajouter..... qu'un mot cependant, et je crois que votre modestie vous empêche de m'y faire songer. Armand aime votre fille Henriette; mon ami, consentirez-vous à leur union?... Allons, oui, oui; je vois que vous n'êtes retenu que par l'idée qu'Henriette est sans biens. Nous en trouverons, mon ami, pour commencer son petit ménage, après quoi nos jeunes gens feront comme nous avons fait tous deux; ils travailleront, et monsieur le professeur de mathématiques fera sa maison de manière à rendre heureux et aisés sa femme et ses enfants, s'il en a; hein? Eh bien! qu'en dites-vous? Tout cela est-il bien arrangé?

M. Delacour remercia Palamène de la délicatesse de ses procédés, et nos deux amis se promenèrent encore jusqu'à l'heure du départ, en s'entretenant avec la plus touchante effusion. Comme il est content mon père de famille! comme son visage est serein! comme ses yeux brillent du feu de la joie et de la tendresse ! Il vient de régler le sort de ses enfants; il a fait entre eux un égal partage de son affection et de sa fortune. Il est juste, il est bon père, il est heureux ! Oh ! quelles jouissances ! quelles jouissances que celles de la paternité et de la sensibilité ! Elles sont au-dessus des richesses, de l'ambition et de l'amour lui-même; elles sont plus pures que les dangereuses émotions de cette dernière passion; elles donnent à l'homme le caractère auguste de la Divinité.

Nos amis se promenaient encore lorsqu'ils virent arriver la bande joyeuse, qui, parée et rayonnante de plaisir, venait les avertir qu'il était temps de partir. Monsieur et madame Leclerc les avaient invités à dîner; il fallait y arriver de bonne heure pour avoir le temps de causer et de se promener. Palamène prit sa canne et son chapeau, que lui apporta Benoît; Delacour prit aussi son bâton de la main de sa fille, et tout le monde se mit en campagne.

Ce n'était plus cette petite troupe indomptée et bruyante qui, l'année dernière, fit ce même trajet, en sautant, en gambadant, en jouant à la main chaude, aux quatre coins. C'était aujourd'hui des gens raisonnables. Chaque amoureux donne le bras à sa belle avec la permission des papas, qui en sourient. Benoît marche posément à côté de Palamène et de son ami, qui causent d'objets sérieux, et Léon va seul, méditant... un poëme épique peut-être ! c'est vraiment édifiant. Quant à nos amants, Armand et Jules, ils sont pleins d'attention pour Henriette et Adèle : Ne marchez point sur ces cailloux. Quittez ce sentier, il est trop raboteux. Prenez garde à ce tronc d'arbre. Voulez-vous cette fleurette ? Vous allez trop vite, cela vous fatiguera, etc., etc., et mille autres galanteries; voilà ce qui prouve des petits soins, des attentions, et nos jeunes personnes y sont sensibles, comme on doit se l'imaginer.

On arrive à la maison de Brigitte. Il est aisé de voir qu'on y est attendu ; dès la porte, une excellente odeur de cuisine vient flatter délicieusement l'odorat, et nos jeunes gens, qui ne sont pas très-éloignés de l'enfance, se regardent en souriant et en respirant avec volupté. La maison de Brigitte est d'un propre à s'y mirer. Dans sa petite salle d'en bas, nos amis trouvent madame Leclerc et la jeune Roselle, qui se lèvent pour les recevoir. On court avertir de l'arrivée de Palamène M. Leclerc et son fils Émilion, qui sont occupés au jardin, et ils se hâtent de venir embrasser le père de famille et ses enfants. Après les derniers moments d'une franche réception, on propose un tour de jardin. Émilion donne la main à sa mère, et Léon s'empresse d'offrir son bras à la belle Roselle, dont les grâces et la parure modeste frappent et troublent un peu la vue. On entre dans le jardin : quelle surprise agréable ! dans une salle de tilleuls, sous un berceau de jasmins et de chèvrefeuilles, on aperçoit une table surchargée de couverts. Partout les arbres sont décorés de guirlandes de fleurs ; et le son d'un violon et d'un tambourin, aidé d'une petit flûte, avertit que ce lieu est destiné à Comus et à Terpsichore. On dansera après le dîner ! de petites lanternes attachées çà et là aux guirlandes annoncent une illumination. Quelle journée délicieuse on va passer ! nos jeunes gens sautent déjà dans l'attente du plaisir, et c'est bien en ce moment que la franche gaieté et la naïveté de l'enfance remplacent chez eux la froide raison et les épanchements de l'amour. Qu'est-ce ci ? s'écrie Palamène. Est-ce le palais des fées ou le jardin d'Armide ? — Tout ce que vous voyez là, répond M. Leclerc, est l'ouvrage de mon fils; oui, c'est de son invention et de son goût; il a passé une partie de la nuit, ce pauvre Émilion, pour vous ménager cette petite fête; il a voulu recevoir dignement des amis sincères, attachés comme vous, et célébrer, par des plaisirs innocents, le bonheur d'avoir retrouvé ses parents. Brigitte l'a aidé. Oh!... si vous aviez vu cette bonne femme se démener, aller, monter, courir malgré son âge, mais avec un zèle!... Pour son Émilion, je crois qu'elle se jetterait dans le feu; c'est bien la plus digne créature!..... Mais vous ne voyez pas tout; vous aurez bien d'autres surprises! Les festins de Néron, décrits par Pétronne, n'étaient rien en comparaison de ce que vous verrez! c'est un luxe, et des machines, et des feux d'artifice, bah!... Je me tais, car j'ai une envie de babiller; et si mon fils savait que je vous préviens de tout cela, il m'en voudrait à ne jamais me le pardonner. — Bon père! lui dit Palamène en lui serrant la main. — Que voulez-vous, je le chéris tant, ce cher Émilion, qui m'a coûté tant de larmes, ainsi qu'à sa mère! et il est si intéressant, si respectueux, si bon! Ah! mon cher monsieur, que vous et moi nous sentons bien le prix d'être pères! Laissons-les s'amuser, ces chers enfants; laissons-les prendre des plaisirs innocents sous les yeux de leurs pères : c'est le moyen qu'ils ne désirent jamais d'autre société que la nôtre!... Ce soir, à une heure raisonnable, je vous ferai reconduire dans ma voiture; vos enfants s'assiéront les uns sur les autres, cela s'arrangera, et je vous donnerai mes gens pour vous accompagner, quoique ces campagnes ne soient nullement dangereuses, surtout dans cette belle saison.

Palamène fut enchanté que ses enfant goûtassent tant d'agrément, et il en remercia M. Leclerc, qui était un homme très-aimable, et aussi estimable que Palamène, quoique plus jeune. Essayons de décrire à nos lecteurs tous les plaisirs de cette journée. Ils sont amis de l'enfance, ils ne dédaigneront pas ces détails, et partageront ainsi la fête donnée par ce jeune Emilion, qui les a tant intéressés dans le premier volume de ces soirées.

D'abord une escarpolette est la première chose à laquelle courent nos enfants. Elle est solide, M. Leclerc en répond. Voilà donc Adèle qui s'y place la première ; Jules est derrière elle qui pousse le siége, tandis qu'Émilion et Armand tirent en avant une corde chacun de son côté. Adèle fait des élats de rire inextinguibles.—Pas si haut ! s'écrie-t-elle ; puis voilà le sourire qui la reprend. Cependant, peu habituée à ce genre d'exercice, que Palamène a proscrit chez lui, elle s'écrie bientôt : Assez, assez !.... Jules pâlit, il craint qu'elle ne soit indisposée ; il se hâte d'arrêter la dangereuse machine. Adèle en descend, elle reprend ses éclats de rire, et tout le monde est tranquille. On engage ensuite Henriette à se faire balancer ; elle résiste, puis elle cède ; mais elle demande grâce sur-le-champ, la tête et le cœur lui tournent, elle ne peut se faire à cet exercice. Henriette va s'asseoir près d'Adèle ; et comme il ne se trouve plus que des garçons près de l'escarpolette, il s'élève une dispute pour savoir lequel y montera le premier.—A moi, dit Armand.—Non, interrompt Jules ; laisse-moi essayer.—Après moi, dit Léon en éloignant Jules.—Bah, bah, s'écrie Benoît, vous allez voir comme j'y vas ! moi !..... Benoît crie plus fort que tous les autres ; il pousse l'un, il culbute tout le monde ; et, comme il est le plus entêté, c'est lui qui emporte la victoire. Voilà donc Benoît qu'on pousse, qu'on enlève jusqu'au sommet des arbres ; le petit lutin n'en a jamais assez : Plus haut, s'écrie-t-il, ça ne va pas !.... Comme il jouit, Benoît ! mais il ne rit pas, lui ; il est d'un sérieux à glacer tout le monde ; sa jouissance est intérieure. Cependant de temps en temps on l'entend crier : Voyez-vous, je touche aux arbres ! Je vois la campagne là-bas ; quel plaisir ! toujours, toujours !

Toujours ne fait pas le compte des autres : ils se lassent à tirer les cordes du bas, et Benoît, faute d'aides, est obligé de descendre. C'est le tour de Léon ; puis, après lui, celui de Jules ; puis Armand s'y place aussi ; puis ensuite Émilion, qui ne cède pas comme cela sa part. Benoît s'y place une seconde fois ; enfin ce jeu les fatigue tous, et ils le changent pour le jeu de bague de la place du village, qu'Émilion a fait transporter la veille dans le jardin de Brigitte.

Pour ce jeu-ci, c'est un nouveau débat : il est bien convenu qu'Adèle et Henriette prendront les deux chaises de bois ; mais pour les deux petits chevaux, qui les montera ? il y a là quatre concurrents, et Benoît fait encore ses grands cris pour avoir la préférence. — Tirons au doigt mouillé, s'écrie Jules ; tirons au doigt mouillé. Le doigt mouillé désigne pour premiers cavaliers Armand et Émilion. Benoît, Jules et Léon font la moue ; mais ils se consolent en pensant qu'ils auront bientôt leur tour. Voilà les dames assises et les jeunes gens à cheval. Tous les quatre sont d'une gravité qui fait rire Palamène. La machine tourne, tourne, et les bagues sont enfilées tour à tour par chacun des joueurs. C'est Henriette qui gagne la partie. Elle y prend goût, et reste, ainsi qu'Adèle, pour l'autre partie. Les cavaliers sont démontés, et Benoît et Jules prennent leurs chevaux. Benoît veut qu'on tourne le plus vite possible ; mais on lui objecte qu'il n'est pas seul, et que cela pourrait incommoder les jeunes personnes. Jules gagne la partie; Benoît est d'une colère! Il ne veut pas descendre, et il est convenu que Jules cédera sa place à Léon. Léon court la bague à son tour : et pour achever de désespérer Benoît, c'est Adèle qui gagne cette fois. Adèle, Henriette et Léon descendent. On invite Benoît à en faire autant, il s'obstine à jouer tout seul. On le fait tourner comme le vent; il ne peut enfiler plus de deux bagues; il se désole et se jette, de colère, en bas de son cheval de bois. Sa mauvaise humeur amuse pour un moment les assistants, et l'on vient les avertir que le dîner est servi.

Chacun court au berceau où la table est mise : Émilion en fait les honneurs. Il place Palamène entre son père et sa mère; Brigitte à côté de M. Delacour; lui-même il se met entre Adèle et Henriette, et par l'effet du hasard Léon se trouve placé à côté de la belle Roselle. Un autre particulier, d'un certain âge et d'un extérieur respectable, est assis près de M. Leclerc; et nos jeunes amis, qui ne l'ont pas encore remarqué, ont les yeux fixés sur lui. — Je vous présente, dit tout haut à la société madame Leclerc, monsieur Lucas, ancien propriétaire de quelques terres dans ce village, et qu'une aventure assez singulière a ruiné : c'est un ami de Brigitte, et par conséquent l'ami du père et de la mère d'Émilion. Je vous engage tous à le regarder comme le vôtre; il le mérite à tous égards.

Chacun salua M. Lucas, et l'appétit poussant tout le monde, on se mit à dévorer les mets simples, mais excellents, qu'on servit sur la table. La gaieté fit ensuite les frais de la conversation; puis arriva le dessert, qui fut très-bien servi. Au milieu, on avait mis une espèce de gâteau fait en forme de biscuit. Dès l'instant qu'Émilion eut enlevé le dessus de ce gâteau, qui était creux, il s'en échappa une douzaine de petits oiseaux, qui, liés par une patte, ne purent s'envoler bien haut, et présentèrent à la compagnie des devises qui étaient attachées à leur bec. Des *bravo* multipliés partirent de tous les côtés. M. Leclerc sourit en disant : Eh bien ! est-ce là une surprise?... Chacun s'empara des devises, et on les lut à haute voix. L'une disait : *Au respect filial*; l'autre : *A la tendresse paternelle*; celle-ci : *A la franche amitié*; celle-là : *A la beauté et aux plaisirs innocents*. En un mot, chaque devise portait une épigraphe courte et morale. Cela fit longtemps le charme de la société. Les dames demandèrent ensuite qu'on rendît la liberté à ces pauvres petits prisonniers, et chacun s'occupa de briser leurs chaînes et de les laisser envoler. Quelques instants après on vit se détacher des arbres et tomber sur la table des couronnes de fleurs devant chaque dame, et des branches de myrte à la place de chaque cavalier. Cette surprise ne fut pas moins bien accueillie que la première. On exigea que les dames se parassent de leurs couronnes, et que les messieurs missent la branche de myrte à leur boutonnière. Ces ornements donnèrent à tous les convives l'air d'un parterre odoriférant et varié. On admirait de plus en plus le goût et l'invention d'Émilion, lorsqu'une dernière surprise vint mettre le comble à l'admiration qu'il inspirait et à la joie générale. Un oiseau très-gros, une colombe, à ce qu'on crut, traversa les airs rapidement, et laissa tomber sur la table un cercle rempli d'anneaux de différentes grosseurs : on lut sur une légende attachée à ce trousseau d'anneaux : *Partagez-vous ces gages de l'amitié*. On défit ces anneaux, et chacun en choisit un qui pût aller à son doigt et à son caractère; car sur chaque anneau on avait gravé un mot, tel que *vieillesse*, celui-ci fut donné à M. Delacour; *bonté*, à Palamène; *beauté*, à la jeune Roselle; *tendresse*, à madame Leclerc; *probité*, à Brigitte; *délicatesse*, à M. Leclerc; *vivacité*, à Benoît; *esprit*, à Léon; *courage*, à M. Lucas; *douceur*, à la jeune Henriette; *talents*, à Armand; *candeur*, à Jules; *respect*, à Émilion, etc. Il restait un anneau, qui portait pour inscription *amour*. A qui celui-là devait-il être remis? On n'en savait rien, ou du moins on n'osait pas le dire. Palamène leva cette difficulté, et dit, en souriant, à sa fille : Adèle, essaye donc cet anneau, je crois qu'il t'ira bien..... Adèle le prit en rougissant, et en répondant à son père : On dirait qu'il a été fait pour moi. — Eh bien! garde-le, reprit Palamène en fixant Jules, qui sentit cette heureuse application.

Ainsi s'amusèrent nos convives, jusqu'au moment où les dames furent invitées à chanter une petite chanson. Henriette, Adèle et madame Leclerc s'excusèrent; il n'y eut que la cousine d'Émilion, la jeune Roselle, qui ne se fit pas prier, et chanta, avec infiniment de grâce et de goût la chanson suivante, dont le refrain fut répété à la ronde.

CHANSON.

On dit que Jupiter, un jour,
Dans l'Olympe fit une orgie,
Où les dieux vinrent tour à tour
A longs traits boire l'ambroisie.
Pour que nuls fâcheux accidents
Ne puissent suivre cette fête,
Il en bannit ces dieux méchants
Qui troublent les sens et la tête.

On n'invita donc point Bacchus,
Ganimède eut sa place à table;
On pensa qu'à son divin jus
L'ambroisie était préférable.
L'Amour n'eut point aussi l'honneur
D'être reçu dans l'empyrée;
Chacun le craignait pour son cœur;
L'Amitié lui fut préférée.

On en bannit la Volupté;
La Gaîté vint prendre sa place;
Plutus n'y fût point invité,
Ni la Morale avec sa glace.
Le Drame voulut être admis;
Sa prière fut inutile:
Mais pour égayer nos amis,
On appela le Vaudeville.

Ainsi l'on vit dans ce festin
Briller la joyeuse franchise;
Le mot pour rire, en vrai lutin,
Y causa plus d'une surprise.
On vit la douceur, la bonté,
L'enfance auprès de la vieillesse,
Et chacun but à la santé
De l'amitié, de la tendresse.

On sentit bien que cette chanson avait été faite exprès pour la fête, et Léon, qui l'avait beaucoup goûtée, se hâta d'en demander l'auteur. — L'auteur, répondit Émilion, le voilà qui rougit; c'est ma cousine, c'est Roselle elle-même. —Quoi! mademoiselle fait des vers? reprit Léon enchanté. — Je n'ai point cette prétention, lui dit Roselle; je ne me targue point d'un talent que semblent proscrire la faiblesse de notre sexe et l'éducation qu'on lui donne; mais je me plais souvent à saisir quelques à-propos, et je tâche qu'on n'y trouve aucun défaut de la rime, du cœur et de la raison. — Mademoiselle fait des vers! s'écria encore une fois Léon tout étonné, et des vers charmants!

Roselle baissa les yeux; Léon la regarda longtemps avec des yeux pleins d'admiration, et répéta de nouveau : Mademoiselle fait des vers!..... Quel heureux talent! J'en fais aussi, moi, mademoiselle.

Léon n'eut pas plus tôt dit ces mots indiscrets, qu'il s'en repentit et baissa les yeux à son tour. Roselle lui dit aussi : Monsieur fait des vers!..... Et cette phrase répétée avec ingénuité par les deux jeunes gens fit sourire toute la société. — Oh! dit Palamène, mon Léon est un poëte comme il n'y en a pas; mais je ne conçois pas comment il a eu le front de s'avouer pour tel après avoir entendu la jolie chanson de mademoiselle. Au surplus, il est naturel qu'il prouve ce qu'il a avancé. En conséquence, il va prier l'aimable Henriette de chanter la romance qu'il lui a faite pour le dernier dîner que nous avons fait sur l'herbe. La compagnie connaîtra ses talents, et me complimentera sans doute d'avoir donné le jour à un aussi grand homme!.....

Palamène avait prononcé ces mots sans dureté, en souriant, et sans y mettre une ironie trop amère. Léon n'en fut pas moins un peu piqué intérieurement. Quoi qu'il en soit, Henriette, pressée de chanter, fit entendre la romance de Léon, qui fut universellement applaudie. Roselle surtout en fut très-contente, et regarda Léon avec un intérêt que celui-ci lui témoigna de même par quelques coups d'œil furtifs et remplis d'expression. Palamène, à qui rien n'échappait, sentit la force des rapprochements qui commençaient à unir ces deux jeunes gens, et ce bon père n'en fut point du tout fâché. Il ne voulait que le bonheur de ses enfants; il ne cherchait, dans le lien du mariage qu'il voulait leur faire contracter un jour, que les convenances du caractère, et nullement celles de la fortune, persuadé que la fortune d'un homme dépend de ses talents et de son activité, et qu'il est souvent imprudent de l'acheter par des conventions sociales qui peuvent faire le malheur de la vie entière.

Adèle chanta un petit couplet; et Palamène lui-même, malgré son âge, chanta à ses amis une ronde antique de *Grégoire, qui aime mieux boire que d'aimer*. Elle fut répétée en chœur et au milieu des éclats de rire de toute la jeunesse; éclats de rire qui ne venaient que de la gaieté que leur inspirait le vieillard, et du plaisir que leur faisait sa complaisance.

Quand ce dîner joyeux fut fini, la table fut enlevée en un clin d'œil, et l'on prépara la salle de bal au même endroit. Le terrain était sablé; on alluma les illuminations, les guirlandes de fleurs furent multipliées, et le ménétrier du village, secondé par le tambourin, monta sur un banc, d'où il joua les contredanses les plus connues. Les danseurs et danseuses de la société n'étant pas en grand nombre, on fit entrer la jeunesse de l'endroit, et là, au milieu de l'égalité la plus parfaite, on se livra sans réserve à toute la folie qu'inspire ce genre d'amusement. Madame Leclerc y dansa elle-même avec son époux, et le bon

Émilion força la vieille Brigitte, quoiqu'elle n'eût pas une chaussure élégante ni commode, à faire quelques ronds avec lui. Pour Armand et Jules, on devine quelles furent les danseuses qu'ils choisirent; et Léon, qui commençait à perdre aussi son indifférence, dansa toute la soirée avec la belle Roselle, qui ne parut pas fâchée de la préférence que lui donna ce jeune homme. Les rafraîchissements, les gâteaux, les brioches, tout fut prodigué et consommé par nos jeunes danseurs, à qui l'exercice donnait à tout moment un nouvel appétit. Vers le milieu de la soirée on proposa, pour se délasser, de danser une ronde, et Palamène ne se fit point prier pour leur chanter de nouveau sa chanson de *Grégoire, qui aime mieux boire que d'aimer*, preuve touchante de bonté et de gaieté, qui fut singulièrement appréciée par ses enfants.

La danse reprit ensuite son premier caractère, et Palamène s'entretint, pendant ce temps, avec M. et madame Leclerc, et leur ami M. Lucas. Ce dernier lui parut si intéressant, que Palamène l'engagea à venir le voir le lendemain, et à raconter à ses enfants son histoire, qui ne pouvait que leur offrir d'excellentes leçons de morale. M. Lucas promit d'aider de tout son pouvoir le père de famille dans son plan d'éducation; et leur conversation fut interrompue, ainsi que la danse, par une fusée volante qui annonça un feu d'artifice du côté du parterre. Tout le monde y courut, et nos jeunes gens, tout en sautillant, s'y trouvèrent placés des premiers. C'était Émilion lui-même qui tirait ce feu; et quand Benoît le vit, il sauta à la place où il était, le tira par la manche en lui disant : — Chose, laisse-moi donc tirer quelques pétards.

Émilion y aurait peut-être consenti; mais Palamène, qui connaissait la vivacité et l'étourderie de son fils, le rappela en lui ordonnant de rester près de lui et de ses frères ; ce qui fit bien du chagrin à Benoît ; il aurait donné l'impossible pour être un moment à la place d'Émilion.

Le feu fut très-joli ; d'abord une girande superbe fit un effet étonnant ; ensuite un grand soleil à trois changements ; puis des chandelles romaines ; puis une bombe ; puis un caprice ; puis enfin une petite décoration en feux de lance, ornée d'un transparent sur lequel on lut : *Heureux ceux qui, comme moi, retrouvent un bon père et une tendre mère.*

Tout le village était entré dans une partie du jardin. C'étaient des cris de joie, des ah ! oh !... comme c'est beau !... Quiens ! quiens ! regarde donc !... c'est superbe, beau tout à fait !

Notre aimable société s'amusait moins du feu d'artifice que de l'admiration et des éclats de joie bruyants des bons paysans qu'on en rendait spectateurs, et tout le monde jouissait. Quand le feu fut tiré, Émilion vint recevoir les justes compliments que méritaient son adresse et son courage. Il fut embrassé à la ronde, surtout par son père et sa mère, qui avaient pleuré d'attendrissement à la lecture du transparent.

Cependant les plaisirs ont une fin, comme tout ce qui existe dans l'univers ; il fallut se retirer, et plus d'un cœur se serra de douleur de voir terminer une aussi belle journée. Palamène reprit sa canne et son chapeau ; son ami Delacour en fit autant, et les adieux furent touchants. — Je suis d'autant plus charmé, dit M. Leclerc à notre jeune famille, que vous ayez bien voulu partager nos innocents plaisirs, que voilà la dernière fête que nous puissions donner ici : nous avons vendu ce bien ce matin même ; et comme Brigitte veut absolument suivre son

Émilion et vivre avec nous à Paris, nous lui constituerons le prix de cette vente en rente viagère sur sa tête, réversible ensuite sur Émilion, car tel est son vœu, et nous nous faisons un vrai plaisir de le suivre. Adieu, mes amis ; nous partons tous après-demain pour Paris, où nous nous flattons que vous voudrez bien venir nous voir lorsque vos affaires vous y appelleront. Soyez certains que si nous revenons ici, dans ces campagnes, nous nous ferons un vrai plaisir de vous rendre visite. Adieu ; embrassez encore Émilion, et soyez maintenant sûrs de son bonheur, puisqu'il dépend de nous.

Le bon Émilion fut de nouveau embrassé, pressé, fêtoyé, et tous nos amis montèrent dans la voiture de M. Leclerc, qu'accompagnèrent deux domestiques bien armés. Vous dire, ami lecteur, comment tout cela tint dans cette voiture, je serais assez embarrassé : je présume que Palamène, M. Delacour et Henriette, auront pris les trois places du fond ; qu'Adèle se sera placée sur le devant, que Benoît aura mis Léon sur ses genoux, et qu'Armand aura placé de même son ami Jules. Quoi qu'il en soit, ils revinrent tous sans accident à la maison de Palamène, renvoyèrent la voiture, et se livrèrent ensuite au repos dont ils devaient avoir besoin après avoir pris tant d'exercice.

QUARANTE-HUITIÈME SOIRÉE.

L'INCONSÉQUENCE.

Histoire de M. Lucas.

Je laisse à penser de quel sommeil dormirent nos jeunes gens, que la danse avait beaucoup fatigués ; aussi, le lendemain, il fut difficile de les réveiller ; et sans Palamène, qui alla de chambre en chambre appeler ces petits paresseux, je crois qu'ils dormiraient encore. Quand on fut réuni pour le déjeuner, la journée de la veille fut, comme on le pense bien, le sujet de la conversation générale. — J'ai mal dans les jambes, dit Benoît. — Moi dans les bras, ajoute Léon. — Et moi par tout le corps, repart Jules. C'est à qui se plaindra, mais sans tristesse ; au contraire, on ne regrette que de ne pas pouvoir recommencer tous les jours. Ensuite tous les différents plaisirs qu'on a goûtés sont détaillés séparément. On vante le goût d'Émilion, et la grâce avec laquelle il a fait les honneurs de cette fête charmante, dont le but a été si touchant. Émilion est chéri, loué comme il le mérite, et l'on en a pour toute la matinée à parler de lui. Palamène ne voulut pas, ce jour-là, forcer de travail ses enfants, qui étaient excessivement las. Il leur donna congé, à condition qu'ils reprendraient leurs exercices le lendemain, et s'y livreraient sans relâche ; mais ce qu'il faisait pour les délasser contribua justement à les fatiguer davantage. Ils se mirent à jouer, à courir dans le petit bois, et Benoît, qui était le plus remuant, les mit si bien en train, qu'ils firent des folies à rire jusqu'aux larmes. Le jeune Léon était le plus sérieux : quoiqu'il n'eût pas encore quinze ans, il sentait son cœur lui parler pour la belle Roselle, dont il avait vu l'image toute la nuit. C'en était fait, Léon était devenu sensible, amoureux, et un poète amoureux est plus langoureux qu'un autre. Il savait bien que ses deux frères aimaient : néanmoins, n'ayant pas encore rencontré jusqu'à ce jour l'objet qui devait le toucher, il s'était amusé à leurs dépens : aujourd'hui il était pris à son tour, et n'osait en faire l'aveu. Si l'on parlait de Roselle, il évitait d'en faire l'éloge, dans la crainte de laisser soupçonner la nature du sentiment qui l'aurait fait parler. Il fuyait ses frères ; il allait soupirer, en vrai berger, sur le bord du ruisseau qui traversait le bois, au pied de la fontaine où ce ruisseau prenait son origine : il se promettait de chanter sa belle, et cherchait déjà des sujets d'élégie. En un mot, c'était un amant des bords du Lignon, c'était un soupirant timide et retenu, c'était un vrai petit fou. Ses frères s'apercevaient de ce changement, et n'osaient s'en moquer, dans la crainte de lui faire de la peine ; mais ils en riaient entre eux, et c'était ce qui leur faisait faire des éclats de rire si bruyants, que Palamène, qui passait près d'eux, vint avec douceur leur en demander les motifs. Ils les lui apprirent, et Palamène prit le parti d'en rire avec eux. Ainsi se passa cette matinée consacrée encore à la joie et à la dissipation. M. Lucas vint dîner, comme il l'avait promis, et les enfants furent enchantés de revoir cet homme, qui avait partagé leurs plaisirs de la veille. Léon s'approcha secrètement de lui, et lui demanda tout bas comment se portait la belle Roselle. Sur la réponse : Bien ! ses traits devinrent radieux, et ses frères, qui devinèrent le sujet de son air de mystère, ne purent s'empêcher de sourire. M. Lucas parla longtemps de ses malheurs, des services que lui avaient rendus M. et madame Leclerc, services qui, disait-il, étaient plus précieux pour lui que l'argent et les présents. On fit à la ronde l'éloge du père et de la mère d'Émilion ; cet éloge amena insensiblement celui de Roselle, sur lequel Léon appuya avec feu. M. Lucas parla ensuite de Brigitte, qu'il connaissait depuis longtemps, puis d'Émilion, qui était si cher à nos jeunes amis.

Enfin, quand le dîner fut fini, on passa sur la terrasse, où, chacun prenant place, M. Lucas fut invité par Palamène à raconter l'histoire de sa vie, ce qu'il fit de cette manière :

« Je fus jeune autrefois, mes amis, et je fis des folies de jeunesse comme un autre. J'avais perdu mon père et ma mère de très-bonne heure. Seul, livré aux soins d'un tuteur qui me donnait autant d'argent que j'en voulais, je me livrais aveuglément à la dissipation, aux plaisirs de mon âge, lorsque l'amour vint régler mes affections et ma conduite. J'habitais Paris, et fréquentais souvent les Tuileries, la promenade la plus belle et la plus brillante de ce temps-là. J'y vis un jour une jeune personne qui me frappa singulièrement par sa beauté, sa jeunesse et ses grâces. Elle était accompagnée d'une dame âgée, que je présumai être sa mère ou sa tante. Elles se promenèrent longtemps ; je fis autant de tours qu'elles ; enfin elles se retirèrent, et je les suivis de loin jusqu'à leur demeure, qui était rue Saint-Honoré, dans une maison très-honnête, près de la rue Neuve-du-Luxembourg. Le lendemain, je pris, dans le quartier, des informations sur ces dames. On m'apprit que la jeune personne se nommait Louise, qu'elle demeurait avec sa mère et un oncle très-âgé ; qu'elle était veillée de très-près, attendu qu'elle était noble et riche, et que, voulant la marier avantageusement, ses parents craignaient l'amour et la séduction. Fort de ces renseignements, je mis une femme de chambre dans mes intérêts, et je sus que l'on attendait pour Louise un maître de langue italienne, qui lui était recommandé par le commandeur d'Erville, l'un de ses cousins, habitant la campagne. Je sus tellement intéresser Julie, cette femme de chambre, à force d'or et de promesses, qu'au lieu de remettre à madame de Volhange, sa maîtresse, la lettre où son neveu le commandeur lui parlait du maître d'italien, cette fille me la confia. En conséquence, muni de cette autorité, je me présentai le même jour chez madame de Volhange, de la part de son neveu, pour apprendre l'italien à la belle Louise. La vieille maman me reçut très-bien, me recommanda la plus grande décence, et surtout de la surveillance quand je serais seul avec sa fille. Elle me pria de ne point lui apprendre en italien les mots *j'aime*, *j'adore*, *amant*, etc., et de ne point lui faire lire Pétrarque, ni aucun autre auteur où il soit parlé d'amour. Je promis tout, et dès ce moment je donnai des leçons assidues à la belle Louise, qui fut longtemps sans se douter que je fusse un amant déguisé. Julie, sa femme de chambre, assistait, par l'ordre de sa maîtresse, à toutes nos leçons. Mais comme cette fille était dans mes intérêts, je ne craignais pas de me déclarer devant elle. J'osai donc un jour révéler mon secret à Louise, et je fus étonné de trouver cette jeune personne sensible et touchée de mon amour. Elle m'apprit que la contrainte dans laquelle on la tenait ne faisait qu'exciter ses désirs et ses passions : Julie lui avait d'ailleurs déjà dit ce que c'était que le prétendu maître d'italien : Louise m'aimait ; elle me le disait avec franchise ; mais en même temps elle pleurait, en songeant qu'il était impossible que, sans naissance, sans une grande fortune, je pusse jamais espérer de devenir son époux. Je la rassurai ; j'étais amoureux et entreprenant... Que vous dirai-je? Pour ne point filer trop longuement une intrigue coupable, la femme de chambre eut la maladresse de nous laisser seuls... j'eus la témérité d'en abuser... Au bout de quelque temps Louise m'annonça qu'elle était enceinte... Pour aggraver ce malheur, le commandeur d'Erville, son cousin, vint à Paris ; il apprit à madame de Volhange que je n'étais pas le maître d'italien qu'il avait recommandé. Julie fut chassée et moi aussi. . Je ne vous peindrai point le désespoir de Louise ni le mien. Cependant je ne perdis pas la tête. Julie eut l'art d'endoctriner si bien la nouvelle femme de chambre qu'on donna à ma jeune maîtresse, que cette fille, nommée Fanchette, promit de nous aider dans notre mutuelle intelligence ; mais elle ne s'attendait pas, ainsi que Louise, à la rigueur dont madame de Volhange allait user envers sa fille. Madame de Volhange, sachant que j'étais un amant, se doutait bien, à la tristesse de Louise, qu'elle était sensible à ma flamme; elle ne la quittait plus de la journée, et la renfermait le soir, avec sa femme de chambre, dans une pièce à coucher qu'elle lui avait assignée au bout de son logement. Le lendemain matin, elle allait ouvrir à sa prisonnière, qu'elle gardait à vue, et tous les jours c'était la même chose.

» Que faire dans cette extrémité? Je devais au moins sauver l'honneur de celle que je ne pouvais épouser; elle m'en pressait avec instance, et la délicatesse m'en faisait un devoir. Je pris mon parti en conséquence. Il y avait à côté de la maison qu'occupait madame de Volhange, une autre maison bâtie sur le même plan, et qui avait appartenu au même propriétaire. Ce propriétaire ayant vendu cette partie de maison, on en avait condamné toutes les portes de communication; j'y louai un logement, précisément au même étage que celui de madame de Volhange, en sorte que je n'étais séparé de la prison de Louise que par un simple mur. Je me flattais, en y faisant une ouverture, de pouvoir parler à celle que j'adorais, mais je fus plus heureux dans ma recherche: je trouvai la porte condamnée qui servait autrefois de débouché aux deux appartements. Je l'ouvris en secret, de manière que de mon côté une tenture la masquait, comme du côté de Louise une tapisserie la voilait à tous les regards. J'eus le soin de ne sortir que très-peu pendant le jour, déguisé un peu et sous un autre nom, pour laisser ignorer à madame de Volhange que j'étais son voisin. Par ce moyen je voyais Louise toutes les nuits, devant Fanchette, et je lui promettais secours et secret au moment fatal de sa maternité.

Il arriva ce moment tant redouté. Louise en avait caché les approches de manière que personne ne s'en doutait. Aidé de ma gouvernante, je reçus l'enfant dans mes bras, la porte secrète se referma, et Louise feignit, aux yeux de sa mère, une indisposition qui la retint au lit plusieurs jours. Fanchette, sa confidente, l'aidait à cacher son malheur; et, sans m'expliquer là-dessus, je vous dirai seulement que toutes les précautions furent si bien prises, que la mère et l'oncle ne se doutèrent de rien. Un mois après, madame de Volhange emmena sa fille à la campagne. De là des malheurs inattendus les forcèrent de passer dans les îles, et je n'entendis plus parler de cette jeune personne que pour apprendre qu'elle était morte dans la traversée. Je donnai des regrets à cette perte; mais néanmoins, comme son secret et le mien étaient voilés pour jamais, je ne songeai plus qu'à élever ma fille; c'en était une dont Louise m'avait rendu père. Il fallait pour cela que je prisse aussi des précautions. J'avais un oncle très-riche, mais très-sévère sur l'article des mœurs; cet oncle me promettait son héritage à condition que je ne prendrais une épouse que de sa main. Il ne tarda pas à m'en offrir une. Je résistai longtemps; mais persuadé que, par un hymen avantageux et avec plus de fortune, je pourrais un jour améliorer le sort de ma petite Louise, je consentis à épouser mademoiselle la Roche, fille d'un gros fermier de ces environs. Je fus assez heureux avec ma femme, qui me rendit père d'un fils, et mourut d'un mal de poitrine. Je n'étais pas encore libre d'élever ma fille près de moi; car mon oncle, qui existait encore, quoique très-âgé, chérissait tant son petit-neveu, qu'il m'aurait déshérité s'il eût appris qu'il dût partager son bien et le mien avec un enfant de l'amour. Je mis donc ma fille en pension sous un nom supposé; et, lorsqu'elle eut atteint l'âge de seize ans, je la plaçai chez une veuve de mes amis, qui en eut soin comme de sa propre fille. Craignant l'indiscrétion de Louise, je ne lui avais jamais dit que je fusse son père; je passais à ses yeux pour un protecteur, ami de ses parents, dont elle ignorait le nom et le sort. Je la voyais même très-rarement, pour éviter les soupçons, et tout allait bien de ce côté; mais, chez moi, dans mon intérieur, je n'étais pas heureux; mon fils annonçait les plus heureuses dispositions pour faire un parfait mauvais sujet; gâté par son grand-oncle, qui le trouvait charmant, il méconnaissait mon autorité, et se plaisait à me jouer des tours trop forts même pour son âge. Quand il eut dix-huit ans, les passions s'en mêlèrent; alors, si je ne lui donnais pas assez d'argent pour satisfaire ses plaisirs, il ne se gênait pas pour m'en prendre et pour me quereller ensuite lorsque je m'en apercevais. Un jour, ma foi, je m'emportai et le menaçai du poids de mon courroux s'il ne changeait de conduite; monsieur me menaça à son tour de s'engager pour me faire pièce, et fut en effet trouver un racoleur auquel il vendit sa liberté, voulant par là me jouer le tour le plus sanglant. Je fus charmé de cet événement, qui me débarrassait d'un vaurien dont je ne pouvais rien faire; et lorsque, tout étonné, il vint pleurer, me supplier de lui rendre sa liberté, je résistai, et le forçai de partir. Je le croyais bien loin quelque temps après; mais son grand-oncle l'avait dégagé, et, ce qui était pis, il le gardait chez lui, en blâmant avec ce jeune homme ce qu'ils appelaient ma dureté et mon injustice. Je m'aperçus de cette extravagance de mon oncle en allant le voir; je remarquai un jeune homme qui, à mon approche, se glissa soudain dans un petit cabinet, et je reconnus mon étourdi. Je fis des reproches sérieux à mon oncle, qui me le rendit en me répondant désormais de sa conduite et de sa docilité.

» Je fus en effet étonné pendant quelque temps de sa douceur et de son changement. Il était moins vif, moins dissipé, et je soupçonnai, à sa rêverie, à ses soupirs fréquents, qu'il était occupé de quelque passion secrète. Il aimait, je n'en pouvais plus douter ; mais qui ? Souvent je lui faisais des éloges de sa conduite, et je le questionnais sur l'état de son cœur. Il me répondait que le mariage seul pouvait achever de le fixer. Eh bien ! lui disais-je, je vous chercherai quelque jeune et aimable personne qui puisse réunir aux traits de la beauté les dons de la fortune... Il tournait la tête et s'éloignait. Je lui présentai en effet plusieurs partis très-avantageux, qu'il refusa. Indigné de cette indifférence pour un état qu'il semblait désirer, je lui fis de vertes réprimandes, et l'assurai, s'il était attendri pour quelque objet indigne de sa main, qu'il n'aurait jamais mon consentement. Je connaissais le goût peu délicat de mon jeune homme, et je savais qu'il était capable de donner son nom à quelqu'une de ces malheureuses filles perdues de mœurs comme de réputation, et dont il avait autrefois fait sa société. Mon fils ne me parla plus de rien, mais il s'absenta, souvent des journées entières, et une partie des nuits. Il était toujours plus doux, plus soumis, plus respectueux, mais très-dérangé, et surtout très-discret. Au moment où je cherchais dans ma tête les moyens de m'éclairer sur ses plus secrètes démarches, je fus invité par un billet de mon oncle de me rendre soudain chez lui pour une affaire très-importante. Je fus aussitôt chez ce vieillard, où je restai très-étonné de trouver un notaire qui était occupé à dresser un contrat.

» Eh bien! mon neveu, me dit le vieillard d'un ton très-courroucé, que vous ai-je dit cent fois sur la rigueur avec laquelle vous traitiez votre fils? Vous l'avez exposé à faire de belles choses! — Qu'a-t-il donc fait de nouveau? — Vraiment! si je n'étais pas bon comme je le suis, j'enverrais au diable toute votre famille, qui ne me donne que de l'embarras; mais j'ai pardonné, j'ai même promis que vous pardonneriez aussi, que vous consentiriez à tout; il faut que je tienne ma parole. — Mais à quoi, mon oncle, faut-il que je consente? — A un prompt mariage, pour réparer l'honneur d'une fille charmante et vertueuse. — D'une fille? Expliquez-vous. — Il l'a enlevée. — Qui? — Votre fils. — Comment? — Vous n'entendez pas que votre fils a enlevé cette nuit une jeune personne charmante? — Eh bien? — Eh bien, eh bien, il faut les marier: je ne vois que ce moyen pour éviter le scandale et sauver la régularité des mœurs. — Mais qui est cette jeune personne? — Elle est... adorable! Elle a pleuré, embrassé mes genoux: elle m'a nommé son oncle, son libérateur, son père. Le fripon savait bien ce qu'il faisait en l'amenant chez moi plutôt que chez vous! — Comment donc cela s'est-il passé? — J'étais dans sa confidence, il est vrai. Il y a plus de deux mois que votre fils m'apprit qu'il était devenu amoureux de la plus intéressante créature; mais, comme elle n'a ni biens ni famille connue, je lui objectai qu'il ne pouvait songer à épouser cette enfant; je lui défendis même de vous en parler. Point du tout; voilà que ce matin il me l'amène; il l'a enlevée cette nuit de la maison où elle était élevée. Je la vois; je vois la beauté en personne : grands yeux bleus, petite bouche ; enfin..... Quoique très-âgé, je suis encore sensible à l'aspect des grâces. Je me suis attendri ; mon fripon jurait qu'il se tuerait si ce soir même il n'était l'époux de sa Dulcinée. J'ai tout promis, et je vous engage à signer le contrat comme je viens de le faire. — Quoi! sans voir la personne? — Il ne faut pas que vous la voyiez : jamais elle n'osera paraître devant vous qu'avec le titre de votre bru. — Et pourquoi? — Vous en saurez les raisons. — Mais, son nom, son état, sa conduite, ses parents? — Je sais tout; cela doit vous suffire. — Cependant..... — Hein? plaît-il? Me croyez-vous assez peu raisonnable pour vous faire faire une sottise, pour introduire dans notre famille une personne qui n'y mériterait pas une place? Suis-je un sot, un vieux fou, monsieur mon neveu? — Mon oncle, je ne dis pas..... Mais si je connaissais la demoiselle dont il est question, si je la voyais, si je lui parlais... — Il n'est pas question de cela : voulez-vous faire le bonheur ou le malheur de votre fils? Et qu'importe qu'elle soit sans fortune? n'ai-je pas du bien pour vous et pour eux? D'ailleurs, je la dote, moi, cette enfant qui m'a intéressé, touché jusqu'aux larmes; oui, je donne sur-le-champ mille écus de rente à nos jeunes gens, si vous consentez à leur mariage, et après moi ma succession; hein? Eh bien? votre front se déride, vous souriez, je pense? cela vaut bien la peine d'apposer au bas de ce contrat une simple signature. — Mais on n'a jamais vu un père de famille établir ainsi son fils sans connaître sa bru. — Mais, mais!... On n'a jamais vu un homme plus difficultueux et moins confiant que vous. Voulez-vous signer le contrat, ou ne jamais me revoir? — Mon oncle... je vois que mon étourdi a su vous gagner. — Ce n'est pas lui qui m'a gagné, c'est sa femme. Un nez! une bouche! et avec cela une grâce, une timidité, une modestie! Ah!... vous êtes trop heureux de posséder pour bru un pareil trésor.

» J'aurais souri volontiers en voyant l'enthousiasme de mon oncle. Cependant il tenait le contrat, la plume, l'encre; il me pressait de signer, et ne voulait pas seulement que je lusse le nom de la future. Il me répétait sans cesse les mots sonores de succession, et de mille écus de rente qu'il donnait soudain aux jeunes gens... Je me décidai. Si la future ne me convient pas, me dis-je intérieurement, son époux ira manger loin de moi avec elle les rentes de son grand-oncle; je ne le verrai pas, mais au moins je serai sûr de son sort, et il ne pourra jamais me reprocher de lui avoir fait manquer sa fortune. Allons donc, dis-je à mon oncle, je signe aveuglément, charmé de vous donner cette preuve de soumission et de confiance.

» Je signe, et le vieillard, enchanté, m'embrasse en m'appelant son cher neveu. A présent, ajoute-t-il, qu'il n'y a plus moyen de se dédire, apprenez que vous connaissez la jeune personne. — Je la connais? — Et vraiment oui! c'est pour cela que je vous ai caché et son nom et sa figure. Elle-même, tremblante et confuse, n'aurait jamais osé paraître à vos yeux après s'être laissé enlever par un jeune homme. C'est qu'elle l'aime aussi!... c'est qu'ils s'aiment! Vous allez la voir, et vous me remercierez de la surprise agréable que je vous aurai ménagée. Arrivez, jeunes gens, venez embrasser votre père.

» Une porte s'ouvre; mon fils se précipite dans mes bras, accompagné d'une jeune personne qui s'écrie : Mon digne bienfaiteur, me pardonnerez-vous d'être devenue votre fille?

» La foudre qui tombe en éclats aux pieds du voyageur ne

lui cause pas une révolution plus subite que n'en produisit sur moi la vue de cette jeune personne, qui n'était autre chose que Louise, ma propre fille! Je m'écrie : Ciel! ma fille! — Eh! vraiment oui, c'est votre fille à présent! me dit mon oncle, tout joyeux. — Qu'avez-vous fait, lui répondis-je, trop imprudent vieillard? que m'avez-vous fait faire? Savez-vous quelle est cette bru que vous me donnez? Savez-vous quelle est l'épouse que vous donnez à mon fils? Sa propre sœur. — Sa sœur! — Oui, oui, sa sœur, et ma fille, enfant de l'amour, que j'ai soustraite jusqu'à présent à vos regards.

» Tout le monde est pétrifié. Je raconte sommairement l'histoire de mes amours avec Louise de Volhange, les motifs qui m'ont fait cacher le fruit de cet amour, et chacun est confondu. Ma fille pleure, mon fils est au désespoir, et mon oncle frémit d'horreur. Quel parti prendre à présent? Il est signé, ce mariage incestueux. Nous offrons de l'or au notaire pour qu'il déchire son contrat; il s'y refuse, en disant qu'il n'en a pas le droit, et se retire. Mon oncle ne voulant pas convenir de la légèreté de sa conduite, prend le parti de me dire des injures. C'est la mauvaise conduite des pères, dit-il, qui fait celle des enfants. Voyez quel crime on m'a fait commettre! Je suis perdu; jamais aucun ministre des autels ne voudra m'absoudre d'un péché aussi énorme! Allez, malheureux damnés, je vous déshérite, et ne veux plus voir aucun de vous!.....

» Mon oncle se renferme dans une autre pièce, et nous nous retirons, mes deux enfants et moi. J'appris le lendemain que le vieillard avait donné tout son bien au couvent d'un carme, qui, à ce prix, lui avait donné l'absolution; c'était bien payé sans doute, et tout espoir nous était fermé de ce côté-là. Cependant il fallait faire casser ce contrat, que le notaire, trop scrupuleux sans doute, aurait pu déchirer de son chef. Je consultai des casuistes; je répandis l'argent : cette affaire fit du bruit; un procès ruineux fut engagé, et le résultat fut l'annullation du fatal contrat. Mais, pour achever de me désespérer, mon mauvais sujet de fils m'emporta un jour tout ce que je possédais, et disparut sans que je l'aie revu depuis. Ma fille, qui nourrissait au fond de son cœur une malheureuse passion pour lui, mourut d'une maladie de langueur; et moi, ruiné, désolé, je vendis le peu de terres que j'avais, pour me constituer une petite rente qui pût me faire végéter jusqu'à la fin de mes jours. Je ne puis vous détailler les soins, les consolations que je dus à M. et à madame Leclerc, ni les démarches qu'ils firent pour accélérer la fin de cette malheureuse affaire, qui enflamma la bile des docteurs de Sorbonne, des jésuites, des jansénistes, de tous les fanatiques possibles. Les uns proposaient de nous renfermer tous, les autres de nous bannir. Tout le monde nous fuyait : on regardait comme contagieux l'air que nous respirions; en un mot, nous étions devenus la fable des uns et l'horreur des autres : effet bizarre du jugement des hommes, qui prennent toujours tout du mauvais côté, qui aiment à se pénétrer d'horreur, de terreur, de tous les sentiments les plus violents. Voilà, mes amis, voilà l'événement douloureux qui m'a plongé pour la vie dans l'indigence et dans les regrets. Un fils corrompu et dénaturé d'une part, un oncle imbécile et dévot de l'autre ; voilà ce qui a causé tous mes tourments : suite méritée des passions de ma jeunesse, qui ont perdu mademoiselle de Volhange, sa fille, mon fils, mon oncle et moi. Le vice ne peut jamais être longtemps heureux; il faut que tôt ou tard il s'embarrasse lui-même dans ses propres combinaisons, et se perde. Suivons donc le sentier de la vertu; aimons, mais sous les yeux de nos parents, dans un but honnête et légitime. Enfants qui m'écoutez, vous avez un bon père: qu'il soit votre premier ami, votre unique confident; que le flambeau de la raison éclaire vos moindres démarches, et qu'elles ne craignent jamais le grand jour de la publicité : c'est le moyen de rendre vos parents heureux, c'est le moyen d'être heureux vous-mêmes.»

M. Lucas retourna chez M. Leclerc après ce récit des erreurs de sa jeunesse et des malheurs de sa vie. Nos jeunes gens, restés seuls avec leurs parents, s'entretinrent longtemps de cette histoire singulière, qui les avait fait frémir. Palamène en prit occasion de déplorer le sort des jeunes personnes légères, inconséquentes, qui, comme Louise de Volhange et sa fille, donnent leur cœur, à l'insu de leurs parents, à des séducteurs qui les déshonorent : il appuya ensuite sur le tableau d'un mauvais fils, et sur la faiblesse coupable d'un père ou d'un oncle trop aveugle; en un mot, sa morale excellente, quoique douce et sans sécheresse, fit une profonde impression sur ses jeunes auditeurs, qui se promirent bien de lui révéler désormais jusqu'à leurs plus secrètes pensées. On verra, dans la soirée suivante, l'effet que produisit sur eux l'histoire qu'on vient de lire : mais avant de terminer celle-ci, je dois ajouter un mot qui fera sans doute plaisir à mes lecteurs.

Avant que chacun se retirât de la terrasse, Marcelle apporta une lettre à Palamène : le bon père la lut à haute voix :

« *Mon ami, je peux vous apprendre enfin une nouvelle qui vous*

» *satisfera sans doute, vu l'intérêt que vous m'avez cent fois témoi-*
» *gné. J'ai découvert l'homme invisible, le bienfaiteur, le tyran, le*
» *persécuteur, tout ce que vous voudrez, qui me causait tant d'in-*
» *quiétudes, de pas et de démarches, depuis un si grand nombre*
» *d'années : je suis heureux maintenant et tranquille; mais rien*
» *n'est plus singulier que cette histoire, dont je ne vous ai raconté*
» *que la partie la moins intéressante. Aussitôt que j'aurai terminé*
» *quelques affaires qui m'occupent encore, je me rendrai chez vous,*
» *et là, en présence de votre charmante famille, je finirai le récit*
» *des aventures surprenantes qui me sont arrivées depuis que je ne*
» *vous ai vu. Embrassez bien pour moi vos chers enfants, et atten-*
» *dez-moi tous sous huit ou dix jours.*

» *Votre ami*, DE LONCHAMPS. »

On doit se faire une idée de la joie qu'éprouvèrent nos jeunes gens à la lecture de cette lettre. L'histoire de l'homme invisible, qu'on a lue dans le premier volume de cet ouvrage, les avait beaucoup amusés; ils regrettaient de n'en pas connaître la suite. Cette suite, on la leur promettait; en fallait-il davantage pour piquer leur curiosité? Nous allons donc attendre avec eux le retour de M. de Lonchamps, qui ne doit pas tarder beaucoup, et nous introduire dans le petit comité qu'ils vont tenir pour un objet qui sans doute nous intéressera autant qu'eux.

QUARANTE-NEUVIÈME SOIRÉE.

LA SOUMISSION.

L'interrogatoire des trois Amants.

Armand fit mander, un matin, chez lui, Benoît, Jules et Léon. Quand il les eut fait asseoir, du ton d'un homme qui sait faire les honneurs de son appartement, il leur tint ce discours : Mes frères, je vous ai réunis ici pour prendre vos avis sur une affaire importante. J'ai pensé toute la nuit à l'histoire de M. Lucas, ainsi qu'aux autres histoires qu'on nous a racontées depuis quelque temps : j'ai vu dans toutes des pères malheureux, ou des jeunes gens infortunés, faute de soumission, faute de confiance : j'ai vu des amants s'unir, s'adorer, à l'insu de leurs parents, et se susciter ainsi des chagrins éternels ; j'ai vu des pères et des mères qui, sans consulter les inclinations de leurs enfants, ont voulu les sacrifier à des objets qu'ils ne pouvaient aimer, et ces pères ont éprouvé mille infortunes : j'ai vu, en un mot, que dans tous les événements de la vie, il y a malentendu, orgueil, entêtement, vanité, méfiance, et par conséquent défaut de franchise et de communication. Alors, par un retour sur moi-même, et sur vous, mes frères, je me suis dit : La pareille chose ne pourrait-elle pas nous arriver à nous? et l'exemple des autres ne serait-il pas suffisant pour régler notre conduite? Nous aimons ; et notre père ignore que nous aimons. Qui sait les projets qu'il a sur nous ? qui peut deviner ses intentions à notre égard? Ne peut-il pas, par la suite, nous choisir des épouses selon son goût, selon ses liaisons, ses convenances sociales, et faire ainsi notre malheur? Il ne sera plus temps, lorsque l'amour aura entièrement maîtrisé notre cœur, de chercher à réprimer l'amour ; et si nous lui objectons alors que nous avons fait des choix sans son aveu, est-il sûr qu'il légitime nos choix? est-il certain qu'il ne nous reprochera pas notre peu de confiance en lui? Qui nous dira que nos choix lui conviennent, et qu'il est dans l'intention de les agréer? Est-ce parce qu'il ne dit rien en nous voyant galants, empressés auprès de celles que nous aimons? Il peut voir ces soins, ces attentions indifféremment; il peut n'en pas prévoir les conséquences, et les attribuer seulement à la franche et simple amitié. Quelle serait notre douleur si nous avions dérangé ses projets, s'il allait contrarier nos goûts, si nous perdions, en un mot, son estime et sa tendresse, pour ne l'avoir pas consulté? Mes frères, n'attendons pas qu'il nous soit impossible de chasser l'amour de nos cœurs pour faire l'aveu de notre amour. Il n'est pas encore tellement puissant sur nous, qu'il nous soit difficile de nous soustraire à cet amour. Allons, là, tout bonnement chez notre père ; confions-lui nos plus secrets sentiments ; s'il les approuve, nous sommes plus libres de nous y livrer, plus certains de notre bonheur : si, au contraire, il blâme nos affections, nous tâcherons de les surmonter, et nous éviterons ainsi les malheurs qui pourraient un jour fondre sur nous. Eh ! d'ailleurs, s'il nous blâme, il nous donnera des raisons ; ces raisons seront sans doute fortes, convaincantes, capables de nous faire changer ; et il approuvera notre docilité, et il verra que nous savons profiter des sages leçons qu'il nous donne, des exemples utiles qu'il met sous nos yeux, et nous lui en deviendrons plus chers.... Tel est donc mon avis. J'aime Henriette, Jules adore ma sœur ; Léon, je crois, n'a pas été insensible aux charmes, aux talents de la belle Roselle. Je pense que, sans en rien dire à celles que nous aimons, nous devons tous monter chez notre père, et le consulter sur l'état de notre cœur : nous ne sommes plus des enfants à qui on défend de prononcer même le mot d'amour ; nous entrons dans la carrière des hommes, nous avons un cœur, et nous le dévoilons à notre père, à notre meilleur ami : voilà tout ; peut-il s'en fâcher ? Benoît est encore insensible, mais il nous accompagnera ; il prendra, pour sa conduite à venir, sa part des sages avis que sans doute nous donnera notre père, et je ne serais même pas fâché que ce fût Benoît, celui de nous qui ne craint pas les réprimandes, qui portât la parole : qu'en pensez-vous ?

Je suis de ton avis, dit Léon ; oui, j'adopte ce projet ; il peut ou prévenir pour nous des malheurs, ou nous donner l'espoir d'être heureux : je suis prêt à faire l'aveu de mes sentiments pour Roselle, que je n'ai vue qu'une fois, mais que j'aimerai toute ma vie.

Je suis plus timide que vous, dit à son tour le tendre Jules, j'ai tout lieu de craindre la juste sévérité de votre père. Moi, orphelin, sans nom, sans état, sans fortune, oser aimer la fille de Palamène, mon bienfaiteur? Je vous avoue que je tremble de faire cet aveu, qui peut me priver pour jamais de la tendresse et des bontés du plus généreux des hommes! Cependant, si je lui laisse ignorer mes sentiments, j'abuse de sa confiance, du droit de l'hospitalité ; et, s'il est vrai qu'il désapprouve mes feux, je ne puis échapper à son courroux. J'adopte donc, en tremblant, le projet d'Amand ; mais je n'oserai jamais parler ni soutenir les regards du vertueux Palamène, si j'y remarque la moindre sévérité. Je crains.... je lui ai pourtant parlé une fois de ma tendresse.... mais n'importe....

Je parlerai pour toi et pour mes frères, interrompit Benoît : je suis intrépide, moi, et d'ailleurs je n'adore pas, je ne soupire pas comme vous tous ; j'accepte la charge d'orateur que vous m'avez donnée, et j'approuve votre dessein, qui vous tirera d'inquiétude et prouvera à mon père votre docilité et votre confiance en lui. Allons, que cela se fasse tout de suite ; vous en serez plus tôt débarrassés. Allons, répondent ensemble Jules, Armand et Léon.

Voilà nos quatre jeunes gens qui montent chez Palamène. Le vieillard, étonné de cette députation, les regarde un moment avec un air inquiet et sérieux qui glace d'effroi les trois amants. Leurs genoux ploient, leur cœur bat, et ils se repentent d'en être venus jusqu'à ce point. Cependant il n'y a pas moyen de reculer ; et d'ailleurs leur orateur, Benoît, qui ne tremble pas, va divulguer leur secret : il n'est plus temps de l'arrêter. Palamène rompt à la fin le silence. Qu'est-ce qui me procure, dit-il à ses enfants, le plaisir de vous voir tous réunis chez moi ? — Je vais vous le dire, mon père, répond Benoît ; car c'est moi qu'ils ont chargé de leurs intérêts, et je remplirai de mon mieux la promesse que je leur ai faite d'être leur avocat auprès de vous. — Comment donc, un avocat ! qu'ont-ils à me demander ? Voyons, au surplus ; asseyez-vous, mes enfants ; et vous, monsieur l'avocat, parlez, je vous écoute.

Les jeunes gens s'asseyent, Benoît reste debout et prend la parole.

Mon père, dit-il, il est un âge où l'homme sortant de l'enfance s'élance avec ardeur vers les passions, vers les plaisirs qui sont communs à tous les hommes, à tous les temps. Telle la fleur printanière paraît en bouton, se développe d'un air radieux, s'émaille de mille couleurs, et porte dans son calice le germe qui doit bientôt la convertir en graine productive ; tel l'homme se dégage des liens du maillot pour devenir enfant, puis jeune homme, puis homme enfin, et père de famille ; mais pour que l'homme soit un être vertueux et estimable, il faut qu'il consulte les avis de ses supérieurs, il faut qu'il soit docile à leurs leçons, qu'il leur soumette ses moindres pensées, et qu'il règle sa conduite d'après leur volonté. La fleur ne peut devenir belle qu'avec le secours du jardinier ; le fils n'acquiert des talents et des vertus que d'après l'éducation qu'il doit à son père. Enfin.... l'homme, la fleur.... l'homme et la fleur... sont donc.... — Laisse là ton homme et ta fleur, interrompit Palamène en souriant ; ne fais pas de phrases, et viens au fait.

Benoît, un peu troublé, continue : Quand on possède un père aussi respectable, aussi bon que celui que nous avons devant les yeux, on ne doit rien lui cacher de ce qu'on éprouve, afin qu'il règle nos affections sur ses facultés et l'état qu'il veut nous donner un jour. C'est ce qui engage mes frères à vous faire, par mon organe, l'aveu de l'amour qui les enflamme tous trois pour des objets, charmants à la vérité, mais qu'ils cesseront d'aimer si vous vous opposez à leur passion naissante. —Ah! voilà le mot! c'est d'amour qu'on vient me parler. C'est de bonne heure, mes amis; vous êtes encore des enfants; mais voyons, écoutons. Vous êtes tous amoureux, n'est-ce pas? — Excepté moi, mon père; mon cœur ne bat encore que pour vous. — C'est-à-dire que Léon, Armand et Jules soupirent pour des objets... Et peut-on connaître ces objets? — Mon père... — Tais-toi, Benoît; laisse-moi interroger nos amants séparément. Approche, Armand; dis-moi franchement quel est ton objet.

Armand s'approche, et répond en tremblant ; Mon père, vous avez reçu ici cette jeune Henriette, la fille de votre ami; croyez-vous qu'elle soit capable d'enflammer un cœur ami de la vertu, de l'innocence et de la candeur? — Je le crois, mon ami; mais tu sais qu'Henriette n'a point de bien; et quel est celui que tu comptes lui donner? — J'espère, mon père, avec vos bontés, me faire bientôt un état qui mette hors du besoin Henriette et moi. — Quel état choisis-tu? — Il me semble, mon père, que vous m'avez souvent dit qu'une chaire de mathématiques était ce qui me conviendrait le plus. — Oui, mais il faut l'avoir. Tu n'as que dix-huit ans bientôt, et tu n'as pas d'état fait. — Si j'ai le bonheur d'en avoir un, mon père, approuverez-vous alors le choix que je ferai d'Henriette pour mon épouse?

— Tu as prévenu mes vœux, mon fils. C'est en effet Henriette que je te destine, si toutefois Henriette n'a point d'aversion pour toi. — Oh! non, bien au contraire. — Bien au contraire! Oh! voilà un *bien au contraire* qui signifie bien des choses. Elle t'aime, allons, et tu l'aimes aussi, je vois cela, et je le vois avec plaisir. Je te permets donc d'espérer, mon ami; mais avant l'amour, il faut songer aux affaires. Pense à ton état, et nous verrons. A un autre maintenant. Voyons, mon cher Jules, parle-moi sans timidité, dis-moi quelle est la personne qui a pu toucher ton jeune cœur de dix-sept ans... Eh bien! tu hésites! Ne connais-tu pas mon amitié pour toi, amitié que tu justifies bien par ta conduite et ton aimable caractère?

Jules est confondu, il n'ose parler. Palamène s'aperçoit de son embarras, et l'en estime davantage. Tu ne veux pas me confier ton secret, mon fils, lui dit-il; il faut donc que je le devine, moi, et que je te dise qu'Adèle pourrait bien être celle que ton cœur a choisie? — Mon père! ah! vous allez sans doute me punir de tant de témérité. — Te punir, mon ami!... Tiens, voilà comme je veux te punir! (*Il l'embrasse.*) Sois toujours bon, confiant, honnête, sensible, et tu obtiendras ton Adèle; mais ce n'est pas demain, comme tu dois bien le penser. Travaille, sois laborieux; acquiers, avec plus d'âge, plus de talent dans l'art de l'agriculture, et je te dirai un jour les projets que j'ai sur toi et sur ma fille, qui deviendra ton épouse. — Que de bontés! et de quel poids je me sens soulagé! — C'est le prix de ta franchise et de ta délicatesse. Va t'asseoir près de ton frère Armand, et soyez heureux tous les deux d'avoir consulté votre père, qui ne veut et ne fera jamais que votre bonheur. Ah çà, monsieur Léon, c'est à votre tour! Voyons donc, notre poëte, quelle est la muse qui a pu attendrir Anacréon. Je n'en vois plus ici ; car sans doute ce n'est pas Marcelle qui est votre Iris ou votre Cloé?

Léon sourit et s'approche. Mon père, dit-il, mon Iris ou ma Cloé, comme vous voudrez, n'habite point cette maison. Je ne l'ai vue qu'une fois, mais j'ai juré de l'aimer toute ma vie. — Ah! vous avez juré cela ; et moi, puis-je jurer que je vous la donnerai un jour en mariage? Je dis un jour, car vous avez bien du temps à attendre, monsieur l'amoureux de quinze ans. — Mon père, je sais que je ne suis encore qu'un enfant; mais vous m'avez appris à penser, et la raison comme la sensibilité ont devancé l'âge chez moi. — Oh! je vois bien que vous êtes précoce. Enfin vous aimez, et c'est? — La cousine d'Émilion. — La cousine d'Émilion, la charmante Roselle? Vraiment vous ne choisissez pas mal. Mais pour celle-là, mon cher ami, je ne puis pas vous promettre de vous la donner en mariage; je ne puis disposer d'elle; sa destinée dépend de son oncle et de sa tante, qui sont très-riches, et qui peuvent avoir le projet d'une alliance très-distinguée pour leur nièce. Je ne suis pas même bien sûr que vous la revoyiez jamais. Elle habite Paris ; ses parents n'ont plus d'occasion de revenir dans ces campagnes; je n'aime point les voyages, et vous n'avez pas le temps d'aller sans moi à Paris, dans le seul but d'y voir votre belle. Mon pauvre Léon, je suis fâché que tu te sois attendri pour une jeune personne qu'il n'est pas en mon pouvoir de te promettre. Néanmoins, ne te désole pas; je te promets de faire tous mes efforts pour te donner une réponse favorable sous quelques jours. J'écrirai à M. Leclerc, je lui peindrai ta passion naissante ; je l'engagerai à sonder les dispositions de sa nièce à ton égard. Si la jeune Roselle t'est favorable, je ne doute point que son oncle ne préfère mon alliance à toute autre, et alors nous verrons ; mais nous avons des années devant nous, et le temps change bien des résolutions. Espère cependant, et crois que ton père ne te blâme point d'avoir placé tes affections sur une personne qui le mérite et par ses talents et par son éducation... Voilà tout! il n'y a plus d'amoureux à consoler?... Benoît, voyons, tu n'as pas de confidence à me faire? Oh! toi, je sais que tu préfères le plaisir, la dissipation, à tout autre sentiment, et je n'en suis pas fâché; je désirerais même que tes frères eussent attendu que l'âge eût mûri leur raison pour faire les petits héros de romans; mais on ne commande point au cœur, il n'a point d'âge; il devance le jugement, la maturité, tout. Sois toujours le même, Benoît; garde ton indifférence, elle te laissera libre de mieux choisir un jour que tes frères; car, lorsqu'à la beauté on peut trouver réunie la fortune, cela vaut mieux encore que de rencontrer les grâces toutes seules. Et c'est une pénible tâche que s'impose un homme qui épouse une femme sans bien. Il faut qu'il laboure pour deux, et par la suite pour trois, quatre ou cinq, s'il devient père de famille. Tout roule sur lui, les charges comme les inquiétudes de la maison; et il n'arrive que trop souvent, lorsque les premières impressions de l'amour et de l'hymen sont passées, qu'un homme se décourage, se ruine, maltraite sa femme, et lui reproche l'indigence dans laquelle il l'a prise. C'est un procédé indigne d'un honnête homme, aussi je ne crains point qu'Armand en soit jamais capable. Henriette n'a rien, mais Armand la veut; c'est à lui à faire son bonheur.

Mes enfants, je suis flatté que vous m'ayez pris pour votre confident : cela me prouve que je suis votre ami plus que votre père, et vous voyez que vous n'avez pas lieu de vous repentir de votre confiance. Cependant je ne puis vous dissimuler que je vois plus d'exagération dans votre tête que de véritable amour dans votre cœur, et je crains que ce ne soit là l'effet des nombreuses histoires qu'on vous a racontées depuis quelque temps. Vous avez entendu parler d'amour, et vous vous êtes persuadés que vous l'éprouviez. Vous êtes trop jeunes pour ressentir déjà cette passion, qui ne maîtrise l'âme que lorsque la force du corps peut lui fournir de l'aliment. Il faut être homme, il faut être entièrement formé, pour se livrer à une passion qui n'est que d'enthousiasme et de sensibilité. Quoi qu'il en soit, vous faites les amants comme les grandes personnes; je veux bien croire que vous le soyez en effet : mais dans ce cas, et quel que soit l'espoir que je vous ai donné, je vous recommande de la délicatesse, des égards et de l'honneur dans votre conduite avec les jeunes personnes que vous aimez. Songez que leur pudeur, leur décence et leur modestie sont des trésors que vous vous ménagerez pour l'avenir, et que la retenue et l'honnêteté vous conserveront des épouses vertueuses, des compagnes estimables. Je vous défends de rendre compte de notre conversation à Henriette, à Adèle. Je ne veux pas qu'elles sachent que vous m'avez confié votre mutuelle intelligence, encore moins que je l'ai approuvée. Il vous suffit de le savoir, et de nourrir un espoir que vous ne devez pas leur donner, pour mille raisons que votre âge et mon caractère de père m'empêchent de vous confier. Voilà qui est convenu, n'est-ce pas? Vous garderez le secret sur votre démarche, et vous ne changerez rien au respect, aux égards que vous devez, surtout en ma présence, à deux personnes que leur jeunesse, leur sexe et leur candeur doivent vous faire aimer en silence. J'ai votre parole, mes enfants; venez dans les bras de votre père; venez tous recevoir dans ses doux épanchements le prix des confidences que vous lui avez faites, et qui sont la récompense la plus flatteuse de la bonne éducation et des soins que ce père vous a prodigués.

Armand, Jules, Léon et Benoît coururent embrasser Palamène avec la plus touchante effusion ; puis ils se retirèrent enchantés de sa bonne réception et du parti qu'ils avaient pris. Ils étaient tranquilles maintenant ; ils pouvaient se livrer sans crainte à toute la force de leur amour ; ils avaient l'agrément de leur père. — Voilà ce que c'est, disaient-ils, qu'un bon père; il encourage ses enfants ; ceux-ci épanchent leurs plus secrètes pensées dans son cœur généreux, et de cet accord touchant naît le bonheur de toute une famille!

Bons jeunes gens! puisse votre conduite franche et loyale avoir beaucoup d'imitateurs!

Fiers d'être autorisés par Palamène, Armand et Jules furent sur-le-champ cueillir des fleurs pour les offrir à Henriette et à Adèle, qu'ils brûlaient de voir sous un prétexte quelconque. Leurs yeux brillent de joie; ils sont plus galants, plus tendres, plus passionnés; mais, fidèles à la parole qu'ils ont donnée à leur père, ils ne disent rien de leurs aveux à ces aimables personnes, qui les trouvent plus aimables qu'à l'ordinaire, et s'attachent plus fortement à eux.

Ce jour-là était consacré au repos, on fut se promener, visiter la danse du hameau, où l'on fit même quelques figures. Cela mena assez avant dans la soirée, et l'on revint goûter un repos qui ne fut interrompu que par des images riantes. Chacun se trouvait heureux : Palamène, d'avoir des enfants aussi intéressants, et les jeunes gens, de posséder un père aussi respectable-

Le. SOIRÉE.

Bureau de Publication rue de Thorigny. 3.

Impr. par Auguste Bry, 134, rue du Bac

L'Intelligence.

CINQUANTIÈME SOIRÉE.

L'INTELLIGENCE.

Les Voyages des cinq petits Américains.

Le soleil avait parcouru les trois quarts de sa carrière; le dîner frugal du père de famille et de ses enfants était terminé; la récréation du soir rappelait tous nos amis sur la terrasse pour y entendre quelque lecture; déjà Palamène tenait sous son bras le gros livre où l'on avait lu autrefois l'histoire de l'Héritier : on se préparait à y chercher quelque nouvelle histoire intéressante et morale, lorsqu'on entendit frapper rudement à la porte cochère... Marcelle va ouvrir. Eh! dit-elle, c'est notre voisin Perrin : bon Dieu! combien d'enfants vous accompagnent!

Qu'est-ce que c'est donc que toutes ces petites bonnes gens-là? — Mon voisin Palamène y est-il? — Oui, venez avec moi; nous le trouverons sur la terrasse : vous voulez lui parler? — Je veux lui faire part de ma joie et de l'aventure la plus singulière... — Une aventure?..... C'est ce que nous aimons ici. Oh! venez, venez.

Marcelle conduisit le voisin Perrin à Palamène : Perrin l'embrasse. — Mon ami, lui dit-il, vous savez que j'étais veuf et que je n'avais pas d'enfants? Eh bien! le ciel vient de m'envoyer une famille nombreuse. Me voilà comme vous, père, et père d'une famille bien digne d'être aimée. — Comment! — C'est une histoire! on ne le croirait pas; rien n'est pourtant plus véritable. Tenez, regardez ces enfants, en voilà cinq, dont l'aînée, qui est une fille, a neuf ans tout au plus : ce sont mes neveux, mes nièces, et j'ignorais avoir tant d'héritiers. C'est que vraiment on n'a pas l'idée du courage, de la fermeté et de l'intelligence de cette aînée, qu'on appelle Charlotte. J'ai voulu vous les présenter tous, et vous raconter l'histoire de leurs malheurs et de leurs voyages. — Vous m'intéressez beaucoup, mon voisin; asseyez-vous, faites asseoir ces jeunes enfants, et expliquez-vous plus clairement, car j'ai peine à vous comprendre. — Écoutez, écoutez.

Le voisin Perrin et sa famille prennent place au milieu de nos jeunes gens, qui ouvrent de grands yeux, et sont impatients d'apprendre ce que tout cela signifie. Il se fait un silence, et Perrin s'exprime ainsi :

« Vous savez, mon voisin, que je suis né dans ces campagnes, d'un père bon fermier, bon cultivateur. J'avais un frère qui, s'étant engagé très-jeune, passa dans les îles, et ne revint jamais en France. Mon père étant mort, je me mis à la tête de sa ferme, que je fis valoir. Je me mariai ensuite; mon épouse mourut sans m'avoir rendu père ; je me décidai à ne plus contracter de nouveaux liens; bref, je vivais tranquille, lorsque je reçus, il y a deux ans environ, une lettre de mon frère, qui m'apprit que depuis longtemps il était établi à Saint-Domingue, marié, et père de cinq enfants en très-bas âge. Cette nouvelle me fit plaisir. Je lui répondis que je me savais gré de ne m'être point remarié, pour pouvoir un jour être utile à sa famille, soit en lui faisant des présents pendant ma vie, soit en lui laissant mon bien après ma mort. Si tu as besoin de moi, ajoutai-je, écris-moi.

» Il ne répondit point à cette lettre, et à peine pensais-je à lui, lorsque hier soir, au moment où j'allais me retirer pour me livrer au sommeil, on frappa à ma porte. Tous mes gens étaient couchés, je pris une lumière, et je fus demander qui était là. Une voix douce me répondit : C'est nous!... — C'est nous, n'est pas une indication suffisante. Cependant j'ouvris, et je fus fort étonné de voir cinq petits enfants qui me demandèrent si j'étais M. Perrin. Sur l'affirmative, ils me sautent au cou ; ils m'appellent leur oncle, leur cher oncle, et me serrent dans leurs bras en sautant de joie. Comment, votre oncle! dis-je tout étonné. Charlotte, qui portait la parole, me répondit : Nous sommes les enfants de votre frère Claude Perrin. Hélas! nous avons perdu notre père, notre mère, nous sommes orphelins, et nous venons implorer les bontés de notre oncle. — Est-il possible? vous, les enfants... Mon pauvre frère! il est donc mort?..... — Hélas! oui! — Contez-moi donc ça!

» La petite me remet d'abord la lettre que j'ai écrite à son père, et dans laquelle je lui offrais mes services. C'est sur cette lettre qu'elle a osé venir, et m'amener ses frères et sœurs. Elle pleure, elle est bien fatiguée ; tous les cinq ont un appétit dévorant : je réveille ma gouvernante, je fais servir à souper à ces intéressants enfants, et quand ils ont pris une nourriture dont ils ont le plus grand besoin, j'engage Charlotte à me raconter tous les détails de la mort de mon frère. Cette petite me conte cela avec une naïveté qui m'enchante. Je ne la ferai point parler ; son langage pourrait être souvent inintelligible pour vos enfants. Je vais vous dire moi-même cette histoire singulière, ainsi que les détails du voyage de mes petits Américains ; mais pour cela je dois prendre mon récit de plus loin.

» Mon frère Claude Perrin, après avoir longtemps servi sur mer, avait trouvé enfin le moyen de se dégager et de s'établir à Saint-Domingue ; il s'était marié, et en dix années de temps il était devenu père de cinq enfants, deux garçons et trois filles. Cependant, voyant que son état n'allait pas bien dans cette île, il se détermina à passer au Cap, y prit une boutique, et se mit cordier, marchand de câbles : là, il élevait doucement sa jeune famille avec sa femme, lorsque, tout se brouillant dans les colonies, le fameux incendie du Cap arriva, et ruina un nombre considérable de familles. Claude Perrin et sa femme en furent eux-mêmes les victimes. Dans la crainte des événements qui se préparaient, ils avaient envoyé tous leurs enfants chez une amie qui vivait solitaire dans une habitation au bord de la mer. Pour eux, n'osant pas abandonner leur maison, ils s'y retirèrent. Mais cet asile fatal devint bientôt la proie des flammes ; les deux infortunés y furent écrasés, consumés sous le toit de leur maison, et leur amie apprit ce malheur à ces pauvres enfants, qui se trouvaient orphelins et sans fortune. Charlotte avait neuf ans, les deux sœurs, six et cinq ans, et les deux petits garçons, trois et deux ans. Quel malheur pour ces innocentes créatures! Charlotte pleure; mais bientôt elle se rappelle qu'avant de la quitter son père lui a confié un petit coffret, en lui disant : Garde cela, Charlotte : s'il nous arrive malheur, tu l'ouvriras.

» Charlotte ouvre le coffret; elle y trouve, non de l'or, non des bijoux (ses pauvres parents n'en possédaient pas), mais des papiers. Charlotte sait lire, elle les parcourt... Ce sont des extraits de baptême, des dates de naissance et des lettres. Ce qui la frappe le plus, c'est une lettre de son oncle de France, qui fait des offres de service à sa famille : l'adresse est au bas de la lettre. Charlotte forme le projet hardi d'aller trouver cet oncle, et de lui amener ses quatre frères et sœurs. Il sera sans doute sensible à notre infortune, dit-elle à l'amie de son père, qui cherche en vain à la détourner de ce dessein. Mais, mon enfant, lui dit cette amie, songe donc que pour voyager il faut de l'argent, il faut des connaissances, il faut enfin être plus grande et plus âgée que tu ne l'es! — C'est égal, répond Charlotte; je remplacerai maman, autant que je le pourrai, auprès de mes frères et sœurs, surtout pour ce pauvre petit Hyacinthe, qui n'a que deux ans, et qui a besoin de tous les soins possibles. Je n'ai pas d'argent; j'intéresserai tous les bons cœurs à notre malheur; ils nous aideront, ils nous soulageront. Oh! laissez-moi faire, ma bonne amie; je suis bien jeune, mais j'ai plus de courage que vous ne le pensez!...

» Charlotte secouait la tête; elle avait un petit air assuré qui donnait de la confiance à l'amie de son père. Cette amie n'était point fortunée, elle ne pouvait faire, pour l'aider, que de très-légers sacrifices. Elle fit encore à Charlotte, sur les dangers de la mer, sur la nécessité de traverser la France, mille représentations qui furent inutiles. Charlotte avait pris son parti, elle est inébranlable. Charlotte prend un matin la petite famille dont elle est devenue la mère ; puis elle va se jeter aux pieds de l'agent du gouvernement français au Cap. Ce magistrat est attendri ; il lui dit de revenir le surlendemain. Charlotte y retourne. Vous voulez donc absolument partir, ma fille? lui dit cet agent. — Oui, monsieur. — Eh bien ! rendez-vous sur l'heure au vaisseau l'*Invincible*, qui est dans le port ; vous demanderez le capitaine Verville, et vous lui remettrez cet écrit. Je l'ai prévenu, j'ai même payé votre passage. — Quoi ! monsieur, vous avez eu la bonté... — Vous m'avez tant intéressé ! Tenez, prenez ces pièces d'argent, elles pourront vous procurer quelques petites douceurs dans le vaisseau.

» Charlotte, enchantée, prend l'argent, l'écrit, remercie cet homme généreux, et revient en sautant de joie chez l'amie de son père, à qui elle fait ses adieux. Cette bonne amie lui remet un louis d'or, en lui recommandant de le bien ménager ; puis elle l'embrasse en pleurant, en la recommandant, elle et sa petite famille, à la Providence, qui va veiller sur elles. Charlotte prend dans ses bras son plus jeune frère, les autres la suivent, et la voilà qui se rend sur le port, en demandant à tout le monde le capitaine Verville. Que voulez-vous? lui demande-t-on. — C'est qu'il va nous emmener en France.

» On sourit et on lui tourne le dos. Cependant, à force de chercher, elle rencontre le capitaine Verville lui-même, qui lit le papier du magistrat, puis prend la main de Charlotte, en lui disant : Venez, ma petite ; je sais ce que c'est. Vous avez bien fait d'arriver, car je vais mettre à la voile sur-le-champ. Voilà le capitaine, entouré des enfants, qui arrive à son bord, les place dans une petite chambre seule, et fait lever l'ancre. Charlotte est enfin embarquée, et sa gaieté l'abandonne à mesure qu'elle voit s'éloigner d'elle cette terre de douleur, qui ne présente plus que les vastes décombres qui couvrent pour jamais les restes précieux de son père et de sa mère. Charlotte verse des larmes, et, par imitation, sa petite famille pleure aussi. Charlotte sent qu'elle doit la consoler et lui donner l'exemple de la fermeté. Elle essuie ses larmes, essuie de même les yeux de ses frères et sœurs, prend le petit Hyacinthe sur ses genoux, et cherche à le faire rire, pour égayer les autres. Ce tableau touchant fixe bientôt l'attention de tous les voyageurs; on entoure Charlotte, on la questionne; elle répond avec ingénuité; c'est à qui lui fera des cadeaux. Le capitaine, qui est payé faiblement, n'en envoie pas moins à Charlotte les restes de sa table. Tout le monde les nourrit, tout le monde les accable de caresses et de bienfaits. Charlotte fait absolument la mère pendant toute la traversée. C'est Charlotte qui fait les parts des repas à ses frères et sœurs; c'est elle qui les fait coucher, qui les fait lever, qui a soin des seules hardes qu'ils possèdent. Ils sont tous bien tenus, bien propres; elle les habille, les déshabille; en un mot, cette enfant de neuf ans est une véritable femme de ménage, une tendre mère de famille.

» La traversée fut assez heureuse, quoique prolongée souvent par de gros temps et même par des grains de tempête. La pauvre Charlotte eut la douleur de voir ses deux jeunes frères et une de ses sœurs malades au point de craindre pour leurs jours. Elle redoubla d'activité, passa la nuit près d'eux, implora les secours des gens de l'art qui étaient dans le vaisseau, et qui s'empressèrent de prodiguer leurs soins aux touchants objets de sa sollicitude. Ils se rétablirent; mais Charlotte paya son tribut à la mer; elle fut indisposée à son tour, et n'en fut pas moins active et surveillante; toute sa peur, disait-elle, était de mourir, et de laisser ainsi de petits êtres à l'abandon. . . . .

» Je ne finirais pas si je vous détaillais toutes les preuves de raison, de sagesse et d'intelligence que donna cette intéressante orpheline; j'en ai été convaincu par son récit naïf, dont j'ai été obligé de deviner la moitié. Enfin, après bien des maux, des inquiétudes et des contrariétés, le vaisseau mouilla dans le port de Lorient; et le capitaine, qui était occupé de ses propres affaires, relâcha nos petits Américains, en leur annonçant qu'ils étaient en France, qu'ils n'avaient qu'à chercher leur subsistance et marcher. Charlotte eut le soin de le remercier de ses bontés, ainsi que tous les voyageurs, qui se cotisèrent pour lui faire une petite bourse. Charlotte, munie de quelques louis, se hâta d'acheter de petits bas et de petits souliers pour elle et ses enfants; puis elle se mit en route en demandant son chemin à tous les passants. Son chemin, c'était Paris qu'elle demandait, persuadée que, quand elle serait dans cette grande ville, on lui indiquerait plus facilement la ferme de son oncle. Elle faisait faire trois, quatre lieues par jour, à pied, à sa petite troupe; et quand elle était fatiguée, elle la faisait reposer deux ou trois jours dans un endroit. Charlotte ne marchait que le jour; dès que la nuit approchait, elle se réfugiait dans la première auberge, où elle donnait quelques légères pièces de monnaie pour être abritée n'importe où. Les granges, les écuries, comme les meilleurs lits, tout lui était indifférent; et quand on lui demandait où elle allait, elle répondait naïvement : A la ferme de mon oncle Perrin ; la connaissez-vous ?

» On riait, et souvent plusieurs aubergistes avaient l'humanité de la loger pour rien et de lui donner même à souper. Pour le dîner, il ne l'inquiétait jamais : il se faisait en route, avec du pain, des fruits ou du fromage. On n'est pas plus frugal, on n'a pas plus de persévérance. Cependant son jeune Hyacinthe eut la petite-vérole dans la ville de Rennes. Ce retard lui donna plus d'activité sans la décourager. Elle porta elle-même son frère à l'hôpital, et le recommanda aux soins de ceux qui le dirigeaient ; elle le visitait deux fois par jour, et lui prodiguait toutes les attentions possibles. Quand l'enfant fut rétabli, elle le prit dans ses bras et se remit à voyager. Entre Alençon et Mortagne, il lui arriva une aventure assez singulière, qui pensa la perdre, elle et ses jeunes enfants. Elle entre dans une auberge pour y demander l'hospitalité, suivant son usage. Elle est tout étonnée de ne trouver dans cette auberge qu'un seul homme assez bien vêtu, sans cuisinier, ni domestiques, ni filles d'auberge. Tout paraissait même être dérangé dans cette maison. Il faisait grand jour néanmoins, et la route était très-fréquentée ; il n'y avait rien à craindre. L'aubergiste, de mauvaise humeur, la repousse durement. Elle se met à pleurer, en lui disant que c'est bien vilain à lui, bien malhonnête, de rebuter ainsi de pauvres orphelins, qui n'ont de recours que dans les âmes sensibles et généreuses. L'aubergiste, un peu ému, la regarde et lui dit : Eh bien ! montez là-haut, couchez-vous où vous voudrez ; mais ne comptez pas que je vous donnerai seulement un morceau de pain, car je n'ai rien ici.

» Charlotte, qui a soin d'avoir toujours sa petite besace garnie, ne lui demande rien autre chose qu'un abri. Elle est contente d'en avoir trouvé un; elle monte, avec sa famille, dans une chambre très-propre, qui se trouve ouverte. Charlotte y reste; et quand la nuit est plus épaisse, elle descend pour demander à l'aubergiste si cela ne le gêne point qu'elle occupe la belle chambre du premier sur la cour. L'aubergiste lui répond non, avec le ton du courroux. Elle tremble, elle est fâchée d'être entrée dans cette maison; mais il est trop tard pour en chercher une autre, il faut y séjourner. Charlotte, cependant, fait coucher ses frères et sœurs; mais elle reste debout, éveillée, et dans le dessein de passer ainsi la nuit. Un secret pressentiment lui dit qu'il y a quelque chose d'extraordinaire dans cette maison.

» On était dans le dernier quartier de la lune, sur la fin d'un mois, à l'époque où l'astre de la nuit n'éclaire notre hémisphère que vers une heure du matin. Charlotte, qui jusqu'à ce moment avait entendu marcher, courir, ouvrir et fermer des portes brusquement, s'était tenue l'œil au guet derrière sa croisée. Elle aperçoit l'aubergiste qui marche à grands pas dans la cour, va, vient, frappe du pied, se cogne la tête contre les murs, et paraît agité d'un sombre désespoir. Charlotte, émue, ouvre sa croisée: Mon Dieu, crie-t-elle à cet homme; mon Dieu, monsieur, ne vous trouveriez-vous pas mal? Auriez-vous besoin de quelque chose?... — Quoi! vous ne dormez pas? — Non, monsieur. — Tant pis..... Au surplus, rentrez, et laissez-moi tranquille.....

» Puis il ajoute, comme par réflexion: Quand vous voudrez sortir, vous trouverez la clef attachée derrière la porte.

» Qu'est-ce que cela signifie? se dit intérieurement Charlotte effrayée. Quand je voudrai sortir! Est-ce que cette auberge ne s'ouvre pas de bonne heure comme les autres? Cet homme-là est singulier.

» Charlotte, très-agitée, attend le jour avec impatience; elle n'entendait plus aucun bruit, mais elle n'en était pas moins inquiète. Aussitôt qu'elle aperçoit les premiers rayons du soleil, elle éveille ses frères et sœurs, les fait habiller à la hâte, puis sort avec eux dans l'intention de fuir cette maison, où elle n'a pu reposer. Charlotte ne connaissait pas l'intérieur de cette auberge. Elle traverse plusieurs chambres ouvertes, sans trouver d'escalier, et reste fort étonnée de ne rencontrer aucun voyageur, personne! Elle pousse une porte: ciel! quel affreux spectacle! une femme poignardée et baignée dans son sang! O terreur! Charlotte jette des cris lugubres; elle entraîne sa famille, et craint que le sort de cette victime ne lui soit réservé. Elle descend à la hâte dans la cour; ô surcroît de douleur! dans une cuisine qu'elle traverse, elle aperçoit ce même aubergiste qui lui a parlé pendant la nuit. Ce malheureux s'est pendu, il est mort! Quelle est donc cette caverne infernale? Charlotte ne peut que pousser des cris, ainsi que ses compagnons. Ils étouffent, ils n'ont plus la force de marcher..... Pendant qu'ils succombent à l'effroi, on frappe à coups redoublés à la porte cochère. Charlotte sent ses forces se ranimer, dans l'espoir d'être sauvée: elle y court, trouve en effet la clef suspendue derrière, comme l'aubergiste le lui a indiqué, ouvre cette porte, et voit entrer une foule de gens armés. A leur tête est une espèce de cuisinier qui s'écrie: Voyons si le malheureux n'a point attenté à ses jours!...

» On trouve en effet le cadavre de l'aubergiste, celui de la femme assassinée, et l'on arrête nos enfants pour en tirer des éclaircissements. Charlotte ne peut dire que ce qu'elle sait, ce qu'elle a vu. Toute la maison se remplit de gens de justice. On écrit, on verbalise, on interroge Charlotte. Tout ce qu'elle peut apprendre, au milieu des conversations qu'elle entend, c'est que l'aubergiste, jaloux de son premier garçon, l'a renvoyé la veille, ainsi que tout son monde. Ce malheureux aubergiste a poignardé sa femme, et s'est défait ensuite de désespoir. C'est ce premier garçon qui est là, à la tête de la force armée. Il jure que sa maîtresse était innocente, que son maître était un insensé. Ce n'est, ajoute-t-il, que dans la crainte de ce qui est arrivé que j'ai requis ce matin la garde et la justice : il n'est plus temps! etc., etc.

» Après avoir bien fait parler la pauvre Charlotte, on la congédie enfin ; et vous pouvez juger de sa joie en quittant ce lieu d'horreur et d'effroi. Cette aventure l'avait tellement épouvantée, qu'elle ne put faire beaucoup de chemin ce jour-là. Elle s'arrête de bonne heure dans unehôtellerie, et depuis elle eut tant de méfiance pour ces sortes de maisons, qu'elle eut soin de choisir celles qui lui parurent les plus habitées et remplies de voyageurs. Il ne lui arriva rien d'extraordinaire depuis cette époque jusqu'à Paris, où elle entra en bonne santé, ainsi que sa petite troupe. On ne conçoit pas comment cette enfant a pu faire, elle cinquième, un voyage si considérable, avec cinq ou six louis tout au plus. Il lui a fallu un ordre et une économie admirables. Quoi qu'il en soit, elle était à Paris, mais elle n'était pas encore chez son oncle, et ses finances étaient épuisées. Elle demande mon adresse, et elle reste fort étonnée quand on lui apprend qu'il faut qu'elle retourne un peu sur ses pas; qu'il faut qu'elle retourne à Versailles, et que de là elle aille gagner la gauche de Chartres. Cette pauvre enfant avait eu du courage jusqu'à ce moment; mais se voyant encore forcée de voyager, et n'ayant pas les moyens, elle se mit à pleurer amèrement. Qu'avez-vous, petite? lui demanda avec sensibilité la dame qui venait de lui donner ces renseignements.

» Charlotte lui raconta ses malheurs, l'histoire de ses voyages; et la dame fut si émue à ce récit, qu'elle lui donna douze francs. Plus tranquille et plus rassurée, Charlotte se remit en route, et à force de questions, faites dans tous les endroits qu'elle traversa, elle trouva enfin ma ferme, où elle arriva, comme je vous l'ai dit, hier soir à la nuit fermée. Quelle patience, mes amis, et quel courage!... Faire à pied près de cent cinquante lieues, souvent obligée de porter en route un enfant de deux ans, du fardeau duquel elle se débarrassait rarement sur ses deux plus jeunes sœurs! Avoir quatre enfants en aussi bas âge à conduire, à gouverner! Voilà ce qu'a fait une fille de neuf ans; et tout cela, pour aller trouver un oncle qu'elle ne connaissait pas, qui pouvait être dur, inhumain, barbare, et lui fermer l'entrée de sa maison; car cinq enfants sont une charge que bien des gens ne voudraient pas prendre. Mais comme elle est douce pour mon cœur! comme elle va m'être chère, cette nouvelle famille que le ciel m'envoie! Ah! il faudrait avoir un cœur bien dur pour ne pas s'intéresser à des enfants si extraordinaires! Je les adopte tous; ils seront mes fils, mes filles, et Charlotte sera à la tête de ma maison. Je crois qu'elle en aura bien le talent, hein! Qu'en dites-vous, mes amis? Vous la regardez, cette fille étonnante : sa modestie lui fait baisser les yeux! Les vôtres sont chargés des larmes de la sensibilité. Oui, regardez-la bien, et admirez-la. Quand on pense qu'en arrivant chez moi hier, ces pauvres enfants n'avaient pas de souliers; que leurs petits pieds étaient enflés, tout écorchés par les ronces, les épines et les cailloux sur lesquels ils avaient marché; qu'au milieu de tant de fatigues tout cela se porte à merveille et ne demande qu'à vivre, cela est singulier, c'est bizarre, c'est unique!..... Mais pardon, pardon de mon enthousiasme; il est peut-être exagéré; mais il part de mon cœur, et je regarde comme le plus beau jour de ma vie, le jour où ces enfants sont venus se jeter dans mes bras. Je serai leur père, je le serai, je m'en fais un plaisir, je m'en fais un devoir!... Mais embrassez-la donc, ma Charlotte, puisque vous la regardez tous avec tant d'admiration.»

Le voisin Perrin se tut, et tous les enfants de Palamène, qui regardaient Charlotte comme un être extraordinaire, coururent à cette jeune enfant, et la serrèrent dans leurs bras. Elle répondit avec candeur à leurs caresses touchantes, et on lui fit recommencer les détails de son voyage, qui devinrent piquants dans sa bouche, quoique moins clairs que ceux que M. Perrin venait de donner. On doit se faire une idée de toutes les questions de nos amis. Combien étiez-vous dans le vaisseau? combien de temps y êtes-vous restés? Et puis ce vilain aubergiste qui a tué sa femme! comme j'aurais eu peur! etc. C'est à qui dira son mot. Les quatre enfants furent aussi embrassés, surtout le petit Hyacinthe, cet enfant de deux ans, qui ne manquait pas d'intelligence pour son âge, quoiqu'il ne sentît pas encore l'étendue des obligations qu'il avait à sa sœur. Cela devait être singulier, dit Léon, de voir voyager ainsi à pied trois petites filles, un petit garçon, et un autre petit garçon dans leurs bras! On devait vous faire bien des questions dans les endroits où vous vous arrêtiez? — Oh! partout, répondit Charlotte. — Et chacun devait bien s'intéresser à votre sort? — Très-peu de monde. La plupart de ceux qui m'interrogeaient, m'écoutaient, me regardaient, et me tournaient le dos. Presque tous riaient, et haussaient les épaules, comme en disant que j'avais tort de m'exposer ainsi aux hasards d'une longue route. Quelques personnes cependant se sont proposées pour me conduire, attendu, disaient-elles, qu'elles avaient le même chemin à faire. Je n'ai jamais voulu aller avec du monde. Je ne sais pourquoi cela m'effrayait; et puis j'avais l'habitude de régler la conduite de mes frères dans le bâtiment: le courage ne me manquait pas, je ne craignais rien; il n'y a que depuis l'aventure de l'aubergiste; oh! pour ça, je n'étais pas aussi rassurée, et si cela m'était arrivé dans la ville où le vaisseau nous a débarqués, je crois que je n'aurais jamais eu la force d'arriver à Paris. Aussi me voilà bien dédommagée de tant de peines; mon oncle est si bon! Je suis heureuse, et mes frères et sœurs aussi, n'est-ce pas, Thérèse? n'est-ce pas, Manette? n'est-ce pas, Joachim?

Thérèse, Manette et Joachim sautent sur les genoux du bon Perrin, qui pleure de sensibilité. Ce brave homme est ravi de voir ces jeunes enfants le caresser. Il s'extasie sur leur beauté, sur leur intelligence, et chacun est de son avis. Palamène, que cette scène inattendue avait pénétré, fit servir une légère collation, qui fut reçue parfaitement. Perrin se retira ensuite avec sa famille. Adieu, mon voisin, dit-il à Palamène; je sais que vous êtes bon père, que vous aimez beaucoup les enfants; voilà pourquoi j'ai pris la liberté de vous présenter les miens, et de vous ennuyer de détails peut-être minutieux, mais touchants à coup sûr, puisqu'ils sont puisés dans la nature! — Vous m'avez fait un sensible plaisir, mon voisin, lui répondit Palamène; vous savez que rien de ce qui concerne l'enfance et la morale ne peut m'être indifférent. Je vous remercie de votre bonne visite, et je vous prie de la réitérer, en m'amenant souvent ces intéressants orphelins.

Le voisin Perrin promit de venir souvent à la chaumière, et il emmena sa petite troupe, qui, on s'en apercevait aisément, avait besoin encore de quelques jours de repos pour se remettre de tant de fatigues. Quand il fut parti, Palamène laissa parler ses enfants, qui s'extasièrent sur le caractère singulier de la jeune Charlotte, et sur la bonté de cœur de son oncle. Palamène ajouta ses réflexions morales aux leurs, et l'on termina par les plus doux entretiens cette soirée, qui avait été plus gaie qu'on ne s'y attendait.

CINQUANTE-UNIÈME SOIRÉE.

LE ZÈLE.

Fête donnée au bon Père.

Plusieurs jours s'étaient écoulés, dont les soirées avaient été occupées par de simples lectures, et nos jeunes gens avaient été très-contents de n'être dérangés par aucun nouveau venu. Ils avaient formé un projet digne de leur bon cœur. On était dans le mois d'août, dans cette saison si belle où les soirées sont un peu longues et favorables à la promenade. La Saint-Barthélemi approchait; c'était la fête du père de famille, et ses enfants faisaient de grands préparatifs pour le fêter d'une manière digne de lui et de leur tendresse. On était convenu qu'on jouerait une petite comédie, et Léon avait été chargé de la faire. Léon venait de terminer son ouvrage ; il l'avait lu à ses frères, qui en étaient très-contents. Chacun se mit à copier et apprendre son rôle ; mais comme ils avaient encore besoin de deux acteurs, Armand engagea Julien et Georges, fils d'un fermier voisin, à y prendre deux rôles qui manquaient. C'était ce même Julien avec qui Armand avait eu, l'année dernière, une querelle qui lui avait valu, de la part de Palamène, la forte leçon de la mort du fils du marquis Desforts ; mais Armand et Julien étaient réconciliés ; ce dernier accepta donc, ainsi que son frère. On était bien embarrassé pour les répétitions : il fallait que M. Delacour, qui était dans le secret, engageât souvent Palamène à sortir avec lui ; et, pendant ce temps, Julien, Georges arrivaient, et nos jeunes gens répétaient leur petite pièce, se donnaient des conseils réciproques, et faisaient les comédiens dans toutes les règles. Le jour de la fête arrive ; comment faire pour s'occuper des préparatifs nécessaires, sans que Palamène s'en aperçoive ? C'est encore M. Delacour qui se charge de ce soin : il engage le père de Julien à inviter à dîner chez lui seulement Palamène et lui. Palamène, qui se doute peut-être de quelques surprises que ses enfants lui ménagent, accepte ; et, pendant ce temps, on arrange la salle de spectacle. Cette salle est bientôt prête, c'est le petit bois qui en tient lieu. Il y a au milieu de ce petit bois une salle de verdure. Benoît et Léon, qui sont les décorateurs en chef, y font une séparation avec des tapisseries placées en haut horizontalement, et aux deux côtés verticalement : les arbres forment eux-mêmes les décorations, et quelques lampions éclairent tout cela. On place des bancs, des chaises dans la partie destinée au public, et de l'autre côté des tapisseries qui forment le théâtre ; on met une table, tous les accessoires dont on a besoin. Les ouvriers de Palamène sont mis en réquisition pour faire les gardes, les paysans qui sont nécessaires à la pièce, et tout est prêt lorsque M. Delacour et le père de Julien ramènent Palamène. Ce bon père joue l'étonnement de se trouver transporté au spectacle. Il demande ses enfants ; on lui dit qu'ils s'habillent pour jouer la comédie ; il est tellement pénétré qu'il verse des larmes d'attendrissement. Enfin, il se place dans un fauteuil mis au milieu du parterre, et qui lui est destiné. Le public en fait autant, et la pièce commence. Je dis le public, car on a invité à cette fête tous les amis de la maison, le voisin Perrin et ses petits-neveux, M. Richard et sa famille, M. de Verseuil et ses enfants, etc., etc. Nos acteurs auraient bien voulu avoir Émilion et ses parents, mais ils étaient à Paris. Quoi qu'il en soit, voilà une société composée d'à peu près vingt à trente spectateurs ; c'est plus qu'il n'en faut pour juger une mauvaise pièce. Benoît s'était chargé du rôle gai, qui était le plus dans son caractère ; Armand et Henriette jouaient les amoureux. Tout le monde était bien placé, mais on avait oublié de se munir d'un souffleur ; on vint tout doucement tirer M. Delacour par la manche, pour le prier de se charger de cet emploi. M. Delacour y consentit, mit ses lunettes, s'empara du manuscrit, se plaça dans un coin pour ne point gêner les spectateurs, et sans lever le rideau, puisqu'il n'y en avait point, les acteurs parurent. Plaçons-nous aussi, amis lecteurs, près du bon Palamène, qui est le héros de cette fête, et jugeons la comédie de notre poëte Léon.

LES BONS FILS,

COMÉDIE VILLAGEOISE EN UN ACTE ET EN PROSE, ORNÉE DE COUPLETS.

PERSONNAGES.	*ACTEURS.*
LE FILS du seigneur du village...............	LÉON.
BASILE, vieux laboureur.......................	JULIEN.
THOMAS, fermier, père de Fanchette	BENOIT.
FANCHETTE, sa fille...........................	HENRIETTE.
JULIEN, fils de Basile.........................	ARMAND.
LE MAGISTER.................................	JULES.
UNE MARCHANDE DE CHANSONS.............	ADÈLE.
GUILLOT, paysan............................	GEORGES.

DEUX SOLDATS.
PLUSIEURS PAYSANS.
} LES OUVRIERS DE PALAMÈNE.

Le théâtre représente un bosquet; on y voit une table longue.

SCÈNE PREMIÈRE.

LE MAGISTER, THOMAS, *portant une pinte*, FANCHETTE, *tenant des verres. Ils s'asseyent tous trois à la table et boivent.*

THOMAS.

Queu belle matinai, mes enfants.

LE MAGISTER.

Superbe!

FANCHETTE.

Ah! mon père, celle de d'main s'ra encore plus belle.

LE MAGISTER.

Comment devinez-vous cela?

THOMAS.

Pardi, c'est tout simp'; c'est que d'main, voyais-vous, alle épouse Julien. Va, ma fille, si l' matin du jour où c' qu'on s' marie est beau, le soir est ben gentil itou.

LE MAGISTER.

Enfin, père Thomas, c'est donc décidé? Vous donnez votre fille à Julien, un rustre, un manant, un imbécile!

FANCHETTE.

Et voirement, monsieur le magister, c'est ben c' qui faut en minage. Toujours vaut mieux épouser un homme pus bête q' soi; ça fait qu'on a l' plaisir de l' mener par l' bout du nez.

LE MAGISTER.

Ah! rusée!... voilà de jolies dispositions!

THOMAS.

Quoiqu' ça, Julien n'est pas si sot qu' vous voulais ben l' dire.

FANCHETTE.

Oh! qu' non, il n'est si sot!

LE MAGISTER.

Un garçon qui ignore les premières règles de la syntaxe!

THOMAS.

Suffit qu'il sache aimer sa femme et travailler.

LE MAGISTER.

Mais il n'a rien.

THOMAS.

J' l'i cédons not' farme; il aura quel' chose.

LE MAGISTER.

Ainsi, me voilà congédié, moi qui adore votre fille?

THOMAS.

Comm' vous dites, vous v'là congédié.

LE MAGISTER.

Préférer un paysan à un homme comme moi, qui possède le français, le latin et le grec; qui connais à fond Virgile, Cicéron, Sénèque, Quinte-Curce, Homère, Tite-Live, Salluste; qui fais des vers comme de la prose, des discours, des épîtres, logogriphes, sonnets, ballades, énigmes, madrigaux, poëmes, triolets, comédies, drames, et même des tragédies en cas de besoin.

THOMAS.

C' n'est pas tout ça qu' faut en ménage.

LE MAGISTER.

Mais qu'a-t-il donc, ce Julien? qu'a-t-il de plus que moi pour plaire?

THOMAS.

J'ignorons c' qu'il a d' plus; mais j' savons qu'il a trente bonnes années moins que vous.

LE MAGISTER, *à part.*

Comme il est malhonnête; mais je m'en vengerai. (*Haut.*) Changeons de propos, monsieur Thomas; ceci commence à me chiffonner les oreilles.

THOMAS.

Oui, changeons de propos; parlons d' la fête ed' not' bon seigneu. C'est d'main, morgué; c'est d'main.

LE MAGISTER.

Chacun va s'empresser de le fêter.

THOMAS.

Nous donc! j' dis, j' n'en céderons not' part. J'ons envoyé Julien à Paris, pour acheter des bouquets ar... ar... artif'els. Comment diable qui disont ça ?

LE MAGISTER.

Artificiels, mon cher; artificiels.

THOMAS.

Oui, arti... comme vous dites. Ça s'ra biau, n'est-ce pas? Et pis i' doit encore apporter d' biaux affiquets pour not' fille; car j' voulons que l' jour de ses noces all' soit mise comme une princesse.

LE MAGISTER.

A quoi bon la parer? la rose fraîche éclose a-t-elle besoin d'ornements?

FANCHETTE.

Comm' c'est doux?

LE MAGISTER.

Tenez, le voilà de retour.

FANCHETTE.

Qui! Julien?...

THOMAS, *regardant.*

Oui, li-même. Quiens, vois comme i' court! on voit bien qu'il est amoureux.

FANCHETTE.

C'est lui, oui, c'est lui : oh! comme le cœur me bat!

SCÈNE II.

THOMAS, FANCHETTE, JULIEN, LE MAGISTER.

JULIEN.

Bonjour, père Thomas; bonjour, tout le monde; bonjour, ma Fanchette. M'est avis que vous m'attendiais commodement, le verre à la main.

THOMAS.

Tu l'as d'vinai, mon garçon : quiens, bois un coup.

Il lui verse du vin.

JULIEN.

Je l' voulons ben, morguenne, car j' sis altéré comme un ménétrier.

Il boit.

THOMAS.

Eh ben! queq' t'apportes ed' Paris?

JULIEN.

Tout plein d' belles choses.

LE MAGISTER.

Qu'est-ce que c'est que ces belles choses?

JULIEN.

Vous avez l'air de gouailler, monsieur l' magister!

LE MAGISTER.

As-tu quelque argument à me pousser?

JULIEN.

Non, mais j'ons de bons poings.

LE MAGISTER.

Filons doux avec des brutaux comme ça!

THOMAS.

Ah ça, mais je ne te voyons rien dans les mains ni sous le bras.

JULIEN.

Tout ça est sur not' bourrique, que j'ons déposée chez nous en passant. J'apportons tout c' qui faut à ma Fanchette; une belle jupe de siamoise rayée, avec el' casaquin pareil, ben long et ben large; une belle coiffure avec de grandes barbes; un biau tablier d'un petit satin changeant, qui est superbe; et pis des fichus, des rubans, oh! des rubans!... J' crais que tu s'ras contente, vas,

FANCHETTE.

Choisis par toi, ah!

LE MAGISTER, *à part.*

Elle l'adore, hom!

JULIEN.

J'ons itou une fière provision d' bouquets pour not' bon seigneur. Ah! Fanchette, avec queu satisfaction que j' li offrirons ça!

THOMAS.

C'est d'main un grand jour ed' plaisir : la fête ed' monsieur Saint-Just, et pis vot' mariage.

LE MAGISTER, *à part.*

Oh! si je pouvais empêcher ça!

JULIEN, *à Fanchette.*

Veux-tu venir au-devant du village?

LE MAGISTER, *l'arrêtant.*

Un moment; vous savez que j'ai besoin de vous pour prendre des rôles dans ma tragédie.

JULIEN.

Comment, vot' trageudie! Vous avez fait une trageudie pour une fête?

LE MAGISTER.

Oui, pour une fête. Ça change, c'est plus neuf. Thomas y fera un héros.

THOMAS.

Allons donc, queu farce! C' n'est pas l'embarras; j'enrageons, quand j'allons à Paris, ed' voir des coméguiens et des coméguiennes qui savent dire tant de belles choses; tandis que je n' sommes qu'un ignorant.

LE MAGISTER.

Vous aimeriez donc jouer des rôles comme eux?

THOMAS.

Si j'aimerions ça! J'aimerions ça plus que ma vie, voyais-vous.

LE MAGISTER.

Eh! quel emploi préféreriez-vous?

THOMAS.

Quel emploi? comment quel emploi?

LE MAGISTER.

Oui, quelle sorte de personnage?

THOMAS.

Oh! les princes, par exemple; ça doit êt'e superbe; ou bien les maltôtier; oui, les maltôtiers. J' voudrions occuper un moment la place de c' traitant qui vient d'acheter c'te belle maison au bout du village, ouss' qui fait tant de train.

LE MAGISTER.

Vous jouerez mieux les jardiniers.

THOMAS.

Non : je n' ferions pas ben ces rôles-là. M'est avis qu'il faut sortir un tantinet de son état. J' serions trop gauche, trop lourd, trop pataud.

JULIEN.

Allons, laissons tout c' verbiage, et allons r'joindre el' village. Vians-tu, Fanchette?

FANCHETTE.

Partout avec toi.

LE MAGISTER, *à part.*

Je crève de jalousie.

THOMAS.

C' n'est pas la peine; v'là Guillot qui viant nous dire queut' chose.

SCENE III.

THOMAS, FANCHETTE, JULIEN, LE MAGISTER, GUILLOT

GUILLOT.

Vous v'là ben tranquilles là, vous autres, tandis que chacun s' donn' du mouvement pour la fête de d'main! Les uns cueillont des bouquets, les aut's préparont des fruits : là c'est une troupe de bergers qui recordont leux danses ; ici c'est une compagnie d' jouteux qui se propose de tirer la lance dans l' canal du château. M. Léon, fils de M. Saint-Just, est partout, qui les anime et leux promet des récompenses s'i chommont ben la fête ed' son père. Ah! ça fait un bon petit enfant (1)!

JULIEN.

Et mon père, est-ce qu'i' n'est pas avec vous?

(1) On voit que notre jeune poëte Léon ne se dit pas de sottises dans sa pièce.

THOMAS.

En effet, j' lons pas encore vu, c' bon père Basile.

GUILLOT.

J' l'ons laissé près d'ici. Malgré son grand âge, est-ce qu'i' n'a pas voulu faire itou sa p'tite provision de fleurs ! il est morgué aussi alerte pour ça que tous nos jeunes gens.

THOMAS.

Queu brave homme que c' père Basile ! Comme il aime not' bon seigneur, et comme il en est aimé !

JULIEN.

Que j' brûlons d'embrasser ce cher père !

Le magister, pendant ce temps, tire un manuscrit de sa poche et déclame tout bas.

THOMAS.

Mes amis, c'est la parle du village, c'est l'oracle du canton. Quand il a vu arriver c'te fête-là : Mes enfants, nous a-t-il dit, vous aimez, vous respectez tous monsieur de Saint-Just, ce bon vieillard, ce vertueux père ed' famille ! G'ny a pas deux hommes comme celui-là sur la terre pour chérir ses enfants, pour leur donner des principes de morale et de raison. Il faut le fêter, morgué ; il faut l'i prouver que s'il a des soins pour nous, j'en savons connaître l' prix, et que not' tendresse pour l'i n'finira qu'avec not' vie !.... V'là comme i' s'exprimait, ce bon papa. Qu'i m'tarde de l' serrer dans mes bras !

TOUS *ensemble*.

Le v'là ; c'est l'i, c'est le père Basile.

Ils vont au-devant de lui.

SCENE IV.

LES ACTEURS PRÉCÉDENTS, BASILE.

BASILE.

Bonjour, mes enfants, bonjour : eh bien! qu'est-ce? comment va la santé?

THOMAS.

Ben, ben, très-ben, père Basile. Et vous?

BASILE, *s'asseyant au pied d'un arbre, tous les acteurs l'entourent.*

Tatigué, je n' m'aperçois pas de mon âge. Et toi, fils, te v'là revenu de Paris?

JULIEN.

Oui, mon père.

BASILE.

Embrasse-moi, mon garçon, embrasse-moi. (*Il l'embrasse.*) D'main t'épouseras Fanchette : all t'aime, c't enfant. J'te varrons marié avant d'mourir.

JULIEN.

Comment, mon père! j'espère ben qu' vous ferez sauter nos p'tits enfants.

BASILE, *secouant la tête.*

Ah, ah! c'est impossib', c'est impossib'. Mais je n' désirons pus rian, une fois qu'jaurons établi mon garçon, et que j'aurons encore vu la fête ed not' bon seigneur ; car c'est d'main, mes enfants ; je n'ons pas oublié ça.

FANCHETTE.

Ni nous non pus, père Basile.

BASILE.

Ah ! fort ben.... oui.... (*Il les contemple.*) Ça m' réjouit, moi, d'voir c'te jeunesse. (*A Thomas.*) Compère, j' crais que' ça m' rajeunit.

THOMAS.

Ils ont leux temps comme j'avons eu l' not'.

LE MAGISTER.

Tel le vieux Saturne autrefois....

JULIEN, *frappant du pied, fait peur au Magister.*

Eh ! morguienne, monsieux l' magister, laissez là vos comparaisons qui clochint.

LE MAGISTER.

Le petit drôle m'interrompt toujours.

BASILE.

Ça, mes amis, qu'avez-vous fait tretous pour la fête de d'main ?

LE MAGISTER, *montrant son manuscrit.*

Voici une tragédie en deux actes que j'ai faite à ce sujet. Le fond en est heureux et galant. C'est la fête de Jupiter. J'ignore quel était le nom de son patron, mais c'est égal ; il en avait un sans doute. C'est donc la fête de Jupiter. Au moment où tous les dieux de l'Olympe vont pour la lui souhaiter, il s'élève entre eux une dispute sur la prééminence. C'est à qui fera le compliment le premier. Mercure veut avoir le pas ; Apollon soutient qu'un compliment est de sa compétence. Les femmes, les déesses du moins, s'en mêlent; et cela fait une cacophonie vraiment singulière. (*Il rit.*) Ah, ah, ah ! c'est plaisant, en honneur ! Écoutez, écoutez. Hercule ouvre la scène ; il est en querelle avec les muses. C'est gai, n'est-ce pas, d'avoir mis Hercule aux prises avec les muses? Hercule donc commence ainsi :

Il déclame d'une manière chargée.

Je suis du sang des dieux ; c'est asssez vous en dire ;
Ce que je vous ai dit, faut-il vous le redire ?
Ignorez-vous qu'Hercule est fils de Jupiter ?
Ce secret si connu, faut-il le répéter ?
De monstres furieux j'ai su purger la terre ;
Ma voix a fait sur eux les effets du tonnerre.
Mais je n'en pus braver un bien plus inhumain ;
L'Amour, hélas ! l'Amour qui brûla dans mon sein.
Le ciel me fit un cœur indépendant de l'âme ;
L'âme de qui l'esprit reçoit toute sa flamme.
Mortel, j'eus la faiblesse et le cœur d'un mortel,
Je brûlai mon encens, Amour, sur ton autel.
Que ce jour eut d'appas où je vis la princesse ;
Je vois encor, je vois..... je vois.....

JULIEN, *l'interrompant.*

Qu'on n'y voit goutte. (*Il lui arrache son manuscrit.*) Quoi qu' c'est que tout c'galimatias-là ? Il s'agit bien de toutes ces balivernes ! V'là l' cas qu' j' fais d' ces sottises !

Il déchire le manuscrit.

LE MAGISTER.

Ciel ! ah ciel ! un manuscrit qui m'a coûté tant de veilles ! (*Tous les paysans lui rient au nez.*) Petit coquin ! je t'apprendrai le respect....

JULIEN, *le menaçant.*

N'raisonnez pas, crayez-moi !.... Avec son amour, son autel, sa princesse !

LE MAGISTER.

Hom! si j'étais le plus fort!... (*A part.*) Je serai le plus traître au moins.

GUILLOT.

V'là M. Léon, c'est l'i-même.

BASILE, *se levant, aidé par son fils.*

Allons tous au-devant du fils de ce bon seigneur.

TOUS.

Allons, allons.

SCÈNE V.

TOUS LES ACTEURS, LE FILS DU SEIGNEUR.

LÉON.

Bonjour, mes bons amis. Embrasse-moi, père Basile; mon cœur est toujours ému quand je te vois.

BASILE.

Monsieur....

LÉON.

Tu m'as vu naître, Basile, tu m'as porté dans tes bras! Puisse ta vieillesse jouir de toute la sérénité que tu as prodiguée à ma jeunesse!

BASILE.

Ah! votre présence, monsieur de Saint-Just, me fait oublier ma caducité.

LÉON.

Allons, de la joie, de la gaieté! Qu'est-ce? Vous m'avez tous l'air mélancolique; serait-ce moi qui.....

JULIEN.

Mon bon monsieur, le plaisir ed' vous voir en est la seule

cause. Le sentiment n'a pas d'ivresse, de folle joie. I' charme seulement l'âme, et fait éprouver des émotions plus difficiles à dire qu'à sentir.

LÉON, *leur prenant les mains.*

Mes amis, mes bons amis, vous m'attendrissez jusqu'aux larmes. Mais dites-moi, vous proposez-vous de me bien seconder demain pour fêter monsieur de Saint-Just? Vous devez vous réunir à moi; car il est le meilleur des pères, et vous êtes tous ses enfants.

THOMAS.

Oui dà, mon bon p'tit monsieur. J'ons préparé pour ça un petit divartissement qui s'ra tout à fait divartissant.

LE MAGISTER.

Monsieur Léon, vous saurez que j'avais fait à ce sujet une tragédie en vers, que cet insolent vient de me déchirer à l'instant en mille morceaux.

LÉON, *souriant.*

C'est une perte, cela, mon cher magister, et une perte irréparable.

LE MAGISTER.

Pas tout à fait; car je la sais par cœur, et je me propose demain de la réciter tout entière à monsieur votre père.

LÉON.

Oh! cela vous fatiguerait, mon cher; je vous en dispense, je vous en dispense.

LE MAGISTER.

Vous ne voulez pas l'entendre, monsieur? je vous plains; car vous perdez un beau morceau.

LÉON.

Je le crois... Belle Fanchette, c'est donc demain que l'heureux Julien....

FANCHETTE, *souriant et faisant une petite révérence.*

Oui, monseigneur, c'est demain.

LÉON.

Qu'elle a de grâces, d'attraits! En honneur, elle est ravissante. A propos, mes amis, vous savez que mon père a fondé un prix de vertu pour le jeune garçon du village qui ferait la plus belle action! Je veux être instruit de la conduite de tous les jeunes gens, et ce soir j'adjugerai le prix à celui dont j'aurai reconnu les bonnes mœurs.

TOUS LES PAYSANS.

Ah! monsieur.

LÉON.

Restez, restez, mes enfants; ne me suivez pas; je reviendrai bientôt, et j'entends que la gaieté ne vous abandonne point pendant mon absence: restez; je vous salue.

SCÈNE VI.

LE MAGISTER, BASILE, THOMAS, FANCHETTE, JULIEN, GUILLOT.

BASILE.

Qu'il est aimable!

THOMAS.

Oui, morgué, qu'il est ben gentil! Ah ça, mes enfants....

LE MAGISTER.

Ah ça, v'là monsieur Léon parti. Dites-moi, oui ou non, si vous voulez apprendre les compliments que je vous ai donnés pour débiter demain ? C'est bien la moindre chose, je pense, après m'avoir privé de ma tragédie.

JULIEN.

Bah ! je n' voulons pas pus de l'un que de l'aut'. V'là de biaux compliments ! Mais j'ons le mien encore su' moi, j'crais... (*Il tire un papier de sa poche.*) Ça n'a ni queue ni tête ; c'est d'grands mots qui n'voulont rian dire. Il ira avec la trageudie.

Il le déchire.

LE MAGISTER.

Voilà un furieux *lacérateur* ; de par Apollon, je m'en vengerai. (*A part.*) Je vais te jouer un tour qui reculera ton mariage, va, petit mauvais sujet !

Il sort.

SCÈNE VII.

LES MÊMES, EXCEPTÉ LE MAGISTER.

BASILE.

C'est un grand bavard que ce magister !

THOMAS.

Et un barbouilleux d' papier, qui n'sait jamais c'qu'i' dit.

FANCHETTE.

Il est parti furieux ; prends garde, Julien qu'i n' te joue queut' pièce.

JULIEN.

Bah ! est-ce que je le crains donc ? I' n' s'y frottera pas.

BASILE.

Mes enfants, j'allons me reposer. A mon âge, on n' peut pas toujours aller et v'nir comme on l' voudrait ben. Restez, vous autres, et réjouissez-vous. Vians, Guillot, vians avec moi, tu seras mon bâton de vieillesse.

JULIEN, *s'offrant.*

Mon père !...

BASILE.

Non, reste près d' ta prétendue ; tu n' perdras pas au change.

Il sort.

SCÈNE VIII.

THOMAS, FANCHETTE, JULIEN.

THOMAS.

Queu brave homme ! queu respectab' homme !

JULIEN.

Mon père ! ah ! j' crais, morguienne, que j' m' jet'rions dans l' feu pour l'i.

FANCHETTE.

Et moi, comme il m'est cher ! C'est ton père jusqu'à présent ; mais d'main i' s'ra l' mien itou, n'est-ce pas ?

THOMAS.

Oui, mon enfant ; va, d'main t'auras deux bons pères, au lieu d'un. Ah ça Julien, j' te donnons ma farme ; tâche ed' la faire valoir, comme j'ons fait, pendant trente années.

FANCHETTE.

Oh ! il a d' bons bras. Et pis, s'i' n' travaillait pas, c'est que j' saurions ben l'i donner du cœur pour l'ouvrage. Ah ! mon père ! j' n'aurons donc rian à désirer, Julien et moi?

JULIEN.

Oh ! que si fait ; il y a encore qu'eut' chose.

FANCHETTE., *à Julien.*

Eh! quoi donc!

THOMAS.

Je l' devinons... C'est des petit marmots, n'est-ce pas?

JULIEN, *riant.*

C'est ça, juste.

THOMAS, *souriant.*

Ah! ça viendra, ça viendra; allez., n' vous boutez pas en peine. (*D'un ton plus sérieux.*) Tout ce que j' vous d'mandons, mes enfants, c'est de n' pas m'abandonner dans ma vieillesse.

JULIEN *et* FANCHETTE, *le serrant dans leurs bras.*

Vous, mon père!

SCÈNE IX.

ACTEURS PRÉCÉDENTS, GUILLOT, *accourant.*

GUILLOT.

Ah! ah ciel! un grand malheur!

TOUS.

Quoi qu' c'est donc?

GUILLOT.

Des gardes entraînont le père Basile pour une somme qu'il doit aux collecteux; on le mène en prison.

JULIEN, *courant.*

Mon père! ah! volons à son secours!

THOMAS.

Où va-t-il? où va-t-il? faire queut' folie!

GUILLOT, *à Thomas.*

Allons-y aussi, p't-êt' pourrons-nous l'i donner du secours!

Guillot et Thomas sortent.

SCENE X.

FANCHETTE, *seule.*

Comme i' court! i' va p't-être s'exposer... Si je pouvions le rejoindre!... Hom! voilà c' vilain magister!

SCÈNE XI.

FANCHETTE, LE MAGISTER.

LE MAGISTER, *à part.*

J'ai réussi à mettre une entrave au bonheur de mon rival; je serai vengé une fois! Mais la voilà, cette charmante poulette; faisons-lui un petit doigt de cour. (*Haut.*) Bonjour, belle enfant... Qu'elle est jolie!

FANCHETTE.

T'nez, monsieur l' magister, laissez-moi; je n' vous aimons pas, vous l' savez... Oh! queux yeux q' vous me faites! ça m'effraye, moi, d' les voir briller comm' ça : je m' sauve?..... Ciel! Julien!

SCÈNE XII.

LES PRÉCÉDENTS, BASILE, JULIEN ET DES GARDES.

Julien accourt, tenant Basile d'un bras et se défendant de l'autre, avec un bâton, contre deux Gardes qui le poursuivent. Il dépose son père sur un banc de gazon et se bat. Les Gardes enfin se saisissent de Julien, et veulent l'entraîner.

FANCHETTE.

Dieux! on l'emmène!

Elle tombe évanouie sur la terre; Julien, s'en apercevant, s'arrache des bras de ses Gardes, vient à Fanchette, la relève, l'assied près de son père; mais les Gardes viennent reprendre Julien et l'emmènent.

SCÈNE XIII.

BASILE, FANCHETTE, LE MAGISTER.

LE MAGISTER.

Sic pius Æneas... Ainsi le pieux Énée porta son père Anchise.

BASILE.

Où l' mènent-ils, monsieur l' magister? où l' mènent-ils?

LE MAGISTER.

Où? Parbleu, en prison; c'est tout clair; il y a rébellion.

BASILE.

Mon fils!

Il cache sa tête dans ses mains.

FANCHETTE, *se levant furieuse, court au Magister.*

Méchant homme! c'est vous qui l' perdez, j'en suis sûre.

LE MAGISTER, *effrayé.*

Eh bien, eh bien!... j'ai cru qu'elle m'allait arracher les yeux. Cette jeune personne sera bien avec Julien; ils sont tous deux d'une douceur d'ange.

SCÈNE XIV.

LE MAGISTER, BASILE, FANCHETTE, THOMAS, GUILLOT.

THOMAS.

D'pis une heure j' courons sans les rencontrer.

GUILLOT, *lui montrant Basile.*

Le v'là c' bon père!

THOMAS.

Ah!... et Julien?

FANCHETTE, *pleurant.*

C'est l'i à présent qu'on mène en prison. Hélas! p't-êt' que je n' serons jamais sa femme!

LE MAGISTER, *à part.*

Pas de sitôt toujours.

BASILE.

J' devons, c'est vrai, une misérable somme de deux cents francs aux collecteux; mais i' ne m'avions pas persécuté jusqu'à ce jour. Apparemment que queuqu'un les a animés contre moi; car, drès qu'ils m'ont aperçu rentrer, i' m'ont fait arrêter. Julien, mon bon Julien m'a retiré d' leux mains; mais les barbares l'ont entraîné à ma place.

THOMAS.

Oh! morgué, si j' les avions, ces deux cents francs-là, ça s'rait bientôt fait; mais j' nons pas pour le moment c'te somme. Monsieur l' magister, ne pourriais-vous pas nous les prêter?

LE MAGISTER,

Moi!... Ah! mon Dieu, l'argent est si rare!...

FANCHETTE.

Laissez-le donc, c' méchant-là : c'est l'i, allez, qui a animé les collecteux; j'en mettrions les mains au feu!

LE MAGISTER.

Vous me connaissez bien peu, pour croire...

BASILE.

Je me sentons mieux; allons tous nous informer..... Mais queu bruit!...

GUILLOT, *regardant.*

C'est M. Léon! Julien itou, et ses gardes! M. Léon les aura rencontrés. I viennent... les v'là.

SCÈNE XV.

LE MAGISTER, BASILE, THOMAS, FANCHETTE, GUILLOT, LE FILS DU SEIGNEUR, JULIEN, DEUX GARDES, PAYSANS.

JULIEN, *à M. Léon.*

Monsieur...

LÉON.

Je viens de tout apprendre, Julien! et je suis étonné qu'au mépris des lois vous vous soyez révolté contre les gardes de mon père.

LE MAGISTER, *à part.*

Bien dit.

FANCHETTE.

Bon monsieur Léon, excusez Julien; il est vif, c'est vrai; mais c'est qu'i n'a pu voir sans une vive douleur son pauvre père entre les mains d' deux estafiers.

LÉON.

Le motif est louable, mais...

LE MAGISTER, *à part*

Sans doute.

JULIEN.

Consultez vot' cœur, M. Léon; vous êt' bon enfant, vous aimez bien vot' père; dites-moi, n'en auriez-vous pas fait autant à ma place?

BASILE.

M. Léon!... je n' pouvons pas travailler... Ah! s'il faut qu'on me prive de mon cher Julien, que d'viendra l' pauv' Basile?...

Il tombe à genoux.

JULIEN, *à genoux.*

Protégez-nous, secourez-nous.

THOMAS, FANCHETTE, GUILLOT ET LES PAYSANS.

Monsieur Léon!...

LÉON.

Relevez-vous, mes amis; relève-toi, bon père. (*Il aide Basile à se relever.*) Non-seulement je pardonne à Julien, mais je lui rends sa liberté.

TOUS.

Quel bonheur!

LE MAGISTER, *à part.*

Il est fou, je crois. (*Haut.*) Mais, monsieur, le père Basile n'en doit pas moins deux cents francs, et s'il ne paye pas, un décret de prise de corps... l'oblige...

LÉON, *le fixant de manière à le faire trembler.*

Monsieur le magister, votre observation est de trop... Je sais, comme vous, qu'il faut absolument que Basile aille en prison... Je ne puis malheureusement empêcher cela.

JULIEN.

Ciel!... mon père!... Non, monsieur, non, il n'ira point. J' voulons prendre sa place en prison; qu'on m'y conduise; qu'on m'y mène à l'instant.

FANCHETTE.

Julien!

JULIEN.

Fanchette, laisserons-nous priver de sa liberté ce vieillard respectable? Quiens; vois-le donc; son aspect ne commande-t'i pas la tendresse et la sensibilté? (*Aux soldats.*) Marchons, je vous suis.

LE MAGISTER, *enchanté.*

Ah!

BASILE ET FANCHETTE.

Arrête, malheureux jeune homme!

LÉON *à part.*

Cette scène me pénètre à un point... (*Haut et courant à Julien.*) Bon Julien, reviens, reviens. Tant de vertus excite mon âme à tous les sacrifices... Reviens, Julien! (*Aux soldats.*) Et vous, retirez-vous; je me charge de la dette de Basile.

BASILE ET JULIEN.

Quoi!...

LÉON.

Oui, oui, je les payerai ces deux cents francs; je rendrai un fils à Basile, un époux à Fanchette, et je serai témoin de leur bonheur.

TOUT LE MONDE.

Comme c'est heureux!

LE MAGISTER, *à part.*

Comme c'est malheureux!

LÉON, *au Magister.*

Monsieur, je sais que c'est vous qui avez voulu nuire à ces bonnes gens : c'est vous qui avez choisi ce moment pour solliciter et obtenir le décret qui envoyait Basile en prison. Je ne vous ferai point de reproches, mais je vous engage à vous retirer. La joie universelle doit être votre plus grand supplice : elle sera votre unique punition.

FANCHETTE.

L'avais-je-t'i dit que c'était lui?

LE MAGISTER, *confus.*

Monsieur... bien au contraire... je suis ravi... Au surplus, je vous tire ma révérence, et suis votre très-humble et très-obéissant serviteur. Que personne ne se dérange.

TOUS, *en le reconduisant.*

Hum ! le méchant !

Il sort.

SCENE XVI.

TOUS, EXCEPTÉ LE MAGISTER.

LÉON.

Allons, mes enfants, venez tous au château ; que je vous présente à mon père : lui montrer des gens vertueux, c'est la meilleure manière de le fêter... Mais quel bruit entends-je?

GUILLOT.

C'est une marchande de chansons.

THOMAS.

Faut la faire venir; elle aura p't'êt' queut' complainte à nous débiter, queut's drôleries comme ça. Eh! la femme! par ici, par ici !

TOUS.

Par ici, la femme, par ici !

GUILLOT.

J' vas chercher mon violon, moi, j' chant'rons et j' dans'rons.

Il sort.

SCÈNE XVII ET DERNIÈRE.

TOUS LES ACTEURS PRÉCÉDENTS, UNE CHANTEUSE *portant un petit sac devant elle, et un bâton très-long entouré d'une toile. Par suite,* GUILLOT, *son violon sous le bras.*

LA CHANTEUSE.

Voulez-vous acheter ce petit livre, messieurs et dames? Il n'a que six feuillets, mais qui sont remplis de chansons si jolies, si agréables, qu'elles font l'admiration de tout le monde. Je vais vous en chanter une, si vous voulez m'honorer un moment de votre attention.

Elle plante son bâton, et déroule un tableau offrant quatre compartiments où sont peintes grossièrement plusieurs scènes.

GUILLOT.

V'là mon violon.

LA CHANTEUSE.

Eh bien, vous allez m'accompagner.

GUILLOT.

Avec plaisir.

Tout le monde les entoure.

LÉON, *à part.*

Que l'empressement de ces bonnes gens me charme! C'est pour eux une affaire très-intéressante.

La Chanteuse et Guillot montent sur un banc à côté du tableau. La Chanteuse chante, et Guillot racle du violon en même temps.

LA CHANTEUSE, *à haute voix.*

Complainte et douloureuse aventure du très-recommandable et très-respectable père Basile, laboureur, où l'on trouve la manière dont il a été arrêté; sa délivrance par son fils, et leur récompense par le fils du seigneur du château. Il y a des livres de deux sous et de quatre sous (1).

COMPLAINTE.

AIR : *Regardez cette rose, etc.*

Du bon père Basile
Ecoutez les malheurs.
Voyez qu'il est facile
De causer des douleurs !
Un démon de malice
L'a fait emprisonner.

Elle montre avec une baguette, sur son tableau, l'endroit où le Magister parle aux collecteurs pour faire emprisonner Basile.

Grand Dieu, d'un tel supplice
Daigne nous préserver !
On le prit à la gorge,

Elle montre sur un tableau l'endroit où le père Basile est arrêté.

Sortant de sa maison ;
Deux collecteurs l'abordent,
Disant : Fais-nous raison ;
Allons, fais-nous la somme
Que tu dois franchement ;
Soudain l'on t'abandonne,
En payant deux cents francs.

La réponse de Basile.

Il ne m'est pas possible
De vous payer comptant :
Hélas ! soyez dociles,

(1) Léon a fait la complainte suivante en fausses rimes à dessein, et pour imiter les marchands de chansons de son village.

Attendez quelque temps.
Ces démons d'artifice
N'écoutaient point cela,
Quand son fils, par surprise,

Elle montre sur son tableau l'endroit où Julien emporte le père Basile sur ses épaules.

Le prit et l'emporta.
Les gardes le saisissent
Pour punir sa valeur;
Mais le seigneur dissipe

Elle montre l'endroit où le seigneur pardonne à Julien.

Par ces mots leur fureur :
« Mes amis, ce jeune homme
A fait ce qu'il a dû :
Il est digne d'éloge
Et du prix de vertu. »

LÉON.

Cette histoire est touchante, mais je crois la connaître.

LA CHANTEUSE.

Monseigneur, c'est la vôtre. Votre conduite généreuse et celle du digne Julien méritent qu'on vous nomme à jamais LES BONS FILS. Mais j'ai là d'autres couplets beaucoup plus intéressants. Tenez, messieurs et dames, prenez ces livres bleus; je les donne pour rien. Chantez, et donnez-nous le ton. Puisque nos cœurs sont tous de la partie, il ne sera pas difficile de nous mettre d'accord.

Elle distribue de petits livrets aux Acteurs et aux Spectateurs.

LÉON *chantant à Palamène.*

AIR : *Avec les jeux dans le village.*

Du sentiment, de la tendresse
Que ce jour fasse les honneurs !

A vous fêter chacun s'empresse;
C'est ici la fête des cœurs.
Oui, cher papa, daignez le croire,
Ce fils que vous savez charmer,
Quand à vous plaire il met sa gloire,
Et tout son cœur à vous aimer. (*bis.*)

JULIEN.

Qu'on invoque Apollon, Minerve,
Pour vous forger un compliment :
Pour moi, sans fatiguer ma verve,
J'interroge le sentiment.
Mais quand le sentiment inspire,
Deux mots composent nos chansons;
Et j'ai tout dit quand j'ai pu dire :
Il nous chérit, nous l'adorons! (*bis.*)

BASILE.

Cette bonté, cette sagesse,
Qui brillent dans tous ses discours;
Cette candeur enchanteresse,
A laquelle on se rend toujours;
De mille vertus l'assemblage,
En ce moment nous les taisons :
Son bon cœur seul a notre hommage,
Et c'est toujours mêmes chansons. (*bis.*)

LÉON.

AIR : *Avec Yseulte et les amours.*

En vous peignant mes sentiments,
Ai-je obtenu votre suffrage?
Que j'ai passé de doux moments
En vous peignant mes sentiments!

Si je sens le prix des talents,
C'est quand je vous en fais l'hommage.
En vous peignant mes sentiments,
Ai-je obtenu votre suffrage?

ADÈLE, *en marchande de chansons.*

C'est bien le plaisir le plus doux
Que de fêter l'objet qu'on aime!
Chanter votre amitié pour nous,
C'est bien le plaisir le plus doux!
Dès que l'on travaille pour vous,
La rime se place elle-même :
C'est bien le plaisir le plus doux
Que de chanter l'objet qu'on aime!

FANCHETTE.

L'amitié naît du sentiment,
Le sentiment de la tendresse.
Oui, chacun dit en vous voyant :
L'amitié naît du sentiment.
C'est un plaisir pur et charmant
Qui plaît à la délicatesse.
L'amitié naît du sentiment,
Le sentiment de la tendresse.

THOMAS.

A mon tour, à mon tour!

LE MAGISTER, *revenant.*

Messieurs, messieurs, laissez-moi chanter ma chanson; je suis dans l'enthousiasme!

THOMAS.

Laissez donc, monsieur l' magister; après moi, s'il vous plaît.

THOMAS.

AIR : *Aussitôt que la lumière.*

Au monarque du Permesse
Je n'offre point mon encens ;
C'est au dieu de la tendresse
A me prêter ses accents.
Sans me fatiguer la tête
A rimer une chanson,
Quand mon cœur est de la fête,
Ma foi, c'est toujours du bon.

CHOEUR.

Quand le chœur est de la fête,
Ma foi, c'est toujours du bon.

LE MAGISTER.

Quand je fais de la musique,
Si l'Olympe s'assemblait,
Bientôt la troupe bachique
Jusqu'en ces lieux descendrait;
Et, laissant là son tonnerre,
Partageant notre gaîté,
Jupiter, armé d'un verre,
Boirait à votre santé.

CHOEUR.

Jupiter, armé d'un verre,
Boirait à votre santé.

LÉON.

Qui peut flatter mon envie,
Et qui pourrait m'enflammer,
Quand le reste de ma vie,

Mon bien est de vous aimer ?
Tout autre plaisir sur terre
N'est à mes yeux qu'une erreur :
C'est dans le cœur d'un bon père
Qu'un fils trouve son bonheur.

CHOEUR.

Tout autre plaisir sur terre
N'est à nos yeux qu'une erreur :
C'est dans le cœur d'un bon père
Qu'un fils trouve le bonheur.

FIN DE LA PIÈCE.

Quand le spectacle fut fini, tous les spectateurs lui prodiguèrent des applaudissements, et demandèrent à grands cris l'auteur. Léon s'avança avec un air de triomphe, présenté par ses frères, et les applaudissements redoublèrent. Palamène, qui avait les yeux humides de sensibilité, embrassa ses enfants et leur fit mille compliments : il les laissa libres ensuite de changer d'habits, et rentra avec ses amis dans la maison, où Marcelle avait préparé une collation pour tout le monde. Tous nos jeunes gens s'étaient cotisés pour en faire les frais. Ils parurent bientôt, et furent applaudis, embrassés de nouveau. On se mit à table, où la gaieté présida. On parla de la pièce, de la manière dont chacun avait joué son rôle. Benoît, chargé du rôle de Thomas, y avait été dans son centre; Benoît était un gros réjoui, à qui il fallait de la grosse gaieté pour qu'il fût passable. Il avait surtout bien joué sa scène avec le magister, où ce dernier lui propose de jouer la comédie. On admira le sentiment qu'Armand avait mis au rôle de Julien; il avait eu surtout de la vivacité et de l'âme dans la scène où il emporte son père, et se bat contre les deux gardes du collecteur. Léon avait eu de la tenue, de la noblesse et de la bonté dans le rôle distingué du fils du seigneur ; mais Jules avait été un peu froid dans celui du magister ; pour se donner un ton de pédagogue, il avait souvent manqué l'effet, quoiqu'il eût déclamé d'une manière très-comique les vers de la tragédie de la fête de Jupiter. *La fête de Jupiter, dont on ignore le patron*, avait fait beaucoup rire par réminiscence. La jeune Henriette avait très-agréablement rendu le rôle de Fanchette, quoique sa timidité l'eût fait souvent parler trop bas. Julien et son frère, le jeune Georges, avaient été bien dans les rôles du père Basile et de Guillot. Georges savait jouer un peu du violon, voilà pourquoi Léon lui avait donné le rôle de Guillot. Mais ce qui avait fait le plus rire la société, c'était la caricature d'Adèle en marchande de chansons. Un petit sac devant elle, une cornette, une jupe de siamoise, un ton aisé, tout avait prêté à l'illusion. On s'amusa beaucoup de la complainte, surtout des rimes : *on le prend à la gorge* avec *deux collecteurs l'abordent :* c'était le véritable genre. Palamène demanda qui avait barbouillé ce tableau où l'on voyait toutes les scènes de la chanson : on lui dit que c'était Benoît, qui s'était amusé à faire cette peinture en charge. Palamène en sourit. — Mais, ajouta-t-il, quels moments avez-vous donc pris, mes enfants, pour faire la pièce, l'apprendre, la répéter, la monter, en un mot ? Il me semble que je suis peu sorti d'ici depuis quelques jours. — Ah ! pardonnez-moi, mon père, répondit Léon ;

M. Delacour a eu la bonté de nous aider en vous faisant faire des promenades sous différents prétextes : et puis, nous nous levions tous de bon matin, et nous répétions avant votre réveil. — Ces bons enfants !

Le vertueux père de famille était enchanté; ce jour était le plus beau de sa vie. Il le disait lui-même, et la famille ainsi que ses amis jouissaient de sa satisfaction. Au dessert, on recommença les couplets qui avaient terminé la pièce. Léon y joignit une ronde que je ne puis donner à mes lecteurs, attendu qu'elle ne m'est pas parvenue, mais qui, selon toute apparence, fut gaie, et mit tout le monde en train, car soudain on se leva de table. Georges prit son violon, racla quelques contredanses, et l'on dansa jusqu'à deux heures du matin. Tous les étrangers alors se retirèrent, et chacun fut se livrer au repos, l'âme doucement affectée de toutes les sensations que cette journée délicieuse avait fait éprouver.

Je te salue, toit rustique et hospitalier du père de famille ! asile de la paix, du bonheur et de la franche liberté, je te salue! C'est dans ton sein qu'on trouve la confiance, la tendresse et la morale sans morgue, sans ennui, sans sécheresse : la vertu n'y exclut point le plaisir, et la juste sévérité s'y trouve unie à la complaisance, à l'indulgence, aux agréments, aux sentiments du cœur et de l'esprit. Bon Palamène, tu as été fêté par tes enfants, et ce jour d'allégresse a été une fête pour eux comme pour toi !

CINQUANTE-DEUXIÈME SOIRÉE.

LA PATIENCE.

Suite de l'Histoire de l'Homme invisible.

Quelques jours se passèrent sans qu'il arrivât rien de particulier à la chaumière. On les avait employés à défaire le théâtre champêtre, à remettre tout en place, à se délasser des fatigues de la fête, à s'entretenir enfin des plaisirs qu'elle avait procurés. Un jour pareil est pendant longtemps le sujet de la conversation. On y pense, on en reparle, on se retrace ses rôles, les jeux, la danse, tout ce qui a pu faire plaisir ; et de jeunes enfants n'oublient jamais ces heureux moments. Le père de famille était content de la pièce de Léon, qui annonçait des dispositions, vu l'âge de l'auteur. Elle n'était point forte d'intrigue, mais elle marchait assez bien ; les scènes s'y succédaient d'une manière naturelle, et il y avait peu de longueurs. Le but, d'ailleurs, en était moral et digne de l'éducation que Palamène donnait à ses enfants. Il y avait même çà et là quelques traits de sentiment. Palamène en demanda une copie à Léon, et la relut chez lui avec autant d'intérêt que de satisfaction. Il y remarqua l'adresse de la distribution des rôles. En un mot, il y vit le germe d'un talent qu'il avait toujours aimé, et qu'il n'était pas fâché de rencontrer dans l'un de ses enfants. Il craignait néanmoins que l'amour-propre et la manie d'écrire ne gâtassent son jeune auteur ; il savait que ce genre de talent ne souffre point la médiocrité, et qu'il était trop difficile, trop peu lucratif pour en faire un état. Il prit en conséquence son fils Léon à part, et après lui avoir fait des compliments de ses productions, il l'engagea à ne s'y livrer que comme s'il prenait un simple délassement. Il lui renouvela le désir qu'il lui avait déjà témoigné de voir tout ce qu'il ferait, et de l'enfermer dans son cabinet, pour le lui remettre un jour, quand il aurait un état fait. Mon fils, lui dit-il, je ne connais point de carrière plus pénible ni plus ingrate que celle de la littérature, et je te rappellerai à cette occasion l'histoire du poëte Hilaire ; c'est le talent le plus estimable, puisqu'il exige plus de dons naturels, puisqu'il vous donne, par votre organisation, une espèce de supériorité sur les autres hommes ; mais en même temps, ces hommes ne vous tiennent point compte de ces avantages ; au contraire, ils excitent leur jalousie, souvent même leur ironie, et jamais ils ne vous rendent justice pendant votre vie. Ce bel état, qui ne vous enrichit point, ne vous donne que des tracasseries, et ne vous procure de la gloire que quand vous n'existez plus. Mon fils, un bon marchand, un bon artisan, sont plus heureux que les plus grands poëtes : les premiers sont obscurs, et par conséquent moins tourmentés. Amuse-toi donc seulement, mon ami, et ne t'occupe point de la littérature. Je sais que souvent cet amusement devient l'unique occupation de ceux qui l'aiment ; mais j'espère que, destiné bientôt à des travaux plus sérieux, tu t'y livreras en entier, et feras ton bonheur avec le mien, en songeant à la fortune et à un établissement : ce que les muses ne peuvent t'offrir. Voilà, mon cher fils, ce que je voulais te dire sans amertume, sans aigreur, et sans prétendre pour cela t'imposer la loi de ne plus écrire. A Dieu ne plaise que je saisisse une occasion où ton style m'a tant fait de plaisir, pour me fâcher contre toi ! Non, mon ami, ce que je te dis aujourd'hui, je te le dirai dans tous les temps ; c'est une observation générale, et qui ne doit jamais t'empêcher d'essayer ton talent, en saisissant des à-propos aussi heureux que celui de ma fête. Voilà des époques où tu serais ingrat en ne tirant point parti des dispositions que tu as ; mais, hors ces moments-là, je te conseille de laisser reposer ta lyre : elle n'a que des sons à te procurer ; d'autres travaux t'offriront des avantages plus solides.

Palamène embrassa Léon, qui sentit la justesse de ses objections, et lui promit de suivre en tout ses sages conseils, et de reprendre sans interruption le cours de ses exercices ordinaires. Le père et le fils se quittèrent enchantés l'un de l'autre, et se trouvèrent à la porte cochère, où une chaise de poste venait de s'arrêter. Quelle joie pour Léon ! c'est M. de Lonchamps ! Il est accompagné d'un vieillard qui paraît très-âgé, mais en même temps vif, bien portant et respectable. M. de Lonchamps descend, saute dans les bras de Palamène, et lui présente le vieillard, en disant: Le voilà, mon ami; voilà mon homme invisible, mon bienfaiteur, mon second père! il m'a bien tourmenté; mais comme il m'en dédommage!..... Eh bien! comment vont tous vos aimables enfants? En voilà un; M. Léon, je crois! il est bien grandi.

Léon embrasse M. de Lonchamps, puis court avertir ses frères et sœurs de l'arrivée de cet homme intéressant. Tous volent au-devant de lui, tous le serrent dans leurs bras et saluent le vieillard, qu'ils fixent avec curiosité. Ces deux nouveaux venus sont introduits dans la maison. On apprend avec plaisir qu'ils se sont promis de passer plusieurs jours chez le bon père, et l'on attend avec impatience le moment où, réunis sur la terrasse, on apprendra la suite de l'histoire extraordinaire de l'homme invisible. Ce moment arrive enfin, et M. de Lonchamps prend la parole.

« Je vais commencer, dit-il, un récit que vous paraissez tous désirer ardemment, et je prierai ensuite mon ami, que voici, de le finir, attendu qu'il s'en rappellera mieux que moi toutes les particularités. Lorsque je vous quittai, il y a un an, je retournai à Paris, où j'étais appelé par l'ordre de mon homme invisible, qui depuis dix ans, ainsi que je vous l'ai dit, me suivait partout sans que je pusse le rencontrer ni le voir. C'est donc à Paris où recommencent pour moi les aventures les plus bizarres.

» J'y arrive, et, d'après l'ordre de mon inconnu, je prends un logement dans la rue de Vaugirard, tout près de la Comédie Française. L'argent, comme je vous l'ai dit, toutes les aisances de la vie ne me manquaient pas ; je n'avais que la douleur d'ignorer les secrets de ma famille, et de ne pas connaître l'étranger qui réglait ma conduite d'une manière si impérieuse. Depuis quelques années, il semblait moins attaché à mes pas, et ne faisait plus que m'écrire de temps en temps pour me prescrire l'asile qu'il voulait que j'habitasse. J'avais pris un domestique depuis plusieurs jours, attendu que je prévoyais que je me fixerais pour toujours dans Paris ; mais je n'avais pas jugé à propos de mettre ce domestique au fait de mes aventures, qui ne le regardaient pas, et pouvaient devenir, dans sa bouche, la nouvelle de toute la ville. Un soir que je rentrais chez moi (c'était dans l'hiver), je trouvai un grand feu, beaucoup de bougies allumées, une table surchargée de papiers, et mon domestique qui s'occupait à ranger tout cela. Quelqu'un est-il venu ici? lui demandai-je. — Monsieur doit bien le savoir. — Moi? comment? — Parbleu, monsieur donne parole à quelqu'un chez lui, et ne s'y trouve pas. — Moi? j'ai donné parole? — Sans doute, à un vieillard bien respectable. Il dit qu'il est votre parent ; et moi, je crois que c'est monsieur votre père, car il vous ressemble!..... — Ah! il me ressemble!..... Oui, je sais ce que c'est..... A quelle heure est-il venu? — Vraiment, à cinq heures, et il n'y a pas une demi-heure qu'il est parti. Il m'a demandé de l'encre, du papier ; il a écrit, écrit, toujours écrit.

» Je saute sur les papiers qui sont sur la table ; j'y trouve peu de choses intéressantes ; des vers, des chansons, et ce billet :

« *Changez de quartier, et pour cause. S'il vient ici un particu-*
» *lier de quarante ans, grand, sec et blond, ne répondez point à ses*

» *questions ; faites-lui une histoire, et gardez-vous de parler de moi.*
» *Vous me verrez incessamment.* »

» Cet avis fut une loi pour moi : dès le lendemain, je fus retenir un autre logement dans la rue Montmartre, et je fis mes dispositions pour déménager, très-satisfait de la promesse que mon inconnu me faisait de se dévoiler enfin à mes regards. Deux jours après, il se présenta chez moi un particulier tel qu'on me l'avait désigné. — Est-ce ici, me dit-il en entrant, M. de Lonchamps? — Oui, monsieur. — C'est à lui que j'ai l'honneur de parler? — A lui-même. — Pardon, monsieur; mais en qualité d'ami de feu monsieur votre père, je viens... — De feu mon père, monsieur? vous vous trompez; mon père existe toujours ; il existe pour m'accabler de sa tendresse et de ses bienfaits. — Monsieur n'est donc point le neveu de M. de Lerval? — M. de Lerval? je n'ai jamais connu quelqu'un qui portât ce nom. — Vous vous moquez, monsieur ; je vous connais bien, et d'ailleurs cette ressemblance que je remarque entre vos traits et ceux... — De mon père, sûrement? Oui, mon père et moi, c'est la même figure ; mais il est dans notre pays, à cent lieues d'ici, et je ne crois pas que vous le connaissiez. — Cependant... — Au surplus, monsieur, à quoi tend ce discours? Que voulez-vous de moi? Puis-je vous être utile en quelque chose? Pardon, c'est que je suis pressé... — Vous cherchez à m'abuser; peut-être vous a-t-on prévenu de ma visite? — Qui êtes-vous vous-même, pour me faire des questions aussi indiscrètes? — Tremblez de le savoir ! — Des menaces chez moi ! sortez, je vous prie, homme imprudent, et sachez que vous vous méprenez sans doute, en vous attachant à interroger un homme dont toute la famille vit en province, et qui n'est ici que pour des affaires d'intérêt.

» L'étranger me fixa, et sortit en marmottant entre ses dents quelques mots, dont il ne me parvint que ceux-ci : *Hum! si tu n'étais pas soutenu!*

» Soutenu! comment? que voulait-il dire par là?... Il sortit enfin, et je me hâtai de déménager. A peine installé dans mon nouvel asile de la rue Montmartre, je reçus une lettre de mon invisible. Il me marquait que j'avais assez bien répondu au grand homme sec, mais que j'avais mis dans mes réponses trop de hauteur, ce qui lui avait donné des soupçons. Au surplus, ajoutait-il, tout cela s'éclaircira bientôt. Quelques jours après, une voiture s'arrêta à ma porte; une femme seule en descendit, monta chez moi, s'assit, et me dit qu'elle voulait me parler en confidence. Je fais retirer mon domestique. — Monsieur, me dit cette dame, je viens vous faire une restitution. — A moi, madame? — Oui, monsieur. Je devais une somme de douze cents livres à monsieur votre père; il me les avait prêtées de confiance; mais, depuis sa mort, ayant éprouvé des malheurs, je ne me suis vue que depuis quelques jours en état de vous rendre cette somme qui vous appartient. — Madame, je ne conçois pas... — Monsieur votre père avait ma reconnaissance, mais elle devint sans doute la proie des flammes avec les autres papiers importants qu'il brûla la veille de sa mort. Vous voyez que je suis au fait.

» Je fixai cette dame, et voyant qu'elle baissait les yeux, d'ailleurs louches et faux, je me tins sur mes gardes. — Madame se trompe, lui répondis-je, mon père... — Je l'ai connu, monsieur, vous dis-je. Sa femme, qui mourut en vous donnant le jour, était ma meilleure amie; vous êtes le fruit de l'amour le plus malheureux! Ne dissimulez pas, monsieur, et prenez votre somme.

» Cette femme tenait la bourse à la main; elle paraissait connaître tous les secrets de ma famille; j'allais me livrer, lui demander peut-être qu'elle s'expliquât sur les mystères qu'elle connaissait; j'allais me trahir enfin, lorsqu'une voix que j'entendis chanter sur l'escalier, me rendit, je ne sais comment, toute ma défiance. C'était pourtant la voix de mon domestique. Il chantait ce refrain : *Taisez-vous, taisez-vous, rossignol amoureux, etc.* Je pâlis, et cette femme, qui s'en aperçut, me demanda si je me trouvais indisposé. — Très-indisposé, lui dis-je; et j'appelai mon domestique. Il entra : la dame insista pour que je prisse la somme. Je lui protestai qu'elle se trompait; que tous mes parents étaient en province; qu'en effet j'avais bien entendu parler des aventures de quelqu'un qui portait mon nom, mais que j'étais heureux, moi, et que mon père, qui existait, ne pouvait avoir prêté de l'argent à quelqu'un à Paris, puisqu'il n'était jamais venu dans cette ville. Je terminai en demandant le nom de l'étrangère. Elle se leva, me fixa d'un air courroucé, et sortit en me disant qu'il était inutile qu'elle se fît connaître, puisqu'elle s'était trompée.

» Lorsqu'elle fut partie, Firmin, mon domestique, qui était simple et attaché, me saute au cou, en me disant : — Ah! monsieur, que vous avez bien fait de ne pas vous laisser tirer les vers du nez par cette mégère! — Et pourquoi? — A peine était-elle entrée, que... J'étais là, moi, sur l'escalier, à battre votre habit bleu, celui qui a des boutons de nacre de perle, vous savez... — Oui, oui, eh bien? — Eh bien, monsieur, ce bon vieillard que je crois être toujours monsieur votre père, quoique vous n'en conveniez pas avec moi, il est monté : — Mon ami, m'a-t-il dit, aimes-tu ton maître? — Si je l'aime! — Eh bien! il faut le sauver d'un grand danger; chante à haute voix : *Taisez-vous, taisez-vous, rossignol amoureux.* Je l'ai chanté; le vieillard m'a glissé un louis dans la main, et s'est sauvé à la hâte.

» Quel est ce nouvel incident, me dis-je, dont je me suis tiré si heureusement? Cette femme est donc mon ennemie? Et cet homme invisible qui est toujours là, partout sur mes pas! Tout le monde le voit, le connaît; il n'est étranger que pour moi; pour moi, qui suis sans doute l'unique objet de sa sollicitude; pour moi, qu'il accable de soins, de prévenances, de bienfaits; pour qui même il prodigue l'or à mes gens! Mon état est bien douloureux! c'est un martyre qu'un pareil état! quand finira-t-il?...

» Il se passa plus d'un mois après cette aventure sans que j'entendisse parler de rien. Je commençais à me tranquilliser : habitué aux événements les plus singuliers, ils ne m'affectaient plus autant que dans le commencement. Le trouble, l'indécision, l'ignorance de mon sort, je m'accoutumai à tout cela, et je me livrai à la dissipation, comme un homme qui n'aurait éprouvé aucun des revers de la vie. J'allais au spectacle; c'était mon goût favori. Un jour je fus aux Italiens, où il y avait une affluence considérable de spectateurs. Le spectacle fini, je descends, et, prenant les boulevards, pour m'exercer à la promenade avant de rentrer chez moi, je vois beaucoup de monde assemblé. Firmin était avec moi; je lui avais dit de venir m'attendre à la sortie des Italiens. — Vois, lui dis-je, ce qu'il y a là. Firmin y va, revient, me rapporte que c'est une dame très-bien mise qui est évanouie, et que chacun entoure pour lui prodiguer des soins. Soudain un homme furieux s'approche de moi. — C'est le domestique de Longchamps, s'écrie-t-il : je l'ai reconnu ; son maître est-il là ? — Le voici ! répondis-je froidement. — Traître, qui que tu sois, celui que je déteste ou tout autre, tu auras ma vie ou j'aurai la tienne !

» Je reconnais l'homme grand et sec qui est déjà venu me voir. — Qu'avez-vous ? lui dis-je ; quel est cet emportement ? — Je vais perdre ma femme, répond-il ; elle est là, là, qui expire, et c'est toi, ce sont les tiens qui en sont cause. — Moi ! grand Dieu ! expliquez-vous ! — Point d'explication !

» L'étranger met l'épée à la main ; je n'ai point d'épée, je cherche à parer ses coups avec ma canne. Tout à coup la foule se porte de notre côté ; Firmin prend le furieux par le milieu du corps, le porte plus loin où il le renverse à terre ; et moi que cette scène a rendu immobile, je sens que quelqu'un me glisse un papier dans la main. Etonné, je regarde à mes côtés, je ne vois rien que des gens mal vêtus qui m'examinent avec une curiosité stupide. Je déploie le papier à la lueur d'un réverbère, j'y trouve écrit avec un crayon, et de la main de mon invisible : « *Sauvez-vous, montez dans la voiture grise unie que vous trouve-* » *rez au coin de la rue Grange-Batelière ; elle vous conduira en* » *lieu de sûreté.* »

» Étourdi de ce nouvel avis, je veux chercher celui qui me le donne. Firmin accourt vers moi ; Firmin me dit : — Retirons-nous, monsieur ; le vieillard qui vous ressemble vient de me le dire. — Où est-il ? — Il entraîne votre adversaire, qui semble avoir beaucoup de respect pour lui. — De quel côté ? — Bon ! ils sont déjà bien loin ! tous les deux sont montés avec la femme évanouie, mais qui va mieux, dans le carrosse que vous voyez là-bas, là-bas !

» Je ne sais où j'en suis ; Firmin me guide, et tous deux nous allons machinalement vers la rue Grange-Batelière, où la voiture grise unie qu'on m'a désignée s'offre en effet à mes yeux. Point de doute qu'elle n'appartienne à mon invisible, qui probablement veut me faire conduire chez lui, et se dévoiler à moi. Pendant que j'hésite en examinant cette voiture, le cocher me dit : — C'est vous que j'attends, monsieur ; montez vite et partons... Cet homme ouvre sa portière, me donne le bras ; je monte, sans penser à demander où l'on me mène, et Firmin se cramponne derrière la voiture qui vole. Vous êtes peut-être étonnés de ma confiance, mes amis? En effet, elle était sans doute hasardée ; mais c'était sur un avis de la main de mon invisible que je me livrais ainsi. Ce digne vieillard avait parlé à mon domestique, je ne pouvais résister à ses conseils. Je me laissai donc conduire. Je m'aperçus qu'on me faisait traverser tout Paris, puis qu'on m'y faisait rentrer, puis qu'on m'en éloignait encore. Je me doutai que ces précautions avaient pour but de rebuter ceux qui pourraient nous suivre, et cela me suggéra les plus tristes réflexions. Que suis-je donc ? me dis-je intérieurement. Qu'ai-je donc fait à ces méchants qui me tourmentent? L'homme brutal qui m'a attaqué ce soir prétend que c'est moi, que ce sont les miens qui causent les malheurs de sa femme ! Mon respectable protecteur dit que j'ai imprimé le sceau du déshonneur sur son front ! Quels malheurs ont donc entouré mon berceau? De quel funeste roman suis-je donc le héros ? Voilà plus de dix ans que, sans cesse ballotté par le sort injuste, peut-être par les caprices plutôt que par la juste haine des hommes, je n'appartiens ni à moi, ni au pays qui m'a vu naître, ni à la société qui me réclame. Quand finiront tant d'incertitudes, tant de persécutions? Hommes cruels, faites donc finir mes tourments! éclairez-moi, éclairez-moi sur mes crimes, si je suis coupable; et vengez-vous, si je vous ai outragés; la mort me sera préférable aux affreuses inquiétudes où vous me plongez. Mais quel est mon ennemi? Pourquoi n'a-t-il pas recours aux lois? Pourquoi m'ôte-t-il la faculté de les implorer moi-même? Cet homme barbare qui voulait m'assassiner, cette femme insensée qui, je ne sais pourquoi, tombe en pamoison, que peuvent-ils me reprocher? Quels rapports ont-ils avec moi? Mais ils connaissent mon invisible; ils lui témoignent du respect, ils sont dans la même voiture avec lui: quel est ce mystère, ce mystère inexplicable? O mon Dieu! vais-je enfin le pénétrer?

» En faisant ces réflexions et d'autres plus amères encore, je m'aperçus que la voiture s'arrêtait à la porte d'une maison de campagne simple, isolée, et dont l'extérieur, ainsi que le pays qui l'avoisinait, m'étaient absolument inconnus. Le cocher descend, frappe à la porte cochère, entre, et referme la porte sur lui, en me laissant là dans la voiture. Firmin, qui est descendu de derrière le carrosse, ouvre la portière, et je me hâte de lui dire de s'informer des domestiques, de quelqu'un, du nom du propriétaire de cette maison, et du lieu où nous sommes. La porte cochère s'ouvre bientôt entièrement; le cocher reparaît, fait entrer la voiture dans une assez vaste cour; je descends, un vieux concierge me prie très-honnêtement d'entrer dans une salle basse, où je trouve de la lumière et du feu. Mon domestique veut sortir; on l'engage à rester avec moi, et nous passons là tous les deux une heure entière sans voir venir qui que ce soit. Au bout de ce temps, le vieux concierge paraît lui-même avec le cocher. Tous deux placent un excellent souper sur une table devant moi, et m'engagent à y faire honneur. Je leur demande chez qui je suis, comment s'appelle leur maître : ils me répondent très-honnêtement qu'ils ont ordre de ne satisfaire à aucune de mes questions. Je soupe; mon Firmin en fait autant à mes côtés; on vient nous desservir, puis on nous montre, à moi un lit dans une alcôve, et à Firmin un autre lit dans un petit cabinet. On nous invite enfin à nous reposer, en attendant qu'on ait autre chose à nous dire.

» Nous nous regardons, moi et Firmin; nous ne savons si nous sommes dans le pays des enchanteurs. Ce bon Firmin, qui ne connaît point mes aventures, commence à s'effrayer. J'ai assez de confiance en lui pour lui raconter mes malheurs; il m'écoute en ouvrant de grands yeux, en ouvrant la bouche de surprise; puis il me promet le secret et tous les soins dont il est capable. Cette conversation nous mena un peu loin; nous entendîmes rentrer une voiture, et soudain une voix que je reconnus être celle de mon invisible, demanda au concierge dans la cour : Est-il là? — Oui, monsieur. — Bon.

» L'invisible se tut, et j'attendis en vain qu'il parût. Le grand silence qui régna ensuite dans la maison m'avertit que tout le monde y était couché. Je me livrai à mon tour aux douceurs du sommeil, tranquille sur ma sûreté, et bien persuadé que je verrais le lendemain matin mon inconnu, qui sans doute était rentré trop fatigué pour me parler. Nous étions dans l'hiver (l'hiver dernier), cette saison froide et humide où les nuits sont si longues et les jours si courts. J'ignorais l'heure qu'il était, lorsque je me sentis pousser doucement par quelqu'un qui cherchait à me réveiller. La nuit la plus épaisse enveloppait tous les objets. Qui est là? m'écriai-je du ton d'un homme qui va se mettre sur la défensive. — C'est moi, de Lonchamps, c'est ton ami, ton protecteur, et ton malheureux parent.

» C'était en effet mon invisible. Vous, mon parent, lui dis-je avec surprise! Oui, de Lonchamps je suis ton parent, ton appui, ton seul appui, car sans moi il y aurait longtemps que tu n'existerais plus. — Que dites-vous? qui donc en veut à mes jours? — Deux infortunés dont tu as causé tous les maux. — Moi? et comment? — Tu le sauras un jour, et tu frémiras; mais écoute-moi, les moments sont chers. J'exige que tu partes sur-le-champ, sans t'informer ni de mon nom ni du lieu où je t'ai donné l'hospitalité. Va occuper une petite maison que j'ai déjà louée pour toi, et que tu rencontreras au bout de la rue d'Enfer, à Paris, la dernière à gauche. Tu t'y feras nommer Vertange, et tu n'en sortiras point que je ne te le dise. — Au nom du ciel, dites-moi le secret de mes jours, apprenez-moi..... — Impossible, mon ami, tu te perdrais, et tu ajouterais à mes infortunes. Un temps viendra, ce temps sans doute n'est pas très-éloigné, où tu sauras tout : depuis dix ans je travaille à le préparer, ce moment fortuné; il n'est pas encore arrivé, mais il ne peut tarder; tu apprendras tes malheurs et ton bonheur en même temps, car tu deviendras le plus heureux des hommes! O mon cher de Lonchamps! c'est alors que tu te sauras gré de ta soumission et de ta patience! Lève-toi, éveille ton domestique, et partez sur l'heure. — Par pitié, vous que j'entends avec tant de plaisir, daignez vous faire voir à mes regards respectueux; permettez que je contemple ce visage où sans doute sont empreintes la douceur et la bonté qui caractérisent votre organe. — Je ne puis t'accorder encore cette satisfaction ; un jour tu en sauras les motifs. Eh ! que t'importe au surplus de me voir? ne me trouves-tu pas sans cesse à côté de toi, au moment où tu y penses le moins? Hier, n'est-ce pas encore moi qui t'ai remis ce billet favorable qui te prescrivait de prendre mon carrosse et de te sauver ici? Que ne m'as-tu regardé? j'étais à ta droite pendant que ta querelle avec l'insensé qui… — Quel est donc cet homme brutal? — Tu me le demandes sans cesse, et je ne puis te le dire. Adieu, mon cher ami, adieu ; pars avant le jour, si tu veux m'obéir, et surtout aie la discrétion de ne faire aucune question à mes gens, qui d'ailleurs ont ordre de n'y point satisfaire. Adieu, de Lonchamps; embrasse ton protecteur, et compte toujours sur lui.

» J'embrassai cet homme étonnant, qui m'imposait le respect, le silence, la docilité; et je sentis, au frottement de ses joues, que quelques pleurs avaient humecté sa barbe rude et très-étendue sur toute sa figure. Je n'eus pas la force d'ajouter un mot à ce que je lui avais déjà dit, et je l'entendis refermer sur lui la porte de la salle basse où j'étais couché. Un moment après, le concierge entra avec une bougie, et me dit que la voiture était prête à me recevoir. Résigné à suivre les moindres ordres de mon protecteur, qui devenait plus invisible que jamais à mes regards, je m'habillai, ainsi que Firmin, qui avait entendu, sans oser respirer, toute notre conversation. Je trouvai, à mon grand étonnement, un sac d'argent sur ma cheminée, avec cette inscription : *Don fait à la docilité*. Je m'en emparai, et je montai dans la voiture ; Firmin se plaça derrière. Il faisait encore trop nuit pour que je pusse distinguer les objets plus que je ne l'avais fait la veille au soir. Mon cocher, ou plutôt celui de mon invisible, fit encore à dessein plusieurs tours dans la campagne; puis nous entrâmes dans Paris, que nous traversâmes au jour naissant, et nous arrivâmes à la barrière d'Enfer, où le cocher me laissa en me disant qu'il n'avait point l'ordre de me mener plus loin. Je voulus offrir quelque petite somme à ce serviteur, qui la refusa, et disparut avec sa voiture et ses chevaux. J'étais resté là seul avec Firmin; je me rappelai la dernière maison à gauche, que mon invisible m'avait désignée : je trouvai bientôt cette maison. Je frappai, une femme m'ouvrit, et parut m'interroger des yeux. Est-ce ici, lui demandai-je, la maison qu'on a louée pour M. de Vertange? — Oui, monsieur, c'est ici; et je parie que ce monsieur de Vertange, c'est vous, monsieur? — Comment devinez-vous cela? — Oh! parce qu'on vous a bien désigné à moi tel que je vous vois, et parce que vous ressemblez beaucoup à ce vieux monsieur qui est venu louer, et qui a même payé six mois d'avance. La maison est jolie, vous verrez, et toute garnie de beaux meubles; j'espère que monsieur s'y plaira. — Il n'y a pas d'autres locataires que moi, je l'espère? — Oh! monsieur y sera tout seul avec moi, qui serai sa concierge, s'il veut bien me le permettre.

» J'entrai dans cette maison, que je trouvai commode et bien meublée. Quand je fus un peu délassé de mes fatigues, j'envoyai Firmin à mon logement de la rue Montmartre, pour en retirer mes effets avec ma procuration. Firmin me rapporta le tout, et je vécus tranquille encore quelques mois dans ce nouvel asile. Je n'entendais plus parler de personne, pas même de mon invisible, et je commençais à respirer. Je sortais fort peu cependant, et toujours le soir, pour faire quelques tours sur le nouveau boulevard dont j'étais très-voisin : je me croyais, en un mot, débarrassé des persécutions de mes ennemis; mais un nouveau malheur m'y replongea plus que jamais, et me mit, hélas! à la discrétion de ces ennemis implacables. J'ai déjà dit que le spectacle était ma passion favorite. Il y avait longtemps que je n'avais joui de ce plaisir; et la vie sédentaire que je menais était trop monotone pour ne pas me rappeler bientôt à mes goûts dominants. Comme les soirées étaient encore très-longues, je me flattais qu'en sortant de nuit, et en revenant aussi de nuit chez moi, je ne serais remarqué de personne. Un soir donc je dis à mon domestique de rester à la maison et de m'y attendre; puis voyant la nuit assez épaisse, je me hasarde à aller jusqu'à la Comédie Française, où je prends un billet, et me place dans le coin le plus obscur du parterre. Par l'effet du hasard, un filou s'était glissé à côté de moi : je lui saisis la main dans ma poche, et mon premier mouvement est de m'écrier. Le filou veut se sauver; je le tiens, je l'arrête, il se fait un jour autour de moi; tout le monde nous regarde depuis les loges jusqu'en bas; la garde arrive; on mène mon filou au corps de garde; je l'y suis pour faire ma déposition, il est conduit en prison, et moi je rentre paisiblement au spectacle, où je cherche une autre place, la mienne se trouvant prise. Quand tout est fini, je réfléchis que j'ai fait une imprudence en me faisant ainsi remarquer de tout le monde. D'un autre côté, je ne pouvais pas me laisser voler sans dire un mot; et en supposant que mes ennemis me poursuivissent partout, il était difficile de présumer qu'ils eussent deviné précisément ce jour-là mon goût de spectacle pour s'y rendre, et à cette salle plutôt qu'à une autre.

Quoi qu'il en soit je me proposai de prendre un fiacre. Il y en avait plusieurs à la porte, mais on se les disputait, attendu qu'il tombait une petite pluie très-fine. J'en trouvai un cependant, que j'arrachai, pour ainsi dire, à plusieurs personnes qui se pressaient pour s'en emparer. Je ne voulus pas dire au cocher tout haut le lieu de mon domicile, mon intention étant d'ailleurs de le faire voyager un peu dans Paris. Je lui dis que j'allais à la barrière de Sèvres. Je m'étais enfermé dans ce fiacre, qui n'avait point de glaces, et au milieu de l'obscurité la plus profonde, je me livrais à mes diverses réflexions. Tout à coup je sens mon fiacre qui s'arrête. J'ouvre une portière, le cocher descend, et m'annonce qu'il ne peut aller plus loin, attendu que ces chevaux sont déferrés par l'effet du verglas. Je m'emporte, je le menace; il insiste, en ajoutant qu'il ne demande point le prix de sa course. Je descends furieux; et tandis qu'en examinant la rue isolée dans laquelle je me trouve, je lui demande qu'au moins il m'indique où je suis, deux ou trois hommes, que je n'ai point remarqués derrière la voiture, se jettent sur moi, et me poussent, avant que j'aie eu le temps de me reconnaître, dans l'ouverture d'une porte ronde qui se ferme soudain sur moi. Je m'écrie, j'agite ma canne, la seule arme dont je sois muni, on me l'arrache, on m'assure qu'on ne veut point me faire de mal, mais qu'il faut que je parle à monsieur et à madame. — Où sont-ils? — Montez.

» Mes sbires m'accompagnent, et j'entre dans une pièce où je reconnais le grand homme sec et la femme à la prétendue restitution, qui sont déjà venus chez moi. Lâches! leur dis-je en entrant, que voulez-vous de moi? Après avoir séduit mon misérable cocher, après m'avoir entraîné sans doute dans un piége affreux, que voulez-vous? ma vie? Je la vendrai cher, je vous en préviens!.... — Ce sont des explications qu'on vous demande uniquement, dit l'homme sec; ce sont des aveux francs et véritables qu'on vous prie de faire. — J'aurais, en effet, des aveux précieux à vous faire, que je les tairais, pour la violence qu'on exerce sur moi. — Monstre, s'écrie la femme en me regardant avec les yeux d'une furie; parle, parle, ou je suis capable de te brûler la cervelle. (*Elle saute sur un pistolet.*) Quelle affreuse persécution! que voulez-vous tous deux que je vous dise? Je ne puis que vous répéter ce que je vous appris de moi lorsque vous êtes venus séparément m'abuser sous de faux prétextes. Vous voulez absolument que je sois de Lonchamps que vous détestez, je ne sais pour quel sujet; et je vous ai déjà dit que j'étais d'une famille de province, étrangère à tous vos intérêts. — Pourquoi vous cachez-vous, si cela est? Pourquoi ces déménagements continuels? Quelqu'un vous conseille sans doute, et vous force à taire la vérité. Vous n'êtes point le fils de Lonchamps, qui est mort à Paris il y a plus de dix ans? qui a brûlé tous ses papiers avant de mourir? Tous ses papiers, voilà ce qu'il nous importe de savoir! Nous soupçonnons, à juste titre, que vous avez soustrait aux flammes, que vous possédez des papiers précieux et dont dépend l'honneur de notre famille! Si vous les avez, ces preuves affreuses du plus grand crime, si elles sont en votre pouvoir, remettez-nous-les, et au lieu de vos plus mortels ennemis, vous ne verrez en nous que de tendres et sensibles parents; car nous le sommes en effet. — Vous êtes mes parents?.... Vous....

» J'allais me trahir, en donnant une suite de questions à cette exclamation; mais je sentis que ces gens pouvaient avancer un mensonge exprès pour me faire parler, et je me contentai de sourire de pitié, en les assurant de nouveau que je ne connaissais pas d'autres parents que ceux que j'avais en province. —Il ne veut pas parler, dit l'homme sec à sa femme. — Il s'obstine à garder le silence, lui répondit celle-ci. — C'est M. de Lerval qui le conseille et le soutient. —Mon oncle ! Cela n'est pas possible. —Employons les derniers moyens.

» Ces derniers moyens, qui me firent frémir involontairement, furent de m'introduire dans une grande salle tapissée de noir. Un tombeau s'élevait au milieu, et l'on voyait suspendus autour plusieurs portraits, parmi lesquels je reconnus, en grand, celui de ma mère, absolument semblable au portrait que mon invisible m'avait remis autrefois.

— Voilà votre mère, me dit l'homme sec; pouvez-vous la méconnaître? (*Je ne répondis rien.*) — Et votre père, le trouvez-vous là ressemblant? (*C'était en effet le portrait de mon père qu'il me montrait; je gardai toujours le silence.*) —Et ce vieillard, votre oncle, M. de Lerval, ne le voyez-vous pas souvent?

» Ce nouveau portrait qu'il me montrait retraçait un vieillard très-âgé, mais dont les traits, quoique plus prononcés, étaient absolument les miens. Je me doutai intérieurement que c'était là mon invisible, et je m'attachai malgré moi à fixer cette peinture, qu'on disait retracer mon oncle. —Vous le reconnaissez? poursuivit l'inconnu. Ce sont bien là votre oncle, votre père, votre mère : eh bien ! monsieur, vous ne sortirez pas d'ici que vous ne nous ayez promis par serment de nous remettre les papiers que vous avez trouvés chez votre père, et dont la lecture continuelle a fait le tourment de ses jours. Entrez en arrangement avec nous. Voyons, soyez franc, sincère et confiant; il est possible que nous abjurions notre juste haine, et que nous devenions vos meilleurs amis.

» Qu'elle était embarrassante, ma situation ! Pressé, d'un côté, par le désir de connaître les secrets de ma famille, que ces gens possédaient et pouvaient me révéler ; d'un autre côté, soumis aveuglément au plan de conduite que m'avait prescrit l'invisible M. de Lerval, que je connais à présent pour être mon oncle, je ne sais quel parti prendre. Si je parle, je perds peut-être pour jamais la protection du plus généreux des hommes, je me livre probablement à mes plus mortels ennemis. Si je me tais, j'allume plus fortement encore la haine de ces ennemis cruels, qui, je ne le vois que trop, ne sont point dupes des détours que je prends, malgré moi, pour me voiler à leurs regards curieux ! Que faire ? J'hésite, les aveux expirent sur mes lèvres ; je suis prêt à tomber en faiblesse.... Je ne sais comment tout cela se serait terminé, si mes deux surveillants n'eussent entendu soudain, dans une pièce voisine, une voix imprévue qui les fit pâlir. Cette voix, qui frappa plus agréablement mon oreille, était celle de mon homme invisible. Il disait, sans doute à quelque homme de confiance de la maison : Cela a-t-il le sens commun ? Ils s'en prendront donc à tous ceux qui portent ce nom ? Je leur ai déjà dit que ce de Lonchamps qu'ils cherchent est mort, il y a quelques années, dans les îles où il est passé....

» Après ce peu de mots prononcés avec chaleur, une porte s'ouvrit ; je croyais voir enfin entrer M. de Lerval, et mon cœur battait déjà délicieusement ; mais mon attente fut trompée ; je ne vis entrer qu'un vieux domestique, qui dit tout haut à ses maîtres : M. de Lerval est là qui veut vous parler à vous deux seulement.

» L'homme sec et sa méchante femme suivirent, tout étonnés, le domestique ; et moi je restai seul dans ce lieu funèbre éclairé seulement par une lampe faible et vraiment sépulcrale. Ce tombeau, ces portraits, tout fixa mon attention, et mon âme se trouvant plus calme par l'arrivée de mon invisible, j'eus tout le loisir d'examiner les objets qui les entouraient. Cet homme invisible, ses traits étaient là sous mes yeux : c'était M. de Lerval, c'était mon oncle, et sans doute il était l'oncle aussi de ces deux méchants parents. Voilà donc que ce mystère, jusqu'alors impénétrable, commençait à s'éclaircir un peu : on venait de soulever un coin du voile qui me cachait les secrets de ma famille ; mais j'ignorais toujours les motifs qui pouvaient animer contre moi cet homme et cette femme acariâtre. De quels papiers m'avaient-ils parlé? Quels étaient ceux qu'ils m'accusaient d'avoir soustraits aux flammes, et dont la lecture continuelle avait fait le malheur de mon père? En supposant que je les eusse, ces papiers, quel intérêt avaient ces implacables ennemis de me les arracher, et de quoi moi-même pouvais-je être plus coupable envers eux? Enfin, ils rentreront peut-être avec monsieur de Lerval ; je dois toucher au dénoûment de cette bizarre aventure.... Vain espoir! il était écrit que je ne saurais encore rien ce jour-là. Au bout d'une heure d'attente, le vieux domestique qui était déjà venu annoncer M. de Lerval, vint me dire que je pouvais me retirer. — Quoi! lui dis-je, je ne verrai point.... — C'est l'ordre qui m'est donné ; je ne puis vous en dire davantage.

» Je sentis que je désobligerais mon protecteur si je faisais de nouvelles objections ; et, trouvant toutes les portes ouvertes, je sortis dans la rue, où la même voiture grise et le même cocher qui m'avaient conduit quelque temps avant à la maison de campagne de mon invisible se présentèrent à mes yeux. Montez, monsieur, me dit le cocher, je vais vous reconduire chez vous. J'acceptai son offre, et je revins à ma maison du boulevard d'Enfer, où mon pauvre Firmin était dans la plus grande inquiétude de ne m'avoir pas vu rentrer. Je lui racontai ce nouvel événement, et il me conseilla de ne plus sortir que je n'eusse des instructions directes de la part de mon oncle. Je reçus bientôt un mot de lui, dans lequel il me disait : « *Mon cher* » *neveu* (*car vous connaissez maintenant ma figure et le titre qui* » *m'unit à vous*), *je vous annonce avec joie que vos malheurs vont* » *bientôt finir. Vous me verrez enfin, et vous saurez tout. En attendant ce moment fortuné, trouvez-vous demain à la messe des Carmes de la rue de Vaugirard, à midi précis : vous y remarquerez* » *une jeune personne vêtue de blanc, qu'accompagnera une gouvernante en deuil et boiteuse. Faites bien attention à sa figure, à ses* » *grâces, à sa jeunesse ; mais ne lui parlez pas. Vous saurez bientôt mes projets.* »

» Je ne manquai pas de me rendre le lendemain de bonne heure aux Carmes, où je cherchai en vain des yeux la personne qu'on m'avait désignée. Aucun des individus que je remarquai dans l'église ne ressemblait à la jeune beauté que j'attendais. J'allais me retirer de mauvaise humeur, lorsque je vis entrer en effet une personne de quinze à seize ans, vêtue d'une robe blanche, et conduite par une femme en noir et boiteuse. Je suivis sans affectation cette aimable enfant, qui me parut réunir tous les attraits, toutes les perfections de la nature ; et quand elle fut assise, je pris une chaise et me plaçai à peu de distance de la sienne. Je la regardai beaucoup, et j'observai qu'elle m'examinait aussi en secret. Je ne doutais plus alors qu'elle ne fût prévenue sur mon compte, comme je l'étais sur le sien. Quand la messe fut finie, je passai près d'elle, et remarquant qu'un faux pas la faisait trébucher, je lui offris la main, qu'elle accepta, et je la reconduisis jusqu'à la porte de l'église, où je la quittai sans lui tenir aucune conversation. Elle se retourna beaucoup pour me regarder, et comme elle s'aperçut que j'en faisais autant, elle rougit et ne se retourna plus. La vieille gouvernante boiteuse lui parlait avec feu : elles disparurent enfin toutes deux, et je rentrai chez moi, enchanté des attraits que je venais de contempler, et fâché, par une réflexion trop tardive, de n'avoir pas suivi ou fait suivre ces deux femmes, pour savoir où elles demeuraient. Cependant je pensai bientôt que c'eût été blesser la délicatesse, manquer d'ailleurs à mon oncle, qui avait eu la confiance de me croire incapable de cette démarche, et j'attendis avec impatience qu'on me donnât l'explication de cette nouvelle aventure. Je fus bientôt satisfait par un nouveau message de mon oncle, qui me prescrivit de lui dire, dans ma lettre, ce que je pensais de la personne que j'avais vue, et si mon cœur était libre. Je lui répondis qu'occupé jusqu'à ce moment de mes infortunes, je n'avais eu ni le temps ni le goût de songer à l'amour; que mon cœur était parfaitement libre et que si quelqu'un pouvait triompher de mon indifférence, c'était à coup sûr l'aimable inconnue qui avait frappé mes regards et fixé mon admiration dans l'église des Carmes.

» Je remis cette réponse au courrier de mon oncle, et quand il fut parti, je me dis : Allons, voyons où tout cela va me mener : à un mariage, peut-être; mais je n'y consentirai qu'à condition qu'on m'expliquera l'énigme qui me tourmente depuis tant d'années ; je ne puis former les nœuds de l'hymen que lorsque je serai sûr d'être heureux et tranquille. Mais à quoi m'arrêté-je? Puis-je présumer que mon oncle, qui m'a témoigné tant de tendresse jusqu'à ce moment, m'engage dans les chaînes de l'hymen sans briser celles du malheur, qui me tiennent dans l'esclavage et dans la gêne? Il a trop de sagesse, trop d'expérience pour me faire faire en étourdi une chose qui doit décider de ma félicité, de ma fortune, de tout!.... Attendons, et n'oublions jamais qu'il m'a recommandé confiance, soumission aveugle et docilité. Ce n'est qu'ainsi, m'a-t-il dit, que j'arriverai à perfectionner ton bonheur.... J'y touche sans doute.

» Il s'écoula près de deux mois depuis mon entrevue aux Carmes. Enfin, le moment tant souhaité depuis onze ans, ce moment qui devait éclaircir et fixer ma destinée, arriva à l'instant où je m'y attendais le moins. Un matin que je me disposais à écrire, à faire des remarques sur les livres que je lisais, seule occupation à laquelle je pusse me livrer, je fus fort étonné de voir entrer chez moi ce même cocher de mon oncle qui m'avait déjà tant fait voyager. Monsieur, me dit-il, je viens vous emmener de la part de M. votre oncle; il faut que vous ayez la complaisance d'emporter d'ici vos effets, vos livres, tout ce qui vous appartient; car vous n'y reviendrez plus : votre domestique vous suivra. — Où me conduirez-vous donc? — Ne craignez rien, vous allez être plus heureux que vous ne l'espérez. — Comment? expliquez-moi... — J'ose prier monsieur de ne point me faire de questions; le silence m'est prescrit ; et sans doute, par la suite, monsieur ne pourra que louer ma discrétion, et juger de la fidélité d'un serviteur qui est entièrement dévoué à ses intérêts.

» Ce bon cocher avait en effet la physionomie d'un homme probe et sensible; je ne voulus pas le questionner davantage. J'appelai Firmin, et habitué à obéir aveuglément aux moindres ordres de mon protecteur, j'aidai mon domestique à faire des paquets de mes livres, de mes hardes, de tous mes effets. Firmin sautait de joie; il avait, disait-il, un pressentiment que son cher maître allait être enfin libre, heureux et tranquille. Je n'étais pas aussi rassuré que lui, et néanmoins sa joie dissipait ma tristesse et mon inquiétude. Quand tout fut prêt, je fis monter la concierge de la maison, je la récompensai amplement de ses soins, et lui fis mes adieux. Cette bonne femme pleurait en me voyant partir. Je trouvai une voiture à la porte, toujours la voiture grise. Firmin y serra mes paquets, monta derrière, moi je me plaçai dedans, et le cocher fouetta ses chevaux. Je le vis, au lieu de rentrer dans Paris, tourner par le boulevard, sortir une barrière et suivre une route; ce qui m'annonça que nous allions à la campagne. En effet je reconnus le village de Bagneux, dans lequel il entra, et je reconnus aussi l'extérieur de la maison de campagne à la porte de laquelle il s'arrêta. C'était la même maison où ce cocher m'avait conduit quelques mois auparavant, à la suite de l'affaire du boulevard des Italiens. Mon cœur tressaillit de joie en pensant que j'allais sans doute habiter cette maison de mon oncle, y voir enfin tous les jours ce vieillard respectable, dont les traits, que je n'avais vus qu'en peinture, étaient profondément gravés dans mon cœur: Je descendis; le vieux concierge me reçut avec la plus grande politesse, et me fit entrer dans la même chambre basse où j'avais déjà couché. Je demandai mon oncle; on me répondit qu'il ne tenait qu'à moi que je le visse bientôt. Qu'à moi! dis-je; cela dépend de moi? Eh! que faut-il que je fasse? — Tout ce qu'on vous prescrira. — Mais quoi encore? — Vousle saurez bientôt.

» Mes paquets furent transportés par Firmin dans la salle où j'étais; puis on m'offrit un excellent déjeuner dont je profitai, ainsi que mon domestique, qui me dit à l'oreille : Courage, monsieur; il y a beaucoup de mouvement dans cette maison; on y prépare quelque fête qui vous concerne sans doute.

» Toujours étonné de l'absence de mon oncle, je déjeunai néanmoins; puis ensuite le vieux concierge vint me prier de le suivre. Où me mène-t-il? A mon grand étonnement, cet homme qui guide mes pas entre dans une aile de bâtiment à droite de la cour, ouvre une porte, et je me trouve avec lui dans une petite chapelle, où un prêtre se prépare à dire la messe devant un autel chargé de cierges allumés. Je suis tout émerveillé, et Firmin est là, qui ouvre de grands yeux.... Pendant que je cherche mon oncle au milieu de plusieurs personnes inconnues pour moi, et qui sont assises dans cette chapelle, le prêtre m'adresse ces mots : Êtes-vous, monsieur, entièrement dévoué aux vœux de M. votre oncle? — Peut-on en douter, monsieur, lui répondis-je, après toutes les marques de tendresse qu'il m'a prodiguées? — Eh bien, monsieur, apprenez que vous êtes aimé d'une jeune personne qui ne vous a vu qu'une fois, que vous avez remarquée aussi vous-même avec intérêt, et que M. votre oncle désire vous voir prendre pour femme. — Moi, monsieur! — Je ne suis ici que pour vous unir par les saints nœuds de l'hymen. — Mais, monsieur... — Vous sentiriez-vous le moindre éloignement pour cette belle personne? — Que dites-vous, monsieur? Il faudrait que je fusse aveugle et bien insensible. — En ce cas, monsieur, préparez-vous à la pieuse cérémonie qui va se célébrer. — Mais..... — Votre bonheur y est attaché; tous vos maux finiront aujourd'hui. — Saurai-je enfin le but des persécutions?... — Vous saurez tout. — Et mon oncle... — Vous le verrez. — Pourquoi n'est-il point là? — De la docilité, vous dis-je, et tout s'éclaircira.

» J'allais ajouter d'autres questions qui prouvaient assez mon incertitude et ma curiosité, lorsque la jeune personne qu'on allait me faire épouser d'une manière aussi étrange, entra, accompagnée de la même gouvernante que j'avais vue près d'elle aux Carmes. Elle était parée avec le goût le plus décent et le plus recherché. Ajoutez à cela une figure enchanteresse, une modestie ravissante, des yeux baissés avec timidité, l'incarnat de la pudeur qui couvrait son front et ses joues; c'était, en un mot, une vierge, une grâce, la femme la plus intéressante que j'aie jamais vue. Je restai muet d'admiration, et je ne pensai plus qu'au bonheur de posséder tant de charmes. Je n'ai plus la curiosité de demander son nom, celui de ses parents, rien. Ah! monsieur, dis-je au prêtre, unissez-nous, unissez-nous bien vite; le prix de la soumission est trop flatteur...

» Le prêtre se retourna vers l'inconnue : Mademoiselle, lui dit-il, vous sentez-vous disposée à aimer monsieur comme votre époux?—Le devoir, répondit-elle avec un son de voix touchant qui me pénétra l'âme; le devoir eût suffi seul pour me faire obéir; mais je dois avouer que mon cœur me fait connaître un sentiment de plus, qui va me faire un bonheur de l'obéissance.

» Enchanté de cette réponse, tout à la fois tendre et décente, je m'agenouillai près de cette touchante créature sur les marches de l'autel, et le prêtre commença la cérémonie. A peine eûmes-nous prononcé tous deux le mot *oui*, qui unissait pour jamais nos destinées, qu'une porte s'ouvrit. Il en sortit un vieillard vénérable que je reconnus soudain pour mon oncle. Il se précipita sur moi, me serra dans ses bras, en s'écriant : Enfin je ne suis plus invisible à tes yeux, tu peux me voir, je puis te contempler tout à mon aise! Viens, mon cher de Lonchamps, embrasse ton père! — Mon père? — Tu deviens mon fils, puisque tu épouses ma fille. — Votre fille! ô bonheur! — Oui, mon ami, voilà une partie de mes secrets dévoilés; c'est ma fille, ma chère Lucile, que tu viens de prendre pour épouse. Dis-moi, était-il possible de te faire un cadeau plus précieux, de te donner une plus grande preuve de ma tendresse pour toi? — Mon père! et comment ai-je mérité une si grande faveur? — Comment? par ta docilité, par tes malheurs, qui sont finis dès ce moment; car ce mariage te réconcilie pour jamais avec tes ennemis. — Mais pourquoi?...... — Achevons la cérémonie; je te conterai ensuite l'histoire la plus singulière; tu sauras le but de la conduite que j'ai tenue depuis si longtemps avec toi; tu sauras tout : mais achevons la cérémonie; que je voie unir mes enfants, et je suis bien récompensé de mes soins, je suis le plus heureux des pères,

» M. de Lerval, au comble de la joie, se place à côté de nous; le prêtre dit la messe, et quand tout fut fini, j'embrasse mon épouse, j'embrasse mon père, Firmin, le concierge, j'embrasse tout le monde. Nous passons tous ensuite dans un salon, où l'on vient aussitôt annoncer la visite de M. et de madame Dercour. M. de Lerval me fait cacher soudain dans un petit cabinet, en disant : Voilà la dernière fois que je mets ta docilité à l'épreuve ; tu paraîtras quand je te le dirai, et tu connaîtras ces personnes, que je vais traiter comme elles le méritent.

» J'étais enfermé dans ce petit cabinet, d'où je pouvais tout voir et tout entendre. M. et madame Dercour se présentent, et je reconnais l'homme sec et la méchante femme qui m'ont tant poursuivi. Pardon, mon oncle, dit M. Dercour, si nous arrivons si tard ; mais des affaires majeures nous ont arrêtés. Est-ce que la cérémonie est déjà faite? ma cousine est-elle mariée?— Oui, monsieur, répond M. de Lerval, et je vous avoue que je suis étonné du peu d'empressement que vous avez mis à venir assister à cet acte qui doit faire son bonheur. — Mais aussi, mon oncle, interrompit madame Dercour, vous nous avez fait un mystère si singulier du prétendu de Lucile! Il me semble que dans les familles on se doit plus de confiance. On ignore le nom, l'état de cet homme ; on ne l'a jamais vu. Ce n'est pas que, quel qu'il soit, nous ne soyons disposés à l'aimer comme notre cousin, puisque vous l'avez choisi pour votre gendre. — C'est là où je vous attends, répliqua M. de Lerval : cet homme que j'ai cru digne d'entrer dans ma famille, doit mériter, je pense, votre estime et votre amitié. Il a été bien malheureux, et par votre faute. — Par notre faute, mon oncle? — Oui, ma nièce, par votre faute. Il est vrai que moi-même j'ai partagé, dès sa naissance, votre haine pour lui ; mais l'âge, l'expérience, la raison et ses qualités morales ont détruit cette haine injuste. J'ai été néanmoins fidèle au serment que j'avais fait à votre malheureux père ; mais j'ai su faire accorder la foi des serments et l'indignation que m'inspiraient tant de malheurs, avec la justice, la délicatesse et la sensibilité. En un mot, j'ai confondu toutes les haines dans un seul lien, qui doit les étouffer; et pour ne plus voir le fils d'un étranger, je l'ai adopté pour mon fils. Il l'est, il doit être votre parent et votre ami. — Quel discours, mon oncle! et que doit-il nous faire penser? — Que ce de Lonchamps que vous avez tant détesté, n'est point mort dans les îles, comme j'ai jugé devoir vous le faire croire, que vos soupçons sur un autre de Lonchamps étaient fondés, quoique j'aie sans cesse cherché à les détruire, dans la crainte que vous vous portassiez à des accès coupables; qu'en un mot, ce malheureux cousin, l'objet de votre courroux, est aujourd'hui l'époux de ma fille. — Qu'entends-je? — Paraissez, mon fils! venez faire votre paix avec deux parents injustes, qui vous auraient chéri s'ils vous eussent connu aussi particulièrement que moi.

» Je sors du cabinet, et soudain M. et madame Dercour pâlissent, osent à peine me regarder, et sont prêts à tomber en faiblesse. J'ignore, leur dis je, les motifs qui ont pu m'aliéner vos cœurs; faible enfant, né apparemment dans le berceau de la douleur, je suis devenu votre victime sans le savoir, sans jamais l'avoir mérité. La Providence, qui n'abandonne jamais l'innocent, m'a couvert de la protection du plus estimable, du plus généreux des hommes; je lui dois de n'avoir point succombé aux piéges que vous m'avez tendus; je lui dois de n'être plus aujourd'hui exposé à vos coups; je lui dois plus, une épouse charmante et le bonheur. J'attends de votre justice que vous me ferez connaître au moins mes torts, et que vous les oublierez, comme je vous promets, dès ce moment-ci, d'oublier les vôtres. Regardez-moi comme votre parent, votre ami, ou fuyez-moi à jamais ; ne pouvant fixer votre tendresse, je me sens capable maintenant de braver votre inimitié.—Mais ces papiers, mon oncle ?—Eh bien ! ces papiers, répond M. de Lerval, il ne les a point vus dans ceux que son père lui a laissés, et d'ailleurs, quand il les posséderait, n'est-il pas intéressé à présent, par mon alliance, à les anéantir pour jamais ? Monsieur et madame Dercour, je n'ajoute plus qu'un mot : c'est mon fils, voyez si vous voulez me manquer en lui manquant, perdre mon cœur, ma protection et vous exposer à tous les effets de mon juste ressentiment. Vous m'entendez ? Parlez.

» M. de Lerval prononça ces derniers mots d'un ton qui fit trembler ces méchants. Ils se regardèrent, puis, venant à moi, ils m'embrassèrent en me nommant leur cher cousin. Mon beau-père et moi, nous ne fûmes point dupes de leurs grimaces ; mais ils y étaient forcés, comme vous le saurez bientôt, et ils se conduisirent assez bien pendant le reste de cette journée, qui fut consacrée à des fêtes, à des plaisirs et aux plus douces conversations entre moi et mon épouse dont j'eus tout lieu d'admirer l'esprit, les grâces et la bonté. M. et madame Dercour couchèrent dans la maison. Le lendemain, avant leur départ, M. de Lerval leur montra un testament qu'il avait fait quelques jours auparavant. Dans ce testament mon beau-père léguait le quart de sa fortune à M. et madame Dercour. Par un autre acte particulier, M. de Lerval cédait sur-le-champ un autre quart à mon épouse et à moi ; et la moitié qui restait, il se la réservait jusqu'à sa mort, époque où elle devait nous revenir. Les deux méchants cousins se retirèrent très-satisfaits de cet arrangement ; et je dois dire que, si je les ai peu vus depuis, je n'ai pas eu lieu de me plaindre d'aucun mauvais procédé de leur part.

» Nous restâmes quelques jours à la maison de campagne de Bagneux; puis nous retournâmes tous à Paris, où M. de Lerval nous donna un logement dans son hôtel. Voilà six mois que je suis époux et heureux, mes amis; il m'en faut encore quatre pour que je devienne père. Vous jugez de mon ivresse... J'ai voulu vous en faire part. M. de Lerval et moi nous avions quelques acquisitions à faire dans ces contrées; j'ai profité du voyage que nous devons y faire pour l'engager à s'arrêter avec moi quelques jours chez mon ami Palamène. En conséquence, nous avons laissé mon épouse dans l'hôtel de son père, et nous sommes partis. Il m'a bien raconté, depuis mon mariage, le secret de ma naissance et les motifs de la haine de M. et madame Dercour : je le prierai de vous faire ce récit, qui sera plus piquant dans sa bouche que dans la mienne. A demain donc, mes enfants, l'histoire des malheurs de ma famille. Vous saurez par là ce qui avait engagé mon homme invisible à me poursuivre de la manière la plus singulière, pendant près de onze ans. Le voilà devant vous, mes amis, cet homme invisible qui vous a tant intéressés dans mon récit de l'année dernière. Ah! que n'ai-je pu jouir plus tôt du bonheur de le voir et de l'embrasser, comme il vous est permis le faire aujourd'hui!

M. de Lonchamps se tut, et les enfants de Palamène serrèrent dans leurs bras le bon vieillard, qui leur inspirait néanmoins une espèce de respect mêlé de terreur. Cet être était en effet difficile à concevoir; il fallait pour cela que l'on connût ses aventures, et c'est ce qui devait former l'intérêt de la soirée du lendemain. Souhaitons donc, avec nos amis, de voir arriver cette soirée, où M. de Lerval va raconter des événements sans doute bien extraordinaires.

CINQUANTE-TROISIÈME SOIRÉE.

L'AMOUR DES RICHESSES.

Le mauvais Frère.

Assis tous sur la terrasse, M. de Lerval prit la parole en ces termes : « Je ne vous connais, bon Palamène, vous et vos enfants, que depuis hier, et d'après les éloges que mon neveu, mon cher fils, m'a faits cent fois de votre probité, de vos mœurs et de votre sagesse; mais je vous vois, je vous aime, et vous prie de me regarder dorénavant comme un ami sincère et fidèle. Vous ne m'avez connu, vous, que sous un rapport assez désavantageux pour moi. Lorsque mon fils vous raconta une partie de ses malheurs, l'été dernier, vous dûtes regarder son homme invisible, cet homme qui le poursuivait partout, qui lui prescrivait les lois les plus bizarres et les plus énigmatiques, comme un fou, un insensé, ou un homme ridicule, qui mettait à exécution quelque gageure ou le fruit de la désorganisation de son cerveau. Hier encore, en écoutant la suite des aventures de de Lonchamps, qu'avez-vous pensé de moi? Pourquoi ce mariage impromptu, que je forme, d'après une simple entrevue dans une église, sans explication, sans détails préliminaires, et forcément pour ainsi dire? Quelle est cette énigme, en un mot, qui semble avoir réglé toute ma conduite à l'égard d'un neveu que j'avais juré de haïr, que je n'ai pu abandonner? C'est à moi à vous l'expliquer, c'est à moi à vous dévoiler un secret dont a dépendu le destin de de Lonchamps, dont a dépendu le mien, celui de ma malheureuse famille : écoutez-moi.

» Je suis le plus jeune de trois enfants que laissa en mourant mon père, l'un des particuliers les plus riches et les plus titrés de la France. Nous avions perdu notre mère quelques années avant la mort de ce père respectable, en sorte que nous restions orphelins. Mon frère aîné, qui était majeur, se mit soudain à la tête de sa famille, et fut nommé notre tuteur. J'avais dix ans, et ma sœur quinze. Ma sœur Amélie, jeune personne accomplie, joignait à tous les attraits de la beauté tous les talents que donnent une éducation soignée et les plus heureuses dispositions. Elle était donc très-aimable, mais en même temps peu spirituelle, douce, timide, et d'un esprit un peu faible. Amélie et moi, nous nous chérissions tendrement; mais il n'en était pas ainsi de notre frère; il nous détestait, et nous le lui rendions bien; car les seuls sentiments qu'il savait nous inspirer étaient la crainte et la soumission la plus aveugle à ses moindres volontés. Mon frère aîné avait trente ans; il était marié, père déjà d'un jeune garçon de deux ans; il avait un grand poids sur nous, et il en abusait pour nous faire sentir celui de son autorité, ou plutôt de son despotisme. Nous restâmes avec lui dans sa propre maison jusqu'à l'âge de notre majorité, époque à laquelle il nous fit un partage égal de l'héritage de notre père, et nous rendit un compte, sinon exact, du moins assez satisfaisant pour nous faire vivre dans la plus grande aisance. Desglinières (c'était un nom de terre que mon frère aîné avait joint au sien, et je le lui donnerai pendant le cours de mon récit, pour le distinguer de moi); Desglinières s'était bien gardé de marier, d'établir notre sœur Amélie; et il avait eu ses raisons pour négliger ce devoir d'un père ou d'un tuteur. Le méchant était dominé par une passion vile et qui rongeait son cœur, la cupidité, la soif de l'or. Il avait perdu son fils, mais une fille lui avait succédé. Desglinières avait une petite fille de dix-huit mois; il espérait avoir d'autres enfants, et il convoitait, pour ces enfants, qui devaient un jour pourtant être assez riches de son héritage, celui d'Amélie, qu'il voulait forcer toute sa vie au célibat. Peut-être même espérait-il que ma fortune passerait un jour aussi dans sa famille; car j'étais très-délicat, très-faible, toujours souffrant, et peu propre à former les nœuds de l'hymen. Desglinières avait une femme encore plus méchante et plus cupide que lui. Cette femme altière et acariâtre était veuve, lorsqu'il l'épousa, d'un M. Dercour, officier ruiné; et elle avait un neveu de dix ans qui était élevé près d'elle, dans la maison de mon frère, qu'un second hymen avait rendu l'époux de sa tante. Madame Desglinières espérait par la suite marier son neveu à la petite-fille de mon frère, et elle brûlait du désir de voir passer dans sa maison tous les biens de notre famille. Pour comble de bonheur, madame Desglinières était jalouse de la jeunesse, de la grâce, de la beauté de sa belle-sœur; elle ne pouvait pas supporter, souffrir Amélie, et cette jeune personne avait eu à souffrir plus que moi, pendant sa minorité, des caprices et des hauteurs de cette femme impétueuse. Voilà donc le tableau de notre famille, à l'époque où commencèrent nos malheurs. Moi, jeune homme de vingt-six ans, livré au métier des armes, allant, courant de ville en ville, et ne me fixant nulle part : ma sœur, femme de trente et un ans, ayant secoué enfin le joug de son frère, de sa belle-sœur, et vivant solitaire dans une de ses terres près de Paris : mon frère Desglinières, âgé de quarante-six ans, sédentaire à Paris : son neveu Dercour, jeune homme de dix ans, et sa fille de deux.

» Amélie de Lerval était, comme je vous l'ai dit, douée d'un cœur excellent; mais elle avait l'esprit un peu faible, et qui tendait même, je le craignais, vers la démence. Elle s'effrayait de son ombre; elle tremblait à l'aspect de son frère aîné ou de sa belle-sœur, et il suffisait d'un ordre de leur part pour qu'elle refusât tous les partis, même les plus brillants, qui se présentaient. Amélie ne pouvait vivre, il est vrai, dans la maison de ses tyrans; elle l'avait quittée, mais elle n'en était pas moins obsédée par eux. Elle ne pouvait faire un pas, une démarche, sans être grondée comme un enfant. On lui prescrivait le nombre des visites qu'elle devait recevoir; on lui choisissait sa société; et dès qu'il se présentait un soupirant, il était reconnu et bien vite évincé. Elle n'avait pas la force de résister aux conseils perfides, encore moins aux menaces de son maître; car il venait jusqu'à des menaces. C'était ainsi que cette infortunée était arrivée à l'âge de trente et un ans, âge avancé pour une fille, sans connaître l'amour, l'hymen, le bonheur de la maternité, aucune des jouissances de la vie. Son cœur cependant était fait pour l'amour, qui tôt ou tard devait le rendre sensible, et l'avait blessé même déjà depuis plusieurs années. Elle avait près d'elle, dans sa propre maison, une espèce d'intendant-concierge, homme d'affaires qu'elle aimait beaucoup. C'était un jeune homme de trente ans, nommé Saint-Bon. Né d'une famille autrefois riche et titrée, mais réduite depuis à l'indigence, et presque éteinte pour lui, Saint-Bon était resté orphelin très-jeune; il avait travaillé, mis à profit les connaissances rurales qu'il possédait; et comme il n'était ni beau ni bien fait, Desglinières, à qui on l'avait présenté, n'avait trouvé aucun inconvénient de le placer près de sa sœur. Saint-Bon, je le répète, n'était ni riche, ni beau, ni bien fait; mais il avait tant de talents utiles et agréables, tant de mœurs et de vertu, qu'il était parvenu, sans s'en douter, à toucher le cœur sensible de sa maîtresse. Mademoiselle de Lerval ne pouvait se passer de lui une minute; elle lisait, causait, faisait de la musique avec Saint-Bon; lui seul savait dissiper l'ennui de sa solitude; et, de l'estime qu'elle avait pour lui, elle passa insensiblement et par degrés à l'amour, à l'attachement le plus fort et le plus constant : effet naturel des talents et des bonnes qualités, qui chez un homme sont plus séduisants que le physique, que tout le prestige de l'extérieur. De son côté Saint-Bon ne pouvait voir journellement mademoiselle de Lerval sans être touché de ses perfections; il ne pouvait voir ouvrir cette belle bouche, entendre le son touchant de sa voix, jouir du charme de sa conversation, sans être ému; et, par une sympathie bien naturelle entre ces deux êtres vertueux, Saint-Bon adorait sa maîtresse, mais en silence, mais en homme respectueux, délicat, qui sent toute la distance que la fortune et la vanité des hommes ont mis entre lui et l'objet de son affection. Saint-Bon connaissait la faiblesse de la tête d'Amélie, c'était le seul défaut qu'il lui trouvât, et il en gémissait souvent. Il voyait aussi avec douleur l'empire absolu que Desglinières et sa femme exerçaient sur cette créature faible et timide. Saint-Bon connaissait leurs projets; il avait sondé la noirceur de leur cœur; ils lui avaient même fait l'injure de le mettre dans leur confidence : il était chargé par eux d'écarter tous ceux qui pourraient avoir des prétentions à la main de sa maîtresse; et si Saint-Bon remplissait cette condition, ce n'était pas parce qu'elle lui était imposée, ce n'était pas pour servir des méchants, mais pour lui-même, parce que son amour le portait vers la jalousie, et qu'il eût perdu la vie s'il eût vu un autre posséder les charmes qui pénétraient son cœur d'admiration et de tendresse. Saint-Bon appréciait donc toute la perfidie des Desglinières, et il n'osait la dévoiler à sa maîtresse, connaissant la faiblesse de son caractère, et craignant de perdre sa place si sa sincérité était connue de ceux qu'elle aurait blessés. Saint-Bon était donc forcé de flatter ceux qu'il méprisait, et de les aider même, quoique par un autre motif, dans le projet qu'ils avaient formé de forcer leur victime au célibat.

» Amélie et Saint-Bon s'aimaient donc, et ils ne se l'étaient pas encore avoué. Un jour, un seul jour suffit pour les éclairer et pour nouer la chaîne des longs malheurs qui les attendaient. C'était au commencement du printemps, les matinées étaient encore un peu fraîches; mais le milieu du jour, brûlant et vivifiant, préparait des soirées fraîches et pures. Amélie et Saint-

Bon se promenaient dans le parc, où ce dernier faisait voir à sa maîtresse les embellissements qu'il avait déjà faits et ceux qu'il projetait, pour y accroître les jouissances de la vue et de la fraîcheur pendant l'été qui s'annonçait. Un pont chinois, jeté sur une petite rivière, fixe les regards d'Amélie. Elle ne s'attendait pas à cette nouveauté. (Saint-Bon, en effet, l'avait fait poser pendant la nuit, pour ménager une surprise.) Amélie veut le traverser; le pont, qui n'était pas encore solide, fléchit. Saint-Bon se précipite dans l'eau, enlève Amélie et la transporte sur l'herbe, où elle reprend ses sens. Mais quel affreux spectacle a-t-elle sous les yeux à cette espèce de réveil! Le sang coule partout du front de son libérateur; il tombe lui-même en faiblesse, et sa pâleur et le sang qu'il perd, tout le plonge à son tour dans un profond évanouissement. Amélie jette des cris terribles, elle appelle, elle étanche le sang de son ami; et pendant qu'on s'empresse de le transporter chez lui, Amélie découvre la cause de ce funeste événement. Une serpette, que Saint-Bon tenait à sa main pour élaguer, en se promenant, les branches mortes des arbustes, et qu'il n'avait point pensé à quitter lorsqu'il s'était précipité dans le canal, lui avait fait au front une ouverture assez large et près de la tempe droite.

» Amélie est au désespoir; elle oublie son accident, son effroi, le danger qu'elle a couru, pour ne songer qu'à l'état douloureux de Saint-Bon. Elle appelle les gens de l'art les plus célèbres; on déclare que la plaie est dangereuse. Amélie passe les jours dans les larmes, et les nuits au chevet du lit de douleur, où Saint-Bon, flatté de cette assiduité, ne peut plus douter que sa maîtresse n'ait pour lui les plus tendres sentiments. Il craint de mourir maintenant; il veut ressaisir une vie prête à lui échapper ; il est sûr d'être aimé ! Il ne lui manque plus qu'un aveu certain, il le provoque, on le lui fait ; il y répond par un autre aveu aussi touchant, et ces deux amants font des vœux au ciel pour qu'il leur épargne la plus cruelle séparation. Les médecins et chirurgiens annoncent enfin que le malade est hors de tout danger. Il en sera peut-être un peu défiguré ; mais est-ce là ce qui le rendra moins aimable aux yeux d'Amélie ? Elle ne s'est attachée ni à sa figure, ni à sa taille, ni à son physique ; en un mot, c'est son cœur, c'est son âme, ce sont ses talents qu'elle chérit. Amélie est néanmoins désespérée que son ami porte à jamais des marques d'un accident qui lui est arrivé pour elle ; mais, d'un autre côté, ces marques touchantes du dévouement d'un homme sensible lui rappelleront son amour et les moments doux, quoique cruels, où, assise près du lit de son ami, elle lui dit pour la première fois : Je vous aime ! il lui a répondu : J'ose vous adorer ! et ces tendres aveux sont dus à l'accident dont les suites sont ineffaçables sur le front de Saint-Bon, comme dans son cœur et celui d'Amélie.

» Cependant Saint-Bon est rétabli : ces deux amants se chérissent également ; mais Saint-Bon est toujours triste, inquiet ; il n'ose espérer que l'hymen vienne consolider son bonheur ; il sait que cet hymen est impossible ; que les Desglinières, loin d'y consentir, sont capables de le perdre pour avoir pu seulement en former la pensée. Saint-Bon n'ose pas même en parler à mademoiselle de Lerval, qui, de son côté, est retenue par les mêmes craintes, et fait les mêmes réflexions, sans oser les communiquer à son ami. A la fin, c'est elle qui la première en a le courage. Saint-Bon, lui dit-elle un jour, vous savez que je vous aime, et je suis certaine de votre amour. Il faut en finir ; il faut que vous consentiez à recevoir ma main.—Ciel! et vous appelez cela un consentement! — Mon ami, deviens mon époux, et que l'hymen légitime les douces expansions de l'amour! — Amélie! ah! faut-il qu'en un si doux moment la terreur vienne glacer mes sens, et qu'elle appelle la froide prudence pour s'opposer aux touchants projets de l'amour! Votre frère..... — Je sais que mon frère a sur moi, sur mes moindres volontés, le plus grand empire : je n'ai jamais été dupe de sa politique; j'ai toujours pensé qu'il ne voulait me forcer au célibat que dans l'espoir de voir un jour ma fortune passer entre les mains de ses enfants. Ce sont là ses projets, et surtout ceux de sa femme, de sa femme que je déteste! Mon ami, je l'avouerai, jusqu'à présent je n'ai pas eu le courage de secouer le joug de leur odieuse domination; je m'en sens aujourd'hui la force; je l'aurai toujours. Et après tout, ne suis-je pas ma maîtresse? Je veux me marier, moi, et je marierai malgré eux! — Prenez garde, Amélie; vous connaissez ma fermeté, la force de mon amour; vous savez qu'aucun danger ne peut m'effrayer si j'ai le bonheur de vous épouser; mais une fois votre époux, ce n'est point sur vous que tombera leur courroux, c'est sur moi. Ils m'accuseront de séduction, d'abus d'hospitalité, de toutes les bassesses dont eux seuls sont capables; et si je suis leur première victime, l'amour que vous avez pour moi vous perdra avec moi. Vous ne pourrez survivre à ma détention, à tous les malheurs qu'ils feront fondre sur moi, et je vous aurai perdue faute de vous éclairer avant de faire une démarche imprudente. — Que je vous admire, mon ami! quelle délicatesse, quelle rare délicatesse! Qu'il est beau de voir un amant refuser son bonheur, pour ne point livrer aux regrets l'objet de son amour! Ah!

combien vous vous faites estimer et chérir de plus en plus!..... J'admire votre sagesse; vos raisons me paraissent fortes, convaincantes; mais je n'en persiste pas moins dans le projet de vous donner ma main et ma fortune. Tout ce que je puis faire, pour éviter le premier éclat, les premiers emportements de ceux qui me dominent, c'est de vous épouser secrètement. Nous verrons après s'ils auront la hardiesse de nous persécuter! Eh! les lois ne viendraient-elles pas nous protéger? ne seraient-elles pas pour nous?..... D'ailleurs, si mon frère ou sa femme venaient encore me traiter comme ils ont fait jusqu'à présent, je prendrais un poignard, et malheur au sein que je frapperais! il ne respirerait plus!

» Amélie prononça ces derniers mots du ton de l'égarement, ses yeux étaient enflammés; et ce qui persuada Saint-Bon qu'ils étaient l'effet d'un accès de démence, c'est que cette belle personne se mit soudain à rire aux éclats, en s'écriant: Ha, ha, ha! j'admire le moyen doux que je viens de trouver : un poignard! cela est digne d'une héroïne de roman : je ne sais pas même si je saurais m'en servir, car une arme blanche m'a toujours fait évanouir; mais nous n'en viendrons pas là. Mes tyrans n'ayant aucun droit sur mon époux, sur moi, se retireront, et nous laisseront nous livrer paisiblement aux douceurs de l'hymen et de l'amour. (*Elle s'attendrit.*) Saint-Bon! te convient-il cet arrangement? l'approuves-tu? Tu médites encore, tu es silencieux, réfléchi! Ne m'aimes-tu pas assez pour braver tous ces dangers? Serais-tu plus froid, moins aimant que moi? Ah! combien cela me ferait de peine!.....

» Elle versa quelques larmes, et Saint-Bon, qui se hâta de les essuyer, promit tout, consentit à tout. En conséquence il fut convenu qu'après le temps nécessaire à Saint-Bon et à Amélie pour recueillir leurs papiers de famille, leur hymen se célébrerait en secret dans la chapelle du château. Saint-Bon tremblait néanmoins en contractant ces nœuds : il lui fallait toute la force de l'amour, tout l'aveuglement de la passion, pour fermer les yeux sur les suites qu'il n'appréhendait que trop. Hélas! il ne pouvait deviner encore l'excès des malheurs qui l'attendaient.

» Quand tout fut en règle, on fit le contrat, dans lequel Amélie faisait à son ami, en cas qu'elle mourût sans enfants, une donation entière de ses biens, et le jour de l'hymen arriva : jour fatal, obscur, orageux, affreux, où la nature semblait avoir changé en éclats de foudre les flambeaux de l'hymen. Comme Desglinières ou sa femme venaient souvent voir leur sœur, et au moment où on s'y attendait le moins, mademoiselle de Lerval, qui allait perdre ce nom, fit défendre sa porte ce jour-là, prétextant qu'elle était indisposée. Tous ses domestiques furent mis dans sa confidence, et elle paya leur discrétion au poids de l'or. Vous verrez que ces malheureux ne gagnèrent pas tous loyalement leur argent. Saint-Bon devint donc l'époux d'Amélie, et la bénédiction nuptiale leur fut donnée dans la chapelle du château, ainsi que je vous l'ai déjà dit. Il fut convenu ensuite que, jusqu'à nouvel ordre, Saint-Bon ne changerait point de ton dans la maison, qu'il y passerait toujours pour l'intendant, et n'y prendrait pas plus de droits qu'il n'en avait avant son mariage. Tout cela était bien : Amélie jurait toujours qu'elle aurait assez de force pour tenir tête à son frère, pour lui apprendre elle-même son changement d'état; mais Saint-Bon n'avait pas assez de confiance en elle pour être sûr de sa fermeté ; il savait qu'au moindre mot dur que lui disait Desglinières, elle tremblait, pâlissait, et n'avait plus le courage de prononcer une parole. Saint-Bon prévoyait tout cela, et il se trouvait entraîné presque malgré lui dans cette affaire, qui comblait tous ses vœux et causait son effroi. Au surplus, il avait plus de tête que sa femme, Saint-Bon. Il se flattait, connaissant parfaitement les lois, de mettre aisément un frère cupide à la raison.

» Tout alla bien pendant quelques mois : Amélie annonça à son époux qu'elle portait dans son sein un gage de leur hymen, et cette nouvelle leur causa à tous deux la plus vive allégresse. Les Desglinières venaient très-souvent à la maison, et s'en retournaient toujours satisfaits de la docilité de leur sœur, et des soins obligeants de Saint-Bon, qui flattait leur vanité, et leur faisait toujours accroire qu'il les servait. Moi-même j'arrivai sur ces entrefaites de ma garnison, où j'avais passé plus de dix-huit mois. Toujours soumis et tremblant aussi, je ne sais pourquoi, devant Desglinières, j'allai le voir. Il me reçut, ainsi que ma belle-sœur, avec le ton et la hauteur, non d'un père, mais d'un pédant de collége. Je me rendis ensuite, avec le plus vif empressement, chez ma sœur Amélie, qui fut enchantée de me voir : nous nous chérissions tellement tous deux depuis l'enfance, que nous n'avions jamais de secret l'un pour l'autre. Elle me prit donc à part dans son cabinet ; puis, sans consulter son époux, elle me recommanda la discrétion, que je lui promis, et elle m'apprit son mariage secret, qui me surprit, m'affligea et m'effraya en même temps pour elle. Je n'étais pas plus la dupe que ma sœur du caractère altier de Desglinières, mais je le craignais autant qu'elle : il avait vingt ans de plus que moi ; c'était un homme fait, un père de famille, et sa morgue, sa fierté, tout m'en imposait quand il parlait. Je représentai à ma bonne sœur la haute imprudence qu'elle avait faite ; elle me répondit qu'elle recommencerait si la chose était encore à faire. Je fus tellement pénétré d'apprendre cette nouvelle, que je fis très-froide mine à Saint-Bon, lorsqu'elle me le présenta ; ensuite Saint-Bon, de son côté, désolé de l'étourderie que son épouse venait de faire en me confiant un si important secret, à moi dont il connaissait la soumission envers Desglinières, me fit un accueil pareil au mien, et nous nous quittâmes sans nous être embrassés, sans même nous être donné le doux titre de frères. Vous pensez bien que, dès que je fus parti, Saint-Bon fit avec douceur quelques légères remontrances à son épouse, mais elle l'assura qu'il n'y avait rien à craindre de mon côté, comme cela était en effet, et Saint-Bon fut plus tranquille.

» Sans doute j'étais incapable de trahir le secret de ma sœur, mais il devait se découvrir par un autre moyen. Une femme de chambre, qui s'était exposée à être réprimandée vingt fois par Saint Bon, ayant conçu de la haine pour lui, et le désir de se venger de ce qu'elle appelait son injustice, chercha une autre condition, en trouva une, et résolut de perdre nos époux en les quittant. Elle fut, en conséquence, trouver les Desglinières ; elle leur apprit et l'amour d'Amélie, et son mariage secret, et même sa grossesse ; répondant sur sa tête de la vérité de ses aveux. Vous jugez de la consternation de ces méchants. Ils se regardent, ils ne peuvent croire au rapport de la femme de chambre ; enfin ils se décident à se convaincre par eux-mêmes de la funeste réalité. En conséquence, ils se font annoncer brusquement au château, où j'étais encore le lendemain, à l'heure même où nous allions nous mettre à table. Ils entrent ; Saint-Bon se lève, leur présente des siéges, et veut se retirer comme à son ordinaire. — Restez, restez, lui dit madame Desglinières, vous n'êtes pas de trop pour la conversation que nous voulons avoir avec madame. — Madame! dit Amélie en se troublant déjà; quel est ce titre nouveau que ma belle-sœur me donne? — Vous savez, lui dit Desglinières, en la fixant d'un air furieux, vous savez aussi bien que nous que c'est le seul titre qui vous convienne depuis quatre mois. — Depuis quatre mois! Expliquez-vous, mon frère. — N'avez-vous pas épousé un homme qui vous convenait, et par son rang et par sa fortune? (*Amélie pâlit.*) — Qui vous a dit... — Quelqu'un qui est bien instruit. Vous nous direz sans doute quel est cet époux; nous voulons serrer ce cher frère dans nos bras. — Pour l'étouffer sans doute. — Vous en convenez donc? (*Amélie se remet.*) — Et pourquoi n'avouerais-je pas un acte qui ne regarde personne? Ne suis-je pas libre de faire ce qu'il me plaît? — Non, quand ce qui vous plaît déshonore votre famille. — Mais si l'on vous a dit que cet homme est riche, titré... Il n'y a que son nom apparemment qu'on vous ait caché? — Oh! nous le connaissons, mademoiselle; nous savons que Saint-Bon, l'un de vos gens, est l'illustre amant que vous avez choisi.

» Amélie veut parler; son frère lui lance un regard foudroyant; elle rougit et se tait. Saint-Bon s'avance. — Puisque l'on vous a si bien instruit, monsieur, dit-il à Desglinières, puisque l'on vous a appris que votre sœur a épousé un de ses serviteurs, vous ne deviez pas ignorer que ce serviteur est devenu maître maintenant; qu'il a tous les droits possibles ici, même celui de vous interdire sa porte, et de vous prier ou de cesser votre ironie, ou de vous retirer. — Je ne vous parle point, à vous, monsieur, lui répondit brusquement Desglinières, je ne vous connais pas, et je ne me donnerai pas même la peine de vous contester un titre que vous n'avez pas. — Que je n'ai... — C'est à mademoiselle de Lerval que je dois dévoiler mon juste ressentiment. Il est bien honteux en effet, mademoiselle, que des parents aient aujourd'hui à vous reprocher votre conduite; car, si j'ai voulu vous plaisanter un peu, je dois prendre maintenant un ton plus sérieux. Je vous ordonne, par toute l'autorité qu'un père mourant m'a laissée sur vous, de chasser sur-le-champ de votre présence cet homme vicieux et corrupteur. — Chasser mon époux! — Votre époux? il ne l'est point, vous n'êtes point mariée. — Nous ne sommes point mariés? — Non; c'est un bruit que vous faites courir à dessein, pour cacher votre commerce scandaleux. Vous n'êtes point mariés, vous dis-je, on le sait. — Point mariés? mais un contrat que je vous montrerai... — Acte faux et simulé. — Le prêtre qui nous a unis? — Faussaire déguisé! j'en ai les preuves. — Des témoins... — Gens payés! Je prouverai, vous dis-je, que ce mariage est faux, illégal, contracté par des fripons que vous avez mis en jeu pour abuser votre famille indignée. On sait bien que mademoiselle de Lerval a trop d'âme pour s'avilir, se dégrader au point de donner sa main au premier de ses laquais.

» Amélie était interdite; Saint-Bon, rouge de colère et d'indignation, s'approche du méchant Desglinières. — Vous êtes, lui dit-il, le plus lâche de tous les imposteurs. Ce subterfuge que vous employez ne pourra vous réussir en justice : nos titres, nos témoins sont en règle, et ce n'est pas à vous qu'on les montrera. Sortez, je vous le conseille; n'attendez pas qu'oubliant le titre de frère qui vous attache à mon épouse, et que je respecte plus que vous, j'appelle mes gens pour vous reconduire à votre voiture.

» — Aurais-tu l'insolence, lui dit la Desglinières d'un ton de mégère, de faire porter la main sur une femme comme moi? Sortons, mon fils; venez, mon cher époux; laissons cette malheureuse se livrer encore un moment à tous les excès de la débauche; mais qu'elle tremble! elle saura ce que peut une famille estimable sur deux personnages vils et corrompus comme ceux-ci, dont je ne veux plus souiller ma vue.

» La Desglinières entraîne son mari. Celui-ci réitère à sa sœur l'ordre de chasser Saint-Bon, en l'assurant toujours qu'il est certain que son mariage n'est que simulé, et ces deux méchants se retirèrent seuls. L'état de nos deux jeunes gens est déplorable après leur départ. Amélie pleure amèrement, elle se croit perdue, enlevée, enfermée, séparée pour jamais de son cher Saint-Bon. Celui-ci est au désespoir de la faiblesse de son épouse; il la conjure d'avoir plus de force, plus de confiance. Il ne peut réussir à la calmer. Sa tête se démonte; elle tombe dans un accès de démence; elle voit son frère comme un juge terrible qui la poursuit, le glaive de la justice à la main. Elle fait mille extravagances qui ajoutent à la douleur de son sensible époux. Saint-Bon ne sait plus que faire pour rappeler sa femme à la raison. — Mon frère, me dit Saint-Bon, à moi qui, par faiblesse aussi, étais resté muet pendant cette scène, mon frère, je vous la confie, calmez-la, rassurez-la : pour moi... je vais... je reviendrai bientôt.

Il dit, et s'éloigna. J'étais embarrassé; mais comme il eût été peu délicat à moi d'ajouter à sa douleur par des reproches et des remontrances que j'étais aussi en droit de lui faire, je me contentai de la consoler, et de l'assurer que je parlerais à mon frère, que je ferais mon possible pour calmer son courroux. Amélie fut plus tranquille après cette promesse, et son époux revint. Il était allé consulter les gens de loi, qui tous lui avaient dit que son affaire était excellente; que ses ennemis n'avaient pas le moindre droit de l'inquiéter, non plus qu'Amélie. Cela consola tout à fait ma pauvre sœur, qui fut plus calme le reste de la journée. Je restai avec ces infortunés, et je leur promis de ne partager ni la haine de mon frère, ni ses projets de vengeance. Le lendemain matin je revins à Paris, où je me rendis soudain chez Desglinières. Je le trouvai seul; sa femme était sortie, et j'en fus charmé. Savez-vous, me dit-il, quel est l'opprobre que votre sœur a imprimé sur votre front et sur le mien? — Je sais tout. — Vous savez tout! et comment? — Je les ai vus hier, ces êtres intéressants. — Comment! vous allez les voir! Vous ne partagez pas mon indignation! Vous savez, monsieur, que votre avancement dépend de moi, de mes protections. Eh bien, je vous retire toutes mes bontés, je vous abandonne, et je deviens même votre plus mortel ennemi, si j'apprends que vous mettiez une seule fois encore les pieds dans cette maison du vice et de la corruption. Il y a mieux, je compte sur vous pour signer les papiers qui me seront nécessaires pour faire enfermer cette folle et le coquin qui l'a séduite. — Faire enfermer!... — Oui, monsieur; ne répliquez pas, et suivez en tout les avis d'un frère qui vous aime et qui a plus de soin de votre honneur, de l'éclat de votre nom, que vous-même.

» J'étais interdit, mais pas au point de me taire sur l'infâme proposition qu'il me faisait. Je sais comme vous, monsieur, lui répondis-je, que ma sœur aurait pu faire une alliance plus brillante, plus honorable aux yeux du monde ; je le lui ai dit ; elle sait là-dessus que ma façon de penser est la vôtre ! mais elle est mariée ; son époux est un honnête homme : ne comptez pas sur moi pour tourmenter ces infortunés ; je vous avertis que je ne signerai rien, que je ne paraîtrai en rien, et que, si vous me forcez à me mêler de cette affaire, je ne m'en occuperai que pour protéger deux époux que j'aime. — Ah ! ah ! ce ton me surprend étrangement, monsieur ; il ne vous est pas ordinaire, et je vous avoue que je le trouve tout nouveau avec moi. Allez, vous n'êtes qu'un enfant ; je saurai bien vous servir malgré vous ; et vous rougirez sans doute, ainsi que moi, quand vous saurez que je ne les crois point mariés. — Quoi ? — Eh ! non : des actes simulés, des fripons soudoyés pour faire les témoins, le prêtre, que sais-je moi ? voilà tout. — Si cela était... — Je vais le savoir, car je vois rentrer madame Desglinières ; elle a dû s'informer...

» Madame Desglinières rentre, et, me croyant apparemment dans ses intérêts, elle se jette dans un fauteuil, tout essoufflée, en disant entre ses dents : L'acte est bon ; je viens de voir le notaire ; les témoins sont tous des gens connus... Il n'y a qu'un moyen pour faire casser tout cela, c'est de la faire enfermer comme folle. — Quelle horreur ! m'écriai-je. — Eh quoi ! mon fils, votre frère n'est point des nôtres ? Il ne veut donc point seconder votre juste vengeance ? — Moi, madame ? Jamais ! — Vous avez là, mon cher mari, une famille bien délicate sur l'article de l'honneur ! Il faut que je vous en fasse mon compliment. — Madame, répondis-je, tourmentez ma sœur tout à votre aise ; contentez-vous de maîtriser cette faible victime de votre orgueil et de votre cupidité ; mais ne m'attaquez pas, je vous le conseille, je ne suis ni aussi faible ni aussi patient qu'elle. — Qu'est-ce que cela veut dire? s'écrie Desglinières; a-t-on l'audace de menacer mon épouse en ma présence? Reviens à toi, ma chère épouse, reviens à toi, et pardonne à l'exagération d'un enfant, d'un jeune étourdi qui ne sait ce qu'il dit. Pour vous, monsieur, je vous apprendrai votre devoir, et j'espère que vous saurez le faire. Vous avez entendu la défense que je vous ai faite de revoir Amélie; c'est à vous de vous y soumettre. Adieu.....

» Desglinières, à ces mots, me tourna le dos, prit le bras de sa femme, et tous deux passèrent dans une autre pièce. Pour moi, je me retirai, la rage, l'indignation dans le cœur, et bien résolu à offrir mon appui à deux innocents opprimés, malgré des menaces que je méprisais. J'avais cependant des affaires majeures à traiter à Paris pour mon régiment; cela fut cause que je passai trois jours entiers sans aller voir ma sœur. Pendant ce temps il lui arriva des événements singuliers et que j'étais bien loin de prévoir. Les Desglinières passèrent deux jours à consulter des avocats, qui ne voulurent point se charger de leur mauvaise cause. Ils implorèrent la protection de leurs amis, des magistrats même, pour obtenir des lettres de cachet qu'on ne voulut point leur accorder. Quand ils virent que les lois ne pouvaient seconder leur vengeance, ils se décidèrent à l'exercer par eux-mêmes; et voici comment ils s'y prirent. Desglinières fit de sa main un faux ordre de détention qu'il eut la hardiesse de rendre plus valable en imitant, à s'y tromper, la signature d'un des premiers magistrats. Cela fait, il se déguisa en commissaire; une longue robe noire, une large perruque, et quelques cicatrices peintes sur ses joues, le défigurèrent à mer veille. Il soudoya cinq mauvais sujets, qu'il habilla, l'un en exempt, les quatre autres en soldats; puis, à la tête de cette cohorte, il se transporta au château d'Amélie, où il arriva à deux heures du matin. Il se fait ouvrir de l'ordre du roi; les domestiques effrayés lui laissent libres toutes les issues. Il pénètre ainsi jusqu'à la chambre à coucher, où les deux époux dorment paisiblement; et là, prenant une table, une simple bougie, il se met à écrire, la tête penchée sur son papier, comme s'il verbalisait. Les deux époux, réveillés, s'effrayent; Saint-Bon saute sur ses pistolets, et veut chasser tous ces gens qu'il croit être des suppôts de justice; mais l'exempt lui remontre que la résistance est vaine; qu'il a du monde pour réprimer les furieux; puis, lui montrant son faux ordre, il demande qu'Amélie le suive. Jamais, s'écrie Saint-Bon; c'est une horreur que d'avoir surpris un pareil ordre pour cause de démence.

» Amélie, désolée, fait mille extravagances qui désespèrent son époux, parce qu'elles donnent des armes contre elle. Saint-Bon veut tout renverser, tout chasser. Les faux soldats s'emparent de lui et le maintiennent, pendant que l'exempt et le prétendu commissaire enlèvent Amélie évanouie. Elle est portée ainsi jusqu'à la voiture; et l'exempt, ainsi que ses sbires, ne lâchent Saint-Bon que lorsqu'ils sont sûrs que cette fatale voiture est déjà loin. Quel est le désespoir de cet infortuné, à qui on ravit son épouse à côté de lui, dans le lit nuptial! Il s'habille, monte à cheval, vole vers Paris, cherche en vain; et le matin, accablé de fatigue et de douleur, il entre chez moi, tombe sur un siége, en s'écriant : Mon frère, mon cher frère, je suis perdu! Ils me l'ont enlevée... Effrayé de le voir dans cet état, je lui demande des explications, il me les donne; et tous deux, persudés que ces gens de justice, l'ordre, tout est vrai, nous reconnaissons dans cette affaire les coups de Desglinières et de sa barbare femme. Que faire? Il faut prendre un avocat, il faut plaider; il faut prouver enfin qu'Amélie possède toute sa raison; et comment le prouver? l'infortunée avait déjà la tête assez faible, le malheur va l'aliéner encore; elle va elle-même donner des preuves contre elle... Mais où est-elle? si l'on savait au moins où elle est, on pourrait la voir peut-être, lui donner des instructions, la consoler du moins, adoucir ses regrets et sa douleur. C'est moi qui me charge du soin de savoir en quel asile on l'a renfermée, moi seul en effet peux l'apprendre de mon frère. Je laisse Saint-Bon chez moi, et je me rends chez Desglinières, que je ne puis voir, attendu, me dit-on, qu'il est indisposé, et qu'il doit garder le lit toute la journée. Son épouse est invisible aussi; il faut me retirer, retourner chez moi, annoncer au malheureux Saint-Bon que je ne puis lui donner que le lendemain des nouvelles de l'infortunée Amélie. Il est désespéré, il bat le plancher du pied, il court ou se promène comme un furieux; il excite ma pitié : Mon ami, lui dis-je, retourne chez toi, c'est le parti le plus prudent. Si ton épouse peut t'écrire, quelque part où elle soit, elle te donnera de ses nouvelles dans la journée. Ton château n'est qu'à une lieue de Paris, un exprès a bientôt fait ce trajet. Retourne, te dis-je, peut-être sauras-tu bientôt ce que tu brûles d'apprendre.

» Ce conseil calma Saint-Bon, qui me pria de l'aider de tous mes soins : je chérissais trop ma sœur pour rester froid dans cette occasion; je lui promis de travailler à sa liberté de mon côté, tandis qu'il y travaillerait du sien. Il remonta à cheval, repartit pour son château, triste, isolé, et qui lui parut un désert quand il le parcourut à son arrivée.

» Il eut lieu d'être bien satisfait de l'avis que je lui avais donné, car vers le tiers de la journée... »

Palamène interrompit ici M. de Lerval, qui remit au lendemain la suite de son récit.

CINQUANTE-QUATRIÈME SOIRÉE.

LA GÉNÉROSITÉ.

Fin de l'Histoire de l'Homme invisible.

Quand on fut assemblé sur la terrasse, M. de Lerval continua ainsi : « Saint-Bon était revenu seul à son château, où il appelait en vain son épouse à grands cris. Vers le tiers de la journée, un commissionnaire arriva tout essoufflé, et lui remit un billet qu'il ouvrit avec transport en reconnaissant l'écriture d'Amélie.

« *Tu verses sans doute autant de larmes que moi, cher époux !*
» *apprends que les barbares qui m'ont enlevée à toi m'ont conduite*

» *à Paris sans me dire un mot pendant tout le trajet; ils m'ont ensuite déposée dans le couvent de Sainte-Aure, rue des Postes, près*
» *de l'Estrapade, espèce de prison destinée aux femmes d'une vie*
» *suspecte, ou à des insensées qu'on doit renfermer ailleurs pour le*
» *reste de leurs jours. Je ne sais encore ce que c'est que ce couvent.*
» *Je n'ai eu que le temps de penser à toi et de t'écrire ce peu de*
» *mots que je confie à un commissionnaire sensible et zélé, que je te*
» *prie de bien réconpenser. Fais tout ce qui dépendra de toi pour*
» *notre réunion. Hélas! je ne puis te parler ni te voir ici; de tous*
» *les étrangers qui peuvent venir au parloir, toi seul es excepté.*
» *Fais, dispose, agis, et dis-moi si je puis te seconder.* »

» Saint-Bon fut encore plus troublé à la lecture de ce billet; mais il apprit au moins le lieu qu'habitait son épouse : et sans avoir présents à son esprit les moyens qu'il fallait prendre pour la délivrer, il en conçut néanmoins le projet. Saint-Bon fixa le commissionnaire, qui lui parut mériter sa confiance; puis, lui glissant de l'argent dans la main, il lui demanda son nom. Je m'appelle Henri, lui répond cet homme; il y a longtemps que je suis dans le quartier de l'Estrapade. C'est moi qui fais les commissions du couvent de Sainte-Aure, et je vous réponds qu'il y en a de bien délicates. Il n'y a pas dans le couvent une seule petite femme séparée de son amant ou de son époux, qui ne mette à l'épreuve mon zèle et ma discrétion. Vous pensez bien que, depuis qu'on sert des intrigues d'amour, on sait porter des billets, en rapporter, les faire passer dans une tablette de chocolat, dans un linge, ou dans mille autres choses. Soyez tranquille, monsieur; fiez-vous à moi, et je puis tout pour vous, hors la liberté de votre épouse.

» Saint-Bon remercia cet homme, fut écrire à Amélie, et revint remettre au commissionnaire la lettre dans laquelle il annonçait à son épouse qu'il allait se mettre en justice réglée contre ses persécuteurs, et qu'il espérait la sauver avec l'aide de son jeune frère. Il lui conseillait d'être calme, tranquille, et la priait surtout de prendre assez d'empire sur sa raison pour ne point donner lieu à des soupçons d'une démence prétendue, et qui n'avait été supposée que pour faire rompre son mariage. Il l'assurait ensuite de tout son amour et de tout son zèle.

» Le commissionnaire partit, après avoir laissé son adresse à Saint-Bon, en cas que ce dernier eût besoin de lui ; et notre malheureux époux revint soudain à Paris, où il me fit part du bonheur qu'il avait eu de recevoir des nouvelles d'Amélie. Je lui conseillai, connaissant la méchanceté de Desglinières, de ne point habiter son château, de n'y paraître que le plus rarement possible, et de donner à son fidèle commissionnaire d'autres rendez-vous dans Paris ; et tout cela dans la crainte qu'on n'obtînt contre Saint-Bon une lettre de cachet qui le tînt en prison d'un côté, tandis que son épouse y était d'un autre. Pendant que Saint-Bon, qui m'avait promis de suivre cet avis sage, formait sa plainte pour entamer un procès contre Desglinières, je fus trouver celui-ci, à qui j'eus le courage de reprocher dans les termes les plus amers le coup d'autorité qu'il avait exercé contre ma malheureuse sœur. Il me répondit avec humeur, et me menaça encore une fois de me retirer sa protection si je soutenais toujours ces gens-là. Ma belle-sœur s'emporta aussi contre moi, et ma maudite faiblesse venant à diminuer la fermeté que je venais de montrer, je me retirai en versant des des larmes. Je fus soudain de chez lui au couvent de Sainte-

Aure, où je demandai à voir ma sœur. Après avoir prouvé, autant qu'il était possible, que j'étais son frère, j'obtins la permission de lui parler au parloir. Que de pleurs, que de gémissements, que de regrets! Amélie me parut perdre davantage de sa raison; elle fit des extravagances, parla de mettre le feu au couvent et de se poignarder elle-même. Je fis tous mes efforts pour calmer cette infortunée, et je rentrai chez moi le cœur navré de douleur.

» Trois mois s'écoulèrent ainsi dans les larmes et dans les courses les plus inutiles. Ma pauvre sœur était toujours prisonnière; et Saint-Bon, qui cachait et son asile et ses moindres démarches, en recevait souvent des nouvelles et lui donnait des siennes. Son procès faisait du bruit. On ne savait sur quel ordre Amélie était renfermée; mais les hommes de chicane allaient toujours leur train. Lorsque Saint-Bon en vint à demander pourquoi un commissaire, un exempt, assistés de la garde, étaient venus lui enlever son épouse et la conduire au couvent de Sainte-Aure, l'avocat adverse répondit que ce fait était faux; que la folle avait suivi volontairement son frère Desglinières, qui lui avait représenté qu'un couvent serait pour elle une retraite décente pendant le cours du procès qui allait s'entamer. On fut demander à la supérieure de Sainte-Aure quelle était l'autorité qui lui avait confié sa prisonnière. Elle répondit que tel jour, à telle heure, de grand matin, deux particuliers étaient descendus de voiture, tous deux en habit bourgeois; que l'un d'eux, qui se nomma Desglinières, lui avait recommandé de prendre soin de sa sœur en démence, jusqu'au jugement d'un procès dont il lui avait montré la plainte et les premières pièces; que ce n'était que d'après cette recommandation, d'un assez grand poids sans doute, qu'elle avait pris chez elle la belle insensée; qu'enfin cette dernière avait tous les symptômes d'une folie prochaine, dangereuse, et qu'elle serait charmée qu'on l'en débarrassât le plus tôt posible.

» Pour vous faire comprendre cette énigme, je dois vous dire que, dans la nuit de l'enlèvement d'Amélie, Desglinières déguisé avait fait arrêter la voiture dans la rue des Postes, à quelques pas du couvent, et qu'ayant jeté sa robe de commissaire pour prendre son véritable costume, il était entré le premier à Sainte-Aure, pour prévenir la supérieure sur la prisonnière qu'on lui amenait, et sans lui parler de la manière dont il l'avait enlevée dans son château.

» Saint-Bon, étonné de cette réponse de l'avocat et de la supérieure, fit entendre en témoignage tous les gens de son château, qui attestèrent qu'un commissaire, un exempt et quatre soldats étaient venus, sur un ordre du roi, enlever leur maîtresse. Desglinières répliqua que cela ne pouvait être, que les témoins étaient soudoyés, etc., etc. Enfin, il fit si bien, qu'il fut cru, et qu'au grand désespoir de Saint-Bon, on nomma des commissaires officiers de santé, pour examiner si en effet la raison d'Amélie n'était pas aliénée. Ce que Saint-Bon craignait arriva, c'est qu'Amélie, désolée, fit tant d'extravagances les unes sur les autres, qu'elle fut déclarée en démence. De là, corruption, séduction de la part de son intendant, qui l'avait conduite à lui donner la main pour s'emparer de ses grands biens: tout fut contre le pauvre Saint-Bon, et il fut enfin jugé que son mariage était cassé, comme contracté entre un intrigant et une insensée. On sent bien que les Desglinières avaient répandu à grands flots l'or, les présents et les sollicitations, pour parvenir à faire prononcer en leur faveur un pareil jugement. Par suite de ce jugement inique, Amélie était interdite, la gestion de ses biens confiée à Desglinières, qui devait en reverser, après la mort de l'infortunée, une partie sur la tête de l'enfant dont elle était enceinte. Pour Saint-Bon, il était condamné à être renfermé tout le reste de ses jours, pour avoir abusé de la confiance d'une personne riche, titrée, mais dénuée de raison. Voilà quelle était pour nos amants la fin de ce procès criminel, qui eût perdu pour toujours le malheureux Saint-Bon, si je ne l'eusse aidé à se soustraire à la détention qui l'attendait, à rejoindre même sa triste amante. Voici comment je m'y pris. Le matin même où ce procès fut terminé, au milieu d'un grand concours de curieux que sa célébrité avait attirés, comme j'en prévoyais la funeste issue, j'avais recommandé à Saint-Bon de m'attendre chez moi, et de tenir prête une bonne chaise de poste. A peine le jugement fut-il prononcé, que les Desglinières, transportés de joie, rentrent chez eux pour jouir de leur triomphe avec leur avocat et les faussaires qu'ils avaient employés pour en venir là. Je savais que mon frère aîné s'était promis d'aller chercher, le même soir, sa victime à Sainte-Aure, pour l'emmener chez lui, et ne point lui laisser passer dans ce couvent une nuit que Saint-Bon, dont il ignorait l'asile, pouvait employer à former des tentatives d'évasion. Je ne perdis point de temps ; je me fis délivrer sur le-champ, au greffe, une expédition du jugement ; puis, muni de cette autorité, je fus, à l'insu de mon frère, chercher à Sainte-Aure ma pauvre sœur, qu'on me rendit sans aucune difficulté. Elle était mourante de chagrin, et me suppliait de ne point la livrer à son tyran. Non, non, lui dis-je, non, bonne sœur ; tu me fais injure de penser...

Tu vas connaître ton frère, et tu verras s'il est digne de ta tendresse.

» Soudain je la fais conduire chez moi, où le malheureux Saint-Bon m'attendait, désespéré du fatal jugement qu'il venait déjà d'apprendre. Ces deux amants, heureux de se revoir, versèrent des torrents de larmes dans les bras l'un de l'autre. Je les séparai. Ne perdez point de temps, leur dis-je, partez ; voilà de l'or, des bijoux qui vous en feront quand celui-ci sera épuisé. Partez, allez vivre ensemble dans quelque coin isolé de la terre, et partout où vous serez, donnez-moi de vos nouvelles ; croyez, croyez, amants trop malheureux, que la loi qui vous désunit civilement ne peut vous séparer de mon cœur, et que je serai toujours votre frère à tous deux. Ils m'embrassèrent, me serrèrent dans leurs bras, m'appelèrent leur libérateur, leur dieu tutélaire ; puis ils montèrent dans la chaise de poste, et s'éloignèrent. Ils étaient en sûreté, eux, mais moi, qui venais de les sauver, comment allais-je faire pour éviter le courroux de Desglinières? Pouvais-je lui faire un mensonge? j'en étais incapable. Il fallait me résoudre à lui apprendre ce que j'avais fait pour les amants, et je m'en sentais le courage. A la fin, les procédés injustes, l'atrocité du caractère des Desglinières, me les avaient rendus odieux. Je n'étais plus ce jeune homme timide, qui tremblait, qui n'osait dire un mot devant eux ; j'avais retrouvé mon caractère, et grâces au ciel, la nature m'en avait donné un grand, entreprenant et capable de donner une longue suite aux affaires les plus délicates. Je recouvrai donc ma fermeté, et me présentant à Desglinières, au milieu de l'orgie qu'il donnait à ses hommes d'affaires, je troublai bien sensiblement ses plaisirs et sa digestion, en lui apprenant que je venais de remettre

Amélie à son époux, à son véritable époux, ajoutai-je avec force. Il l'est, messieurs, il le sera bientôt par la loi elle-même; car, dès ce jour, je me constitue son défenseur; j'appelle du jugement, j'en prouve l'injustice, et je vais même jusqu'au souverain, s'il le faut: oui, messieurs, je ne crains point de vous accuser tous d'avoir trompé la religion des juges, et je le prouverai. Que le plus intrépide, que le plus pur d'entre vous m'attaque, je suis prêt à lui répondre.

» Cette sortie, faite avec force et véhémence, étonne tout le monde. Desglinières et sa femme me regardent, indignés et tout étonnés. Ils ne me reconnaissent plus ; ce n'est plus ce jeune homme si doux, si timide, si craintif, leur esclave, en un mot; c'est un homme à caractère, et qui les fait trembler à leur tour. Desglinières veut me traiter avec son ton ordinaire; je le fais taire d'un mot : — Frémissez, lui dis-je, et craignez que je ne découvre le véritable commissaire de la nuit de l'enlèvement.

» J'ignorais que ce fût lui-même qui eût pris ce déguisement; mais quelque chose me disait intérieurement que ce faux commissaire était connu de lui. Ma belle-sœur eut la hardiesse de me demander l'explication de ces mots. Je lui lançai un regard de mépris qui lui fit baisser les yeux pour la première fois. L'avocat perfide qui avait plaidé leur cause, prétendit que j'étais coupable devant la loi d'avoir favorisé l'évasion de deux individus que la loi réclame. Je leur lançai à tous deux un coup d'œil expressif, où se peignirent l'indignation et le courroux ; puis, me retirant, je leur dis : — Je vous brave tous, messieurs, à commencer par mon injuste frère, qui ne me reverra jamais chez lui. J'entendis, en descendant l'escalier, Desglinières qui me cria : — Va, malheureux, perds ton frère pour sauver une insensée et un intrigant; perds ton frère, et fais ainsi le déshonneur de ta famille.

» J'étais furieux et fier en même temps d'avoir montré, pour la première fois, devant Desglinières et sa femme, un caractère qui leur était inconnu; je rentrai chez moi, où, plus calme et moins agité, je pensai à l'imprudence que je venais de commettre, et aux autres imprudences que celle-ci allait me faire commettre encore. Là, sérieusement, me dis-je, vais-je me déclarer ouvertement le défenseur de ma sœur et l'ennemi juré de mon frère? Ce rôle me convient-il? et ne serai-je pas, si je le joue, l'objet du mépris et de la haine publique? Non, laissons marcher maintenant cette affaire comme elle voudra, contentons-nous de leur avoir fait peur, et tâchons au moins de les engager à ne pas poursuivre plus longtemps deux époux infortunés. Que Desglinières s'empare du bien d'Amélie; qu'il le régisse pour son compte ou pour celui de l'infortuné à qui elle va donner le jour; j'obtiendrai plus par la douceur que par un éclat scandaleux : ne revenons point néanmoins sur nos pas, mais voyons la tournure que va prendre cette affaire, et agissons en conséquence.

» Pendant huit jours que je passai seul, en proie à mes réflexions, il arriva bien des événements à Saint-Bon et à son épouse. Ils étaient à Rouen, et se proposaient de passer plus loin, lorsqu'au détour d'une rue, un homme les fixe, rougit, et double le pas comme pour se sauver. Saint-Bon est très-physionomiste; il a reconnu soudain le faux exempt qui est venu enlever son épouse; et, courant après cet homme, il l'arrête par le bras avant qu'il ait le temps de se sauver. — Scélérat, lui dit Saint-Bon, tu es perdu, je te retrouve enfin! — Ah!

monsieur, ah! madame, ne me perdez pas, en grâce; je tâche de devenir honnête homme; n'interrompez point le cours de ma conversion. — Non, tu n'échapperas pas, tu me diras... — Eh bien, oui, je vous dirai tout; mais sous la condition que vous me laisserez libre. — Parle, qui était ce commissaire qui... — Ce commissaire, monsieur, c'était M. Desglinières lui-même, le frère de madame. — Son propre frère! — Lui-même! mais laissez-moi, de grâce. — Non, tu m'es trop nécessaire. Arrêtez, arrêtez!

» Saint-Bon tient toujours le coupable, et crie : Arrêtez. On vient à son secours; on mène le faux exempt devant un magistrat, où voyant qu'il ne lui est plus possible de s'échapper, il nomme, dans un procès-verbal, tous ses complices dans l'affaire de l'enlèvement nocturne d'Amélie. Muni de cette pièce, Saint-Bon donne sa procuration à un homme probe, intelligent, actif et diligent, qui vient à Paris, appelle du jugement, fait recommencer l'affaire, et parvient, au bout de quinze jours, à faire prononcer un nouveau jugement qui condamne à son tour Desglinières à une détention perpétuelle et à d'énormes dommages-intérêts envers les deux époux, dont l'hymen est déclaré valable et légal : le premier jugement se trouve cassé. Desglinières, furieux à son tour, croit reconnaître, dans toute cette affaire, mon ouvrage et la défense dont je l'ai menacé. Il embrasse sa femme, sa fille, son neveu; puis leur jurant qu'ils ne le reverront jamais, il se transporte chez moi avant qu'on soit venu l'arrêter : on lui dit que je n'y suis pas, que je viens de partir pour Rouen. (En effet, j'étais allé, non complimenter Saint-Bon, mais lui reprocher son excès de rigueur envers mon frère, qui devenait malheureux à son tour et méritait ma pitié.)

Pour Rouen, se dit intérieurement Desglinières ; c'est là qu'ils se sont réfugiés ; j'irai, ils m'y verront.

» Il passe un jour entier encore caché dans Paris, où il veut terminer secrètement quelques affaires ; et pendant ce temps, moi, qui étais parti vingt-quatre heures avant lui, j'arrive à Rouen, et je descends, la douleur dans l'âme, dans l'auberge où demeure mon sévère beau-frère. Je le trouve occupé autour du lit de son épouse qui allait donner le jour à un être. Saint-Bon m'aperçoit à peine ; il entend les cris d'Amélie, il s'éloigne ; je m'approche de ma sœur, et j'ai le bonheur de recevoir son fils dans mes bras. Ma pauvre sœur me reconnaît : — C'est vous, mon frère ! me dit-elle ; oh ! que je souffre !

» Elle dit, et expire.

» J'ignore comment ce malheur arriva ; elle expira, quelle qu'en soit la cause, et Saint-Bon ne rentra que pour apprendre ce fatal événement. Vous jugez de sa douleur. — Elle a trop souffert, en effet, s'écrie-t-il, pendant sa grossesse ! Barbare Desglinières, c'est toi qui causes sa mort et la mienne sans doute, car je ne lui survivrai pas. Cruel ! je me vengerai sur toi du meurtre de mon épouse dont tu es coupable... oui, tu périras !

» Cet homme désespéré ne pense pas qu'il parle devant le frère de celui dont il menace les jours : j'excuse sa fureur, et je partage ses regrets. Pendant que je m'occupe des soins qu'on doit au moins prodiguer à l'enfant nouveau-né, Saint-Bon sort égaré, et nous sommes, c'est-à-dire moi, la garde et son homme d'affaires, nous sommes deux jours entiers sans entendre parler de lui. Nous le faisons chercher en vain partout, et, à la fin, on nous le ramène... dans quel état, grand Dieu! couvert de mille blessures, expirant!

» L'infortuné avait couru comme un fou toutes les rues de Rouen pendant près de quarante-huit heures. Au détour d'un petit carrefour, à cinq heures du matin, il rencontre un particulier enveloppé dans un long manteau. Saint-Bon reconnaît Desglinières. son ennemi mortel. — Traître, lui dit-il, tu auras ma vie ou j'aurai la tienne! — C'est toi qui périras, lui dit Desglinières, car c'était lui-même. Au même instant, le féroce Desglinières tire un poignard qu'il tenait caché sous son manteau, et il en perce en mille endroits le malheureux Saint-Bon, avant que cet époux désolé ait le temps de se mettre en défense. Le barbare Desglinières est tellement acharné à frapper sa victime, qu'il le frappe toujours, et ne s'aperçoit pas que plusieurs voisins ont ouvert leurs croisées, et qu'ils crient au meurtre. On accourt, on s'empare de l'assassin, car il l'est en effet, et on le transporte, ainsi que le mourant, chez un officier de justice, qui fait plonger Desglinières dans un cachot, tandis qu'il fait transporter chez lui Saint-Bon, qui a la force d'indiquer son adresse.

» C'est en ce triste état qu'on nous l'amène : il ne peut plus proférer une parole, mais les gens qui l'accompagnent m'apprennent qu'il a été assassiné. Par qui, grand Dieu! Je frémis, et n'ose arrêter ma pensée sur le seul homme que je soupçonne capable de cette atrocité. Pendant que la garde et l'homme d'affaires ont soin du blessé, je me transporte chez l'officier de justice, où j'apprends avec horreur que l'assassin est mon frère. Je m'emploie à le défendre, à tâcher d'atténuer les circonstances de son crime : soins inutiles. Quelques jours s'écoulent, pendant lesquels Saint-Bon recouvre l'usage de la parole. On transporte près de son lit le coupable prisonnier, pour lui être confronté suivant la coutume. Saint-Bon a la dureté de le charger, et de l'accuser de la mort de sa femme, de la sienne propre... J'avoue que ce trait de Saint-Bon me parut si cruel, si peu délicat, que cet homme, auquel je ne m'étais intéressé que par le lien qui l'unissait à ma sœur, me devint odieux : je l'abandonnai aux soins mercenaires de ceux qui l'entouraient, et me rappelant mon antique affection, ma soumission, tous me sentiments de l'enfance pour mon frère, je tournai mes soins et ma sollicitude uniquement de son côté; mais, je le répète, tous mes soins, toutes mes démarches furent inutiles, et le malheureux fut condamné, le dirai-je?.... à une mort infamante!...

» Quel opprobre! quelle honte pour mon nom! quelle tache! Avant qu'il subît son arrêt, j'obtins la permission de le voir dans son lugubre cachot : il était plus calme, plus doux, moins violent, moins altier : le voile de l'éternité se déroulait à ses yeux, et la faux de la mort, suspendue sur sa tête, faisait courber enfin cette tête superbe, que les passions avaient égarée. Il me reprocha d'abord doucement la part que j'avais prise dans toutes ces affaires; la protection visible que j'avais accordée à son ennemi et à son épouse insensée. Je te l'avais prédit, ajouta-t-il, que les suites de cet hymen te déshonoreraient : tu le vois aujourd'hui, aveugle jeune homme! la honte de mon nom va rejaillir sur le tien, et pour la vie! On te montrera partout au doigt, comme le frère d'un assassin puni par le glaive des lois. Tu perds estime, honneur, réputation; tu perds tout, et tu dois tout cela à l'exécrable Saint-Bon... Tu pleures, mon frère, tu pleures, mon ami! Tu m'aimais, je le vois. Je ne fus point cruel, je ne fus qu'égaré par les passions, et le jouet d'un misérable intrigant que j'abhorre. O mon cher Lerval! si tu fais quelque estime des dernières volontés de ton frère, qui va mourir; si tu partages sa haine pour les Saint-Bon et pour tout ce qui leur appartient, jure-moi, jure-moi, par les serments les plus saints, que jamais ni Saint-Bon, ni son fils, s'il existe, ni aucun des siens, ne te regarderont en face; c'est dire assez ce que j'exige de toi. Te sens-tu la force de faire ce serment et de le tenir?...

» Desglinières prononça ces mots avec feu, et surtout avec une émotion si vive, qu'elle passa dans mon âme, et l'assujettit soudain à ses moindres volontés. D'ailleurs, j'avais perdu ma sœur; son époux ne pouvait m'intéresser : je le détestais même, cet époux qui causait la mort de mon frère et le déshonneur de toute ma famille! Je répétai donc mot à mot le serment terrible que mon frère venait d'exiger de moi, et je jurai qu'aucun des Saint-Bon ne me regarderait en face (c'était l'expression singulière de mon frère), par les mânes de ma sœur!... C'était pour moi un serment plus terrible et moins inviolable peut-être que le Styx des anciens. Je meurs plus tranquille, mon frère, me dit Desglinières quand il eut obtenu de moi ce qu'il désirait. Je suis sûr au moins que mes ennemis ne trouveront point d'appui dans ma famille!.... Adieu, Lerval; embrasse-moi, et retourne à Paris; je te recommande de consoler ma femme, mes enfants, de ne jamais les abandonner; c'est encore une promesse que j'exige de toi.

» Je la lui donnai, et je le quittai plein de douleur et de regrets?... Quelques heures après, le bruit courut que le prisonnier s'était empoisonné pour éviter sa fatale sentence. En effet on lui trouva caché dans sa chaussure un poison subtil dont il s'était précautionné, et qui venait de trancher le fil de ses jours. Sa sentence n'en fut pas moins proclamée, et l'original déposé au greffe. Je craignis d'être accusé d'avoir facilité sa mort, et, fidèle dès ce moment au serment que j'avais fait à mon frère, je quittai Rouen sans revoir Saint-Bon. J'appris seulement qu'il se portait de mieux en mieux, et qu'aucune de ses blessures n'avait été mortelle. Je revins à Paris, où je trouvai la veuve Desglinières et sa famille inconsolables. J'eus d'abord quelques reproches amers à essuyer de la part de cette femme altière; mais mon repentir, mes regrets et surtout les diverses promesses que j'avais faites à son époux me réconcilièrent avec elle. Elle me flatta, me nomma son protecteur, l'appui de sa fille, et me pria de venir près d'elle, et de renoncer à tout état qui pouvait m'éloigner de sa maison. Je cédai à ses vœux; et quand elle me vit fixé près d'elle, et soumis encore une fois à ses moindres désirs, elle me communiqua ses projets, qui étaient de faire en sorte d'effacer jusqu'aux moindres traces de la condamnation de son mari, et ensuite de se venger à tout prix de Saint-Bon, et même sur l'innocente créature à qui Amélie avait donné le jour. Je ne voulus entrer que dans le premier de ses projets : en conséquence nous partîmes pour Rouen, où, à force d'argent, nous parvînmes à gagner le greffier mercenaire et peu scrupuleux qui gardait le dépôt des actes criminels. Cet homme dont nous faisions tout à coup la fortune, trouva l'art de ramasser tous les exemplaires imprimés qui avaient été distribués sur le jugement de Desglinières; puis, pour en éteindre entièrement l'original, il mit le feu au greffe, et rejeta ce malheur sur une coupable négligence de quelques subalternes qui furent chassés. Nous voilà bien sûrs qu'il n'existe plus aucune trace de notre honte; mais nous nous trompions : le greffier nous apprit qu'il en avait remis une expédition légalisée à Saint-Bon, ainsi qu'une cinquantaine d'imprimés, et en général toutes les copies des pièces de cette malheureuse affaire. Saint-Bon n'était plus à Rouen ; et d'ailleurs, quand il y aurait été, nous eût-il cédé ces titres qui, avec le jugement de détention prononcé à Paris contre Desglinières, étaient précieux pour lui? Il fallut donc revenir à Paris, et nous contenter de savoir que les preuves de notre déshonneur n'étaient qu'entre les mains d'un seul homme. Ce seul homme, il est vrai, était l'objet de la haine comme le but de la vengeance de ma belle-sœur. Elle éleva sa fille et son neveu dans ces odieux principes, comme vous le saurez bientôt. Mais je reviens à l'un de nos héros.

» Saint-Bon, faible et souffrant de ses blessures, comme du souvenir de ses malheurs, était revenu à Paris avec son fils au berceau. Honteux de sa conduite envers Desglinières, conduite que lui avaient dictée, dans le moment de son accident, la haine, le ressentiment et la douleur, il était bourrelé de remords. Il avait perdu un homme, et s'était privé d'un ami, en éloignant de lui le jeune frère de son épouse. Désespéré de ne plus me voir, il prit sur lui un jour de se présenter chez moi. J'étais à ma croisée, d'où voyant entrer dans ma cour un homme pâle, défait, soutenu sur une canne, je reconnus soudain Saint-Bon. Je frémis et j'ordonne qu'on lui refuse ma porte. Vous lui demanderez seulement son adresse, dis-je au domestique que je charge de cet ordre. Saint-Bon apprend que je ne suis point visible, et laisse avec confiance son nom et son adresse. Il me connaissait trop pour craindre que j'en abusasse. Je ne me proposais point de lui rendre sa visite, mais un reste d'intérêt me parlait encore pour lui, et j'étais disposé à le garantir de la vengeance de ma belle-sœur, en cas qu'elle voulût l'exercer sur lui ou sur son enfant innocent. Je ne sais comment le domestique qui le reçut chez moi eut la hardiesse de lire son adresse avant de me la remettre, et d'aller la rendre de mémoire à mon implacable belle-sœur. Madame Desglinières, enchantée de connaître l'asile de son ennemi, lui envoie un jour son neveu Dercour, que Saint-Bon ne connaissait pas. Cet enfant va chez lui comme de ma part; M. de Lerval, lui dit-il, est indisposé, il ne peut vous rendre votre visite; mais il me charge de vous remettre de sa part ces légers cadeaux, pour vous et pour le fils d'Amélie, sa sœur, qu'il a tant aimée.

» Ces cadeaux consistaient en fruits, en pâtés, et d'autres niaiseries. Saint-Bon, étonné d'un genre de présent si nouveau de ma part et si indifférent pour lui (ma belle-sœur avait bien montré le peu de jugement d'une femme dans cette occasion); Saint-Bon, dis-je, pose ces dons superbes sur une table, et, par l'effet du hasard, il se détache un morceau de la croûte d'un de ces pâtés; un chien est là, il l'avale, et meurt soudain dans les plus horribles convulsions. Saint-Bon, effrayé, mène lui-même chez un commissaire l'enfant, qui avoue la vérité; il dit son nom; une plainte est dressée, et la justice est prête à s'emparer de cet imprudent instrument du crime, lorsque, instruit heureusement de tout par ma belle-sœur qui frémit, je me transporte chez le commissaire, où, à force d'or et de sollicitations, je parvins à assoupir cette affaire. Saint-Bon, enchanté de me revoir, fit tout en ma considération ; mais il voulut qu'on lui remît la plainte, pour qu'il pût s'en servir un jour, si ses ennemis l'attaquaient de nouveau.

» Saint-Bon rentra chez lui, et moi je revins à mon logis, d'où j'écrivis soudain ce billet à cet homme que les maux du corps et de l'esprit assiégeaient de toutes les manières.

» *Vous savez que je vous dois mon déshonneur, la perte de ma » sœur, de mon frère, de tout ce qui me fut cher. Vous êtes ruiné* » (je vous dirai bientôt comment il le fut); *vous avez des ennemis » puissants et vindicatifs; eh bien! malgré tous les torts que le » hasard et le malheur vous ont donnés envers moi, je veux encore » être votre soutien et votre appui, si vous voulez le mériter par la » plus grande soumission à tous mes avis. J'ai vu votre fils, il m'a » intéressé, quoiqu'en très-bas âge : il porte sur sa petite figure » tous les traits de sa mère, qui sont les miens, puisque Amélie me » ressemblait exactement. Je ne puis vous abandonner, mais j'exige » que vous cessiez de vous roidir contre ma belle-sœur, dont le res- » sentiment est légitime; évitez les traits de sa vengeance; c'est ce » que vous pourrez faire de mieux, si vous ne voulez ajouter d'au- » tres victimes à celles que vous avez déjà prises dans ma malheu- » reuse famille. Je ne puis vous voir, et je vous défends de jamais » vous présenter chez moi; mais soyez sûr que j'aurai soin de votre » sûreté, de votre tranquillité, et de celle de votre fils. Ayez con- » fiance en moi, et prouvez-la par votre docilité. Changez d'abord » de nom. Prenez celui de Longchamps, qui ne sera connu que de » moi, et prenez un logement dans un autre quartier de Paris. Je » répandrai le bruit de votre départ pour les îles, et vos ennemis ne » vous persécuteront plus. Voyez, réfléchissez sur ce que vous avez*

» *à faire. J'attends votre réponse pour vous fuir à jamais, ou pour* » *devenir votre protecteur.* »

» Saint-Bon, qui avait beaucoup d'estime, et d'amitié pour moi, me répondit qu'il ferait tout ce qui pourrait m'être agréable. Cet homme était absolument ruiné par la malignité de madame Desglinières, qui s'était vengée de cette manière, ne pouvant le faire autrement. On avait imité, à s'y méprendre, la signature d'Amélie, et l'on avait fabriqué tant de billets, tant de mémoires arrêtés, tant d'effets différents, que Saint-Bon lui-même, qui avait été l'homme d'affaires de sa femme avant d'être son époux, ne s'y reconnaissait plus. Les terres furent mises en saisie ; tout passa entre les mains de prétendus créanciers, qui gardèrent une bonne somme pour eux, et donnèrent, par convention, le reste à madame Desglinières. Je vous prouverais, si je voulais entrer dans les détails de chicanes étrangères à mon récit, que cela lui fut facile, tant parce que tout n'était pas tenu en ordre chez Amélie, que parce que cette femme, dans ses moments de démence, ne savait plus ce qu'elle faisait, donnait, prêtait et signait même, à l'insu de son mari, tous les papiers que lui présentaient les Desglinières ou leurs agents. Saint-Bon n'avait plus rien enfin que des procès à soutenir et des dettes à payer, s'il eût pu le faire ; il ne pouvait plus travailler, puisqu'il était trop triste, trop accablé de regrets, de remords, et trop souffrant de ses blessures. Il en a même ressenti l'atteinte jusqu'au tombeau ; son fils, que voilà présent, vous le dira : que pouvait-il faire? Il m'estimait, s'accusait de mes chagrins; il accepta mes offres, et s'en trouva bien. Il vécut ainsi sous le nom de Lonchamps, qu'il donna même à son fils, tranquille et ignoré jusqu'à un âge assez avancé : il ne chercha jamais à me parler, je ne le vis jamais; mais je puis dire que je l'accablai de mes bienfais : sa maison fut toujours bien tenue, son fils fut bien élevé, et personne que moi ne connut les malheurs qui l'avaient forcé à changer de nom. Cependant le vieillard, assiégé par les regrets, par les remords dévorants, voyant sans cesse devant ses yeux l'ombre de son épouse et celle de son beau-frère sacrifiés pour lui, perdit peu à peu la raison. Il ne sortait jamais; et seul, enfermé des journées entières dans son cabinet, il relisait les lettres que sa femme lui avait écrites du couvent de Saint-Aure; il relisait toutes les pièces de son premier procès qu'il avait perdu, toutes celle du second jugement qu'il avait gagné, toutes celles enfin de la malheureuse affaire qui avait coûté la vie, à Rouen, au méchant Desglinières. Tous ces papiers, objets de la sollicitude de madame Desglinières, il ne les aurait pas donnés pour l'empire du monde : il n'y avait pas jusqu'à la plainte portée contre le jeune Dercour pour fait de poison qu'il ne gardât aussi soigneusement. Il lisait continuellement ces papiers, et tout cela lui tournait la tête. Vous savez comment il fit, je ne sais pour pour quel motif, la folie de les brûler tous la veille de sa mort. Il rendit par là des services à ma belle-sœur et à moi, en anéantissant toutes les preuves de mon déshonneur. J'ignorai longtemps, ainsi que madame Desglinières, que Saint-Bon eût brûlé tous ces titres : il n'y a pas six mois que je l'ai appris d'un domestique qui était chez lui dans le temps. Mais revenons à son fils.

» J'avais bien dit à mon implacable belle-sœur que Saint-Bon était pasé dans les îles, et elle l'avait cru, ne trouvant plus dans Paris personne qui s'appelât Saint-Bon, quelque perquisition qu'elle fît. Un jour elle passe par hasard dans une rue où ses pas sont arrêtés par un enterrement : elle remarque, derrière le convoi, un jeune homme en deuil qui pleure amèrement : ce jeune homme ressemble si exactement à sa belle-sœur Amélie, que sa figure la frappe et lui rappelle les objets qu'elle déteste. Elle s'informe du nom de celui qu'on porte à sa dernière demeure; on lui nomme monsieur de Lonchamps, on lui montre son fils, on lui dit sa demeure. Cette femme soupçonne un changement de nom de la part de son ennemi; elle va dans maison d'où le convoi est sorti, s'informe, et croit découvrir ce qu'elle cherche dans les rapports qu'on lui fait. Persuadée que je suis aussi avide qu'elle de vengeance, elle me communique ses soupçons, et, pour ne pas se tromper, elle fait solliciter par son neveu Dercour, qu'elle a marié depuis peu à sa fille, un ordre pour faire sortir de Paris un vagabond nommé de Lonchamps. Dercour, qui s'était lancé dans les bureaux du ministère, obtint facilement cet ordre; et le jeune de Lonchamps n'ayant point quitté Paris malgré l'ordre que je lui en avais donné, fut en effet guetté, circonvenu par des espions dans l'auberge où il était allé se réfugier, rue de l'Université. Je détournai, à l'insu de ma belle-sœur, ce nouveau coup, en faisant révoquer l'ordre fatal. J'avais fait peindre, d'après un autre portrait que je possédais, ma sœur Amélie, en miniature, et tenant un enfant sur ses genoux; je remis à son fils ce portrait, ainsi qu'une montre et une bague qu'elle avait portées; mais je m'opposai sérieusement à ce qu'il eût une place à Paris, et dans tous les bureaux où il se présenta. Je n'étais plus jeune; je m'étais marié huit ans avant la mort de Saint-Bon ; et mon épouse, que j'avais perdue deux ans après notre hymen, m'avait rendu père d'une jolie petite fille, qui avait six ans à l'époque où je devins protecteur du jeune de Lonchamps. J'avais toujours eu soin de son père, et l'amitié qui me liait autrefois à ma sœur m'engageait à prendre soin de son fils, jeune homme d'ailleurs intéressant, et qui était innocent de tous les malheurs arrivés à notre famille. Cependant, pour tenir la parole que j'avais donnée à Desglinières mourant, parole que j'avais appuyée d'un serment sacré, je résolus de l'éluder. Il a voulu, me dis-je, qu'aucun des Saint-Bon ne pût me regarder en face; je me rendrai, en quelque façon, invisible aux yeux du jeune de Lonchamps; mais, comme tout doit avoir un terme, la haine surtout, si ce jeune homme est doux, docile, soumis à mes volontés, s'il a des mœurs et des vertus, j'en ferai un jour l'époux de ma petite Lucile, et par ce moyen je confondrai toutes les haines, je satisferai tous les mânes irrités de mes parents dans leur tombeau : mais Lucile est trop jeune, il faut attendre dix ans au moins ; eh bien, je ferai voyager mon jeune homme; et pendant ce laps de temps je parviendrai peut-être à lui concilier les cœurs de sa tante, de son cousin et de sa cousine. O ma sœur ! je ferai encore quelque chose pour toi !

» Ce parti pris, et pour éviter d'ailleurs les poursuites de la Desglinières et de ses enfants, j'ordonnai à de Lonchamps de voyager ; mais comme je craignais qu'il fût suivi par ses ennemis, je le suivis moi-même partout où il alla. A présent vous allez me demander comment je sus au juste ses pas, ses moindres démarches, ainsi que les différents asiles qu'il choisit dans le cours de ses voyages ! Cela ne me fut pas difficile. Une espèce de paysan qui m'était dévoué, et que de Lonchamps ne connaissait pas, le suivait partout à cheval, et me rendait compte des endroits où il allait, où il s'arrêtait, où il logeait. C'est ainsi que je le suivis à Chartres, à Tours, à Niort, à Saint-Jean-d'Angely, à Bordeaux, à Bayonne, etc., etc.; partout je le voyais à mon aise, sans qu'il me reconnût, et partout j'examinais avec un secret plaisir ses traits, où je croyais revoir une sœur que j'avais tant chérie! Je craignais cependant qu'il me découvrît, car on lui avait dit qu'il me ressemblait parfaitement, et je frémissais quand je le voyais fixer attentivement toutes les personnes qui l'entouraient, du nombre desquelles je me trouvais souvent; mais de Lonchamps n'était point physionomiste, heureusement pour moi; il m'aurait fait violer un serment, auquel je tenais beaucoup, quoique je fisse tout pour l'éluder. Souvent la tendresse qu'il m'inspirait me déterminait à me découvrir à ses yeux: j'allais, dans cette intention, chez lui; mais, par l'effet d'un hasard singulier, je ne l'y trouvai jamais; et l'idée de mon serment me rappelant à mon devoir, je sortais avant qu'il rentrât. C'est ainsi que je fus l'attendre chez son hôtesse à Paris, chez la mère de son ami à Tours, et même au café de Bordeaux, où je me procurai tout à mon aise le plaisir de le voir, où je n'osai enfin me découvrir encore. Je manquai à être pris par lui dans la maison à louer des Castels, où il m'entendit chanter une romance que j'avais faite jadis sur sa naissance; mais je me tirai encore de cet embarras; et partout ma prudence et la sagacité de l'homme que j'avais mis à sa poursuite me le firent suivre et guider, sans qu'il se doutât des moyens que j'employais. Il voyagea ainsi pendant l'espace de dix ans, pendant lequel j'eus bien de la peine à m'opposer aux recherches actives que ses ennemis firent de sa personne. J'appris enfin pendant qu'il était chez vous l'année dernière, bon Palamène, la mort de madame Desglinières. Voyant alors que l'ennemi le plus terrible de mon protégé n'existait plus, j'ordonnai à de Lonchamps de se rendre à Paris, ce qu'il fit avec sa docilité ordinaire. Madame Desglinières n'était plus, il est vrai; mais, avant de mourir, elle avait transmis à ses enfants toute la haine qu'elle avait vouée au sang de Saint-Bon. Elle leur avait ordonné de se venger du jeune homme par tous les moyens possibles, d'apaiser ainsi ses mânes plaintifs dans son tombeau. C'était surtout les papiers qu'avait possédés Saint-Bon que l'on voulait avoir. On craignait l'éclat de la part du fils; on désirait anéantir toutes les preuves du déshonneur de notre famille. Pour moi, je n'attachais pas une si haute importance à ces papiers; mais les Desglinières voulaient s'en emparer à tout prix. M. et madame Dercour, l'époux-neveu de ma belle-sœur, et l'épouse, fille de mon malheureux frère, avaient hérité du caractère altier et méchant des Desglinières : ils vinrent me trouver, pour me demander si je savais ce qu'était devenu le fils de Saint-Bon. Je leur répondis, pour mettre fin à leurs importunités, que je le savais; que ce jeune homme, après avoir perdu son père, était passé dans les îles, dont il ne reviendrait jamais. Les Dercour ne furent point satisfaits de ma réponse: ils soupçonnèrent, à juste titre, que je m'intéressais au sort de leur cousin; mais n'osant pas me tenir tête ouvertement, ils espionnèrent sourdement mes pas, mes démarches, et découvrirent que je protégeais un certain Lonchamps, qui dès lors leur devint suspect.

» Mon rôle devenait plus difficile que jamais; il me fallait, d'un côté, surveiller mon cher de Lonchamps, sans me faire connaître à lui avant l'époque du mariage que je méditais, et qui seul pouvait me dégager de mon serment. D'un autre côté, je devais connaître toutes les démarches des Dercour, qui, je le voyais bien, soupçonnaient la vérité. Je mis dans ma confidence un vieux serviteur de ces derniers, qui, étant aussi leur confident, m'avertit de leurs moindres projets. Ainsi je sus que Dercour avait découvert l'adresse de de Lonchamps, rue de Vaugirard, et qu'il devait aller voir s'il n'était pas le fils de Saint-Bon, qu'il cherchait. Je mis de Lonchamps en garde contre la perfidie de cette visite, qui heureusement ne donna encore que des soupçons à Dercour. Madame Dercour y fut ensuite à son tour. Je n'eus que le temps d'engager Firmin, le domestique de de Lonchamps, à chanter sur son escalier : *Taisez-vous, taisez-vous*, pour prescrire à son maître des détours et de la prudence. Je connaissais Dercour, il était capable de se battre contre le fils de Saint-Bon, et même de l'assassiner lâchement : c'est ce qui manqua d'arriver un soir qu'ils allèrent tous deux au spectacle des Italiens. La pièce qu'on avait donnée retraçait la mort infamante d'un prisonnier. (C'était, je crois, *Asgill, ou le Prisonnier Américain*, qu'on nommait cette pièce.) Madame Dercour, en sortant, se rappela la fin tragique de son père, et elle perdit connaissance sur le boulevard, où Dercour, désolé, mit l'épée à la main contre de Lonchamps qu'il y rencontra. J'étais là par un hasard heureux : je fis conduire de Lonchamps à ma maison de Bagneux, tandis que, montant dans le carrosse de M. et madame Dercour, je revins chez eux, où je leur reprochai leur imprudence envers un étranger, que je ne connaissais pas, il est vrai, mais qui n'était point du sang de leur ennemi. Ils ne me parurent point satisfaits de cette explication, et cela m'engagea à cacher encore plus soigneusement l'infortuné qu'ils poursuivaient. Je le confinai dans une espèce de chartreuse au boulevard du nord ; mais son imprudence le fit encore une fois découvrir, et alluma la rage de ses persécuteurs, qui parvinrent à le faire entrer chez eux dans une grande salle, où, par grimace sans doute, ils avaient élevé un cénotaphe à la mémoire de leur père et de leur mère, avec les portraits de tous leurs parents. De Lonchamps était tombé là dans un piége affreux ; mon confident, le vieux serviteur de Dercour, me fit avertir, et je trouvai le moyen, encore une fois, de délivrer mon protégé, en menaçant les Dercour de tout le poids de mon indignation, de dévoiler même leur conduite, s'ils osaient outrager plus longtemps un malheureux jeune homme qui, je le soutenais toujours, ne savait ce qu'ils voulaient lui dire.

De Lonchamps recouvra sa liberté ; et, charmé de sa discrétion, de la prudence avec laquelle il me secondait sans connaître mes secrets, je résolus de ne pas retarder plus longtemps son bonheur. Ma fille me chérissait ; je savais que ma Lucile n'avait aucune passion dans le cœur, ce que j'avais soigneusement évité. Je la mis dans ma confidence, et lui fis voir son cousin dans l'église des Carmes. De Lonchamps eut le bonheur de lui plaire, comme elle lui plut ; et, dès ce moment, je préparai leur hymen dans la chapelle de ma maison de Bagneux. Vous savez maintenant comment cet hymen se célébra. Vous savez que, fidèle à mon serment, trop scrupuleux peut-être, je ne me découvris au fils de Saint-Bon que lorsqu'il eut changé de nom, qu'au moment où il devint mon fils. Je le pouvais alors ; et ce n'était plus le fils de l'ennemi de mon frère que je pressais dans mes bras, c'était le mien ! Que ce moment fut doux pour moi, et combien je l'avais acheté par mes inquiétudes, mes pas, mes démarches, mes combats enfin entre mon cœur et ma raison!

» J'avais invité les Dercour au mariage de Lucile, sans leur dire le nom de celui que je lui donnais pour époux. Ils se rendirent très-tard à Bagneux, et de Lonchamps vous a dit combien ils furent étonnés en apprenant que mon gendre était en effet, ainsi qu'ils l'avaient toujours soupçonné, le fils de Saint-Bon ; mais mon poids sur eux, mon autorité, le respect qu'ils me devaient, et plus encore la crainte de voir divulguer une certaine plainte dans laquelle Dercour était compromis pour des présents empoisonnés que sa mère lui avait fait remettre autrefois au père de Lonchamps, tout calma leur fureur, tout éteignit leur soif de vengeance. Je leur promis avec cela une part dans ma succession, et tout cela était plus que suffisant pour enchaîner ces cœurs aussi avides, aussi cupides que ceux des Desglinières. Depuis cette époque, ils nous voient sans doute plus par politique que par amitié; mais enfin ils nous voient, et nous prouvent même assez d'attachement.

» Telle est, mes amis, l'histoire singulière des malheurs de votre ami de Lonchamps ; tel est le motif qui m'a forcé à rester invisible à ses regards pendant plus de dix ans : motif bizarre peut-être, mais qui le paraîtra moins à ceux qui sont scrupuleux observateurs de la religion des serments. Tant d'aventures vous prouvent, mes enfants, que le lien qui unit les frères, les parents, est sacré, et qu'une fois rompu il peut exalter toutes les passions, et plonger une famille dans l'opprobre, dans tous les genres d'infortunes. »

Ainsi parla M. de Lerval; et nos jeunes gens, que son récit avait touchés en même temps qu'intéressés, embrassèrent tour à tour ce vieillard respectable, qui, dans le cours de sa vie, avait pratiqué toutes les vertus d'un bon frère, d'un excellent ami, d'un oncle généreux et d'un père sensible.

CONCLUSION DE CET OUVRAGE.

La fraîcheur des soirées et les approches d'un hiver rigoureux avaient mis fin aux délassements de notre bonne famille sur la terrasse de leur chaumière. L'hiver, lui-même, avait remplacé les plaisirs par des occupations plus sérieuses. Nos jeunes gens, d'ailleurs, étaient tous grands, tous formés, et n'avaient plus besoin de ces leçons de mœurs, de vertus, que leur père leur avait prodiguées depuis deux ans. Ils étaient mûrs, sensés, raisonnables, et ne couraient plus après des contes, des histoires, ni des aventures merveilleuses. Palamène jouissait enfin du fruit de l'éducation qu'il leur avait donnée. Ce n'était plus des enfants qu'il avait à conduire; il ne voyait en eux que des hommes, des amis, dont il était le chef. Combien il s'applaudissait des soins qu'il avait pris, des peines qu'il s'était données pour former leurs cœurs à la sagesse! C'était par des exemples qu'il les avait instruits, et il voyait avec la plus vive satisfaction qu'eux-mêmes donnaient l'exemple du respect filial, de l'amour fraternel, de toutes les vertus sociales. Deux années avaient fait sur eux un effet prodigieux. Armand avait plus de dix-huit ans. C'était un homme robuste et plein de talents. Palamène l'envoya à Paris, où il obtint aisément une chaire de mathématiques, ainsi que son père l'espérait. Quelques années après, il épousa la belle Henriette, dont le père, M. Delacour, était mort, mais qui en avait toujours trouvé un second, tendre et généreux, dans notre bon Palamène.

Jules travailla sous les yeux de son protecteur, et devint le meilleur agriculteur du canton. Palamène, très-âgé, un peu infirme, ayant besoin d'appui et de repos, lui céda sa ferme et la main de l'aimable Adèle, sa fille, qui fut par la suite bonne épouse et bonne mère.

Pour Benoît, il était toujours vif, turbulent, dissipé. Palamène comptait en faire un marin : ses espérances furent déçues. Benoît ne voulut point mettre l'immensité des mers entre son père et lui. Il aimait la France, d'ailleurs, et n'avait point de goût pour les voyages. Benoît dessinait très-bien ; il connaissait l'arpentage, le toisé, les arts mécaniques, jusqu'à la serrurerie. Benoît devint un excellent architecte. Il se maria à Paris, eut une épouse vertueuse, de bons enfants, et fit d'excellentes affaires.

Léon se fit un état honnête dans le commerce ; mais il ne put renoncer aux muses, qui avaient charmé les loisirs de sa jeunesse. Il fit des poëmes, des tragédies, et s'illustra même dans la poésie. Il est encore aujourd'hui un de nos auteurs les plus distingués ; ce qui fait la gloire et le charme de la vieillesse de son père. M. et madame Leclerc, père et mère d'Émilion, ne firent aucune difficulté de lui donner pour épouse la jeune Roselle, leur nièce, qu'il aimait depuis longtemps ; et ce couple heureux n'est privé jusqu'à présent que d'une seule satisfaction, bien douce à la vérité, celle d'avoir des enfants.

Émilion resta toujours attaché à la famille de Palamène; elle eut de même pour amis constants M. de Verseuil, ses enfants, Richard, le voisin Perrin, ses cinq neveux, Lerval, de Longchamps, tous ceux en un mot qui avaient participé aux plaisirs de ses soirées, jusqu'au petit joueur de vielle, qui, devenu grand, entra au service de Léon et fit ses commissions. Tous nos amis enfin sont heureux aujourd'hui, et nous n'avons à regretter, de ceux que nous avons vus en scène dans cet ouvrage, que la bonne Marcelle, qui est morte de vieillesse l'année dernière.

FIN.

TABLE DES MATIERES.

FIN DE LA TABLE DU DEUXIÈME ET DERNIER VOLUME DES SOIRÉES DE LA CHAUMIÈRE.

Imprimerie Dondey-Dupré, rue Saint-Louis, 46, au Marais.

www.ingramcontent.com/pod-product-compliance
Lightning Source LLC
LaVergne TN
LVHW011251110826
845149LV00001B/96
9782011861504